家庭教育新论

闫旭蕾 杨 萍 编著

图书在版编目(CIP)数据

家庭教育新论/闫旭蕾,杨萍编著. —北京:北京大学出版社,2012.4
ISBN 978-7-301-20103-9

Ⅰ.①家… Ⅱ.①闫… ②杨… Ⅲ.①家庭教育-师资培训-教材 Ⅳ.①G78

中国版本图书馆 CIP 数据核字(2012)第 009892 号

书　　　　名:	家庭教育新论
著作责任者:	闫旭蕾　杨　萍　编著
责 任 编 辑:	邹艳霞
标 准 书 号:	ISBN 978-7-301-20103-9/G · 3303
出 版 发 行:	北京大学出版社
地　　　　址:	北京市海淀区成府路 205 号　100871
网　　　　址:	http://www.jycb.org　http://www.pup.cn
电 子 信 箱:	zyl@pup.pku.edu.cn
电　　　　话:	邮购部 62752015　发行部 62750672　编辑部 62767346　出版部 62754962
印 刷　　者:	三河市博文印刷有限公司
经 销　　者:	新华书店
	730 毫米×980 毫米　16 开本　19.25 印张　345 千字
	2012 年 4 月第 1 版　2019 年 7 月第 3 次印刷
定　　　　价:	39.00 元

未经许可,不得以任何方式复制或抄袭本书之部分或全部内容。
版权所有,侵权必究
举报电话:(010)62752024　电子信箱:fd@pup.pku.edu.cn

前　言

随着我国独生子女政策的贯彻执行,改革开放后经济的不断发展,国家、社会对人才的质量要求越来越高,家庭教育的重要性越来越被人们所认识。在此背景下,各种各样的家庭教育读物也日渐丰富起来。与此形成鲜明对比,家庭教育教材的建设相对较慢,且时代感不强。基于此,本书在考察其他教材的基础上确定指导思想为:在关照家庭教育知识系统性的同时,主要着力于当下家庭教育中亟待解决的突出问题;在为家庭教育提供理论基础的同时,突出其可操作性、应用性、实践性及可读性。

从我国目前家庭教育所凸显的问题来看,处在社会转型期的家长在家庭教育观、教育策略、教育方式方法等方面与时代对人才的要求之间出现了错位。因此,本书在编写过程中主要着力于当代家庭教育所面临的困境及其解决的可能性。本书由 10 章构成,具体内容为:第 1 章为家庭与家庭教育概述,呈现作为一门课程的家庭教育学所涉及的主题;第 2 章论述当下时代背景对家庭教育所提出的新要求,以确立当代家庭教育的大方向;第 3 章探讨家庭成员及其关系尤其是夫妻、婆媳、祖孙关系对家庭教育的影响,以彰显家庭和谐、教育观念一致的重要性;第 4、5、6 章,主要基于横向比较、纵向梳理两个维度分别论述亲子观、儿童观、成才观对家庭教育的影响;第 7 章在本书中起承上启下的作用,该章从个体身体发展入手探讨家庭教育,以重新审视身心关系之于家庭教育的意义;第 8 章阐述家庭教育中如何培养孩子的智商、情商、德商和财商;第 9 章论述游戏之于孩子成长的重要性及其与家庭生活之间的互动;第 10 章关注特长培训热下的家庭教育投资。

编织本书内容的内在思路是:阐述当代家庭教育的大方向及相应的教育观念,在此基础上探讨可行的家庭教育策略。全书内容在兼顾教材知识体系的同时,凸显当代家庭教育较为关注的内容,如儿童如何正确使用网络,关键期教育,青春期教育,如何培养孩子的智商、情商、德商和财商,家庭如何进行合理教育投资等。然而,由于内容篇幅及当下家庭教育的复杂性,仍无法全部涉猎当代家庭教育的一些热点问题，如农村留守儿童的家庭教育问题。即便是现有章节，也难免有蜻蜓点水之嫌。因此，本书与其说论述了一些内容，莫如说只是提出了一系列问题。所幸，当今社会人们日益重视家庭教育，本书的编撰如能起到抛砖引玉的作用，也是其价值所在。

本书作者为两位热爱家庭教育并从事家庭教育教学的一线教师，第1章、第2章、第6章、第7章、第8章由闫旭蕾撰写，第3章、第4章、第5章、第9章、第10章由杨萍撰写。全书整体框架设计和统稿由二人通力完成。孙承毅教授、杨占鹏副教授在本书撰写过程中提出了宝贵建议，在此表示深深的感谢。

本书引用、参考了国内外学者的相关研究成果，在此表示衷心感谢！本书的编写和出版，得到山东省成人高等教育品牌专业专项资助，得到鲁东大学规划处、教务处、教育科学学院、教师教育学院的大力支持，谨此致谢！

闫旭蕾　杨　萍

2011 年 6 月

目　　录

第 1 章　家庭与家庭教育概述 …………………………………………… (1)
　第 1 节　家庭概述 ……………………………………………………… (1)
　　一、家庭概念 …………………………………………………………… (1)
　　二、家庭结构 …………………………………………………………… (2)
　　三、家庭中的权威 ……………………………………………………… (3)
　　四、家庭的功能 ………………………………………………………… (4)
　第 2 节　家庭教育概述 ………………………………………………… (7)
　　一、家庭教育概念 ……………………………………………………… (7)
　　二、家庭教育的特点 …………………………………………………… (7)
　　三、家庭教育的影响因素 ……………………………………………… (12)
　　四、家庭教育原则 ……………………………………………………… (16)
　第 3 节　家庭教育的发展历程 ………………………………………… (18)
　　一、国外家庭教育的发展历程 ………………………………………… (18)
　　二、我国家庭教育的发展历程 ………………………………………… (24)

第 2 章　时代背景及其对家庭教育的要求 ……………………………… (33)
　第 1 节　知识经济时代要求家庭帮助孩子学会创新 ………………… (33)
　　一、知识经济的内涵及其对人才的要求 ……………………………… (33)
　　二、家庭是培养创新人才的摇篮 ……………………………………… (36)
　第 2 节　信息时代要求家庭帮助孩子学会学习 ……………………… (38)
　　一、信息时代的特点 …………………………………………………… (39)
　　二、信息时代对人才的要求 …………………………………………… (41)
　　三、信息时代家庭教育的回应 ………………………………………… (42)
　第 3 节　网络时代要求家庭帮助孩子学会善用网络 ………………… (44)
　　一、"网瘾"的特点 …………………………………………………… (45)
　　二、"网瘾"形成的心理机制 ………………………………………… (46)
　　三、身体性情绪状态："网瘾"形成的关键 ………………………… (48)
　　四、网络时代家庭教育要帮助孩子学会善用网络 …………………… (50)

第4节　富裕时代要求家庭帮助孩子学会生活 …………………… (51)
　　　　一、富裕时代的家庭教育误区 ………………………………… (51)
　　　　二、富裕时代家庭教育的策略 ………………………………… (56)
第3章　家庭成员及其关系对孩子的影响 ……………………………… (60)
　　第1节　几种典型的夫妻关系及其对孩子的影响 …………………… (61)
　　　　一、"亲密＋合作"型夫妻关系及其对孩子的影响 …………… (61)
　　　　二、"同一＋规范"型夫妻关系及其对孩子的影响 …………… (63)
　　　　三、"冲突＋疏离"型夫妻关系及其对孩子的影响 …………… (65)
　　第2节　父母的角色扮演及其对孩子的影响 ………………………… (67)
　　　　一、父亲的角色扮演及其对孩子的影响 ……………………… (68)
　　　　二、母亲的角色扮演及其对孩子的影响 ……………………… (72)
　　　　三、当下父母亲角色扮演的冲突与对策 ……………………… (75)
　　第3节　隔代教养的家庭关系及其对孩子的影响 …………………… (78)
　　　　一、家庭中的婆媳关系及其对孩子的影响 …………………… (78)
　　　　二、家庭中的祖孙关系及其对孩子的影响 …………………… (83)
第4章　儿童观与家庭教育 ……………………………………………… (91)
　　第1节　儿童的诞生 …………………………………………………… (91)
　　　　一、儿童被埋没在黑暗中 ……………………………………… (92)
　　　　二、儿童的发现 ………………………………………………… (94)
　　　　三、儿童的真正诞生 …………………………………………… (97)
　　第2节　儿童的权利 ………………………………………………… (101)
　　　　一、儿童权利的保证 …………………………………………… (101)
　　　　二、关于儿童的定义以及儿童权利的基本原则 ……………… (103)
　　　　三、儿童的权利 ………………………………………………… (107)
　　第3节　儿童在家庭中如何享有权利 ……………………………… (111)
　　　　一、"我是权利主体" …………………………………………… (113)
　　　　二、"我有我的尊严" …………………………………………… (115)
　　　　三、"我的世界我做主" ………………………………………… (117)
　　　　四、"把玩的权利还给我" ……………………………………… (120)
第5章　亲子观与家庭教育 ……………………………………………… (124)
　　第1节　历史视野中的亲子观 ……………………………………… (124)
　　　　一、中国古代亲子观 …………………………………………… (125)
　　　　二、中国古代亲子观的特点 …………………………………… (127)
　　　　三、中国近代亲子观 …………………………………………… (131)

第2节　比较视野中的亲子观 …………………………………………（134）
一、古代西方的亲子观 …………………………………………（134）
二、近现代西方的亲子观 ………………………………………（135）
三、中西方亲子观的比较 ………………………………………（141）

第3节　我国现当代的亲子观 …………………………………………（143）
一、亲子关系由等级服从关系转为平等民主关系 ……………（144）
二、由单向义务观转为双向义务观 ……………………………（145）
三、亲子关系由功利性关系转为非功利性关系 ………………（149）

第6章　成才观与家庭教育 ………………………………………………（153）
第1节　走入误区的家庭教育成才观 …………………………………（153）
一、成才不等于好成绩、好大学 ………………………………（153）
二、成才不等于超前发展 ………………………………………（155）
三、成才不等于出国留学 ………………………………………（156）
四、成才不等于"自然"成长 ……………………………………（159）

第2节　家庭要不拘一格培养孩子 ……………………………………（161）
一、在了解、尊重孩子天赋的基础上培养孩子 ………………（161）
二、在遵循孩子身心发展规律的基础上培养孩子 ……………（165）

第3节　家庭教育成才过程优先于结果 ………………………………（169）
一、基于过程哲学理解成才 ……………………………………（169）
二、家长培养孩子成才结果优先于过程所存在的问题 ………（171）
三、家长培养孩子成才过程优先策略 …………………………（172）

第7章　孩子的身体发展与家庭教育 ……………………………………（177）
第1节　家庭教育要从孩子的身体开始 ………………………………（178）
一、家庭教育需始于孩子自己的感觉 …………………………（179）
二、家庭教育要帮助孩子修身成人 ……………………………（181）
三、家长要关注孩子的性别教育 ………………………………（186）

第2节　家长要关注孩子的关键期教育 ………………………………（190）
一、关键期释义 …………………………………………………（191）
二、关键期发展的身心表现 ……………………………………（192）
三、关键期发展理论对家庭教育的启示 ………………………（193）

第3节　青春期发展特点及其家庭教育 ………………………………（194）
一、青春期身体发育特点 ………………………………………（195）
二、青春期心理发展特点 ………………………………………（195）
三、家庭如何进行青春期教育 …………………………………（198）

第8章 智商/情商/德商/财商与家庭教育 (205)
第1节 智商与家庭教育 (205)
一、智商 (205)
二、智力的构成 (207)
三、家庭教育提升孩子智商的途径 (208)
第2节 情商与家庭教育 (212)
一、情商释义 (213)
二、情商的构成 (214)
三、家庭教育如何培养孩子的情商 (215)
第3节 德商与家庭教育 (222)
一、德商释义 (222)
二、家庭教育如何培养孩子的德商 (223)
第4节 财商与家庭教育 (230)
一、财商与财商教育释义 (230)
二、我国家庭财商教育存在的问题 (231)
三、家庭如何进行财商教育 (232)

第9章 游戏与家庭教育 (238)
第1节 游戏与生存状态 (238)
一、什么是游戏？ (239)
二、游戏的功能 (242)
三、游戏：一种生存方式 (247)
第2节 游戏与孩子的发展 (251)
一、游戏是孩子获取快乐的一种主要手段 (251)
二、游戏是一种学习的手段 (253)
三、游戏就是一种学习 (256)
第3节 游戏与家庭生活 (259)
一、游戏精神——家庭生活的精髓 (259)
二、家庭消费中的儿童游戏 (260)
三、电子游戏与家庭生活的和谐 (261)

第10章 家庭教育投资 (266)
第1节 家庭资源类型 (266)
一、经济资本 (266)
二、人力资本 (267)
三、文化资本 (269)

四、社会资本 …………………………………………………（273）
  第2节　家庭教育投资选择 ……………………………………（274）
　　一、影响家庭教育投资的因素分析 …………………………（274）
　　二、家庭教育投资的具体决定 ………………………………（279）
　　三、家庭教育投资的理性选择 ………………………………（281）
  第3节　家庭教育投资策略 ……………………………………（285）
　　一、经济投入只是家庭教育投资的一种形式 ………………（287）
　　二、重视家长自身的文化资本投资 …………………………（289）
　　三、人力资本投资应关注孩子的全面发展 …………………（289）
　　四、社会资本是时间、精力和情感的合理投入 ……………（291）
参考文献 ………………………………………………………（294）

第1章　家庭与家庭教育概述

不要认为,只有当您与孩子谈话,或教导他,或命令他的时候您才在教育孩子。在您生活中的每一时刻,即使您不在家的时候,您都在教育着孩子。父母对自己的要求,父母对自己家庭的尊重,父母对自己的一举一动的检点——这就是首要的和最主要的教育方法。

——马卡连柯（苏联教育家）

学习目标

1. 掌握家庭概念及家庭结构、家庭权威、家庭功能。
2. 掌握家庭教育概念及其与学校教育的区别与联系。
3. 理解家庭教育的优势与局限。
4. 了解中西方家庭教育的发展历程。

学校教育与家庭教育是社会的两大教育系统,对人一生的发展起着重要作用,且是两个不同的教育系统,两者从人员结构到教育过程皆不同。然而,我国当下许多家庭未认识到两者间的差别,家庭围着学校转,家长为孩子看老师留下的作业、为孩子写完的作业签字、听孩子背课文等等,家庭教育成为学校教育的附庸,失去了其独立性,独特职能削弱。这种状况对学生的发展是极其不利的。为了更好地发挥家庭教育的职能,需了解家庭、家庭教育及其发展历程,本章将对此进行阐述。

第1节　家庭概述

家庭教育以家庭为依托,对家庭概念及其结构、功能等方面的了解,可为理解、探讨家庭教育实践提供背景性知识。

一、家庭概念

家庭是由婚姻、血缘或收养关系组合起来的初级社会群体,是人类社会中最基本的组织。家庭有广义和狭义之分,狭义是指一夫一妻制构成的团体,广义的则泛化为家族。换言之,狭义的家庭是指基于婚姻关系、亲子两代血缘关系或收养关系所形成的社会团体,这样的家庭由一对父母和未成年子女组成;广义的家庭是指具有共同的祖先、血缘,或具有姻亲关系、养育关系的人所组成的亲属团体,这样的家庭不但包括婚姻关系、亲子关系,还包括由婚姻关系所连接起来的较大范围的亲属关系。通过婚姻,夫妻一方的父母、兄弟、姐妹以及其他血亲同时成为配偶的亲戚。如此,广义的家庭成员包括夫妻及各自的(外)祖父母、兄弟、姐妹、姑姨和甥侄等。

家庭具有如下特点:

第一,家庭是最普遍的社会群体,每个人都与家庭有关。即便是孤儿,也是出生自合法或不合法的家庭;单身者,也是由家庭派生或游离出来的。

第二,这个群体间的人际关系是最亲密的。夫妻间有爱情;亲子间、兄弟姐妹间有血缘。除此之外,家庭成员间还有志同道合、经济上的利益等等各种关系。

第三,这个群体能满足人们多方面的需要。从物质到精神,从生产到消费,几乎无所不包,这是其他社会群体所不能满足的。

第四,这个群体对人的影响最早、最大、最深,个体身心皆留有家庭的烙印。

第五,家庭成员间的相互要求比其他任何群体都迫切。望子成龙、盼女成凤、妻以夫贵、夫以妻荣、光宗耀祖等等观点,皆说明了这一点。

第六,家庭是社会组织的核心。家庭往往是人们思想、行动的出发点和归宿点。

二、家庭结构

按照规模可将家庭分为核心家庭、扩展家庭。核心家庭是指由一对父母和未成年子女组成的家庭。扩展家庭又分为主干家庭和扩大/联合家庭。主干家庭由一对父母和一对已婚子女(或者再加其他亲属)组成;扩大/联合家庭由一对父母和多对已婚子女(或者再加其他亲属)组成。

而现代的家庭模式已经远远超出核心家庭、主干家庭和扩大/联合家庭这种简单的三分法,朝更加多元方向发展,出现了单亲家庭、单身家庭、重组家庭、丁克家庭、空巢家庭等形式。单亲家庭指由单身父亲或母亲养育未成年子女的家庭;单身家庭指到了结婚年龄不结婚或离婚以后不再婚而是一个人生活的家庭;重组家庭指夫妻一方再婚或者双方再婚组成的家庭;丁克家庭指夫妻双方皆有经济来源、有生育能力,但不要孩子的家庭;空巢家庭为只有老两口生活的家庭。此外,还存在断代/跨代家庭、通勤家庭①、无父母的未婚子女共同居住,以及由实体婚姻产生的其他多人共居组合形式。

家庭结构的不同主要是受社会经济发展影响而形成的。当工业取代农业成为生产的主要形式,许多年轻的家庭成员离开了土地和乡村,到城市寻找工作。城里的生活环境和方式,常常会削弱他们与留在乡村的家人的联系,其家庭也常常为了求职或别的原因(如更好的居住条件、更适宜的气候、退休等)而不断搬迁。因此,生产形式由农业转向工业常常导致家庭结构以扩展家庭为主转向以核心家庭为主,家庭便有了更大的流动性。

伴随着扩展家庭向核心家庭转变,个人有了更多的自由和流动性,婚姻的基础也在发生变化。在扩展家庭中,子女婚姻伴侣的选择对整个家庭的成员都很重要。因为,婚姻在建立整个家庭的经济、社会地位方面扮演了重要角色,所以,配偶的选择就成为一条建立亲属之间联系的途径。在古代农耕社会里,选择配偶太重要了,以至于不能留给子女个人自己解决,而一定要由父母或家族的长辈们来安排才行。有时,配偶的选择会在父母与子女自己的意愿之间产生冲突,甚至由此而产生悲剧,如梁山伯与祝英台的故事。与扩展家庭相比,婚姻之于核心家庭的意义则不同。人们选择婚姻对象主要是为了满足个人的需要(尽管经济上的需要仍是许多夫妇考虑的重要因素),而不是家族或部落的需要或愿望。因为,随着核心家庭的出现,家庭之间的联系相对不那么重要,婚后人们通常与亲戚分开居住,除了他们自己和未来的子女以外,婚姻伴侣的选择不会那么直接地影响到其他人。当个人的选择成为婚姻的基础时,爱情在婚姻中所扮演的角色越来越重要,性吸引、激动甚至狂喜的感觉以及把对方理想化的"爱"的状态成为人们走进婚姻的动力。同理,爱情的缺少也是人们离婚、家庭解体的重要原因。一旦爱情成为构建婚姻、家庭的最重要的基础,爱情的不稳定性也会影响家庭的稳定,单亲家庭、重组家庭等随之出现。

三、家庭中的权威

走进婚姻、组建家庭的夫妻将会面临许多新的问题。如,住在哪里?房子如何装修?谁负责做饭、买菜以及打扫卫生?邀请哪些朋友来家里吃饭?每当要做这些决定时,一个问题就产生了:在家里谁有权做决定?简言之,谁当家?

在不同社会、不同家庭中,家庭权力的分配不尽相同。概括起来看,家庭中的权威有以下几种模式。

---

① 通勤家庭指在不同城市里或同一城市的不同地方工作的夫妻,周末在其中一方的住处度过。

1. 父权制

假如一个社会期望男性去主导家庭主要的决策,这样的社会被称作父权制,父权制是历史上大多数家庭的模式。在父权制社会中,通常情况下,虽然年长的女性也会获得尊敬与善待,但年长的男性最有权力,女性的地位通常藉由她和男性亲属的关系来决定,如作为妻子或姐妹。在许多父权制的社会中,与男性比起来,女性想要离婚比较困难。

2. 母权制

在母权制社会中,女性比男性更有权威,即家庭中最年长的女性拥有大部分权威。母权制始于氏族公社的产生,终止于父权制的确立。这种观点主要产生于19世纪,但至今还没有确凿的证据表明妇女曾同样拥有过现在男人所具有的对家庭乃至社会的权威。父权制社会里,个别家庭也可能由于没有最年长的男性而由女性领导。

3. 母主家庭[①]

在父权制社会里,个别家庭也可能由于没有男性而由妇女领导。某位妇女成为家庭的核心和最重要的成员,这种家庭叫母主家庭。这种情况常发生在战争年代或者男性外出工作的家庭等,或是当存在高离婚率、非婚生育等情况的时候,后者在现代社会更为普遍。然而,许多这种家庭只是形式上的女性主导,同居的男友或是前夫、不在家的丈夫等实际上还行使着相当的权力。

4. 平权家庭

这样的家庭中,丈夫和妻子的权力和特权大致平等。平权家庭的出现也是现代社会家庭发展的趋势之一,并与工业化相联系。在现代社会里,丈夫外出做工,通常每个工作日离开家8~12小时,这必然削弱了他们在家庭的权力。此外,妻子的生活世界也不再局限于家庭,她们也成为劳动力大军中的成员,经济上独立了,对丈夫的依赖就减少了,进而提高了她们在家庭中的地位。正是这些变化,促使越来越多的丈夫和妻子开始平等拥有家庭权力。然而,需要注意的是:即便在平权家庭里,许多重要的决定还是由丈夫做出的。

四、家庭的功能

家庭之所以重要,是因为它对于个体而言具有其他社会组织所不具备的功能。下面我们就家庭功能的表现及其对个体的影响进行分析。

---

① (美)戴维·波普诺. 社会学[M]. 李强,等,译. 第10版. 北京:中国人民大学出版社,2002:396.

(一) 家庭功能的表现

在文字出现以前的社会里,家庭基本上是自给自足的,因而能满足大部分家庭成员在生理和感情上的需求。家庭成员一起从事种植、采集、狩猎、修建房屋等工作,父母或其他长辈教给孩子们长大后必需的技能,帮助他们培养是非感,家长决定个人分工并裁决家庭争议。

现代家庭更加专门化,所发挥的作用也少了许多。学校和教师主要负责正式教育,政府和警察负责社会控制,工作单位负责经济供给,家庭发挥的功能主要表现为以下几方面。

1. 社会化

在许多方面,家庭都是承担社会化任务的理想场所。因为,家庭成员间有很多面对面接触的机会,家长也有很强的动力去教育后代,孩子的成长能得到密切关注。所以,家庭教育能有效传递所处社会文化的规范、价值观以及语言,孩子能在家较有效地学会认识自我,学会应该怎样对待别人。

2. 情感和陪伴

爱和感情对孩子来说如同学习一样重要,而且在其一生中都是这样。一个缺乏亲情关怀的孩子,其身体、智力、情感的成长以及社会性发展,都会受到损害。成年人虽然不会因为缺少爱而无法生存,但也需要感情和他人的陪伴。现代社会中人们很少有机会直接从家庭以外的人那里获得友爱和支持,因此,提供感情和陪伴已成为现代家庭的核心功能。正因为感情之于家庭的重要,一旦配偶中一方的感情需求不能在家庭内部得到满足时,家庭就有可能破裂。

3. 经济合作

在乡土农业社会,家庭是生产的主要单位。而在现代社会,大多数生产性工业在家庭之外进行,但家庭仍然是经济活动的重要单位,只不过由生产转化为消费,如购买房屋、汽车等。并且,随着已婚妇女大量进入劳动力市场,家庭的经济负担开始由夫妻双方共同承担。

4. 性规则

虽然全世界的性观念多种多样,但没有一个社会任由性泛滥,或将性完全看成是个人的事情。因为,性常常带来受孕、婴儿降生等,孩子的生身父母或受命父母有责任为其提供食品、居所和爱。因此,大多数社会强烈提倡合法生育而不是非法生育,对性行为进行规范,以确保孩子能获得明晰的血缘关系和适当的社会地位。

性行为的规范化、制度化对个体社会化极其重要。如果取消所有限制婚外性行为的规则,人们可能就不会再感到结婚的必要,或者即便结婚,也不会再和配偶待在一起。如此,儿童社会化就可能发生严重问题,儿童的养育可能会落在母亲身上,经济合作将不复存在,男女平等将不再可能,家庭作为感情和陪伴关系的稳定来源也将成为问题,伦理禁忌有可能发生,社会的文明程度将受损。

5. 提供社会地位

人们从家庭背景以及父母和亲属的社会地位,继承属于这个家庭的社会位置。家庭提供新生婴儿种族和族群的先赋地位,决定了这名新生儿在社会阶层化体系中的位置。除此之外,家庭的资源多寡也会影响到儿童未来追求某些机会的能力,比如接受教育的机会和专业选择等。

(二) 功能健全与功能障碍的家庭

尽管家庭有诸多功能,但不是每个家庭对个体成长都能发挥积极作用。这里,根据家庭功能健全与否把家庭分成两类,以便分析其对个体的影响。

1. 功能健全的家庭特征

大卫·奥尔森(David Olson)认为,功能健全的家庭一般有以下特征。① 家庭自豪感。好的家庭对于每一个家庭成员都是完整和忠诚的。家庭成员之间相互合作,他们以积极的观点看问题,以积极的方式解决问题。② 家庭支持。一个好的家庭对于每个成员都是关爱和理解的。它是一个有利于孩子的抚养和成长的环境。在这个环境中,家庭成员的需求能敏感地反映出来。家庭支持的一个重要特征是对责任的承诺,即在一个好的家庭中所有的成员患难与共。③ 凝聚力。好的家庭在依赖与独立之间保持一种健康的平衡,家庭的每一位成员都相互信任和欣赏。④ 适应性。今天这个瞬息万变的世界中,健康的家庭具有可塑性,能够适应社会变化。⑤ 交流。功能健全的家庭掌握了很好的与他人交流的技巧,尤其是善于倾听,知道哪些是必须要说的,哪些是要认真倾听的。⑥ 社会支持。功能健全的家庭鼓励其成员为社会做贡献,这样的家庭能积极地加入到社区、邻里、学校等各种场合的实践中去。⑦ 价值观。好的家庭有一个核心的、与目标一致的价值观,这可从父母的行为模式中显示出来。⑧ 欢乐。好的家庭过着欢乐的、自然的、愉快的生活,生活在这样家庭的孩子心理会比较健康。[①]

2. 功能障碍的家庭特征

功能健全的家庭给孩子提供一个安全和支持性的相互依赖的成长环境,而有功能障碍的家庭则不能。它们或许能满足孩子基本的物质需求,但肯定不能满足孩子思想健康成长的需求。有功能障碍的家庭在表现上并不完全相

[①] 转引自(美)玛丽·卢·富勒,格伦·奥尔森. 家庭与学校的联系——如何成功地与家长合作[M]. 谭军华,等,译. 北京:中国轻工业出版社,2003:28-29.

同,如托尔斯泰所说:"幸福的家庭是相似的,而不幸的家庭却各有各的不幸。"它们中有的使孩子紧张、不自信,有的限制过死,使孩子缺乏自我意识。但如果检视一下有功能障碍的家庭,其对儿童的发展通常有如下影响:① 不信任他人。在有功能障碍的家庭中成长的孩子一般很难学会信任他人。在学习相信他人的重要的年龄段里,孩子们如果精神上觉得不安全就不会信任他人。② 不自信。来自有功能障碍的家庭的孩子常常自我批评过多,常常感到内疚。③ 缺少欢乐。在有功能障碍的家庭中生活的孩子容易产生愤怒、厌恶、失望和悲伤的情绪。[①] 无疑,有功能障碍的家庭对孩子的影响是消极的。如果不及时采取措施,可能会影响其一生。

第2节 家庭教育概述

一、家庭教育概念

通常人们对家庭教育的理解包括两个维度,即广义的和狭义的。广义的家庭教育是指,家庭成员在家庭互动过程中相互实施的一种教育;狭义的家庭教育是指,父母或家庭中的长者自觉或不自觉地、有意识或无意识地对未成年的儿童施加的教育和影响。

二、家庭教育的特点

家庭教育作为教育的一种形式,与学校教育、社会教育有共性,但家庭教育毕竟是一种具有独立形式的教育,又有区别于其他教育形式的特点。下面我们对家庭教育与学校教育进行比较,并在此基础上分析家庭教育的优势与局限,以便更好地理解家庭教育。

(一)家庭教育与学校教育的区别

家庭教育自古就有,而作为制度化的学校教育则是近代社会大工业生产的产物。制度化学校教育的出现本身已昭示:家庭教育已不能完全满足个体社会化的需要,个体扮演职业角色所需要的专业素质主要由学校提供。但这并不意味着学校教育在促进个体社会化方面是全能的,在培养个体方面仍存在局限性。我们只有了解了两者间的区别,才能更好地理解家庭教育与学校教育各自所应承担的主要责任,以避免家庭教育成为学校教育的附庸。

---

① (美)玛丽·卢·富勒,格伦·奥尔森. 家庭与学校的联系——如何成功地与家长合作[M]. 谭军华,等,译. 北京:中国轻工业出版社,2003:29.

1. 教育目标不同

学校教育是有目的、有组织、系统的社会实践活动,它关乎国家的发展,培养什么样的人是国家意志的体现。在我国,各级各类学校的培养目标是根据党的教育方针以及社会主义教育的性质制定的,它是法定的,是面向同级同类学生群体的,任何人不能随意改变。而家庭教育目标的确定体现的往往是父母的意志,因父母的经历、文化素养、职业、志趣和爱好的不同而不同,家庭教育目标通常具有"个体性"。由于每个家庭的状况与条件不同,家庭教育的目标及其对学校的期望也就不同,当家庭与学校在教育目的及相关的教育价值观念不一致时,就容易产生冲突和矛盾,不利于受教育者的成长。

2. 教育环境不同

学校是育人场所,其整体环境充分体现了"教育性"、"控制性",从时空安排到师生言行都有一定的规范和要求。与在学校相比,人们在家中比较放松、随意。并且,家庭不只是一个教育场所,它还是个体生存、生活、休息、休闲、慰籍心灵的场所。因此,家庭除了教育功能外,还具有其他功能。正是由于家庭所具有的多种功能,它为成长中的个体提供了与学校不同的教育环境。

3. 教育内容不同

教育内容是实现教育目标的载体。由于学校教育实践有组织、有领导、有计划、有步骤、有评价,其教育内容的组织性、系统性也非常强。而且,学校教育教学内容通常以国家教育部门制订的教学计划为指导,以相对稳定的系统教材为依据,通常情况下教师按照教学大纲进行工作,不能随意更改教育教学内容。与学校相比,家庭教育具有随意性,家长认为孩子需要什么就教什么,发现问题或情况就进行相应内容的教育和训练。很多情况下,家长通过自身的言传身教和家庭生活实践,随时随地地进行教育,寓教育于生活之中。

4. 教育者角色扮演不同

教育实践主要在教育者与受教育者两个群体之间展开,两者角色扮演及其与受教育者关系的不同直接影响着教育效果。学校教育主要是在教师和学生之间进行的,家庭教育则在家长与孩子之间展开。在具体的实施过程中,作为教育者的家长与教师在扮演其角色过程中表现不同。从角色形成来看,家长属于主要由血缘关系连接而成的先赋角色,教师属于通过努力获致而成的自致角色[①]。前者是自然获得的,后者是通过后天努力争取的。人们只要生养了子女,自然就是父母,就是孩子法定的监护人和教育者。而作为教师,需要

---

① 自致角色又称"自获角色"或"成就角色",指主要通过个人的活动与努力而获得的社会角色。如律师、医生、教师,皆属于自致角色。——笔者注

个体首先获得教师资格。父母是孩子的第一任老师,家庭是孩子的第一所学校。而教师资格的获得则需要以相应的专业训练为基础,教育角色的形成是人为的。两者间的角色区别见表1-1。

表 1-1　家长与教师角色的比较[①]

角色	家长	教师
1. 功能范围	扩散而无限	特定而有限
2. 情感强度	高	低
3. 依恋	适度的依恋	适度的分离
4. 理性	适度的非理性	适度的理性
5. 自发性	适度的自发性	适度的计划性
6. 偏袒性	偏爱	公平性
7. 责任的范围	个人	整个团体
8. 功能的范围	抚养及非专业教导	专业教导及辅导
9. 与受教育者的关系	血缘关系、自然的、无选择的、长久的、双重身份	无特定关系、人为的、有选择的、短暂的、单一身份
10. 纪律	言传身教及处分	校规奖惩
11. 互动	亲密及互动对象少	疏离及互动对象多
12. 沟通与学习	透过语言及言传身教	透过文字及情景讨论
13. 作业	从家务中学习	从功课中学习
14. 评核	没有评核制度	透过考试升留级评核
15. 毕业与开除	亲子关系是终身的	毕业或开除,教导关系终止
16. 教育水平	兼职的、非专业的	专职的、专业的

正是由于家长与教师角色扮演的区别,他们的责任范围也就不同,这一点需引起家长们的注意。家长只有明晰自身的角色定位,才能更好地教育子女。

5. 教育方式与过程不同

学校教育通常采用的是班级授课制,课堂教学、班级是其教育实施的主渠道、主阵地。一位教师面对的通常是几十个甚至上百个教育对象,教育内容、手段和方法是一致的。而家庭教育相对于班级,其规模较小,尤其独生子女家庭,接受的常是一对一的教育——个别教育、个别指导、个别训练,家庭教育的方式、方法也是多样的,家长可以在休息、娱乐、闲谈、家务劳动等各种活动中对孩子进行教育和训练,走亲访友、参观旅游、购物等也是教育孩子的途径。

---

① 黄河清. 家校合作导论[M]. 上海:华东师范大学出版社,2008:34.

此外,个体接受系统的学校教育虽需要较长的时间,但相对于人生而言只是一段时间,个体成年后终究要走向工作岗位、走向社会。并且,学校教育是分阶段进行的,而家庭教育则是终身的、连续的。儿童、青少年在接受学校教育的同时仍受家长的影响,接受家长的教育。即使已进入社会生活,家长对他们的教育仍继续进行,只是侧重点不同。在学龄前与学龄期间,家长对子女进行的教育多为行为规范、智力开发、文化学习、思想品德和身体保健等方面的教育,而成年之后,则是为人处事、就业、恋爱、婚姻,以及夫妻关系、养育子女等方面的教育。

(二) 家庭教育的优势

家庭教育不但与学校教育不同,而且还具有学校教育所没有的优势。如果家长意识不到这一点,不能充分发挥其积极功能,会不利于孩子成长。具体来看,家庭教育的优势有以下几点。

1. 发展的基础性

父母是孩子的第一任老师,家庭是孩子成长的摇篮。每个人从一出生,就要受到家庭成员、家庭环境、家庭文化氛围的熏陶和影响,在家庭生活与人际交往中获得知识、经验,形成情绪、性格,养成行为习惯,进而影响着个体接受学校教育、参与社会生活的态度与能力。

2. 强烈的相互感染性

血缘关系通常使家庭成员之间关系密切,尤其是亲子之间。这种亲密的关系很容易使家庭成员间的相互影响充满感情色彩,容易相互感染。并且,家长感染力的大小,同家长与子女之间感情亲密、真挚的程度有直接关系。感情越亲密、真挚,感染力就越大;反之,感情越淡漠、疏远,感染力就越小。

3. 特殊的权威性

在家庭生活中,家长在子女心目中的地位通常是重要的,形象也是高大的。孩子会感受到父母是自己生存和生活的依靠者,是家庭生活的支柱。家长较深的阅历和丰富的处理家庭内外事物的经验,使子女由衷地佩服、尊重和信任他们。家长通常在孩子的心目中享有较高的威望,具有较大的权威。尽管如此,家长的权威并不是自然形成的。只有那些真正关心孩子、爱护孩子,以身作则,严格要求自己,处处给孩子作出好榜样,并能为孩子所领会的家长,才能有较大的权威。

4. 鲜明的针对性

常言道:"知子莫如父。"最了解孩子的是父母。父母对孩子的了解一方面源于长期的生活共处,另一方面在于父母对子女深切而真挚的爱和望子成龙的迫切感、责任心,促使父母密切注视子女的一言一行,洞察子女瞬间的情绪、情感变化。父母对子女全面深刻而系统的了解,有利于家庭教育从孩子的实际出发,因材施教、对症下药,从而使家庭教育体现出鲜明的针对性。

5. 固有的继承性

家庭教育也具有继承性。人们在家庭中受父祖辈影响而成人,也常常用同样的教育内容和方法去教育自己的后代,并以"家风"、"门风"、"家学"、"家传"等形式表现出来。所谓"家风"(门风),指的是一个家庭在代代繁衍过程中,逐步形成的较为稳定的生活作风、生活方式、传统习惯、家庭道德规范,以及待人接物、为人处世之道等等,其核心内容指一个家庭的思想意识方面的传统。所谓"家业"、"家传"或"家学"等,指的是一个家庭世世代代都从事的职业,或是多代人都具有同样的兴趣、爱好、学问、专长。中国古代就有"家学渊源"、"世代书香"等说法。[①] "家业"、"家传"、"家学"的形成,对于培养造就某种特殊技能和学问的专门人才,成为各行各业的骨干,具有十分重要的意义。

6. 教育内容的丰富性和方法的灵活性

家庭教育虽不像学校教育那样设置多门类课程,但其内容却相当广泛和丰富,远远超出学校教育内容所涉及的范围。因为,家庭是社会的细胞,家庭生活及其实践内容丰富而复杂,孩子潜移默化地受其影响。加之,父母为使孩子适应社会发展的需要,常千方百计地促进孩子各方面的发展。因此,家庭教育所涉及的内容要比学校广泛得多。内容的丰富性,意味着方法的灵活性。家庭随时随地都在对孩子进行教育,并没有固定的"程式",方法常常灵活多样。

(三)家庭教育的局限

我们在关注家庭教育优势的同时,也要注意家庭教育所存在的局限性,才能扬长避短。家庭教育的局限性主要表现为以下几点。

1. 家庭教育资源不平衡

每个家庭在享有经济、文化、社会资源方面并不相同。有的家长文化素质高,有教育能力,重视并能胜任教育子女;有的家长文化素质低,虽望子成龙,但缺乏教育能力。有的家庭富有,能满足子女所必需的物质生活需求,为子女择校及其发展提供相对较高的发展平台;有的家庭相对贫穷,面对生存压力,不得不牺牲孩子求学的机会。有的家长社会身份、地位较高,并把这种优势渗透于孩子在校接受教育的各个环节,在享有学校教育资源方面占有优势;有的

---

① 赵忠心. 家庭教育学:教育子女的科学与艺术[M]. 北京:人民教育出版社,2008:122-123.

家长社会身份、地位较低,在为孩子发展谋求机会方面力量相对较弱。针对家庭教育资源的不平衡性,如果家长不能反思其对孩子所产生的各种影响,将影响孩子的可持续发展。如,富有的家庭,在为孩子打造各种教育条件的同时,孩子可能容易形成娇骄二气,进而影响良好人际关系、承受挫折能力等方面的发展;贫穷的家庭,如果处理不好立志、努力、求助、调整心态等因素之间的关系,可能不但使孩子输在起跑线上,而且还影响孩子的心理健康。

2. 家庭教育易缺乏理智

由于血缘关系,亲子之间情感色彩较浓,家长在教育孩子时易感情用事。如,有的家长过度溺爱孩子,对孩子姑息迁就、放任自流;有的家长望子成龙心切,当孩子的表现达不到自己的期望时,恨铁不成钢,在教育孩子时可能会操之过急、方法简单粗暴。感情用事的教育常常导致失败,姑息迁就的易使孩子唯我独尊、缺乏自制,恨铁不成钢的常常使孩子自卑、紧张焦虑。

3. 家庭教育比较封闭

每个家庭都是一个相对独立的社会组织单元。家长如何指导、管教子女,给子女什么内容的教育,主要取决于家长的兴趣特长、思想修养、文化素质、教育能力等方面。而家长的这些方面与社会生活的丰富性、复杂性相比,终究是有局限的。由于目前我国家庭教育学及其相关内容并未纳入学校课程体系,很多家长在教育子女时往往受自己成长经历的影响,教育子女的观念、方式常常沿用其父母的方式,致使一些家长在对孩子进行教育时不能与时俱进,影响孩子形成适应社会迅速变革所需要的素养。

由上可以看出,家庭教育优势与局限并存。对此,家长要有清晰认识,以便扬长避短,促进孩子身心健康发展。

三、家庭教育的影响因素

家庭教育是在家庭范围内进行的,家庭中的诸多因素会影响其教育的质量与效果,这些因素主要包括:家长自身的素养、家长对子女的态度与教育方式、家庭生活环境、家庭社会背景。

(一)家长自身的素养

家长自身的素养主要包括世界观、人生观与文化素养。家长的世界观、人生观反映家长如何看待世界、社会、他人、人生,如何对待周围的人和事,坚持什么样的人生道路。这些既会影响到家长为孩子树立什么样的榜样,也会影响家长把孩子培养成什么样的人。如果家长有正确的世界观、人生观,就会给孩子树立一个正确的榜样,赢得孩子的信任和尊重,有利于孩子听从家长的指导。反之,如果家长自私自利、缺乏进取、文过饰非,就很难使孩子具有责任感和进取心。

此外，家长的文化素养也是影响家庭教育实施的又一重要因素。家长接受教育的情况，在一定程度上决定着家长的理想、情操、思想境界、教育子女的能力，同时也影响着家长处理家庭关系的能力、家庭生活的方式等诸多方面，进而影响着孩子处在什么样的家庭生活环境之中。从既有研究来看，家长的文化素养及其所创设的家庭生活氛围对孩子的在校学业成绩、思想品行的影响极其显著。

（二）家长对子女的态度及其教育方式

由于家长是子女的养育者、教育者，他们对子女的态度会引起孩子强烈的反映，进而影响其身心发展。家长对子女的态度主要表现为：家长对子女热爱、关心的程度和方式，以及在此基础上所形成的对子女的期望与教育方式。尽管父母爱自己的子女是一种天性，但父母对孩子的爱是否被孩子感受到，并且孩子所感受到的与父母想表达的是否一致，对孩子影响较大。由于有些家长忙于自己的工作，可能会被孩子误解，认为自己被忽视了。有的家长对孩子恨铁不成钢，孩子的行为让其失望，遂有了放弃不管的想法。或者夫妻双方出现矛盾，疏于管教孩子，孩子可能形成孤僻、厌世、冷漠的心态。

家长对子女的态度与教育方式还与家长对子女的期望紧密联系在一起。根据皮革马利翁效应，家长对孩子合理的期望越高，对孩子的激励越大，对孩子身心发展所起的积极作用就越大。如果家长不对孩子抱有期望，或者对孩子的期望带有不切实际的盲目性，对孩子的发展都是消极的。不抱期望会让孩子感到自身没有意义与价值，容易自我贬低；期望不切实际，容易让家长产生急躁情绪，失去应有的理智和耐心，使孩子望而生畏、丧失上进的勇气。

 知识小卡片

在古代希腊，曾流传过这样一个神话故事：塞浦路斯国王皮格马利翁，非常喜欢雕刻，一次他雕刻了一座美女头像，雕成后，他对自己的作品喜爱、欣赏至极，幻想美女雕像能成为一个真的美女。国王每天都这样向往着，期盼着……后来，那美女雕像有了灵感，果然变成了一个活生生的美女。

1968年，罗森塔尔和福德两位美国心理学家来到一所小学，他们从一至六年级中各选3个班，在学生中进行了一次煞有介事的"发展测验"。然后，他们以赞美的口吻将有优异发展可能的学生名单通知有关老师。8个月后，他们又来到这所学校进行复试，结果名单上的学生成绩有了显著进步，而且情感、性格更为开朗，求知欲望强，敢于发表意见，与教师关系也特别融洽。

> 实际上，这是心理学家进行的一次期望心理实验。他们提供的名单是随便抽取的。他们通过"权威性的谎言"暗示教师，坚定教师对名单上学生的信心，虽然教师始终把这些名单藏在内心深处，但掩饰不住的热情仍然通过眼神、笑貌、音调滋润着这些学生的心田，实际上他们扮演了皮格马利翁的角色。学生潜移默化地受到影响，因此变得更加自信，奋发向上的激流在他们的血管中荡漾，于是他们在行动上就不知不觉地更加努力学习，从而有了飞速的进步。
>
> 这个令人赞叹不已的实验，后来被誉为"皮格马利翁效应"（也称"期待效应"或"罗森塔尔效应"）。
>
> （资料来源：皮格马利翁效应[OL].百度网.http://baike.baidu.com/view/41268.htm）

（三）家庭生活环境

家庭生活环境主要包括家庭结构、家庭经济生活状况、家庭成员之间的关系和家庭生活方式等方面，它们都对孩子的身心发展产生影响。

1. 家庭结构

家庭结构不同对孩子的影响也会有所不同。目前，核心家庭在我国占主导地位。核心家庭的特点是成员之间辈份数少，关系密切，内聚力大；子女和父母关系密切，父母的权威较高，家庭成员之间的关系较为容易协调，对子女实施教育也比较顺利；父母是子女的教育者，他们必须对孩子的管理和教育全面负责，没有别人可以依赖，家长管理和教育子女的责任心更强。但核心家庭也有不利于教育子女及其身心发展的一面。如，在城镇，父母大多是双职工，孩子们常独自上学、回家，"脖子上挂着钥匙"成为他们的特征。这些"脖子上挂钥匙"的孩子，父母不在家时，如果能独立安排自己的课余生活和学习，会有利于锻炼他们独立生活的能力。但是，由于家长和孩子接触机会少，有时候难以了解孩子的全面情况，也难以控制他们行动和活动的范围，很容易放任自流，孩子容易受到社会上的不良影响，这在寒暑假表现得尤为明显。

扩大家庭、残破型家庭等形式也对孩子产生较大影响。在扩大家庭里，由于家庭成员间的关系层次比较多，教育者和受教育者之间的关系也比较复杂，有父母子女关系、祖孙关系等；教育者的年龄差距比较大，经历不同，思想观念也不同，教育思想很容易出现不一致，这样往往不利于对孩子进行教育，削弱教育效果，还有可能养成孩子的两面性格，当着祖父母的面是一套，当着父母的面又是另外一套。残破型家庭的子女，往往独立生活的能力较强，忍辱负重、克服困难、艰苦奋斗的精神也比较强,这是逆境对人磨炼的结果。尽管如此,残破型家庭,特别是夫妻离异所造成的残破型家庭,在子女的教育上,同完全型家庭相比较,不利因素还是更多一些,困难更大一些,特别是对未成年子女的教育影响更大。此外,单亲家庭、重组家庭等对孩子身心发展的负面影响也不容忽视。

2. 家庭经济生活状况

家庭经济生活状况,指的是家庭经济收入多少、生活水平高低。家庭富裕虽不是家庭幸福的唯一条件,但却是一个重要条件。富裕的经济条件可为子女提供多渠道的教育投资,家庭成员之间因经济问题而产生的冲突和矛盾也更少,关系更为融洽。这些对孩子的发展是比较有利的。随着我国经济的不断发展,生活水平的不断提高,一些不良现象开始出现。如家长不再或很少让孩子承担家务劳动,于是,一些独生子女变得不爱劳动,贪图安逸和享受,不利于其感恩心态、责任感的形成。

此外,我国当下社会阶层之间的差异已比较明显。家长对阶层及其自我阶层归宿的认识也会影响孩子学习动机的形成。有的家长自身经济条件尽管不错,但如果让孩子认同了"学好数理化,不如有个好爸爸"的观点,可能会养成孩子坐享其成的心理,自我要求不高。有的家长尽管自己的经济收入不高,但如果能与孩子分享自己的求学经历、生存感悟,分析掌握知识、形成能力与学习之间的关系,在一定程度上可以激发孩子学习的积极性。

3. 家庭成员间的关系

家庭成员间的关系主要是指家庭中成年人之间的相互关系。在核心家庭中,指的是父母之间的关系;在主干家庭里,指的是祖父母之间、父母之间、父子之间、婆媳之间的关系。家庭成员间的关系是亲密还是冷漠,是和睦还是矛盾重重,是团结一致还是四分五裂,是相互平等还是高低贵贱,是相互尊重还是独断专行,对未成年子女的身心发展影响较大。因为,未成年子女缺乏独立生活的能力,不可能脱离家庭、父母而独立生存和生活,家庭成员间关系的好坏影响到他们能不能得到安全、平静、温暖和幸福。通常情况下,家庭成员间所形成的家庭生活氛围、家庭生活秩序和家庭稳固程度,与子女的学习、品德发展状况成正比。

(四)家庭社会背景

家庭教育虽然有一定的封闭性,但家庭并不孤立于社会,并处处受社会的影响。家庭所处的时代背景、所处的国度及其社会区域都会影响家庭教育的思想观念、方式方法。如在中国封建社会,不论是统治阶级的家庭还是被统治阶级的家庭,都特别注重"孝道",教育子女要"孝顺",而当下,家长们开始重视对子女进行自尊、自信、自主、平等和民主等方面的教育。由于历史文化背景不同,中西方家庭教育观念也会有不同。如,在教育方式方法上,中国家长注重说教,西方家长比较重视实践;中国家长注重孩子听话,西方家长重视孩子的个性。此外,家庭所处的社会区域由于存在城乡差别、地区差别、社区差别,也对家庭教育产生影响。

四、家庭教育原则

家庭教育原则是家庭教育过程中应遵循的基本要求。遵循家庭教育原则有利于提高教育效果,反之,则不利于孩子的成长。家庭教育原则也随时代的变迁而变化,根据当下社会发展对人才的需要及个体身心发展的规律,家庭教育应遵循下列原则[①]。

1. 平等与尊重原则

心理学研究证明:孩子与父母平等地争辩,不仅是互爱的一种体现,而且能够帮助孩子树立信心,明辨是非,丰富想象力和创造力,而家长的独断专行对孩子人格的影响是灾难性的。由于受我国文化传统的影响,许多家长觉得辛辛苦苦赚钱养孩子,孩子就应该听自己的,必须服从自己。有的家长只希望孩子对自己言听计从,而不能有自己的观点或者申辩,否则就对孩子大声训斥。长此以往,孩子长大后很可能是一个人云亦云的人,没有自己的观点;一旦得势,也容易飞扬跋扈。对此,家长要进行自我反思。当下,社会已处于转型期,维护个体权利、相互尊重、平等相处,已是处理人际关系所必须遵循的原则。如果家长不改变自己的观念,孩子与他人相处时易自我压缩或居高临下,不利于与他人相处及自我实现。家长要把孩子看做是与自己平等的人,尊重孩子。如此,孩子才能学会尊重父母、他人。

2. 交流与信任原则

良好的交流与沟通对于家人幸福相处及孩子健康成长都是必要的。亲子之间只有经常沟通与交流,家长才能了解孩子的喜怒哀乐,才能切实满足孩子的内心需要,让孩子体会到家长的关怀,产生安全感和幸福感,形成一种健康的心态。也只有通过经常沟通与交流,孩子才能了解父母生活、工作的境遇,才能分享父母的生存感悟,习得对待生活的态度与处事经验。然而,现实生活中,有的家长并不重视亲子交流,甚至错误地认为:"有书你读,有饭你吃,有衣服你穿,还想什么?"殊不知,个体的成长不但需要物质,也需要精神和情感。

---

① 家庭教育十大原则[EB/OL]. 搜狐教育频道. [2005-10-25]. http://learning.sohu.com/20051025/n240584590.shtml.

如果家长忽略孩子的精神、情感需要,孩子和家长就可能没话可说。长期下去,儿女和家长相处会变得越来越尴尬。建立良好的亲子沟通,还需要宽容信任的氛围。如果家长从孩子小时候起就很信任他,对孩子的不当之处宽容以待,相信孩子能处理好自己的问题,孩子就愿意敞开心扉,也容易接受家长的指导。否则,孩子对家长产生畏惧、隔膜心理,亲子之间就很难沟通。

3. 自由与鼓励原则

中国很多家长总希望孩子学习成绩好了再好,乖了再乖,总是把孩子管得很严。这样做,有的孩子虽然一时取得了高分,但却不利于其可持续发展。家长管得太严,会压抑孩子的个性,往往吃力不讨好,甚至引发悲剧。孩子的成长无法替代,孩子的能力离不开选择与尝试。家长应相信孩子,给孩子一个相对自由的发展空间,引领、鼓励孩子去探索。家长要避免这样的坏习惯,即当孩子取得好成绩时便说:"是不是偷看来的?"当孩子成绩差时又说:"你从来都是这样差的。"尽管是很随意的一句话,却大大伤害了孩子的心灵。

4. 全面发展与因材施教原则

家庭教育要注意孩子德智体美劳全面发展,智商、情商、德商、财商缺一不可。在遵循孩子身心发展规律的同时,落实因材施教。心理学研究表明,个体在成长过程中其身心发展有阶段性,也有个体差异性。针对阶段性,家长要在孩子发展的不同阶段采用不同的教育方式,要随孩子年龄的增大而不断改变;针对孩子的个体性,家长要根据孩子的兴趣、爱好等个性心理特点进行教育。

5. 统一原则

哲学家康德认为,只有接受过教育,人才能成为真正意义上的人。从广义上讲,教育包括家庭教育、社会教育和学校教育,三者间相互统一,效果才更好。否则,就会出现"5+2=0"现象("5+2=0"是当今被谈论较多的德育热点话题之一,它指的是5天的学校教育与2天的家庭、社会教育结果相抵消)。因此,在对孩子的要求方面,家庭要和学校统一起来,以免孩子无所适从。统一原则不但指学校教育与家庭教育要统一,还要求家庭成员之间在教育观念、教育要求方面要一致,以避免孩子不知道听谁的,结果就谁的都不听。

6. 榜样原则

家长是孩子的第一任老师,也是孩子最初的模仿对象。俗话说:"上梁不正下梁歪。"榜样的影响是深远的。家长希望孩子成为什么样的人,自己首先要做出榜样,家长对孩子的期望就是对自己的要求。在孩子面前,家长言行不能率意而为,一定要做好榜样,别在孩子幼小的心灵里种下不良的种子。

第3节　家庭教育的发展历程

家庭作为社会的基本组织，随着社会的发展变化而变化，家庭教育作为家庭的主要功能也随之发生变化。了解家庭教育的发展，有助于从历史视角理解家庭教育与社会发展境遇之间的关系，以为当下的家庭教育提供借鉴。

一、国外家庭教育的发展历程

一部社会发展史也是一部家庭史、一部家庭教育史，国外家庭教育在不同历史时期、不同国家会有不同。这里主要就古代、近现代、当代各时期一些主要国家的家庭教育给予简要介绍。

（一）国外古代家庭教育

在原始社会，生产手段落后，生产力发展水平极低。单靠个人的力量不能抵御猛兽和自然灾害的侵袭，许多家庭被迫为生存而联合起来，以保护每一个人——特别是孩子——免受饥饿、风雨和疾病的折磨。生存现实迫使许多家庭群居在一起，他们拥有共同的习俗和信仰，为安全而互相帮助，这些群体成为氏族，氏族联合起来成为部落。部落比氏族更能保护它的成员免受其他部落的侵袭，并为每个成员提供食物，照顾生病的个体。儿童通过观察他们的父母或部落中的其他成年人来进行学习。他们知道他们的责任并承担这些责任，逐渐被部落文化教化（社会化）。部落及其传统、风俗等也正是通过儿童的社会化得以存在和延续。

随着畜牧业、农业和手工业分工的扩大和交换的发展，特别是金属工具的使用，社会变得复杂了，儿童必须学会更多有用的东西而成为有能力的人，家庭教育也随之发生了变化。如在雅典，为了把奴隶主的子弟训练成为身强力壮的武士、具有一定的知识与文化教养的商人或是能言善辩的政治家和社会活动家，雅典的家庭教育从小就注重使儿童全面地、和谐地发展。在雅典，7岁前男女儿童在家庭中接受同样的教育，其内容包括唱歌、讲故事、讲神话、玩球等活动，以及礼貌行为习惯的培养。7岁以后，女孩仍留在家中，继续由母亲照顾和教育，学习纺织、缝纫、刺绣等方面的技能，不进学校学习文化知识；而男孩则进入文法学校、弦琴学校、体操学校等各类学校学习，接受德、智、体、美和谐发展的教育。与雅典人注重和谐文雅的教育不同，斯巴达人尚武，重视军事、体育教育。在斯巴达，儿童属于国家所有，由父母代替国家抚养。婴儿出生后，就开始接受斯巴达式的训练，如在酒中洗浴、教孩子忍受饥饿和痛苦等。男孩长到5岁左右便常由其父亲带着参加成人聚会或集体用餐，通过观察成人的活动而受到斯巴达生活方式的初步熏陶,7岁则被送入国家教育机关——"教育场"过军营生活,进行严格的军事训练。

及至中世纪的欧洲,不论是贵族家庭还是农民阶级的孩子都被看成是"小大人"。教会强烈地影响着政治、家庭生活和子女教育,孩子被认为是邪恶的,社会上处处都存在着"把儿童的邪恶鞭笞出来"的信条,所有阶层的父母在感情上都漠视他们的孩子,甚至把他们遗弃给奶妈或修道院。正是由于宗教文化的影响,中世纪时欧洲的家庭教育并不重视科学文化知识,而具有了与以往不同的形式——"骑士教育"。"骑士教育"的接受对象是一般封建主家庭的男孩,具体内容为"骑士七技"——骑马、游泳、投矛、击剑、打猎、弈棋和吟诗。骑士教育是一种融合宗教教育与尚武精神为一体的、封建主阶级的特殊形式的家庭教育,目的在于培养身体强壮、虔信上帝、忠君爱国的武士,以维护封建主的统治。除了骑士教育外,还有宫廷教育。宫廷教育就是聘请一些有学识的僧侣对帝王、王族和大贵族子弟进行教育,其主要内容是"七艺"①、拉丁语和希腊语,以培养封建社会的统治者。这种宫廷教育实际上是一种高级的家庭教育。世俗封建主的女儿则一般在家庭中接受贤妻良母式的教育,其内容主要是纺织、编织、缝纫等家事,以及礼仪、音乐、舞蹈、识字、读书、祈祷、唱宗教赞美歌等方面的训练和教育,只有极少数名门闺秀学习一些较高深的文化知识。

文艺复兴和宗教改革时期,中世纪的家庭教育观念和教育方式方法被改变,个性和自由渗透到儿童中间。与中世纪认为"儿童是邪恶"的相反,儿童被认为是纯洁和善良的,家庭开始重视教育子女。卢梭(1712—1778)在《爱弥儿》中提出,儿童的世界必须从傲慢不逊和矫揉造作的社会中解放出来,使其在一种有弹性的、自由的环境中成长。裴斯泰洛齐(1746—1827)发展了卢梭的思想,认为所有阶层的母亲都应该在家中教会儿童学习实际的基本技能,使儿童作为完整的人得以发展。其后,"家庭必须为儿童做准备"的观念得到深化,并随着印刷术的运用,进一步促进了家庭教育的发展。

(二)国外近现代家庭教育

随着工业革命的出现,英法等西方国家进入了资本主义社会,国外家庭教育进入了新的阶段。18、19世纪的工业革命给法国和英国带来了巨大的社会政治危机,经济环境恶劣,导致一些家庭没有能力保护儿童,儿童成为家庭的负担,许多穷苦人家10岁左右的孩子常常在工厂从事廉价劳动,每天工作时间长达10至14小时。

---

① 七艺指逻辑、语法、修辞、数学、几何、天文、音乐。——笔者注

当然,并非所有的家庭都是这样。柏格认为,当时的家庭分为三类:富裕家庭、中产阶级家庭、贫穷家庭。富裕家庭把孩子交给他人抚养,对儿童很冷漠。交给他人抚养是因为,富裕家庭重视孩子的教育,以培养自己产业的继承人和事业的接班人;对孩子冷漠是因为,父亲通常整年、整月、整日埋头于资本的原始积累,母亲则成天沉溺于享受、交际和娱乐,无暇顾及子女的管理和教育。因此,富裕家庭把孩子的管理工作交给保姆,把孩子的教育工作交给家庭教师。教育家洛克、卢梭均做过家庭教师。富裕家庭一般都关心和注重孩子的身体保健和锻炼以及道德品质教育和文化科学知识的学习。尤为注重知识教育,不仅注重书本知识,还很重视实际操作的技能技艺训练。中产阶级家庭按照一定的模式指导、教育和塑造儿童;贫困的弱势家庭则没有能力维持家庭生活,对孩子的教育常常无暇顾及。

随着科学技术水平的提高,西方一些发达国家的家庭教育观也发生了改变。科技迅速发展使社会分工日益精细,工作和生活的节奏越来越快,职业技能更新的周期越来越短。这些既大大提高了经济效益,同时也改变了家庭生活,儿童的生活环境也有较大改善。家庭物质生活的丰富、工作竞争的压力及快节奏的生活,使家庭成员间的相互依赖性逐渐减少,家庭关系日益松动,家庭观念渐渐淡漠,个人的独立性更加强烈。基于此,现代西方发达国家的家庭教育通常都比较重视子女个性、独立生存能力的培养。

同时,现代一些西方发达国家的家庭教育也面临着新问题——家庭多元结构形态的影响。由于物质生活水平的提高,人们日益重视个体的自我感觉,对生活的质量要求也越来越高,家庭生活也越来越面临许多不可预测的变化。人们走在追求幸福的路上,家庭的稳定性受到威胁,家庭多样性境况出现——离婚家庭、单亲家庭、未婚母亲、再婚家庭、同性恋家庭所占比例已不容忽视。生活在这些家庭中,孩子会深受影响。如,离婚家庭的孩子很多情况下会有焦虑、痛苦和不安全的消极心理;单亲家庭里,由于单亲妈妈或爸爸在面对孩子时要扮演多种角色,加之为谋生而带来的经济压力,在教育孩子时常常会感到力不从心。

(三)当代国外发达国家的家庭教育

中外人才的差别很大程度上与家庭教育的不同是分不开的,下面简要介绍一下美国和日本的家庭教育。

1. 美国的家庭教育

第二次世界大战以后,美国的世界地位、发展态势令人瞩目,其学校教育、家庭教育思想观念及教育方式也成为人们学习的对象。美国家庭教育目的、教育内容、教育方式的具体表现如下:

(1) 美国家庭教育的目的

在进行中美学生素质对比时,常常会发现:中国学生有三好——考试成绩好、书本知识掌握得好、基本功好,美国学生有三强——创新能力强、动手实践能力强、语言表达能力强。中美学生之所以有如此差别,与两国的家庭教育的目的和定位有关。

与中国父母希望孩子"听话"不同,美国父母希望把孩子锻炼成"独立的人"。为了实现这一目的,他们对孩子的教养采取放手而不放任的方法。所谓放手,即从孩子一生下来,父母就设法给他们创造自我锻炼的机会和条件,让他们在各种环境中得到充分锻炼。在生活方面,美国的孩子从小就独立睡觉。再大些时,就拥有自己独立的空间,在自己的领地内,孩子可以自己安排房间的格局并负责房间的清洁和卫生。等孩子长大了之后,父母对于他们的限制就会越来越少。从选择到哪所学校学习、在哪个城市工作,到和谁结婚、在哪里定居,美国父母都给孩子以足够的选择机会和权利。在经济方面,美国父母对孩子的零用钱都有严格的要求和规定。据调查发现,美国54%的青少年学生没有零用钱,约有68%的受访青少年学生打零工赚取零用钱。在学习方面,美国父母一般都很少监督孩子作业是否已经完成,相反,他们更注重培养孩子的动手和独立思考的能力,注重发挥他们的天赋。[①]

(2) 美国家庭教育的内容

有什么样的教育目的,就会有什么样的教育内容。美国家庭教育内容丰富,注意让孩子在体力、认知、语言、社会性、情感上获得和谐发展,与国内过分关注学习成绩相比,他们进行的是"真正"的素质教育。在促进孩子体力增强上,美国父母鼓励孩子多参加室内室外活动,如打羽毛球、踢足球、爬山等。在促进孩子认知能力的发展上,美国父母从小就注意培养孩子的阅读兴趣和能力,激发他们学习的欲望。同时,他们还注重孩子听、说、读、写各方面的发展。在社会性的培养上,从孩子幼时起,就鼓励孩子自己的事情自己做,有时也会采取一些奖励措施,鼓励孩子独立地面对社会。同时,美国家长也很重视孩子交际能力的培养,他们会鼓励孩子多参与一些集体活动,从而在集体生活中学会如何与他人相处。

(3) 美国家庭教育的方式

美国家庭重视民主和平等,尊重孩子的个性和人权,其教育方式为:孩子在家里有选择权,也就是说孩子能自主地选择自己的兴趣爱好,选自己的朋友等;孩子在家里有发言权,在一些家庭事务的决策上,孩子能发表自

---

① 孙琼如.中美家庭教育的比较与启示[J].教书育人,2002(14):2-5.

己的看法和意见;美国父母与孩子之间如朋友,他们能平等地交流,关系比较密切。

正是由于美国家庭教育目的、内容、教育方式的上述特点,才能培养出"创新、动手实践、语言表达"能力三强的孩子。

案例 1-1

洋媳妇教育孩子的方法,令中国婆婆大开眼界(节选)

儿子去美国留学,毕业后定居美国,还给我找了个洋媳妇苏珊。如今,小孙子托比已经3岁了。今年夏天,儿子为我申请了探亲签证。在美国待了三个月,洋媳妇苏珊教育孩子的方法,令我这个中国婆婆大开眼界。

每天早上,托比醒来后,苏珊把早餐往餐桌上一放,就自顾自地忙去了。托比会自己爬上凳子,喝牛奶,吃面包片。吃饱后,他回自己的房间,在衣柜里找衣服、鞋子,再自己穿上。毕竟只有3岁,托比还搞不清楚裤子的正反面,分不清鞋子的左右脚。有一次托比又把裤子穿反了,我赶紧上前想帮他换,却被苏珊制止了。她说,如果他觉得不舒服,会自己脱下来,重新穿好;如果他没觉得有什么不舒服,那就随他的便。那一整天,托比反穿着裤子跑来跑去,苏姗像没看见一样。

又一次,托比出去和邻居家的小朋友玩,没多大会就气喘吁吁地跑回家,对苏珊说:"妈妈,露西说我的裤子穿反了,真的吗?"露西是邻居家的小姑娘,今年5岁。苏姗笑着说:"是的,你要不要换回来?"托比点点头,自己脱下裤子,仔细看了看,重新穿上了。从那以后,托比再也没穿反过裤子。

我不禁想起,我的外孙女五六岁时不会用筷子,上小学时不会系鞋带。如今在上寄宿制初中的她,每个周末都要带回家一大堆脏衣服呢。

一天中午,托比闹情绪,不肯吃饭。苏珊说了他几句,愤怒的小托比一把将盘子推到地上,盘子里的食物洒了一地。苏姗看着托比,认真地说:"看来你确实不想吃饭!记住,从现在到明天早上,你什么都不能吃。"托比点点头,坚定地回答:"Yes!"我在心里暗笑,这母子俩,还都挺倔!

下午,苏珊和我商量,晚上由我做中国菜。我心领神会,托比特别爱吃中国菜,一定是苏珊觉得托比中午没好好吃饭,想让他晚上多吃点儿。

那天晚上我施展厨艺,做了托比最爱吃的糖醋里脊、油焖大虾,还用意大利面做了中国式的凉面。托比最喜欢吃那种凉面,小小的人可以吃满满一大盘。

开始吃晚饭了，托比欢天喜地地爬上凳子。苏珊却走过来，拿走了他的盘子和刀叉，说："我们已经约好了，今天你不能吃饭，你自己也答应了的。"托比看着面容严肃的妈妈，"哇"地一声哭起来，边哭边说："妈妈，我饿，我要吃饭。""不行，说过的话要算数。"苏珊毫不心软。

　　我心疼了，想替托比求情，说点好话，却见儿子对我使眼色。想起我刚到美国时，儿子就跟我说，在美国，父母教育孩子时，别人千万不要插手，即使是长辈也不例外。无奈，我只好保持沉默。

　　那顿饭，从始至终，可怜的小托比一直坐在玩具车里，眼巴巴地看着我们三个大人狼吞虎咽。我这才明白苏珊让我做中餐的真正用意。我相信，下一次，托比想发脾气扔饭碗时，一定会想起自己饿着肚子看爸爸妈妈和奶奶享用美食的经历。饿着肚子的滋味不好受，况且还是面对自己最喜爱的食物。

　　临睡前，我和苏珊一起去向托比道晚安。托比小心翼翼地问："妈妈，我很饿，现在我能吃中国面吗？"苏珊微笑着摇摇头，坚决地说："不！"托比叹了口气，又问："那等我睡完觉睁开眼睛时，可以吃吗？""当然可以。"苏珊温柔地回答。托比甜甜地笑了。

　　大部分情况下，托比吃饭都很积极，他不想因为"罢吃"而错过食物，再受饿肚子的苦。每当看到托比埋头大口大口地吃饭，嘴上脸上粘的都是食物时，我就想起外孙女。她像托比这么大时，为了哄她吃饭，几个大人端着饭碗跟在她屁股后面跑，她还不买账，还要谈条件：吃完这碗买一个玩具，再吃一碗再买一个玩具。

　　……

　　虽然苏珊对托比如此严格，托比却对妈妈爱得不得了。他在外面玩时，会采集一些好看的小花或者他认为漂亮的叶子，郑重其事地送给妈妈；别人送给他礼物，他会叫妈妈和他一起拆开；有什么好吃的，也总要留一半给妈妈。

　　想到很多中国孩子对父母的漠视与冷淡，我不得不佩服我的洋媳妇。在我看来，在教育孩子的问题上，美国妈妈有很多值得中国妈妈学习的地方。

　　（资料来源：洋媳妇教育孩子的方法，令中国婆婆大开眼界[OL]．豆丁网．http://www.docin.com/p-77913331.html）

2. 日本的家庭教育

日本家长希望孩子成为什么样的人呢？他们又是怎样教育子女的呢？与中国家庭教育相比，日本家庭教育注重以下几个方面。

(1) 重视自立教育

日本家庭从小就培养孩子自主、自立的精神，大部分家庭要求孩子做家务劳动，包括吃饭前后的帮忙甚至做饭，让孩子整理自己的房间及身边的东西，让孩子自己去买东西等。

(2) 重视挫折教育

日本人性格中包含自制、忍耐、忠诚等特点，它们的形成与其家庭教育重视挫折教育、毅力培养密不可分。如，小孩走路时摔跤，父母不是主动扶他起来，而是鼓励孩子自己站起来；大一点的孩子受到挫折，父母也是以鼓励为主，希望他们通过自己的努力去克服困难。

(3) 重视创新教育

日本家庭教育重视对孩子创新人格的培养，重视培养孩子的好奇心和冒险精神。孩子提出的各种问题，父母都要尽量解答。鼓励孩子从小就提问题，鼓励孩子有独立的想法、看法。

除美国、日本外，还有许多国家家庭教育的成功经验也值得我们借鉴。如培养出康德、尼采、海德格尔等哲学家的德国，在培养孩子方面彰显出其理性色彩。在德国家长看来，两代人之间的争辩，对于下一代来说是走向成人之路的重要一步。他们鼓励孩子就某件事与父母争辩，自由发表自己的意见。通过争辩，孩子会觉得父母讲正义、讲道理，从而赢得孩子的爱、依赖与尊重。要孩子做的事，通过争辩理解了，他会心悦诚服地去做。

二、我国家庭教育的发展历程

我国历史悠久，文化灿烂，也积累了丰富的传统家庭教育经验。

(一) 我国古代的家庭教育

在原始社会，家庭教育并未被家庭所特别关注，儿童主要通过观察父母、部落中的其他成年人实现个体社会化。及至进入文明社会，统治阶层为了培养其接班人开始重视教育。

早在夏、商、周三代，帝王家庭就设专人负责太子、世子的保育和教育工作。太子、世子一出生，宫里便设"孺子室"专事他们的保育和教育。太子、世子还在襁褓之时，就设有保傅之官"三公"及其副职"三少"。"三公"(或称三师)为太师、太傅、太保；"三少"(或称三孤)为少师、少傅、少保。他们实际上就是贵族子弟的家庭教师,分工是:保,负责身体保育;傅,负责道德培养;师,负责知识和经验的教导。

保傅之官都是由男子担任,为政府正式官员。他们的活动主要是在外廷,培养太子、世子将来在政治生活和社会生活中所需要的品德、知识和才干。在后宫内,也挑选适宜的女子来承担保育和教导太子、世子的事务。据《礼记·内则》记载,太子、世子出生以后,就要从后宫妃妾之中选择"宽裕、慈惠、温良、恭谨、慎而寡言者",分别担任太子、世子的子师、慈母和保母。此三者与外廷的师、傅、保相对应,因为她们各自分担"母后"的部分职责,所以统称"三母"。"三母"的职责分工是:子师负责行为规范的教育,慈母负责衣食及其他生活需要的供给,保母负责居室的安置料理。"三母"均陪同太子、世子居住在专门的宫室中,承担全部养育的管理事务,他人无事不往。

此外,据《礼记·内则》记载,我国古代贵族的家庭教育还考虑到婴幼儿年龄发育的特征。婴儿能自己吃东西时,教其用右手进食;开始学说话时,教男女孩不同的说话声调;男孩系革制衣带,女孩系丝制衣带,既表示男女有别,也是进行刚与柔不同性格的培养;6岁时,教其数数并识别东、西、南、北、中的方位名称;7岁时,男、女孩不坐同一席子上,也不共用一份食具;8岁时,开始进行进退礼让方面的训练;9岁时,教其计算日期,学习各种礼仪规定;10岁以后,有的外出求学接受学校教育,有的延请家庭教师继续在家里进行家庭教育。当时,家庭教育的内容和学校教育一致,主要是礼、乐、射、御、书、数等"六艺"。"礼"是指等级制度和行为规范;"乐"是祭祀天地、鬼神、祖先,歌颂帝王的音乐和舞蹈;"射"是射箭;"御"是驾御战车;"书"是政治历史、语言文字;"数"是天文、计算知识。

随着朝代更迭,社会不断向前推进,我国进入了封建时代,家庭教育的内容不断充实,影响深远。这里,我们姑且称其为传统家庭教育,其主要内容如下。

1. 传统家庭教育的目的

"齐家治国平天下"是我国封建社会对个体发展的要求,其中,"齐家"是"治国平天下"的途径和手段,也是家庭及家庭教育追求的目的,其具体表现为:

(1)学会做人以维护家庭和谐

纵观历代家训名篇,绝大多数都包含了长辈对少辈如何立身处世、待人接物等方面的教导。藉此,既可维护家庭和家族的和谐,又可明哲保身。

(2) 鼓励子弟读书入仕以光宗耀祖

随着汉代"独尊儒术"文教政策的确立,隋唐时期科举制的建立,以及宋元明清时期"读书取仕"文教政策的不断强化,读书和做官越来越紧密地联系在一起。读书是为了做官,读书也必定做官,成为古时广大士人与平民百姓改变自身社会地位的最佳选择。如"朝为田舍郎,暮登天子堂"、"书中自有黄金屋,书中自有颜如玉"等都是极为形象的写照。科举制盛行后,"科举入仕"是人们立身扬名、光宗耀祖最实在最便捷的途径,家庭教育的重心由此侧重于鼓励子弟应试科举。

(3) 教育子弟以耕读传家

农业是我国古代社会的主导产业,而农业要求人们春种秋收,只有耕耘才有收获,才能进行其他社会活动。教育子弟耕读传家是与当时的生存需要相适应的。因为,从事耕读意味着边读书边种田,进可以应科举以出仕,退则以力田为生,抚保妻子。耕读传家逐渐成为封建家庭教育的一种价值取向,家长希望孩子在读书的同时,不忽视农业劳动。

2. 传统家庭教育的内容

我国封建社会是伦理型社会,因此,"如何做人"的"修身"教育成为家庭教育中最重要的内容,具体内容如下。

(1) 志向教育

古人十分重视立志、持志,在这方面有许多论述。如墨子说:"志不强者智不达。"嵇康说:"人无志,非人也。"陆九渊认为:"患人无志耳。"而历史上广为流传的"岳母刺字"的故事,是古代家庭教育中教子立志报国的典型例证。

(2) 待人教育

"学会做人"就要学习如何"待人"。待人教育首先是教育子女如何对待父母,这是待人教育的基础。孝是中国传统伦理道德的核心,是一切道德的出发点。其次,在"孝"的基础上教育子女如何对待他人。古人重视教育后代谨慎做人,谦让待人,与人为善,和睦相处。简言之,"待人"、"做人"的指导思想是"以和为贵"。

(3) 勤奋好学教育

古人认为学习不仅能增长知识,而且可以使人明白事理,提高人的道德修养和改变人的精神气质。因此,古人在家庭教育中特别重视对子女的勤学教育。如颜之推在《颜氏家训》中就列举了许多古人勤学的例子:"古人勤学,有握锥、投斧,照雪、聚萤,锄则带经,牧则编简,亦为勤笃。"

(4) 勤俭教育

我国古代家庭教育中非常重视对后代进行勤俭教育，希望通过这种教育培养后代居安思危的意识和自立的能力，以求更好地立足于社会。

(5) 重视行为习惯的培养

古人非常重视对子女进行行为习惯的培养。如《礼记·内则》中就提出按照儿童的年龄有计划地进行行为习惯的培养。后人继承这一思想，并不断丰富和发展，在举止、言谈、饮食、起居等诸多方面都提出了详尽的要求。古人之所以重视子女的行为习惯的培养，主要出发点还是着眼于子女的"养正"教育。如宋代朱熹提出"习与知长，化与心成"，主张"古者小学，教以洒扫、应对、进退之节，爱亲、敬长、隆师、亲友、之道，皆所以为修身齐家治国平天下之本，而必使其讲而习之于幼稚之时，欲其习与知长，化与心成，而无捍格不胜之患也"（《小学序》）。

3. 传统教育的原则与方法

中国古代在长期的家庭教育实践中积累了丰富的经验与理论，同时也形成了富有特色的教育原则与方法。

(1) 严慈相济

中国家庭教育有严慈相济的传统。"严"不是动辄打骂，而是严格要求；"严"不仅包括对子女的严，也包括对家长的严，为人父母要严于律己，以身作则。同时，我们的祖先也认识到爱的利弊，主张在爱基础上的教育和在教育基础上的爱；古人反对"无教而有爱"，反对一味地溺爱和宠爱，而父母要严格要求，勤于督导，在爱中进行教育，强调严慈结合。

(2) 强调言传身教

我国古代家庭教育特别重视"言传"，强调"言而有信"。曾子杀猪[1]和孟母买肉[2]的故事曾流传千古。在重视言教的基础上，又重视身教，并强调"身教重

---

[1] 这一故事出自《韩非子·外储说左上》。曾子，又叫曾参，春秋时期鲁国人，是孔子的弟子。曾子深受孔子的教导，不但学问高，而且为人非常诚实，从不欺骗别人，甚至对于自己的孩子也是说到做到。有一天曾子的妻子要上街去，她的孩子哭着叫着也要跟着妈妈上街。妈妈骗他说："你回去吧，我回来杀猪给你吃。"妻子从街上回来，看见曾子正在准备杀猪给孩子吃，急忙阻止他："你真的要杀猪给孩子吃吗？我原是说着骗骗孩子的。"曾子说："对小孩子怎么可以说谎呢？孩子的一举一动，都是跟父母学的，你撒谎欺骗了孩子，就等于叫他学撒谎，这样教育孩子是不对的。"曾子终于杀了猪。

[2] 孟子少年时，有一次看见邻居杀猪，就问母亲："东家为什么杀猪？"孟母说："要给你吃肉。"孟母说后就后悔了，"我怀着这个孩子时，席不摆得不正，我不坐；肉割得不正，我不吃，这都是对他（孟子）的胎教。现在他刚刚懂事而我却欺骗他，这是在教他不讲信用啊"。于是买了东家的猪肉给孟子吃，以证明她没有骗人。

于言教"。孔子说："其身正，不令而行；其身不正，虽令不从。"(《论语·子路》)

(3) 重视早期教育

古人十分重视家庭早期教育，甚至提出了胎教的主张。据史料记载，早在西周时期，周文王之母太任、周成王之母周妃后都是"知肖化"、"能胎教"的良母。颜之推在《颜氏家训》指出："教妇初来，教子婴孩。""当及婴稚，识人颜色，知人喜怒，便加教诲。"古人之所以重视早期教育，是因为他们认为，孩子在儿童时期思想单纯、求知欲强、可塑性大，正是学习和接受教育的大好时机，家庭作为孩子成长的第一个场所，直接影响着孩子未来的发展。

(4) 注重启蒙教育

启蒙，就是启发蒙昧。启蒙教育是人生教育的第一步，这一步迈得如何，对于日后能否成材具有关键作用。我国历代家庭都十分重视启蒙教育，不断探讨和研究启蒙教育的方法和艺术。如司马池对司马光的训诫启蒙，白居易很小便在母亲指导下接受诗歌启蒙，蔡邕用音乐艺术启蒙的方式教育蔡文姬，李白曾在父亲指导下模仿拟作等等。我国古代家庭的启蒙教育重在启蒙的艺术、方法和技巧，强调启蒙的途径和手段，甚至用现身说法来进行启蒙，如岳母刺字教子、符存审以镞教子、秦顺削柳教子、阿豺折箭教子、李景让埋钱教子、王褒取名教子等等。所有这些都构成了我国古代启蒙教育的重要内容，也为我国今天的启发式教育方法提供了丰富的经验。

(5) 强调循序渐进

循序渐进是根据个体不同时期身心发展的特点进行教育。我国很早就发现儿童在不同阶段具有不同的发展特点，并提倡根据这些发展特点实施不同的教育。如《礼记·内则》记载了儿童最初十年的教学安排：一至三岁学习数与方名，研练书法；七岁读《孝经》、《论语》；八岁诵《尚书》；九岁诵《春秋》及诸史；十岁读《诗》、《礼》、《传》，略通大意，逐步通晓经史之学。正是通过这样由浅入深、由经到子再到史的学习过程，为子女打下良好的学习基础。尽管我国古代在实践循序渐进的教育方法时有过于僵化的倾向，但总的来说，根据儿童不同发展时期身心发展的情况实施教育，是符合教育规律的。

(6) 注重环境塑造

我国古代家庭教育非常重视环境在儿童成长过程中的作用，广为流传的"孟母三迁"的故事就是生动的例证。家庭传统、家风是家庭环境的重要组成部分，古人对此也非常重视。颜之推就强调："是以与善人居，如入芝兰之室，久而自芳也；与恶人居，如入鲍鱼之肆，久而自臭也。"司马光在《家范》中也提出："夫习与正人居之，不能毋正，犹生长于齐，不能不齐言也。习与不正人居之,不能毋不正,犹生长于楚,不能不楚言也。"

(二)我国近代家庭教育

1840年,英国用坚船利炮打开了中国的大门,发动了鸦片战争,中国开始进入半殖民地半封建社会,中国近代史从此开启。清政府在此次战争中的失败,使其既无力阻止西方文化的传播,也无力阻止人们对儒学文化体系的质疑。中国进入近代以后,政治、经济、文化、社会组织等方面都发生了变化,在家庭教育方面也与以往不同,表现在以下方面。

1. 我国近代家庭教育的目的

我国古代家庭教育的目的主要是做人、光宗耀祖和耕读传家,近代以后,随着"西学东渐"和西方教育思想的引进与吸收,我国近代家庭教育更加注重健全人格的培养,注重人的"成材"。中日甲午战争后,梁启超、严复等思想家从改造国民性层面论述教育。辛亥革命后,蔡元培、鲁迅、陈鹤琴、陶行知等人,从造就国之栋梁角度对家庭教育提出新要求,开启了近代家庭教育目的科学化的进程。用陈鹤琴先生的话说,家庭教育旨在培养"既有世界眼光,具备二十世纪科学和民主精神,又能体察民族危难,具备各种真实本领的弄潮儿"[1]。

2. 我国近代家庭教育的内容

自鸦片战争至新中国成立,近代家庭教育内容并不完全相同。19世纪40至60年代,家庭教育内容较之古代并没有根本性的不同,仍是封建纲常名教和伦理道德规范。19世纪60至90年代,才开启我国家庭教育近代新内容。这一时期,尤其是一些高层士大夫官僚和部分先进的思想家,在与西方文化接触的过程中,逐步认识到要"自强"、"求富"就必须学习西方先进的科学技术。在这种观念的影响下,他们的家庭教育中也逐渐渗透了一些西学(如语言、科技等)方面的教育内容。如曾国藩教导儿子要熟悉洋务,学习西方科学技术;李鸿章鼓励弟弟和儿子学习外语。

3. 我国近代家庭教育的原则和方法

随着近代家庭教育目的、内容的改变,尤其是进入20世纪以后,家庭教育原则和方法也发生了变化。"五四运动"的到来及对封建专制制度的批判,使封建家庭教育及其传统的儿童观也受到猛烈抨击,要求家庭教育的原则与方法体现出科学、民主、平等的时代精神。鲁迅先生曾批评中国传统家庭教育子女的两种方式,一是"任其跋扈,一点不管",二是"终日给以冷落或呵斥,甚而

---

[1] 黄书光.试论陈鹤琴在中国近代教育史上的地位[J].华东师大学报(教科版),1997(4):81-87.

至于扑打",他认为这两种家庭教育方法都是错误的,应对儿童尊重、热爱和理解。陈鹤琴在《家庭教育》一书中,对家庭教育原则与方法作了详细的说明与论述,认为家庭教育必须建立在家长对儿童身心发展特点和规律了解和尊重的基础上,父母应做子女的亲密朋友。父母只有在人格上和子女平等了,才能更有利于对子女的教育。近代家庭教育所发生的这些改变,尽管并未在当时普及开来,但也影响深远。新的家庭教育方式培养出了近代中国的新生一代,也掀起了留学热潮。这些留学生归国后,促进了我国科技、革命事业的发展。

(三)我国现当代家庭教育

新中国成立后的前三十年,由于种种原因,我国家庭教育研究基本上处于空白状态,家庭教育的理论与实践更多的是传统家庭教育经验的一种延续。20世纪80年代以后,改革开放及现代化进程的深入对家庭、家庭教育影响较大,家庭教育随着社会转型而发生了变化,并从以下方面表现出来。

1. 家庭教育目的由群体本位转向个体本位

我国传统家庭是建立在自给自足的自然经济基础上的,承担着生产、分配、生活、教育甚至医疗等功能,家长与家庭成员之间的关系是以父权、族权为中心,维系家庭靠的是严格的道德规范和家族本位主义,婚姻的基础更多地依赖于家庭需要、父母的意志以及双方的经济条件,而不是男女之间的感情。这些特征表明:在传统家庭中,家庭、家族的利益优先于个体的发展与需要,家庭教育也主要是为了家庭、家族的利益——光宗耀祖。新中国成立后,尽管废除了封建宗法制度,建立了社会主义的新家庭,但出于集体利益和政治需要,家庭教育更多考虑的是国家的需要。然而,随着改革开放的深入进行,社会转型对人的发展提出了新要求,市场经济体制也让人们认识并体会到要尊重个人的利益与价值,个人利益与集体利益不再是二元对立的,个体本位特征越来越突出。在此背景下,家庭教育也日益注重子女个人的发展与幸福,"成人"与"成才"并重。

2. 家庭教育内容由突出伦理转向知识与能力并重

为了维护宗法制度的合理性,传统家庭教育是为培养封建社会所需要的人才服务的,其内容主要为封建伦理道德规范。经过鸦片战争的洗礼、"五四运动"的启蒙、当代改革开放后,"落后就要挨打"、"科学技术是第一生产力"等思想观念,渐渐成为社会共识。我国家庭教育内容也随之突破了传统的藩篱,掌握丰富的科学知识、发展多种能力等渐渐纳入当代家庭教育的范围。德智体美劳全面发展,智商、情商、德商、财商并重,生存教育、挫折教育,等等,越来越受到家长的关注。

3. 家庭教育方法由经验型转向科学化

我国古代虽有较为丰富的家训和家教故事，但基本上是长辈修身、为政、立志、理财等方面的个人经验总结，缺乏系统的理论基础。改革开放以来，西方发展心理、健康心理、幼儿教育和家庭教育等理论的引进，有力地推动了我国家庭教育科学化进程。

4. 家庭教育形式由封闭转向开放

传统自给自足的生存方式使大多数家庭教育具有封闭性——长辈通过培养晚辈的家庭日常生活和行为习惯来进行家庭教育。因而，传统家庭教育具有明显的封闭性。改革开放后，随着家庭教育目标、内容的变化，家庭完全依靠自身的力量无法保障其教育目的的达成，开始寻求社会支持，聘请家庭教师、送子女参加各种培训班等是比较常见的形式。与此同时，大量家长学校的成立、家校合作方式的日益加强，也为家长以更为开放的心态与视野教育子女提供了帮助，来自外界的教育力量影响了家庭教育，使其体现出开放性特点。

5. 家庭教育由私人性转向制度化、法制化

在我国相当长的时间里，家庭教育属于"私事"。新中国成立后，政府出台了新《中华人民共和国婚姻法》、《中华人民共和国义务教育法》、《中华人民共和国未成年人保护法》、《九十年代中国儿童发展规划纲要》等一系列法律法规，以保证家庭教育的实施，使当代家庭教育表现出制度化与法制化特征。

简言之，新中国成立后，尤其是改革开放的实施，我国当代家庭教育由"传统形态"向"现代形态"变迁。

 本章小结

家庭是由婚姻、血缘或收养关系组合起来的初级社会群体，是人类社会中最基本的组织。家庭有广义和狭义之分，广义的家庭泛指家族，狭义的家庭是指基于婚姻关系、亲子两代血缘关系或收养关系所形成的社会团体，这样的家庭由父母和未成年子女组成。大多数家庭教育中的家庭指的是狭义层面的家庭。

社会发展过程中，由于受经济、伦理道德等方面的影响，家庭结构、家庭权威也不断发生变化。当工业取代农业、后工业取代工业成为生产的主要形式时，扩展家庭向核心家庭转变，家庭结构形式渐趋多元化；父权制有所弱化，平权制家庭逐渐成为现代社会家庭发展的趋势之一。

家庭之所以对于个体具有非常重要的意义，主要在于家庭在个体社会化、情感慰藉和陪伴、经济合作、道德行为规范、提供社会地位等方面，较之其他社会组织发挥着不可替代的作用。从家庭功能发挥来看，幸福的家庭功能是健全的，不幸的家庭功能是不健全的。

家庭教育与学校教育在目标、内容、方式、方法、评价等各方面皆不同，两者是互补的，而不是隶属的，家庭教育并不是学校教育的附庸。

家庭教育的影响因素不是单一的，家庭教育内容也不只是知识的灌输、技能的培养，而是对孩子健全人格的形成。

家庭内部情况是多种多样的，并不存在放之四海而皆准的家庭教育模式，但却存在一些与当下社会发展相适应的家庭教育原则。遵循家庭教育原则事半功倍。

家庭教育与社会发展共始终，每个国家的家庭教育都会随社会变迁而发生变迁。家长只有对自己的家庭教育保持警醒与反思，不断学习新时代对人才的新要求，更新自身的家庭教育观念、教育方式等，才能促进孩子健康发展。

思考与练习

1. 家庭是社会的细胞，家庭变迁是社会变迁的缩影。经济变革和社会发展使人们在观念上发生了变迁，人们可以自由选择自己所喜欢的家庭模式。在计划生育国策引领下所形成的"三口之家"这种经典模式，在20世纪90年代曾被视为最幸福最优秀的模式。然而在今天，这种经典模式的光环已经褪去。为了追求幸福的感觉，现代人的婚姻越来越脆弱，家庭模式也开始多样化，单亲家庭、重组家庭、通勤家庭等形式已不鲜见。

请结合现实，谈谈家庭模式变迁对家庭教育的影响。

2. 简要总结我国古代家庭教育的优缺点。

3. 围绕我国当下家庭教育存在的问题自定题目进行调查。

第2章 时代背景及其对家庭教育的要求

今天,如果你不生活在未来,那么明天你将生活在过去!
　　　　　　　　　——彼得·埃利雅德(澳大利亚未来学会主席)

学习目标

1. 理解知识经济时代对人才及家庭教育的要求。
2. 理解网络对儿童的影响及家庭教育策略。
3. 理论联系实际分析富裕时代我国家庭教育存在的问题及应采取的对策。

望子成龙是每位家长教子的心态,然而不同时代对人才的要求是不一样的。如果家长不能很好地把握时代特色,在教育子女时不但不能培养出所期望的人才,还可能事倍功半。因此,家长要根据时代要求来教育子女。

第1节 知识经济时代要求家庭帮助孩子学会创新

有这样一个故事,爱因斯坦拿着同样的试卷给学生考试,学生做好后马上交了上去,可是发下来一看,全部错了。学生很不理解,就去问老师,爱因斯坦说:"因为时间不一样,答案也不一样了。"这个例子告诉我们:过去正确的,现在不一定正确。200年前蒸汽机的发明使工业经济代替了农业经济,当代互联网的产生促使知识经济代替了工业经济,经济方式的变化,导致了人类生活、教育等很多方面也发生了变化。因此,知识经济时代不但要求家长反思农业、工业经济时代对家庭所产生的正面及负面影响,还要根据经济发展的新要求教育孩子。

一、知识经济的内涵及其对人才的要求

马克思曾指出,经济基础决定上层建筑。对此,我们可以理解为:不同经济形态下,不但经济实践方式不同,社会思想价值观念也不同,究其实,意味着

人们的生存、生活状态不同。知识经济作为人类发展史上一种新型经济形态，其内涵、特征及对人适应社会的要求皆与以往不同，进而要求家庭教育要有新的改变。

（一）知识经济的内涵

无疑，知识对于人类社会的发展有重要影响。然而，在曾过去的 200 年里，知识的重要性不曾被特别强调，人们特别强调资本（金钱）与劳动力的重要性。然而，这样的思想观念在 20 世纪初期发生了改变。德国经济学家熊彼特（J. Schumpeter）在《经济发展理论》一书中明确指出：资本主义发展的根本原因不是资本和劳动力，而是创新——知识的创新。到 20 世纪 70 年代，发达国家技术进步对经济增长的贡献一般都已超过劳动力投入和资本投入的总和，达 50% 以上，由工业社会进入知识经济社会。

所谓知识经济，是指以"知识（智力）资源占有、配置、生产、分配、实用（消费）为最重要因素的经济时代"，即"科学技术是第一生产力"的时代。[①] 知识经济的标志与特征为：① 资源利用智力化。从资源配置来划分，人类社会经济的发展可以分为劳力资源经济、自然资源经济和智力资源经济。知识经济是以人才和知识等智力资源为资源配置第一要素的经济。② 资产投入无形化。知识经济是以知识、信息等智力成果为基础构成的无形资产投入为主的经济，无形资产的核心是知识产权。③ 知识利用产业化。知识形成产业化经济，即技术创造了新经济。知识密集型的软产品，即利用知识、信息、智力开发的知识产品所载有的知识财富大大超过传统的技术创造的物质财富，成为创造社会物质财富的主要形式。④ 高科技产业支柱化。高科技产业成为经济的支柱产业，但并不意味着传统产业彻底消失。⑤ 经济发展可持续化。知识经济重视经济发展的环境效益和生态效益，注重采用可持续化的、有利于人类长期发展的战略。⑥ 世界经济全球化。高新技术的发展，缩小了空间、时间的距离，也为知识、信息的流通提供了条件，所有这些使世界经济全球化成为可能。⑦ 企业发展虚拟化。知识经济时代，企业发展主要是靠关键技术、品牌和销售渠道，通过许可、转让方式，把生产委托给关联企业或合作企业来实现的。⑧ 人均收入差距扩大化。一流知识和信息的拥有是衡量一个国家、地区、单位、个人发展状态的重要条件，个人因知识、信息的掌握及其社会价值不同而收入不同，人均收入差距扩大化是知识经济带来的负面效应之一。

---

① 以知识为基础的经济——经济合作与发展组织 1996 年年度报告[J].中国工商管理研究，1998(7)：59-63.

在知识经济中,知识成为促进经济增长的决定性资源,知识也由影响生产的外在变量转化为决定经济增长的内在核心因素。在知识经济时代,知识与经济的具体关联是这样实现的:首先,企业生产的终极产品或提供的服务中的知识含量大大超过物质成本,因而这种产品或服务的交换,实质上是知识的买卖。一张用聚碳酸酯为材料做成的光盘,其物质成本仅值3元人民币,可是,一张Office97光盘的价值可达800元人民币。是什么赋予这张光盘如此高的价值?是蕴藏在其中的知识。其次,企业提供通过研究与开发而形成的无形的中间产品或服务。这种产品或服务是企业长期的研究、开发、经营经验的结果,它们通常以专利、商标、品牌等形式受到法律保护。世界驰名的耐克公司本身并不拥有生产工厂,但它却以向生产厂家授权使用"耐克"商标和许可证的方式称霸世界运动鞋市场。也就是说,技术市场和咨询服务业的兴起,为知识商品的交换创造了有利条件。最后,具有灵敏市场感的科学家和有相当高科技知识背景的企业家以及脑力劳动者社会地位得到提高。

随着知识经济时代的到来,人才的重要性突显出来。美国微软公司的市场价值曾超过美国三大汽车公司市场价值的总和,我国高校企业身价百倍的事例也表明,使企业升值的唯一资产是知识,是拥有能以自己的想象力创造知识的人才。国家与国家之间的竞争是人才的竞争,发达国家常常以高质量的生活与工作环境吸纳外国科技人才作为其发展的重要手段。

(二)知识经济对人才的要求

知识之所以能成为在市场上交换的商品,主要是因为知识的实用性和创新性。德鲁克认为,在知识社会中,知识只为了实用而存在。知识的生产、传递和应用受市场规律制约,能满足市场需求或能创造新的市场需求的知识,便能在交换中实现其价值。单是实用知识还不够,还必须进行创新才能获得"垄断利润"。谁拥有了"新"的专业化知识,谁就会在市场经济中占有优势,谁就具备较强的竞争能力。因此,"创新"在知识经济中居于核心位置,"创新型人才"也成为适应知识经济、创造经济价值进而实现自我价值的人才。

所谓创新型人才,是指富于独创性,具有创造能力,能够提出问题并解决,开创事业新局面,对社会物质文明和精神文明建设作出创造性贡献的人。[①] 这种人才,一般是基础理论坚实、科学知识丰富、治学方法严谨,勇于探索未知领域,有大无畏的进取精神和开拓精神;有较强的永不满足的求知欲和永无止境的创造欲望;有强烈的竞争意识和较强的创造才能;同时,还应具备独立完整的个性品质和高尚情感,具有为真理献身的奉献精神和良好的科学道德。他

---

① 曹长财. 何为创新型人才[N]. 中国人事报,2007-08-06.

们是人类优秀文化遗产的继承者,是最新科学成果的创造者和传播者,是未来科学家的培育者。

二、家庭是培养创新人才的摇篮

随着知识经济时代的到来,每个家庭如何使自己的下一代成为创新型人才已成为十分重要的问题。因为,下一代的生存背景是知识经济时代,他们长大成人后能否适应、能否取得成功在于他们是否具有创新能力。儿童和青少年时期是个体智力发展的关键期,也是好奇心、求知欲最旺盛的时期,因而也是创造力开发和培养的关键时期,父母可根据自身家庭情况对孩子进行以下方面的教育,以培养孩子的创新能力。

(一)转变传统教育观念

观念支配行动,转变传统家教观念是培养孩子创新能力的前提条件。因为,在漫长的历史发展过程中,我们的家庭教育太强调"孝"、"顺",以至于今天许多家长仍一味地要求孩子听话。孩子在家要听大人的话,上学要听老师的话,不管是否合理,其结果是以家长、老师的愿望和兴趣、思维和意志强制孩子接受,从而扼杀了他们的自主意识和创新行为。所以,当下急需改变这种把孩子作为家长隶属物的家教观念,改变不平等、不尊重孩子的家教意识,树立开放性、科学性的家教观念。

(二)营造宽松愉悦的家庭氛围

宽松愉悦和谐的家庭氛围会活跃、激发孩子的思维,有利于孩子创新能力的培养。从我国目前家庭氛围来看,常常有两种不当表现:一种是家长说了算,一切都听家长的,孩子没有发言权,更没有决策权,包括对自己的事的决策权,这样的亲子关系形成的常常是压抑、紧张甚至有些恐怖的氛围;另一种是孩子说了算,孩子是太阳,是小皇帝,所有的家庭成员都围着孩子转,孩子怎么说家长就怎么办,这样的家庭成员关系常常导致没有讨论、引领、求知的氛围,孩子不能从大人那里汲取智慧。这两种家风都不利于孩子创新能力的培养。在宽松愉悦的气氛中,有事大家商量,共同想办法,谁的主意好就听谁的,只有这样,孩子才能积极开动脑筋,从而形成创新意识和创新精神。因此,不管家庭成员多少,也不管他们的地位及年龄差距有多大,孩子与家庭成员之间的关系都应该是平等的、民主的,以便营造宽松愉悦的家庭环境。

(三)培养孩子的兴趣

"兴趣是最好的老师。"兴趣是孩子学习、进行创造活动的内在动力。孩子对事物有了浓厚的兴趣,就会全身心地、主动地去探索、去求知,并在学习上产生莫大的愉悦和积极的情感,从而不断进行新的尝试、新的探索。因此,培养孩子的创新能力,家长应时刻注意对孩子进行创新兴趣培养。家长可从以下几点为孩子创设有利于发展其创新能力的条件、情境和场所,以激发孩子的兴趣。

1. 经常带领孩子接触新鲜事物

新鲜事物容易引起孩子的好奇心、求知欲,激发他们的兴趣,同时所积累的经验也为他们的想象、创新打下基础。家长可根据孩子的年龄大小和生活环境,利用节假日带领孩子接触各种新鲜事物。农村的家长可带孩子去城市,让他们认识城市的建筑、交通等设施;住在城市的,可带孩子去农村走走,让他们认识农作物、家畜家禽,欣赏田园风光,了解花鸟草虫的生存特性等。认识事物越多,想象的基础就越宽广,就越有可能触发新的灵感,产生新的想法。那种只想把孩子关在家里,只想让孩子写字、画画、背诗的方法,只会把孩子培养成书呆子,绝不可能培养成有创新能力的人。

2. 鼓励孩子大胆进行探索性玩耍

兴趣常常与孩子的玩耍密切相关。爱玩耍是孩子的天性,家长要积极鼓励孩子进行探索性玩耍。积极鼓励,就是要创造条件,必要时,也可一起参与玩耍;探索性玩耍,就是要鼓励孩子玩出新的花样,尝试各种各样不同的玩法。在对待孩子的玩耍方面,要纠正三种不正确的做法。一是为了安全,不让孩子玩。安全当然是重要的,但不能杞人忧天或因噎废食,而且安全也有个程度问题。二是怕孩子弄脏衣服而不让孩子玩。有的家长生怕孩子因玩耍而弄脏衣服,卫生确实需要讲究,但不能影响必要的玩耍。三是怕损坏物品和玩具。有些家长虽然给孩子买来了各种玩具,但不让孩子自由地玩。有些家长则不准孩子摸或摆弄生活物品,动辄以"要弄坏的"相威吓。教育孩子爱护东西是对的,但不能要求过严而影响孩子玩耍。

3. 重视孩子的艺术性发展

相对论创始人爱因斯坦、量子论提出者普朗克、地质学家李四光等人的成功之路告诉我们,创造能力的形成不只需要科学素养,还需要艺术素养。爱因斯坦的小提琴演奏已达专业水平,普朗克在钢琴演奏、李四光在谱曲方面均造诣较高。家长应支持、鼓励和创造条件促进孩子的艺术性发展。在音乐方面,父母可给孩子多听音乐,教孩子打拍子,掌握节奏感;鼓励孩子"咿呀唱歌",唱出自己的"独创性"歌曲,或和孩子一起大声歌唱。家里如果有条件,可让孩子四五岁后学习某种乐器或乐理,鼓励孩子创作。在绘画方面,在孩子1~3岁时,可给他们一些白纸、一些彩色铅笔,让孩子乱涂乱画。这种毫无章法的涂鸦,能带给孩子极大的乐趣。慢慢地,孩子的画会变得越来越有组织,对绘画也会越来越有兴趣。一旦孩子对音乐、绘画产生了兴趣,家长可通过多种途径提高他们的艺术素养,进而提高他们的感受能力和发散思维的水平。

(四)正确对待孩子的提问

创新源于问题与思考,没有问题就会缺乏探究意识,提问、提出好问题是创新过程中不可缺少的环节。家长要正确对待孩子各种各样的提问,保护孩子敢于提问题的宝贵意识,启发孩子多角度思考问题。由于年幼,孩子所提的问题在大人看来往往十分荒唐,有的可能无法回答,但不管怎样,家长都应该心平气和地、认真地对待,以满足孩子求知的愿望,要避免出现以下三种错误态度。一是强行压制提问。如,"你怎么问题那么多?""你没看到我正忙着?""你怎么会问出这样的怪问题?"等等,这类话语应力求禁止。二是欺骗搪塞。有些家长对孩子的问题回答不了,但又怕丢面子,就胡编乱造一些所谓的答案来欺骗和搪塞孩子,这不但会影响孩子的思维发展,也会损害家长自身的威信。三是解释得太深太难,让孩子听不懂。这三种态度都不利于孩子创造精神的培养。对孩子的提问,家长有的可直接回答,有的可启发孩子自己去寻找答案,如不能回答,可实话实说,也可和孩子一道探索。

(五)发展孩子的想象力

想象力是创新的翅膀,没有想象就没有创新。对孩子来说,想象比知识更重要,它对孩子一生创新能力的发展具有重要意义。因此,在日常生活中,家长要有意识地训练孩子的想象能力。如:多给孩子提供一些富有幻想色彩的书籍,比如童话、科幻作品、神话、寓言等;给孩子讲故事讲到一半时,不妨戛然而止让孩子根据前面的情节续接故事;可提供一些文字(或口语),让孩子把文字的内容用图画的形式画出来;可给出一些类似"石头"与"电脑"这样两个毫不相干的概念,让孩子通过相关的中间环节把它们联结起来构成概念链,石头→玻璃→屏幕→电脑;孩子都爱听故事,听到一定数量后,可让孩子自己来编故事。此外,对于孩子富有想象力的构思和正确的意图都应该给予肯定和赞赏,千万不要用成人的标准去要求和评价孩子的创作。

第2节 信息时代要求家庭帮助孩子学会学习

信息时代已经到来,信息社会已经存在。"信息改变了我们的生活,信息还在改变我们的生活,信息已经成为我们的生活。"[①]对此,比尔·盖茨曾告诫人们:"你的工作场所和你关于教育的观念将被改变,也许被改变,也许被改

---

① 转引自:刘乃琦,谌黔燕.生活在信息时代:信息技术发展[M].成都:电子科技大学出版社,2007.1.

变得几乎面目全非。""你孩子的世界不会与从前一样,他们的未来依赖于他们一生中学习新概念、作出新选择、不断学习、不断适应的能力。"这也就意味着,如果相应的家庭教育观念、教育策略不能对信息时代做出有效回应,将影响孩子的发展。那么,信息时代的特点是什么?家庭教育如何做出回应呢?

一、信息时代的特点

媒介即信息。不同的媒介方式,其信息传播、呈现方式不同,人们对知识、信息的理解、整理、加工、生产方式等方面也会有所不同,进而对人才、对家庭教育的要求也不同。互联网的出现与普及使信息媒介与口头传递、印刷文化之间出现了极大差别,在此背景下,家庭教育也需发生改变以利于孩子适应时代发展。

(一)信息时代的到来与第三次浪潮

"信息社会"、"后工业社会"、"第三次浪潮"、"知识经济"这些词语尽管有不同的内涵,但它们常常相伴出现,因为都与第三次浪潮(The Third Wave)密切相关。"第三次浪潮"的提出者是美国社会学家阿尔温·托夫勒(Alvin Toffler),他在《第三次浪潮》一书中预言:继农业时代、工业时代后出现了信息时代,电子工业、宇航工业、海洋工业和遗传工程将成为第三次浪潮时代的工业骨干,世界的经济、社会和政治力量的结构将随之而引发大变动。[①] 20世纪80年代中期,美国确实形成了一次巨大的时代浪潮,它来势迅猛,以摧枯拉朽之势横扫整个世界,对世界经济、文化和社会格局产生了巨大的影响。这就是第三次浪潮,一次世界性的革命化浪潮。它引发了一场经济革命,建立了信息经济体系,社会进入信息时代。

第三次浪潮的威力主要来自信息技术所带来的冲击,其冲击力度是相对于第一次浪潮、第二次浪潮而言的。在人类文明发展史上,第一次浪潮是指农业时代。它产生于约公元1万年以前,人类第一次撒种、培养农作物生长。其划时代的意义在于人类从此脱离了游牧生活,定居方式把人们的生活范围固定下来,开始发展城镇和自己的文化。第一次浪潮历时数千年,对中国而言,这个时期更长。18世纪,工业革命引发了第二次浪潮,人们离开农场,涌向大城市寻找机会。同时,工业化也改变了社会结构、生活方式和社会生产模式,并创造了一个全新的浪潮文明:形成了能源的集中、资源的集中、人口的集中和劳动生产的集中,形成了世界有史以来最有力量、最有向心力、最具有扩展性的社会制度。它把人类的生活分成生产和消费两大体系,能源开发、技术飞

---

① (美)阿尔温·托夫勒.第三次浪潮[M].朱志焱,等,译.北京:新华出版社,1996.

跃、通讯传播，是这个浪潮的技术特征。20世纪80年代，第三次浪潮在不知不觉中到来，计算机的普及、硅谷的出现昭示着它的存在。第三次浪潮是人类思想、生存方式的又一次大变革，社会进入信息时代，信息技术和社会需求成为信息社会发展的强大动力。

（二）信息时代的特点

随着信息时代的到来，信息、信息技术已无孔不入地渗透到社会生活的各个领域，信息时代表现出以下特点。

1. 社会信息化

人类社会进入信息时代后，信息技术、信息资源在社会中所起的作用越来越重要，在其基础上产生的新职业、新经济关系、新经济实体也越来越多，对社会政治、文化等方面的影响也越来越大。在20世纪初，美国农民占总劳动力的三分之一，到了80年代则只占大约3%，超过60%的人所从事的工作都与创造、处理和分配信息相关，如计算机硬件设计人员、计算机程序编制员、互联网信息管理员、网络警察、电子商务人员等。而到了今天，信息、信息技术在社会生活中已无孔不入，可以说我们已生活在信息时代。

人们生活的很多方面都已离不开信息、信息技术。国防军事如缺乏信息就不能知己知彼；新闻出版如缺乏信息就会鼠目寸光、坐井观天；经济与金融投资如信息不畅，买卖就难以进行，生产难以持续，企业可能面临危机……我们的生活、生产、生存方式与信息、信息技术紧密联系在一起，并越来越信息化。

2. 信息网络化

"信息爆炸"可以说是信息时代的典型特点，根据数据预测，专家们提出了网络信息增长的"新摩尔定律"——互联网信息流量每6个月翻一番，网络用户的数量也以每年翻两番的速度增长。互联网提高了传播、交流信息的速度，信息在信息中增长。所以，人们现在生产信息的速度惊人。单是美国，它在20世纪80年代已每天出版6000到7000篇科学文章；科学与技术信息以每年13%的速度增长，每五年半增加一倍。

3. 经济全球化

如果说第二次浪潮的出现提高了社会分工水平，扩大了生产规模，促进了生产社会化水平的极大提高，那么，信息时代的到来则进一步促进了生产社会化水平的提高以及经济全球化进程。如，一户农家碾谷打米只是满足自家人口的需要，购买机器进行面粉加工就扩大了其产品的社会使用群体，提高了个体经济的社会化水平。如果生产中运用了自动化程序，就进一步提高了其生产社会化程度；如果借助于互联网面向全球寻求产品销路，其生产的社会性会进一步加强。信息技术为"地球村"、"经济全球化"的形成提供了可能,互联网从时间和空间上缩小了各国之间的距离,促使世界贸易结构发生巨大变化,促使生产要素跨国流动。它不仅对生产超越国界提出了内在要求,也为全球化生产准备了条件,是推动经济全球化的根本动力。

4. 生活数字化

信息时代也是数字化的时代,电子技术、微芯片技术、计算机技术、通信技术的发展不断改变着我们这个世界,也使我们的生活不知不觉地融入数字世界之中:数字电视、功能冰箱、数码相机、数字化音响设备与家庭影院、智能手机、互联网、电子竞技、MP4、电子商务、电子政务……当数字涵盖了世界的每一个角落时,"我们也会变成一堆数字"[1]。商家为了提供更好的服务以满足个体不同的需求,就需要研究人们在使用网络时所留下的"痕迹",以便从一大堆数字符码中过滤出宝贵的发展趋势和观点。

5. 教育终身化

在信息时代,人们再也不能只完成一种教育,或只接受某一阶段的教育,因为我们将不得不继续获得新的知识和新技术才能使自己具有竞争力,新知识不仅仅是获得就业机会的手段,而且还将向人们提供信息以提高生活质量。因此,在信息时代、数字化时代、网络时代,我们只有不断学习、获取信息、更新知识,实现教育的终身化,才能跟上时代的节拍。

二、信息时代对人才的要求

当我们的生活、生存、社会环境都已信息化、数字化后,为了使孩子尽快适应社会的发展,家长应使自己的家庭教育理念、教育策略、教育方法有助于孩子信息素养的形成与提高。桑新民教授认为:"传统技术是人脑肢体和器官的延伸,现代信息技术则是人类头脑和神经系统的延伸。"在信息时代,人们需要具备一定的信息素养以便"把技术的物质奇迹和人性的精神需要平衡起来"。他总结了信息素养的内在结构和目标体系,具体内容为:高效获取信息的能力;熟练地、批判性地评价信息的能力;有效地吸收、存储和快速提取信息的能力;运用多媒体形式表达信息、创造性地使用信息的能力;将以上驾取信息的能力转化为自主、高效学习与交流的能力;学习、培养和提高信息文化新环境中公民的道德、情感、法律意识与社会责任。[2]

---

[1] (美)斯蒂芬·贝克.当我们变成一堆数字[M].张新华,译.北京:中信出版社,2009.
[2] 桑新民.步入信息时代的学习理论与实践[M].北京:中央广播电视大学出版社,2000:23.

信息时代为人们的生活、生存创造了新的生存方式、实践方式、生存状态，也对人才提出了新要求。《新经济给教育带来的十大思考》一书的作者刘伟认为，信息时代对人才的要求主要表现为：人要做电脑做不来的事情。为此，信息时代的人才要做好四方面的工作，具备六大技能。四方面的工作为，要学会创新思维、共情思维、模式识别和追寻意义；六大技能包括设计感、故事感、交响感、共情感、娱乐感、意义感。人们已深刻认识到信息、信息技术更新的速度以及对社会的影响，人们必须具备信息的选择、判断、运用、创新能力，只有不断更新自我、进行自我教育，借助于信息、信息技术平台，更好地与人交流与交往，才能更好地适应社会的发展。

三、信息时代家庭教育的回应

针对信息时代的特点，家庭教育应注意以下几点。

（一）家庭教育要面向未来

我国家庭教育受传统影响，其前瞻性、面向未来的意识还不够。从我国目前的发展情况来看，很多地方仍处于农业和工业生产状态，对信息时代所产生的深远影响还缺乏深刻的认识，家庭教育仍按照传统的方式来进行。如有的家长认为，只有掌握好书本知识、考取好成绩，孩子才有发展前途，却忽略了信息时代成功的模式是多元的，不只是高考这一条路。从可持续发展观来看，孩子自身的需要、愿望要比家长的"要求"更能点燃他们思考和想象的热情。为了使家庭教育切实"面向未来"，家长应自问：是否了解信息时代对社会产生的具体影响？信息资源、信息技术在信息时代中的重要作用是什么？信息社会较之农业和工业社会在个体与社会、个体与自然、个体与个体之间的关系上有什么变化？信息时代对个体有什么新要求？信息社会的职业和专业有什么特点？家庭教育如何回应信息时代以便孩子适应社会的发展？已有的家庭教育观念及其方式是否适应信息时代？只有在正确理解并回答这些问题的基础上，家长才能把握信息时代的家庭教育方向。

（二）家长要帮助孩子学会学习

"信息爆炸"、"信息超量"是信息时代的典型特点，家长要帮助孩子学会学习以避免超量信息带来的危害。随着信息时代的到来，超量信息对孩子心理产生的副作用已开始显现出来。信息源、信息量的扩大，容易使孩子将精力分配到各种感兴趣的事物、行为中。精力分散后，孩子无法对感兴趣的事物进行深入的探究、实践。久而久之，孩子会形成浅尝辄止、半途而废、意志薄弱的性格，不利于身心全面发展。为了避免出现这种情况，家长要根据孩子的兴趣和想探究的问题，与孩子一起进行"研究型学习"。即，针对孩子所提出的某一问题,与孩子一起搜集资料、选择资料、整理资料,同他们一起经历提出问题、分析问题、解决问题的过程,以便培养孩子形成信息时代所需要的思维方式。例如,如果孩子对水循环感兴趣,家长可与孩子一起形成这样的知识地图,详见图 2-1。

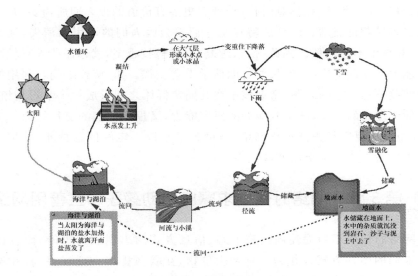

图 2-1　水循环知识图

通过对水循环知识图的绘制,孩子体会到知识与现实之间是密切关联的,正如科学家竺可桢所说:"科学就是有秩序的常识。"通过研究性学习,孩子不但知道了是什么、为什么,而且知道了到哪里去获取信息、如何组织与表达信息,并从中领悟到:信息、知识不是要人去记诵的,而是由人制造出来的,自己也可以驾驭信息、制造信息(知识)。知识反映的是相互关联的事物,这种关联是多向或逆向的甚至是网络状的,是开放的而不是封闭的。随着研究内容的深入、研究能力的增强,孩子的独立思考能力、对信息的驾驭能力就会越强,就不容易被信息所裹挟。在帮助孩子学会学习的同时家长也要不断地学习,把家庭建设成学习型组织。

(三)家长要帮助孩子学会交往

美国社会学家丹尼尔·贝尔指出,一个国家可以在同一时间里同时存在着处于不同发展阶段的农业、工业和信息社会,然而,这三种社会的生活目标截然不同。目标总是和竞争相伴,竞争的内容常常成为社会与个体生存的实践目标,谁的竞争力强谁就可以在生存中取得优势。在农业社会里,竞争和对

43

抗存在于人与大自然之间；在工业社会中，是人与人造的大自然进行竞争；在信息社会，竞争与对抗则出现在人与其他人的相互作用之中。因为在信息社会，人类的工作更多的是与人打交道，而不是土地、机器，这就增加了个人之间错综复杂的交往，出现了各种互相影响的沟通方式：打电话、开支票、写便条、留言、写信等。此外，在信息时代，谁拥有更多有价值的被人们所需要的信息，谁就更容易获得成功。信息的特点是它们不会因人们的运用而消失，反而在交流、共享中不断增值。因此，信息越复杂、高科技越多，就越需要人有较高的交流能力。在此境况下，家长要帮助孩子学会交往。如，家长之间可利用网络平台就孩子感兴趣的问题，帮助孩子在其同辈群体之间形成一个学习型组织，通过他们之间的交往，既培养他们的研究能力，又提高他们的交往能力。为做到这一点，需要家长积极对待网络，帮助孩子掌握一定的信息技能，与孩子一起基于网络搭建一个交往平台。

第3节　网络时代要求家庭帮助孩子学会善用网络

　　网络的普及不但促使新经济形态、信息方式的出现成为可能，而且也重塑了人们的生存方式。作为一种新生事物，互联网犹如一把双刃剑，并不只具有积极作用，一些学业成绩、人际交往、自制力等方面较差的孩子，比较容易沉迷网络，这些现象增加了家长对网络的担忧。他们怕上网占用孩子时间影响学业，怕网络中的一些不良信息污染了孩子纯洁的心灵……有关"网瘾"少年施暴案例的各种报道又更增加了家长们的"恐网感"。在此情况下，一些所谓专家关于"网瘾"的论述及其治疗效果的宣传，得到了众多"网瘾"少年家长的回应。如，有父母仅仅因为儿子喜欢看网络小说而将其送去"戒网瘾"，有的母亲只是因为女儿喜欢用QQ聊天而陪着女儿去戒网瘾学校学习了三个月。2005年初，一些"网瘾"学校的学费便达到了6000元/月，而到2008年，行情涨到了10000元/月。通常的疗程是三个月。在暴利刺激之下，一批"网瘾"治疗学校几乎是一夜之间从土里钻了出来，各种"独特"的戒"网瘾"的方法也随之而出，电击、军训拉练、体罚、关禁闭、中药、针灸等方法，都被用于戒"网瘾"。由于一些方法使用不当，引发了一些悲剧，如邓森山事件，值得人们深刻反思。

案例 2-1

2009年8月2日凌晨3时许,"网瘾少年"邓森山在广西南宁市江南区吴圩镇卫生院被宣告不治身亡。据其父邓飞介绍,邓森山染上了网瘾,成天泡在网上,家里人管不住,父母很痛心。一次,邓飞偶然在广西电视台综艺频道"今晚最前线"栏目看到对"南宁起航拯救训练营"的介绍,说能帮小孩子戒除网瘾,"就想把儿子送过去吃点苦"。邓飞夫妇于是专门从桂林赶到南宁给儿子报了名,希望能够通过训练,让孩子戒除网瘾。然而,仅仅过去13个小时,父子已是阴阳两隔。据邓飞了解:8月1日下午1点他们离开后,按照课时安排,教官当场要求邓森山投入训练,在操场上跑步。后来,邓森山实在跑不动了,教官便叫两个同学拉着他跑。有同学回忆,邓森山因为没有完成教官的指令被关禁闭。"在禁闭室里儿子遭到毒打,里面还有血迹。"晚上邓森山被放出来到宿舍休息的时候,有同学发现他有些不对劲,"当晚12时,儿子躺在床上一动不动,忽然喉咙里发出怪声,上半身一拱一拱地挺立,活像僵尸一样"。8月2日凌晨3时许,邓森山被送到南宁市江南区吴圩镇卫生院。邓森山被送到医院时,已奄奄一息。当时的症状是:呕吐、大汗淋漓、呼之不应、双眼上翻、四肢时有抽搐。3时15分,邓森山被宣布抢救无效死亡。后由广西医科大学病理教研室对邓森山有关器官进行了病理检验,同时广西壮族自治区公安厅法医专家对邓森山尸检进行了核验,经法医专家共同研究,结合广西医科大学病理检验结果,一致认定邓森山系全身多处软组织挫伤致创伤性呼吸窘迫综合征致呼吸、循环衰竭而死亡。

(资料来源:网瘾少年进"训练营"13小时后死亡 多处伤痕. 南方周末网. 2009-8-4. http://www.infzm.com/content/32355)

一、"网瘾"的特点

2008年8月1日,一名18岁男孩在新疆乌鲁木齐华龙青少年成长研究中心被体罚致死;2007年4月,重庆大东方行走学校一名学生因不堪忍受教官频繁殴打,内服高锰酸钾后从二楼坠下。[①] 这些悲剧促使我们不得不思考:谁应该为"网瘾"少年悲剧负责?"网瘾"的心理成因机制是什么?"治疗""网瘾"的

---

① 评论:南宁"网瘾"少年之死折射监管和教育困境[OL]. 北方网. 2009-8-19. http://news.enorth.com.cn/system/2009/08/19/004167294.shtml.

理论基础及可能性是什么？家庭教育如何做才能避免网络对孩子产生负面影响？

1. 什么是"网瘾"

当"网瘾"成为各媒体的谈论焦点时，国际医学界对此概念却没有确切的定义。通常情况下，人们认为"网瘾"是一种互联网成瘾综合症（IAD），学名为病理性网络使用（PIU），主要表现是：过度依赖网络，对现实生活失去兴趣；网上操作时间超过一般的限度，以此获得心理满足。"网瘾"具体可分为网络交际瘾、网络色情瘾、网络游戏瘾、网络信息瘾和网络赌博瘾等类型。

2. "网瘾"的特点

"网瘾"在个体的身心层面既表现出与烟瘾、酒瘾等所具有的共性，另一方面，其成瘾载体及形成机制又有其独特性。"网瘾"的特点如下：① 渴求性。"网瘾"者的思维情感和行为全由上网活动所控制，在无法上网时会产生强烈的焦虑和渴望。② 逃避性。"网瘾"者为应付环境变化或追求某种体验，通过网络活动来产生激动、兴奋、刺激和紧张等情绪体验，也可从中获得一些安宁、逃避甚至麻木的情感效果。③ 耐受性。"网瘾"者必须逐渐增加上网时间和投入程度，才能获得以前曾有的满足感，就像吸毒者必须逐次增加毒品摄入量一样，耐受程度不断增强。④ 烦躁性。在意外或被迫不能上网的情况下，成瘾者会产生烦躁不安等情绪特征和全身颤抖等生理反应。⑤ 冲突性。网络成瘾行为会导致成瘾者与周围环境产生冲突。⑥ 矛盾性。成瘾者对成瘾行为有时持有矛盾心态，会意识到过度上网的危害，却又不愿舍弃上网带来的各种精神满足。⑦ 反复性。成瘾者经过一段时间的控制和戒除之后，成瘾行为会反复发作并且表现出更为强烈的倾向。

二、"网瘾"形成的心理机制

人的天性可被压抑但不可以根除，当它不能得到"合理"保护和开发时，可能会以"不合理"的形式释放。好奇、嬉戏、率性而为、自由意志、追逐快感等是孩子的天性，这些天性常因学校过于追求学业成绩、家庭教育成为应试教育的"帮凶"等不能得到合理释放。加之学校、家庭常常缺少对孩子天性的尊重与保护，漠视网络空间与孩子天性之间的积极性关联，忽视从二者相互作用入手思考"网瘾"的心理形成机制及祛弊的有力措施，在一定程度上加速了孩子"网瘾"的形成。

网络空间对于青少年来说是一个"令人惊奇"、"神奇"、"好玩"、"神秘"的世界，它与人的好奇心相互吸引。在很多情况下，人们赋予好奇心以正面、积极的意义。然而，当好奇心与"网瘾"连在一起时，它似乎成为一种不利于孩子成长的消极力量,如《齐鲁晚报》刊载:"戒网瘾就是打掉网络好奇心。"① 为什么"好奇心"成为网络时代孩子健康成长的"杀手"? 如深入探究就会发现:网络空间不但与好奇心相契合,还与孩子喜欢游戏、率性而为、不受拘束追逐快乐的天性相契合。

人类具有喜欢游戏的天性,但人类的游戏又高于其他动物的嬉戏水平,具有社会、文化、审美等特点。胡伊青加(Huizinga)认为,动物和人类的游戏都具有这样的特点:"游戏是一种自愿的活动或消遣,这种活动或消遣是在某一固定的时空范围内进行的,其规则是游戏者自由接受的,但又有绝对的约束力,游戏以自身为目的而又伴有一种紧张、愉快的情感以及对它'不同于日常生活'的意识。"②一切游戏都是自愿也是自由的活动,遵照命令执行的游戏已不再是游戏,至多是对游戏的强制性摹仿。游戏不是"日常的"或"真实的"生活,游戏参加者都知道,他们"只是假装的"、"只是为了好玩",如小狗佯装愤怒,孩子们假装自己是护士给病人打针要小心。游戏是非功利或超功利的,但常常又表现为"为某事物而竞赛或对某事物的表现",即游戏要么"表现为"一场比赛,要么成为一场为最佳地表现某事物而展开的比赛。如雄孔雀对雌孔雀展示它们艳丽的羽毛,火鸡不但展示羽毛而且还伴以舞步,有了表演的性质。儿童把自己想象为王子、爸爸、巫婆或老虎,他们常把自己的想象通过游戏的形式表演出来。即便是成人的化妆舞会、竞技等各种游戏,也都具有表演的性质。

除自由、自愿、想象、表演之外,游戏的显著特点是让人入迷、吸引人。在游戏中,人们知道"只是假装的",但仍会全身心地投入到游戏中。这是因为游戏中的美和紧张起着重要作用。游戏总是与美相联,如运动中的人体美常常达到极致,浸透着节奏与和谐。游戏又是有规则的,常常有时空的限制,也就意味着"紧张"、"竞争"是其不可缺少的内容。紧张意味着不确定、危急,意味着一种要作出决断并结束游戏的努力。游戏越具有竞赛的性质,就越紧张激烈。游戏尽管有超功利性的一面,但游戏中的"紧张"状态却赋予游戏者某种伦理价值:勇气、耐力、应变能力等,这些方面让胜出者获得成就感,也进一步赋予游戏严肃性、神圣感、神秘性。也正是因为游戏这一层面的特点,很多时候尽管游戏结束了,游戏团体却长久存在。通过游戏搭建的平台,使个体有了

---

① 记者探访戒网瘾学校 4 个月禁外出通话也不行[N/OL]. 齐鲁晚报. 2009-7-16. 半岛新闻. http://news.bandao.cn/news_html/200907/20090716/news_20090716_846077.shtml.

② (荷兰)胡伊青加. 人:游戏者——对文化中游戏因素的研究[M]. 成穷,译. 贵阳:贵州人民出版社,1998:12.

归属感,因为他们共同享受了某种在他们看来非常重要的东西,这种感觉会进一步促进他们之间的交往。

如果说游戏是人们的"天性"、现实生活中的游戏令人"入迷",网络空间则是一个更让人"入迷"的游戏空间,因为网络空间为人们提供了较现实世界更自由、更随意、更丰富、更富有想象力、更紧张刺激、更开放、更便利的游戏平台。在这里,游戏者可以不受时空、人数、游戏种类的限制,更重要的是它是一个"身体不在场"的游戏平台,是一个不须为游戏的不良后果担忧的平台,是一个个体可以随意展示自我、表演自我的平台。

网络空间既是一个提供了各种智力类、暴力类等游戏的空间,也是一个"被游戏化"的空间,如网婚、网恋、博客、论坛、聊天交往等也具有了游戏色彩。网络空间凭借其特点,使居留其间的个体感到自身行为是自由的、自愿的、随意的,网络空间是虚拟、幻象、幻想、神秘的,可以尽情展示自我,网络空间的无限与个体的有限性也会给个体带来紧张、焦虑感。在此意义上,游戏感成为网民的一种常态体验,网络空间被泛游戏化,常常成为一个快感弥漫的幻想空间,是一个集感性与知性、身体与心灵、非理性与理性、现实与虚拟、自我与他者、声音与符号、图形与文本等等于一体的游戏空间,是一个虚拟得比真实的世界还真实的游戏空间。

三、身体性情绪状态:"网瘾"形成的关键

也许网络空间的特殊性契合了人类的天性这一点,还不足以有力解释"网瘾"的形成,因为并不是所有上网的人都有"网瘾"。"网瘾"的形成还需要其他条件,即上网者处在一种特定的身体性情绪状态。烟瘾、酒瘾、毒瘾等与身体之间的关联很好理解,"网瘾"与身体似乎是没有关联的。因为,在网络空间里,身体是"不在场"的。但"不在场"并不意味着身体不存在、不行动,恰是因为身体的"虚拟实在"使"网瘾"成为可能,且"网瘾"的程度与"身体性情绪状态"的强化程度有内在一致性。"网瘾"形成与身体性情绪状态的内在关联如下:

烟瘾、酒瘾、毒瘾的形成诱因来自身体外部,而"网瘾"的形成诱因来自身体内部。如网络色情瘾,它的形成在于当"瘾者"接收到网络空间的色情信息时,身体的"内在"被"唤醒",个体穿越屏幕从具体化的生物学的、物理学的空间感受进入象征的、交感幻觉的虚拟实在感受,使他们产生动觉上的兴奋和身体的晕眩感,这种感受常常是一种纯粹的"奇观感"。如一位网络性爱实践者所描述的:"即使是在叙述得最简略的爱抚、呻吟与交媾过程中,性腺也被实际触动着,而且通常悸动的猛烈程度不亚于真实生活中的性行为——由于拥

有匿名与出自内心深处奇想的文字暗示的优势,这样的悸动有时甚至比真实生活还要猛烈。"①网络为色情瘾者提供了一个没有阻碍的空间,在这个空间中欲望可以充分进入身体,让快感"自由漂浮"。这种享受快感的眩晕无疑来自身体,不但是真实的,而且是"超真实"的——它为现实中面对面的异性交往确立了感受标准,致使在现实中同样的感受很难实现。此外,从人的情感体验状态来看,"比情感更强的是幻觉,比性欲或幸福更强的是对幻觉的激情"②。因此,虚拟快感常常置换了现实快感,从身体内部确立了其强势地位。

在一些大型的可感应的网络游戏里,游戏者不仅体验着自己的行动、体验着生命,而且从身体内部体验着自身生命的体验。这一点在接受模拟器训练的飞行员身上充分体现出来,他们常常在虚拟身体的运动和加速度的视觉体验中,发觉自身与生物学身体的平衡器官相互冲突。与其相似,网络游戏者不是弱化而是强化了身体感觉。他们在"遁入"各种游戏角色"身体"的同时,各种体验也会存留于其生物的身体之内,身体成为一种"多元体验中心"。在游戏进行时,身体内部与身体外部、真实与虚拟、自我与他者、生与死、过去和现在之间的界限模糊了。

在网络游戏空间里,游戏者突破现实肉身的局限性,获得现实存在中无法获得的新感受——不在那里却能看见自己在那里,只有一个身体却能表现多种角色行为,多种角色最终由自我真实的一个身体在表演,"平凡"的肉身具有了神话般的能力,渴望的与现实的统合在一起。所有这些让游戏者在自我认同时,更愿意以虚拟的代替真实的,甚至把虚拟的作为真实的。当下一些电子游戏迷也正是这样做的,他们通常以参与游戏的类型、级别、积分等进行 PK。当网络游戏空间成为自我认同的主要空间时,加入游戏随之成为个体行为的主要实践方式,身体内部也就会存留游戏体验,渐渐形成了网络游戏瘾。如果游戏者很久不玩游戏,身体会有生理的需求要求游戏者进行游戏,如毒瘾患者对毒品的需求。

"网瘾"也像毒瘾一样,人体内有一个"奖励系统",这个系统的物质基础叫多巴胺,是一种类似肾上腺素的物质,在短时间内令人高度兴奋。毒品就是通过这个系统提高人体多巴胺的分泌,破坏人体平衡系统。网络也是通过扰乱平衡系统,消耗多巴胺,造成网络迷不断寻求提高体内多巴胺的成分,以致成瘾。

在这个变化迅速的世界里,为了更多地掌握信息,人们不但需要来自他人的信息,更需要搭建一个更大的信息平台以便相互交流信息。不常在信息平

---

① (美)雪莉·特克.网络时代的身份认同[M].谭天,吴佳真,译.台北:台湾远流出版公司,1998:360.
② (法)让·博德里亚尔.完美的罪行[M].王为民,译.北京:商务印书馆,2000:11.

台出现的人经常是缺乏信息的人,也往往是缺乏社会竞争力的人。因此,人们不但热切地搜索世界的各种热门资讯,也热切地等待世界搜索自己,接触自己,联系自己,需要自己。如果说以前的社交强迫症仅仅表现在希望在社交场合被人关注,与人交谈,今天,网络为这种强迫行为的进一步恶化提供了无限的可能性。上网可以找到别人,找到有关别人、有关世界的所有资讯,也可以让所有人找到自己,找到跟自己有关的所有资讯。于是,社交强迫症变成了无时无刻的强迫,一批网络信息瘾出现了——个体有限的生命时空落入无限的网络空间之中——被吞噬了。简言之,"网瘾"是一种网络空间对个体内部的殖民,身体性情绪状态是其症候,也是其形成的中介。

四、网络时代家庭教育要帮助孩子学会善用网络

当下社会已进入网络时代,家长如一味阻止孩子上网对他们的发展也是不利的,还可能引起孩子的逆反心理。因此,如何引导孩子正确使用网络是家庭教育不可或缺的内容之一。根据上述网络成瘾机制,家长在教育孩子使用网络时应注意以下几点。

1. 家长要全面理解网络对社会与个体的影响

媒介为信息的呈现、传递、建构搭建了一个平台,也就意味着媒介即信息,即文化环境。在网络逐渐成为人们日常生活、工作不可或缺的组成部分的情况下,数字化生存正成为人类的生存状态,互联网无论对经济、文化、政治的运作还是对人们的思想价值观念、身份认同、角色定位,所起的作用都越来越大。家长只有全面了解网络,才能设身处地理解孩子的上网心态,才能更好地与孩子沟通,才能高屋建瓴地帮助孩子正确理解网络与人、与社会之间的关系,才能帮助孩子做好互联网时代的成才规划,而不是陷入"恐网"的心理状态。

2. 家长要学会区分"正常使用网络"与"不正常使用网络"

家长要对正常使用与不正常使用网络做出区分,以避免随意给孩子贴上"网瘾"标签,带来其不必要的心理压力,甚至引发不良后果。正常使用网络的状态是:网络是生活的一部分,它是生活、学习、娱乐、发展个体的工具,适度上网而不沉迷。不正常使用网络的表现为:绝大部分时间能够控制上网行为,但有时会因为无法克制住上网的冲动而影响了其他重要事情。极少数上网者沉迷于网络,社会功能严重受损,表现为:不能正常学习和生活,身体发育和健康受损,出现各种反常行为和情绪问题,现实人际关系(包括亲子关系)恶化,与周围人交往困难、不合群。

3. 家长要善用网络,当好孩子的引路人

无疑,父母是孩子的"榜样",其言行举止常常被孩子效仿。因此,家长要善用网络,当好孩子的引路人。首先,家长自己要正确使用网络,不能沉溺于网络;其次,家长通过自己的上网行为让孩子了解到网络的多种用途及其在生活、工作中的作用,让孩子认识到网络的用途不只是游戏、聊天;最后,家长与孩子一起制订上网计划,帮助他们解决上网时碰到的问题,及时交流,适时监督。

4. 家长要掌握一定的心理学知识,采取正确的教育方法

许多父母因心理学知识缺乏,教育方式常常过于简单,要么一味溺爱、放纵,最终导致孩子性格不成熟,独立处理问题的能力差,不能合理应对外界事物;要么对孩子严加看管,甚至将其关在家里,不能出门。这两种方式体现在教育孩子如何上网方面,则表现为要么不管,要么严禁。事实上,对孩子实施正确的家庭教育是孩子学会善用网络、避免上网成瘾的关键。如果家长了解了"网瘾"形成机制,就可以明白孩子喜欢上网是正常的,不必大惊小怪。要避免孩子成瘾只靠禁止是不可能的,其着力点在于:家长要与孩子就上网的经验、体验、领悟、感觉、情绪、状态等方面进行沟通与交流,理解孩子上网时的愉悦,分享孩子上网时的焦虑,与孩子一起反思上网的利弊,从而避免身体性情绪状态对孩子产生负面影响。

第4节 富裕时代要求家庭帮助孩子学会生活

当下,中国的家长们常常有这样的无奈:"日子天天向上",孩子却不"天天向上";"生活充满了希望",孩子却"令人失望";生活好了,孩子反而不好养了;日子一天天好起来,家庭教育的问题却越来越严重。这是为什么?道理其实很简单,我们的家庭生活发生了根本性转变。随着国家不断富强,大多数家庭脱离了贫困开始走向小康,而家长的家庭教育思想却仍停留在生活贫困时代或者温饱时代。现在多数家长只见过当年自己的家长怎样做父母,而没有研究过今天该怎样做父母,他们中很多人是在用贫困时代的办法教育富裕时代的孩子,其结果只能是家长叫苦不迭、孩子埋怨不断。因此,家长们需要知道富裕时代家庭教育存在的误区及其家庭教育策略。

一、富裕时代的家庭教育误区

富裕既是一种经济状态,也是一种生活状态,同时也是一种精神建构状态。生活在贫富不同时代及家庭背景中的个体,其精神状态和追求也不同。

在贫困时代所自然养成的精神气质在富裕时代可能不会再有,在富裕时代所养成的性格品质也将无法适应贫困生活。父母往往用基于自己生存背景所形成的教育理念教育子女,忽视两代间时代背景的差距,以至于影响了教育效果。这一点已从美国及当下中国的家庭教育中折射出来。

(一)来自美国的家庭教育警钟[①]

美国在20世纪30年代经济大萧条时期,人们的生活非常艰苦,成人整日为温饱奔波忙碌,孩子们也都非常积极地设法为家庭生活作出自己的贡献,有时他们还不得不帮助父母取得经济收入。在家中,家长作为孩子的养育者和家庭收入的主要来源,是非常受尊重的。孩子们都顺从父母的教导,处处以父母的行为为榜样。孩子从辛勤的父母那里继承了这样的价值观——自我约束、负责、良好的判断和耐心。他们也往往非常重视学校的功课,把取得好成绩作为对父母养育的一种回报。

但是"二战"后,美国人的生活发生了很大变化。整个国家变得非常富裕,因此,在60年代成长起来的一批孩子,不需要为什么事情去工作。由于缺乏为生活而奋斗、挣扎的体验,他们也不再觉得要为家庭作出贡献,不再觉得需要为自己负责。对这个时期的一些美国孩子来说,发展自己、改进自己是没有意义的。他们的生活中充斥电视、毒品、酒精和性。对于长辈,他们显得非常傲慢,毫无敬意,那可怜的学习成绩单更进一步表明了他们自暴自弃的动机和低下的能力。

今天,与他们的前辈相比,孩子们拥有了丰富的发展机会,可他们的父母所面临的最大挑战是如何帮助他们发展自理能力、责任感和技能,而这些品质在30到50年前是孩子们自然而然形成的。自信、自制、自强、良好的判断和责任感,这些品德似乎与这些人无关,他们最终发现自己甚至没有能力养活自己。今天,孩子被迫接受义务教育的年限比历史上许多人在想象中享受的教育时间还要长很多年,但是,具有讽刺意味的是,对于许多年轻人来说,教育却似乎成了一种惩罚。

在过去的岁月里,孩子们不得不去劈柴、放牧、去跟在骡子后面犁地,在他们的眼中,学校生活是一种奇妙的选择,是一种非凡的享受或奢侈。而今天,孩子们却在寻找学校生活的替代品:快餐食物、赌博、摇滚乐、肥皂剧、在街上闲逛、吸毒和酗酒,除此之外,还有什么是当代大部分年轻人理想的轻松生活呢?正是基于当下孩子们存在的这些问题,《城里的孩子早当家:不要让你的

---

① 王晓春.富裕时代的家庭教育[M].广州:中山大学出版社,2005:3-5.

孩子依赖你的富裕》①一书的作者史蒂芬·格来、简·纳尔森,呼吁家长们要对此给予注意,注重培养孩子的自制、自强和责任感。

(二)中国家庭教育走进富裕时代所存在的误区

中国在富裕程度上与美国相比虽然仍有一定的距离,家庭教育问题也不完全相同,但随着中国家庭逐渐进入富裕时代,孩子们的自制、自信、自理能力、责任感状况着实令人担忧。与父辈们相比,他们的承受挫折能力、忍耐力、责任感、独立能力弱了很多。造成这种状况的原因也许有很多,其中与家庭教育存在误区有较大关联,具体表现为以下几方面。

1. 高期望值给孩子带来过大压力

当中国温饱问题解决后,基本上已不需要孩子做什么事情以减轻家庭经济负担,加之"学而优则仕"的文化传统,在家长眼里孩子的任务就是学习——考"好"大学——找份"好"工作。在这种心态影响下,家长对孩子的期望值越来越高,高考竞争也愈演愈烈。2005年3月中国青少年研究中心一项调查显示:50%以上的家长希望孩子成为博士,83.6%的中学生父母要求孩子考试成绩要在前15名。对此,青少年研究专家孙云晓认为:家长的要求是极其荒唐的。在中国目前条件下,只有19%的同龄人能进入大学,成为博士的更是少之又少。如此高的期望与要求,对于大多数孩子来讲具有绝对的不可实现性。而问题的关键是:中国的家长为孩子发展定位时关注的不是"不可实现性",而是如何把对于多数孩子"不可实现"的变成"现实"。如此,连锁反应出现了:家长高期望值导致孩子容易产生焦虑,进而影响其健康人格形成,不利于孩子可持续发展。有的孩子不堪重负,为寻求解脱不惜放弃生命,2009年发生的一系列中小学生自杀事件不得不引起家长们反思。据调查,约9%的中小学生对生活绝望曾想过自杀。②

2. 娇生惯养弱化孩子的自理能力和责任感

2004年11月1日,南京大学校园内张贴了一封"辛酸父亲给大学儿子的信",这封信折射出对孩子娇生惯养所存在的问题。

---

① (美)史蒂芬·格来、简·纳尔森.城里的孩子早当家:不要让你的孩子依赖你的富裕[M].王文忠,徐金灿,译.北京:新华出版社,2001.

② 约9%中小学生对生活绝望,曾想过自杀[OL].华人心理咨询网.2008-11-30. http://www.hrxl.cn/yiyuzheng/youyuzheng_4974.html.

案例 2-2

亲爱的儿子：

尽管你伤透了我的心，但你终究是我的儿子。虽然，自从你考上大学，成为我们家几代里出的唯一一个大学生之后，心里已分不清咱俩谁是谁的儿子了。从扛着行李陪你去大学报到，到挂蚊帐缝被子买饭票甚至教你挤牙膏，这一切，在你看来都是天经地义的，你甚至感觉你这个不争气的老爸给你这位争气的大学生儿子服务，是一件特沾光特荣耀的事。

你考上大学，你爸妈的确为你骄傲，虽然，现今的大学生也不一定能找到工作，但这毕竟是你爸妈几十年的梦想。我们那阵，上大学不是凭本事考的，要看手上的茧子和出身成分，有些人还要用贞操和人格去换。这也就是我们以你为荣的原因。然而，你的骄傲却是不可理喻的。在你读大学的第一学期，我们收到过你的三封信，加起来比一份电报长不了多少，言简意赅，主题鲜明，通篇字迹潦草，只一个"钱"字特别工整而且清晰。你说你学习很忙，没时间写信，但同院里你高中时代的女同学，却能收到你洋洋洒洒几十页的信，而且每周一封。每次从收发室门口过，我和你妈看着你熟悉的字，却不能认领。那种痛苦是咋样的，你知道吗？

后来，随着你读大学二年级，这种痛苦煎熬逐渐少了，据你那位高中同学说，是因为你谈恋爱了。其实，她不说我们也知道，从你一封接一封的催款信上我们能感受到，言辞之急迫、语调之恳切，让人感觉你今后毕业大可以去当个优秀的催债人。

当时，正值你妈下岗，而你爸微薄的工资，显然不够你出入卡拉OK酒吧餐厅。在这样的状况下，你不仅没有半句安慰，居然破天荒来了一封长信，大谈别人的老爸老妈如何大方。你给我和你妈心上戳了重重一刀，还撒了一把盐。最令我伤心的是，今年暑假，你居然偷改入学收费通知，虚报学费。这之前，我在报纸上已看到这种事情。没想你也同时看到这则新闻，一时间相见恨晚，即时纯熟地运用这一招，来对付生你养你爱你疼你的父亲母亲。虽然，得知真相后我并没发作，但从开学到今天，两个月里，我一想到这事就痛苦，就失眠。这已经成为一种心病，病根就是你——我亲手抚养大却又倍感陌生的大学生儿子。不知在大学里，你除了增加文化知识和社交阅历之外，还能否长一丁点善良的心？

一位辛酸的父亲

（资料来源：一位心酸的父亲：孩子，为何你只知伸手要钱[OL]. 人民网. http://www.people.com.cn/GB/jiaoyu/1054/2961691.html）

该信引发了师生及网友们的热烈讨论,很多学生对此都比较认同:这种现象太正常了,哪个学校都有。然而,恰是这种"哪个学校都有"的状况更让人忧虑。这种现象一方面折射了在社会贫富差距越来越大、大学收费不断增加的背景下,一些家境殷实而又不肯努力读书的人进入大学后影响了高校校风,导致学生盲目攀比;另一方面也折射出学校教育和家庭教育存在的问题。当孩子已长大成人,家长仍扛着行李陪着去大学报到,做着从挂蚊帐缝被子到买饭菜票甚至教挤牙膏的事情,事无巨细地替孩子包办一切,而在孩子眼中这些又都是天经地义的,这是典型的寒门富教现象。中国当下很多家长不是在"养育"孩子,很大程度上是在当"孩奴"。当家长们把孩子培养成饭来张口、衣来伸手的"小皇帝"、"小公主"后,当孩子已习惯了"小皇帝"、"小公主"的生活方式后,父母再来要求他们去承担责任和义务对孩子来说是非常不适应的,很多时候也是不可能做到的。因为,他们学会的是索取而不是给予,是父母为自己负责而不是自己为父母负责。

3. 注重满足孩子的物质需要却忽视其精神需求

2004年央视"共同栏目"与其他媒体中有一条与14岁少年梁攀龙有关的新闻:他沉迷网络,爱说谎,三次离家出走,三次扒火车,一次扒飞机,险些丧命。① 人们在惊异于梁攀龙行为问题的同时,其问题成因也渐渐引起关注。1990年梁攀龙出生在四川南充,在家排行老二。在并不富裕的家里,梁攀龙的物质生活却得到了最大满足:他要漂亮的书包,马上买;想吃新奇的零食,哪怕最贵的,也会给他一个人买一份尝鲜。而他的生活琐事,母亲几乎无所不包:要吃饭了,她把饭菜盛好送到儿子面前;要洗澡、洗脸了,她也会为儿子准备好洗漱用具,打好水,安排得妥妥当当……这一切让富裕家庭的同龄孩子都羡慕不已。与此同时,母亲对儿子学业的要求极为严格,周一到周五每天都安排得满满的,周末儿子要看动画片、与同学去郊游等要求一律严词拒绝。梁攀龙之所以放弃家里好吃好喝的生活,情愿出去过忍饥挨饿的流浪生活,是因为出去可得到自由,可以逃避可恨之极的学习生活。

梁攀龙对学习的憎恶源自父母全场紧逼式的管理,来自父母试图通过要什么给什么的迁就换取孩子学习的积极性,却忽视了孩子除了物质享受和学习之外还有其他精神需求。现在很多孩子声称自己不快乐,家长很奇怪:你们真是身在福中不知福,每天吃香的喝辣的,多幸福! 也许梁攀龙这一案例能

---

① 央视共同关注:穿越生死时空的少年[OL].新浪网.2004-11-22. http://news.sina.com.cn/2004-11-22/17014996870.shtml.

解答家长们的困惑。如果说家境并不富裕的梁攀龙已有相对较丰富的物质享受,那些家境殷实的孩子身上所存在的此类问题则更为多见。有的家长满足孩子的物质要求不知限度,"我有钱,为什么不给孩子花?"有的家长教孩子摆阔为自己贴金,"让你的同学都看看,你有个多么有钱的老爸!"有的家长为孩子花钱,补偿自己的受穷心理……当家长们如此对孩子进行教育时,"梁攀龙现象"自然就出现了。"郁闷"一词如今已经成为小孩子挂在嘴边的常用词,其主要原因还是孩子们的物质条件虽然比较优越,但相对缺乏心理关怀和精神沟通。

4. 试图用钱去买孩子的好前途

上贵族学校,上各种特长班、补习班,请高价家庭教师,送礼物贿赂老师特殊照顾自己的孩子,自费出国留学……这些都是经常发生在中国家长身上的事。他们常常相信,或者说是更愿意相信:只要肯花钱,即使自己不管,也能买来一个好孩子。贵族学校常常受到家长这样的指责:"我们花了那么多钱,孩子怎么还有坏习惯!""我们交了那么多费用,孩子成绩怎么还上不去?"言下之意是:我花了钱,你们就应该把孩子给我教育好。教育孩子不是做买卖,好孩子不是用钱堆出来的,而是教育出来的,而且首先是家长教育出来的。如果家长不能正确对待优越的家庭环境,不懂得在富裕条件下教育孩子的特殊规律,富裕条件则可能变成坏事。钱确实能买到最优良的教育硬件甚至软件,但重点学校、教学名师的影响也是有限的,如果家庭教育跟不上,孩子是不可能有出息的。

二、富裕时代家庭教育的策略

生活富裕与教育失败之间并没有必然联系,钱本身也无所谓好坏,只要家长掌握得好,钱多不但没坏处,而且还能成为家庭教育的好帮手。在富裕时代,家庭教育需要长期坚持的有以下几点。

1. 孩子拥有健康人格就是成才

高期望值、过高的压力显示出家长内心的恐慌,孩子的焦虑则是盲目认同家长恐慌的结果,他们在一定程度上甚至比家长还要恐慌,因为他们对社会竞争机制、实际的社会生存状态并不了解。家长在对孩子施加压力时常常无意或有意地夸大,使孩子陷入一种无知的恐慌当中,感到如果学习成绩不好,将来真的就没有了出路。如此,学习就成了一种为避免失败的"勉强行为",一种多数学生时常能感受到的不能实现家长高期望值的"失败感"。长期下来,孩子学习的兴趣渐渐降低,学习效果并不理想。如果家长希望孩子成才，培养孩子的健康人格更重要。因为，如果没有健康人格，孩子不停地追求自己能力所不及的目标，结果只能是挫折及悲观失望随着自己的追求步步加深，带来失望、抑郁、焦虑等问题，导致孩子的发展距家长的期望越来越远。

2. 孩子感到幸福就是成功

成功与高职位、高收入之间并不能划等号，成功与幸福紧密相连。一个人即便拥有了丰富的物质、较高的社会地位，但如果心里充满了愧疚、悔恨、焦虑、自责等，也不能说就是成功的。成功与发挥自身的优势，通过自己的努力做出有益于他人或社会的事情所享有的满足感、成就感、奉献感和享受感紧密联系在一起。如果孩子在日常生活中不能从自己所做的点点滴滴中获得这些感觉，是不会感到幸福的。当父母为他们包办了日常生活中的方方面面，他们不需要努力就可以享受到丰富的物质生活，他们怎么可能有奉献感以及通过自己的劳动所形成的满足感、享受感？心理学研究告诉我们，成年人的成功与否往往与童年的幸福感紧密联系在一起。当父母殷切期望孩子幸福时，应创设条件鼓励孩子去做力所能及的事情，通过他们的努力去战胜困难体会成功。

3. 舍得磨砺孩子才能自立

在日本电影《狐狸的故事》里有这样一个场景：一个风雪交加的夜晚，刚学会走路和觅食的小狐狸被父母赶到洞外，站在风雪中凄厉地哀鸣着，一次又一次试图回到洞里，可是每一次都被堵在洞口的老狐狸咬回去。狐狸世界的法则是：成年了就不能与父母住在一起，就不能靠父母养活，得自己独自生活去。对此，《我只养你十八岁》的作者老周[①]感叹，"中国的父母不如狐狸啊。不但对孩子大包大揽地承担起无限责任，而且没完没了地尽义务，最后不是帮了孩子，而是害了孩子。"家长应舍得孩子参加劳动，要让孩子知道：家庭不仅需要爸爸妈妈出力，也需要他们出力，他们对家庭的贡献是别人无法代替的。家长不要觉得吩咐孩子、指挥孩子太麻烦而索性自己做，要知道：真正能教育孩子的不是家长的唠叨说教，而是行动，特别是劳动。让孩子做事情，是在培养孩子的自尊、自信和责任感。

---

① 老周是中国恢复高考后最早的一批教育学硕士之一、大学教师，他在儿子13岁时把他领出校门，又在18岁时将其赶出家门。所著《我只养你十八岁》于2004年由海南出版社出版。

4. 家长要理智管理孩子的消费

中国有句俗话：富不过三代。原因就是富人的子孙常常被金钱惯坏了。如果过早让孩子消费，过早刺激孩子的消费欲，孩子很可能小时候花钱如流水，长大却没有本事挣来流水一样的钱，怎么办？他可能有三条路可走：一是忍耐，降低生活水平，这有可能造成心理创伤；二是想尽各种办法从父母那里"挤钱"；三是迅速挣大钱，也就意味着走向犯罪的道路。这三条对于孩子和父母来说都是不愿其成为现实的。不让孩子养成大手大脚花钱的习惯并不意味着不给孩子零花钱，零花钱还是要给的，但不要多，孩子花钱后要向家长报账，同时也注意不要让孩子产生一夜暴富的心理。近年来，不断有中小学生迷上彩票的报道，很容易让他们产生不劳而获的心理，这对孩子的成长有消极影响。因为，中奖的感觉会让他们在面对生活中的困难、挫折时有侥幸心理。同时也要帮助孩子学会理财，尝试了解与孩子一起花钱的都是谁，以避免错误消费。

 本章小结

社会与时代发展对人才的要求是家庭教育的方向。方向错了，一切皆错。从目前家庭教育所处时代背景来看，经济时代、网络时代、富裕时代的到来对家庭教育影响较大，家长需对此作出回应。

随着我国改革开放的不断深入，由计划经济转向市场经济、农业经济进入工业经济进而面对知识经济的发展，家长需要不断反思传统（农业经济境遇中）家庭教育观念及其实践方式对自己的影响，凸显知识经济时代对人才的新要求，着力培养孩子的实践能力与创新能力。

计算机尤其是互联网的普及，使知识、信息更新的速度加大，网络空间的独特性、丰富性吸引了儿童。如何帮助孩子学会学习、合理使用网络，避免"网瘾"现象出现，是当下家庭教育的主要内容之一。

随着国家不断富强，我国大多数家庭脱离了贫困开始走向小康，而家长的家庭教育思想却仍停留在生活贫困时代或者仅得温饱的时代。富裕时代的孩子更关注生活质量、精神世界，而渐渐富裕起来的家长却更关注高考竞争的残酷。如此，富裕不但没有成为解放孩子、让孩子充分发展的条件，反而给孩子带来压力、造成束缚。如何在富裕时代为孩子提供健康成长环境，使其可持续发展，应是富裕时代家长所不容忽视的。

思考与练习

1. 在知识经济时代如何进行家庭教育？
2. 在信息时代如何进行家庭教育？
3. 在网络时代如何进行家庭教育？
4. 在富裕时代如何进行家庭教育？

第3章 家庭成员及其关系对孩子的影响

家庭中正常关系的失调,是以后产生精神和情绪的各种病态的肥沃的土壤。

——(美国)杜威

 学习目标

1. 了解几种典型的夫妻关系及其对孩子的影响。
2. 理解父母亲的角色扮演。
3. 思考如何营造良好的家庭关系。

每个人的生命都是与他人相互牵连的,这种相互联系在生命全程理论中被称为"生命链接"(Linkedlives),即个体行为不仅受制于个体特定的生命阶段和本身定位,而且受制于家庭其他成员的发展需要。① 因此在孩子的成长历程中,应考察与孩子有紧密联系的家庭舞台上的其他成员,并对家庭关系进行研究。

所谓家庭关系是由婚姻关系和血缘关系(拟血缘关系)组成,夫妻关系和亲子关系是家庭关系的核心,夫妻关系又是家庭关系的基石,其他关系都是在此基础上建立和发生的。著名社会学家费孝通先生曾经指出,在婚姻的契约中同时缔结了两种相联的社会关系——夫妻和亲子。这两种关系不能分别独立,夫妻关系以亲子关系为前提,亲子关系也以夫妻关系为必要条件,这是三角形的三边,不能短缺。② 一条边是"横向"的夫妻关系,另两边是"纵向"的亲子关系:父子关系和母子关系。但现实生活中,由于多种因素影响,这三边短缺或不对等现象不在少数。这会给孩子带来什么样的影响呢?这是本章关注的重点。

---

① 转引自赵梅.从祖父母到代理双亲:当代西方关于祖父母角色的研究综述[J].心理发展与教育,2004(4):94-96.

② 费孝通.生育制度[M].北京:商务印书馆,1999:107.

第1节　几种典型的夫妻关系及其对孩子的影响

现代家庭中的夫妻关系多种多样，不同类型的夫妻关系对孩子有不同的影响。在此重点探讨三种比较典型的夫妻关系——"亲密＋合作"型夫妻关系、"同一＋规范"型夫妻关系、"冲突＋疏离"型夫妻关系以及分别对孩子的影响。

一、"亲密＋合作"型夫妻关系及其对孩子的影响

一般说来，夫妻之间具有三种关系：生物关系、情感关系与社会关系。三种关系复杂地交织在一起，夫妻间的接触是一种全方位的、深度的、深刻的接触。夫妻关系实际上是家庭生活的整体表现，只有这三种关系实现了和谐，才能形成和谐的家庭生活。哈夫洛克·霭理士曾说："在一个真正'理想的'婚姻里我们所能发现的，不只是一个性爱的和谐，更是一个多方面的而且与年俱进的感情调协，一个趣味与兴会的结合，一个共同生活的协力发展，一个生育子女的可能的合作场合，并且往往也是一个经济的单位集团。"[①]可见，这是三种关系在家庭生活中的不同体现。

（一）"亲密＋合作"型夫妻关系是三种关系的平衡

要谋求三种关系即生物关系、情感关系与社会关系的和谐确实不易，"亲密＋合作"型夫妻关系力图追求这三种关系的平衡。按费孝通的话说，结婚的意义和责任在于抚育孩子，婚姻关系不能不说是一种深刻的影响抚育工作的关系。抚育孩子不仅仅是个人活动，而且还是一项社会工作，因此，各个时代、各个国家都在追求这种婚姻关系的和谐。"爱情是盲目的"，恋爱中的男女会"被激情冲昏了头脑"，甚至会"忽略掉对方的不相容性而理想化"，可现实往往和理想是有距离的，激情退却后问题凸现，"伴侣的浪漫爱情的减少有时候会非常迅速。在仅仅结婚两年以后的伴侣对彼此的情感表达比新婚夫妇减少了一半（Huston & Chorost,1994）。在全世界都一样，结婚第四年里的离婚现象更为频繁（Fisher,1995）"[②]。选择爱情组合的家庭，爱情是家庭最强的粘合剂。可情感虽然炙热，关系虽然紧密，但爱情也最易消逝，所以婚姻关系是家庭成员关系中最脆弱、最不稳定的。如何克服婚姻关系的脆弱，让亲密代替激

---

① 转引自费孝通. 乡土中国 生育制度[M]. 北京：北京大学出版社，1998：137.
② （美）莎伦·布雷姆，等. 亲密关系（第3版）[M]. 肖斌，译. 北京：人民邮电出版社，2005：219.

情不失为一条理性的出路,相互的调适无疑是良好夫妻关系保持的必备手段。

(二)"亲密+合作"型夫妻关系是"伴侣性"关系

费孝通说,观念上的相同必须有相同的经验基础。每个人的经验都是独特的,要形成相同的观念谈何容易?个人永远没办法具有他人的经验,"个人是一个自足的感觉单位,相似于莱布尼兹所说的单子(Monad),'没有窗户可以使别的东西跑进来或跑出去'"①。但相同的观念与理解对一个家庭是如此重要,因为家庭最重要的特点,就是共通感或群属感(we-feeling),尤其是在夫妻之间。共通感越强烈,凝聚力就越强;共通感越弱,联系就越不紧密,疏离感就越强。要形成共通感,只能靠双方的共同经验或营造共同的经验,这就是美国社会学者布拉德所提出的"伴侣性"(companionship)关系。布拉德将夫妇共同外出,有着共同的朋友,对于当天发生的事情互相转达称为夫妇的伴侣性。

(三)"亲密+合作"型夫妻关系是一种成熟的爱恋关系

"亲密+合作"型夫妻关系可用图3-1来表示。

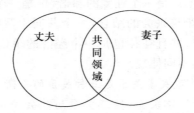

图3-1 "亲密+合作"型夫妻关系

夫妻或因相似或互补走到了一起,但不管哪种类型的夫妻,相同的领域总是很小,相异的空间却是很大。在相同的领域中共享欢乐、亲密无间;在相异的空间中各自承担不同的任务,朝着共同的目标努力,追求家庭最大的幸福或福利。在这种关系中,夫妻"承认双方生活的融合,意识到是'我们'而不仅仅是'我'和'她'(或他)","这种从我到我们的外在改变通常意味着一种细腻的但是很重要的关系的发展"。② 同时,夫妻双方又具备平等、宽容、独立意识,各自都是完整、成熟、健康的个体,不为对方放弃自我,从而形成一种成熟的关系。这种关系就像是两人同时演奏一首曲子,两人选择各自不同的乐器,展示各自独特的技巧,互不干扰、却又相互配合,既是独立的个体又是统一的整体。

---

① 费孝通. 乡土中国 生育制度[M]. 北京:北京大学出版社,1998:134.
② (美)莎伦·布雷姆,等. 亲密关系(第3版)[M]. 肖斌,译. 北京:人民邮电出版社,2005. 4.

(四)"亲密＋合作"型夫妻关系对孩子的影响

哈夫洛克·霭理士曾说:"婚姻关系决非寻常的人事关系可比,其深刻处,可以穿透两个人的人格,教他们发生最密切的精神上的接触以至于混化。"甚至"主张恋爱的人可以说这种男女间强烈的吸引力,可以把双方性格上的不同之处消融,使他们变成另外一个人,不是一个人,而是性格合同的一对"[①]。"性格合同的一对"就是常认为他们自己是一对而不是两个可以完全分开的个体。这种变化实际上就是强烈的教育因素,由此"混化"不只是两个人,是再造了第三个人,或者说再造了孩子的健全人格。马卡连柯在《儿童教育讲座》中就谈到:"不要认为,只有当您与孩子谈话,或教导他,或命令他的时候您才在教育孩子。在您生活中的每一时刻,即使您不在家的时候,您都在教育着孩子。父母对自己的要求,父母对自己家庭的尊重,父母对自己的一举一动的检点——这就是首要的和最主要的教育方法!"由此可见,丈夫爱护妻子、妻子体贴丈夫这种"亲密＋合作"型的夫妻关系,会给家庭尤其是给孩子带来良好的影响,使孩子从小就感受到家庭的亲密和温暖,懂得爱护别人、关心别人、尊重别人;在爱的环境里,家庭气氛和谐愉快,使孩子各种能力得到充分发展;夫妻之间相互爱护、感情融洽,就能够在多方面进行交流,在孩子的教育上也容易达成一致,采取更合理有效的教育措施。"生命原本就是一个从依赖环境到依赖自己的过程",建立良好夫妻关系就是造就具有良好氛围的家庭环境。

二、"同一＋规范"型夫妻关系及其对孩子的影响

"同一＋规范"型夫妻关系可用图 3-2 表示。

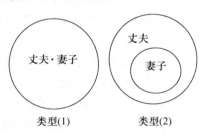

图 3-2 "同一＋规范"型夫妻关系

第一种类型的夫妻关系,看似丈夫与妻子相融合、不分彼此,确实是一种理想的夫妻关系,但在当今日渐分化的社会中几乎不可能达到那种理想状态。现代社会是逐渐异质化的社会,追求丈夫与妻子的同质化,无疑是难以实现的

[①] 费孝通.乡土中国 生育制度[M].北京:北京大学出版社,1998:154-157.

梦想。用法国社会学家涂尔干的话说,如果有也只能是一种"机械团结"而非"有机团结",即一种忽略自我的夫妻关系,彼此独立意识差,相互依赖,夫妻间没有界限,情感黏结,更可能演变成第二种类型,即妻子隐身于丈夫的背后,这是一种传统社会普遍存在的夫妻关系。在当今世界上的许多国家依然很有市场,譬如中国、日本等。丈夫与妻子更多地体现为一种制度或规范化依存,彼此之间表现为一种规范关系而非爱情关系。在这种形式下,家庭至上、个人隐身,即便有个体存在也只有单性——丈夫。甚至,有时家庭中的男性也无法逾越家族的权威(族权),逃离或放弃这种规范关系,重新选择妻子。在传统的家庭制度下,为了家庭牺牲个人的欲求和愿望,这对于一个家庭成员来说是理所当然的事情。因为家庭大于个人,也优先于个人,家庭是永久不变的存在,而构成家庭的成员在不断变更,因此维持家庭的存续是最为重要的。

(一)"同一+规范"型夫妻关系是一种制度关系

在这种夫妻关系中,女性基本没有话语权。即婚姻关系表示为一种保护关系,一般的法律都规定妻子的身份包含在她丈夫的身份之中。于是,一对已婚夫妇就变成"一个共同体"。威廉姆·布莱克斯通爵士在1753年发布的《有关英格兰法律的注释》(*Commentaries on the Laws of England*)中清楚地陈述:"结为婚姻,丈夫和妻子在法律上则成为了一个人。也就是说,在婚姻存续期间,女人的存在或者说法律地位都成了一个被悬置的问题——至少是和丈夫的存在、法律地位混在了一起,并因此而变得坚固。"这个为人妻者在其婚姻中被称为"被保护者"。多少个世纪以来,妻子这一角色被用来充当装饰,她作为一笔财产在男性看管者之间被传递着。在20世纪的法律中,她们仍被当做没有理性、没有判断能力的婴儿来对待。[①]

在我国传统中,"举案齐眉"、"相敬如宾"都是美好夫妻形象的典范,是和谐稳定夫妻关系的体现。但这种夫妻关系看起来相安无事,实际上可能是一种虚假的稳定。在这种夫妻关系中,妻子多半没有成熟的自我,"夫唱妇随"更体现了丈夫大于妻子的包容关系,除了规范甚至还有统治。夫妻之间没有爱恋,没有交流,没有合作,更谈不上亲密,夫妻关系只不过被认为是繁衍后代的一种手段,而夫妻之间的爱情表达几乎完全被忽视,甚至彼此间的生物关系——性爱也变成了难以启齿的丑事。这种看似刚性的联结其实隐含着严重的危机和矛盾。因为人总有谋求亲密关系的需要,否则,就有转移和替代这种亲密关系的欲望。古代对男性的婚外情是很宽容的,所以,夫妻尤其是妻子在

---

① (美)金斯顿. 妻子是什么[M]. 吴宏凯,译. 北京:中国妇女出版社,2005:12.

感情方面的需求无法在对方那里得到满足,就会直接将这种需求转加到孩子身上,完全只作为母亲或父亲,通过与孩子之间建立强烈的感情联系来寻求情感满足。于是形成一种非正常的亲子关系,出现明显的"感情失衡"或"感情越界"现象。夫妻与亲子关系间的界限模糊,以亲子关系消解或取代夫妻关系。夫妻关系重心失衡,凸显社会关系而削弱生物关系与情感关系。

（二）"同一＋规范"型夫妻关系对孩子的影响

"同一＋规范"型夫妻关系直接对亲子关系产生消极影响。夫妻之间,由于没有完整的自我往往造成亲密关系上的真空,孩子很可能在这种关系中不能产生正常的信任与依恋关系。莉塔·福雷曼在《身体之爱》中说:"我们与我们的养育者之间的关系将严重影响我们今后的亲昵关系,它甚至会影响我们与自身的沟通。"①在父子的统治关系与母子的溺爱关系中,可能会造成自身角色的冲突,或许残害自己,或许损害他人,在矛盾中无法解决自身的冲突。具体地说,在父亲的控制甚至威压下,孩子易形成怯懦的性格;而超重的母爱可能会造成母亲对孩子童年的剥夺,即将孩子视为小大人,用孩子去填补自身在亲密关系上的欠缺。母亲在溺爱中难以区分成人角色与儿童角色的差别,要么对孩子过度保护,代替孩子解决一切问题,使孩子养成依赖性格,缺乏独立意识和吃苦耐劳的精神;要么对孩子听之任之,彻底放手,使得孩子为所欲为,以自我为中心,对周围世界冷漠无情。因此,马卡连柯有一句话很中肯:"一切都让给子女,牺牲一切,甚至牺牲自己的幸福,这就是父母所能给孩子的最可怕的礼物。"

三、"冲突＋疏离"型夫妻关系及其对孩子的影响

"冲突＋疏离"型夫妻关系体现为"你是你,我是我",所以不存在二人的共同领域。也可以用图 3-3 表示如下。

图 3-3　"冲突＋疏离"型夫妻关系

---

① 转引自缪建东. 家庭教育社会学[M]. 南京:南京师范大学出版社,1999:109.

(一)"冲突＋疏离"型夫妻关系的特点

"亲密＋合作"型夫妻关系组成的家庭是一种理想的家庭,家庭主要成员依靠强烈的爱情和亲情维系在一起,相互信赖,心理上没有隔阂,具有强烈的一体感。这种状态,称作"感情融合"。但家庭成员之间除了这种爱恋的感情也会产生排斥性的感情,并且家庭成员无法简单地选择加入或者退出家庭,所以当现代社会中强调个性,崇尚差异性和多元化逐步成为社会主流时,激烈的感情冲突是家庭中夫妻相处的常态。因此,现代夫妻关系除了亲密和规范关系,可能更多地体现为冲突或疏离关系,不仅没有心灵交流而且有可能使家庭生活陷入混乱状态,造成家庭的崩溃甚至解体。

(二)"冲突＋疏离"型夫妻关系对孩子的影响

在这种关系中,夫妻意见常常发生分歧,双方敌对、争吵、冲突不断。这种不良的夫妻关系导致子女内心产生严重的焦虑与矛盾,变得多疑、敏感、心神不定、无所适从,严重的会出现变态人格及反社会行为。根据走访与调查发现,在中小学生父母关系不和的家庭中,孩子往往缺乏自信、自尊,性格孤僻内向,不合群,有疑惧心理,是非感差,自卑退缩,常常形成亲子间、师生间、同学间的对立。李淑民的调查发现,在夫妻关系不健全的家庭中,孩子有以下特征:放荡不羁,撒谎与欺骗,固执,闷闷不乐,做错事无所谓,喜欢孤独,易烦躁,易发怒,经常发呆,不愿与人交谈,做事有始无终,言语不能自制,喜欢吹牛等。①

苏联著名社会学家 B. A. 瑟先科在《夫妇冲突》一书中阐述了家庭冲突对下一代的消极影响:(1) 在充满矛盾、父母的要求总不一致的环境中,家庭气氛缺少宁静、和平、幸福、安定……一句话,缺少儿童精神与心理健全发展所必需的一切条件;(2) 孩子发生神经—心理病态的危险急剧增长;(3) 孩子行为的放纵与缺乏自制力日趋发展;(4) 孩子的适应能力逐渐降低;(5) 道德习性上暇疵日益增多;(6) 孩子越来越不习惯于人们共同的道德规范;(7) 孩子往往产生对自己双亲的反感,有时甚至对一方怀有怨恨。

综上所述,既然这种夫妻关系在现实生活中普遍存在、难以避免,不但会对双方造成极大的伤害,更会波及孩子,那么如何调适便是当务之急了。

(三)"冲突＋疏离"型夫妻要学会情绪管理

美国畅销书《情绪智力》一书的作者、心理学家丹尼尔·高尔曼说:"家庭生活是我们情绪的第一所学校。""在这一崭新领域内,我们学习如何认识自己的情绪以及别人对自己情绪的反应;如何分析这些情绪以及我们可以有哪些

---

① 转引自缪建东. 家庭教育社会学[M]. 南京:南京师范大学出版社,1999:26.

反应的选择;如何辨识和表达期望与恐惧。这些情绪教育是通过父母对孩子的言传身教来实现的。"①"冲突+疏离"型夫妻竭力隐藏自己的情绪,或一味发泄自己的情绪,都不能帮助孩子学会处理负面情绪,因为孩子没有有效进行情绪处理的榜样效仿。因此父母要学会以建设性的方式处理情绪问题,知道用适当方式发泄情绪,表达自己的愤怒、悲哀和恐惧。接受过情绪辅导的孩子,在学业成绩、健康及与同龄人的关系上都有较好的表现,他们很少有行为不端或行为过激等问题,能从负面情绪中迅速摆脱出来,有较强应付逆境的能力。

夫妻来自不同的家庭,生活经历、家庭背景千差万别,个性缺陷人人皆有,这是正常现象。马卡连柯说:"如果教育者自己的个性中存在着严重的缺点,任何方法都帮助不了他。因此必须重视这些缺点。至于灵丹妙药,那么应该永远牢记,教育上的灵丹妙药是根本不存在的……只需要您成为真诚的人,让您的情绪适合您家中正在发生的事情的时刻和实质。"现代社会冲突加剧,任何人都有情绪不良和恶劣之时,适当地情绪发泄是正常现象,于己于人都有利,但切忌情绪发泄时出语伤人,不要将情绪发泄建立在对对方的伤害之上,尤其是对最亲爱的人的伤害。

第 2 节 父母的角色扮演及其对孩子的影响

社会角色是指与人们的某种社会地位、身份相一致的一整套权利、义务的规范与行为模式,它是人们对具有特定身份的人的行为期望,它构成社会群体和组织的基础。②

家庭是基本的社会组织,父母亲作为家庭的主要成员,承担相应的社会角色。一个人具备了充当某种角色的条件,去担任这一角色,并按这一角色所要求的行为规范去活动,这就是社会角色的扮演。③

角色的扮演首先是角色的确定。父母亲是先赋角色,"所谓先赋角色,亦称归属角色,指建立在血缘、遗传等先天的或生理的因素基础上的社会角色"④。

费孝通在《生育制度》中指出,两性差别是生物事实,男女细胞结构的不同的确引起了不少显著的生理和心理上的差别。以生理和心理上的差别来确定

---

① 转引自程超泽. 家庭情商:协调家庭关系的技巧[M]. 北京:群众出版社,2002:117.
② 郑杭生. 社会学概念新修(第 3 版)[M]. 北京:中国人民大学出版社,2002:107.
③ 郑杭生. 社会学概念新修(第 3 版)[M]. 北京:中国人民大学出版社,2002:113.
④ 郑杭生. 社会学概念新修(第 3 版)[M]. 北京:中国人民大学出版社,2002:109.

父母亲的角色,是一种普遍的社会事实。对父母亲角色差异的研究,心理学界已取得不少研究成果。

从社会学的角度,帕森斯把家庭看成一个社会系统,这个系统由通过合作性互动和互相依赖而维系在一起的丈夫、妻子及其子女组成。家庭中的角色按年龄和性别分类,形成四个基本的角色定位:一是高权力——工具性领袖(instrumental leadership)角色,由丈夫(父亲)担任;二是高权力——表意性领袖(expressive leadership)角色,由妻子(母亲)担任;三是低权力——工具性随从角色,由儿子(兄弟)担任;四是低权力——表意性随从角色,由女儿(姐妹)担任。工具性角色为家庭提供物质生活保障,是挣钱养家的人;表意性角色维护家庭内部关系和家庭成员间的感情联系,承担扶养子女和满足家庭成员各方面需要的责任。这四个角色的承担者,其年龄、性别都适应家庭作为小型组织的功能要求,从而维系家庭成为稳固、持久和有效的小型组织。① 可见帕森斯的家庭角色定位也是以男女性别差异和分工为前提的。下面从性别角度入手,对家庭中的父母亲角色扮演分别进行分析。

一、父亲的角色扮演及其对孩子的影响

考察父亲的角色扮演及其对孩子的影响,有多种维度——历史的、当下的、实然的、应然的。为了有助于父亲扮演好自身的当下角色,本节将从实然的角度考察历史发展过程中父亲的角色扮演,了解目前父亲角色扮演的现状,并结合父亲在孩子成长过程所起到的影响与作用,从应然的角度提出扮演一个理想父亲角色的要求。

(一) 从"威严的父亲"到"保持距离的父亲"

在传统的父权制社会中,父亲被赋予了"权威者"的角色,这在中西方各个国家都是如此。在现代社会中,情况没有太大变化,旧时代那个"威严的父亲"只是变成了"保持距离的父亲"。

1. 传统父亲的"权威者"角色

权力是社会控制的体现。在中国有家国同构的传统,国事即家事,家事即国事。电视连续剧《雍正王朝》讲述的故事就是家国天下的再现,全部内容都是围绕父子关系展开,将皇帝塑造成既是君主又是父亲的形象。"君君臣臣,父父子子",君权与父权相似之处在于其中蕴涵的权力或统治关系。在父权制的社会中,父亲被社会赋予了权力,父亲是家庭权力的行使者。所以,古今中外,父亲体现为"权威者"的角色。

---

① 转引自谭琳,陈卫民. 女性与家庭:社会性别视角的分析[M]. 天津:天津人民出版社,2001:86.

(1) 中国传统父亲的角色扮演

鲁迅在《我们现在怎样做父亲》一文中说:"中国亲权重,父权更重。""他们以为父对于子,有绝对的权力和威严。若是老子说话,当然无所不可,儿子有话,却在未说之前早已错了。"他认为"父子间没有什么恩",错误"便在长者本位与利己思想。权力思想很重,义务思想和责任心却很轻。自古以来,孝父重慈幼轻,以为父子关系,只须'父兮生我'一件事,幼者的全部,便应为长者所有。尤其堕落的,是因此责望报偿,以为幼者的全部,理该做长者的牺牲"。中国传统社会实行的家长专制,父亲地位高、权力大,如《仪礼·丧服疏》说:"父是一家之长,尊中至极。"孩子作为家庭的私有财产和附属品,没有人身自由,没有独立人格。父母可以随意处置儿女,尤其是父亲可以对子女任意打骂、处罚,甚至处死。父意是圣旨,不得有半点违抗,"不用父言,便是忤逆不孝","子孙受上苛责,但当俯首默受,毋得分理"。

(2) 西方传统父亲的角色扮演

在西方的传统中,上帝是父亲,信徒则是他的儿子,耶和华这个名字在《新约》中代之以"父"的称呼,正如弗洛伊德所云:"上帝不过是一位拔高了的父亲而已。"如果对父亲角色作一番考古,"父亲"这个名词在远古时代的意思与我们这个时代颇为不同,它不一定指生父,它是一种称号,代表着对儿女的所有权,当然也带有保护和供养者的意思。"父亲"这个词是可以与"主人"混用的,他统辖妻室、儿女、仆从。① 与我国"君为臣纲,父为子纲,夫为妻纲"有异曲同工之处。在古罗马的王政时代,家长对其家人拥有绝对的权力,对他们有生杀予夺之权。根据"王法"的规定,父亲可以三次出售他的儿子。在漫长的历史中,不管是部落的酋长、帝国中的皇帝,还是家庭中的父亲、主人,他们都是保护者,也是教育和管理者,②他们与"权威者"的形象是重合在一起的。

(3) 传统父亲角色扮演对孩子的影响

家长制造成了结构僵化的"定位家庭结构",不能"越雷池一步",角色界限分明,尤其父亲至高无上的权威,形成一种等级化的区隔,导致父子间的隔阂十分明显。母子以生理性的抚育为主,父子以社会性的抚育为主。社会性抚育要求父子之间不能过于亲昵,要拘礼节,得严教,"但有严父,必出好子"。父子间距离拉远,感情疏离。这种以权力形成的威信实际上是一种以高压手段获得的威信,马卡连柯称"这是一种最可怕的威信"。他认为这种威信不能起任何教育作用,只能使孩子离可怕的父亲更远一些,造成儿童的虚伪和懦弱,

---

① 王少辉. 圣经密码[M]. 北京:中央编译出版社,2009:315.
② 王少辉. 圣经密码[M]. 北京:中央编译出版社,2009:317.

同时在儿童的心中孕育残忍性。这样的被打怕了的和没有自由的孩子,将来长大或者成为讨厌的、毫无用处的人,或者成为任性胡闹的人,在自己的整个一生中报复儿童时期所受到的压迫。

2. 现代父亲的角色扮演

在现实生活中,全世界的父亲角色仍表现为传统的"经济来源"和家庭中在照顾儿童时起"辅助作用"的角色。黑尔格·普罗斯在对德国的父亲做了一次调查后总结道:"总的看来,父亲们对自己的描述告诉我们,父亲的角色只是个辅助性角色。父亲对家庭生活参与得很少,旧时代那个威严的父亲如今变成了保持距离的父亲。"[①]

由于工业社会生产方式的变革,机器化大生产的出现,加上父亲社会性抚育的传统要求,作为家庭经济的主要支撑,越来越多的父亲加入到忙碌的工作中,比母亲花费更少的时间照顾孩子,有研究表明母亲花在照顾儿童上的时间平均是父亲的4倍以上。[②]另外传统文化使父亲形成了一致的态度:认为养育孩子是母亲的天职。即使在现代社会,生产率提高,休闲时间增多,父亲仍然较少参与对孩子的照顾。

(二)理想的父亲

现代心理学研究表明在家庭生活中,父亲应该扮演玩伴、榜样、保护者、道德规范者、教育者等角色,父亲只有成为多种角色的综合体,才会对孩子的成长起到重要作用。

1. 父亲扮演玩伴对孩子的影响

临床医生观察到与父亲接触很少的孩子,在体重、身高、动作等方面的发育速度都不及父子正常接触的儿童,患有营养不良和传染病的概率也较前者高。早在婴儿期,父婴间的交往与母婴间的交往就各有特点。父亲更多的是通过身体运动方式、触觉、肢体运动游戏,给孩子以强烈的大动作身体活动刺激,促进其身体发育。据统计,这类活动父亲占70%,而母亲只占4%。[③] 父亲在与孩子的大动作、激烈的身体游戏中不断地鼓励孩子,激发儿童对外部世界和社会环境的好奇,让孩子获得更多成就感,让孩子通过积累成功经验获得更多信心。在这种游戏中,孩子身体运动越剧烈,活动情绪越兴奋,就越需要运用更多认知能力和情绪调节能力。如打闹游戏能使儿童了解各种情绪状态,提高儿童对愤怒和强烈冲动情感的调节能力,表现出更少的攻击行为。总之,

---

① 转引自孙云晓. 怎样做好父母[M]. 北京:中国人事出版社,2007:46.
② 董光恒. 父亲在儿童成长中的家庭角色与作用[J]. 中国心理卫生杂志,2006(10):689-691.
③ 孙云晓. 怎样做好父母[M]. 北京:中国人事出版社,2007:43.

这种游戏不仅使儿童面对复杂的陌生环境时能表现出勇气,也能使孩子形成良好的社会适应能力和社会技能。

2. 父亲成为榜样对孩子的影响

父亲对孩子良好个性品质的形成具有极大的促进作用。父亲的个性特征中常常带有母亲所不具备的内容,比如敢于冒险、勇于克服困难、富有进取心、富有合作精神等。父亲与儿童的交流方式通常具有多样性,父亲对孩子的自由探险往往更宽容。同时,父亲相对于母亲更理性、更客观、更严格。因此,父亲在促使儿童自信、勇敢等品质形成的同时,也促进他们各种规则和规范意识的形成。心理学家麦克·闵尼的研究资料显示:一天与父亲接触不少于2小时的男孩子,比起那些一星期内接触不到6小时者,人际关系更融洽,能从事的活动风格更开放,并具有进取精神甚至冒险性,更富于男子汉气概。据海兹曼等人报告:缺乏父爱的少年儿童情感障碍尤为突出,普遍存在焦虑、自尊心低下与自制力弱等缺陷,并有攻击性行为,甚至成人后,会有许多不良生活习惯。美国专家用30项社会行为指标对生活在没有父亲的家庭的儿童进行调查,也得出了类似结论。他们发现这类儿童抑郁、孤独、任性与依赖行为等较为普遍,称之为"缺乏父爱综合症"。[①]

3. 父亲作为教育者对孩子的影响

父亲是孩子认知和技能发展的促进者,由于父亲与孩子交往上的独特性,使得孩子从母亲和父亲处得到的认知上的收获不完全相同。尼尼奥等认为父亲更多地参与照顾儿童,能够促使儿童具有更高的社会认知能力。从母亲那儿,孩子可以学到更多语言、日常生活知识、物体用途、玩具的一般使用方法等;从父亲那儿,孩子可以学到更多的动手操作能力,养成旺盛的求知欲和好奇心。[②] 许多研究还证实,父亲对男孩子智力发展的影响要比女孩大。男孩早期失去父亲会使他智商低、认知模式女性化,这些不足在他进入大学后还能观察到(布兰查德·比勒,1971,卡尔史密斯,1981)。

德国哲学家E.弗罗姆说:"父亲虽不能代表自然界,却代表着人类存在的另一极,那就是思想的世界,科学技术的世界,法律和秩序的世界,风纪的世界,阅历和冒险的世界。父亲是孩子们的导师之一,他指给孩子通向世界之路。"父亲的存在和父爱,是孩子心理、个性发展的一个源泉,对子女性别角色规范、生活方式、价值观和态度系统的形成具有重要影响。

---

① 孙云晓. 怎样做好父母[M]. 北京:中国人事出版社,2007:43.
② 董光恒. 父亲在儿童成长中的家庭角色与作用[J]. 中国心理卫生杂志,2006(10):689-691.

家庭教育新论

 案例 3-1

近日,我们来到北京市海淀区某小学,邀请了15位小同学座谈,了解孩子眼中的父亲是什么样的。

你最喜欢你爸爸什么样？你对他最满意的事情是什么？

王 ×：喜欢爸爸对我温柔,最满意的是过生日的时候给我买礼物。

孙 ×：对我爸最满意的事是有一次外出玩,结果没带手电筒,又把钥匙忘屋里了,我爸就翻墙,翻墙时,腿一迈就上去了,但下来时,正好别人晾衣服,把人家手踩坏了(还赔了500多元医药费)。我爸勇敢地翻到屋里时,正好替我接了一个电话。最希望爸爸高兴时别再使劲打我,他打得我特别疼。

刘××：希望爸爸学做饭,要不妈妈出差,老吃方便面。

李 ×：希望爸爸别说我,跟我踢球。对爸爸最满意的一件事就是爸爸每天早上跟我踢20分钟足球,而且坚持了两个月。

孙××：最喜欢爸爸跟我玩游戏机,最不喜欢爸爸凶。

成××：最喜欢爸爸跟我游泳,我在游泳班里是冠军,爸爸跟我一起游泳,能比赛,最烦我爸打我。

王 ×：最喜欢爸爸跟我逛公园,不喜欢他粗鲁。我吃饭时,一掉饭粒,爸爸就说,你在美丽的桌布上,撒下美丽的种子,语气怪怪的。

孙 ×：不喜欢爸爸老唠叨。看电视,爸爸就说声音小点；吃饭时,说米粒掉桌子上了；写作业时,说快点写……没完没了。

郭 ×：最满意爸爸两点,一是常常忘了昨天定的规矩；二是给我买玩具时说儿童就是应该玩。

孩子们希望爸爸是个勇敢的爸爸,又是个温柔的爸爸,既在外面世界奋斗,也要有儿女之情,经常跟他们玩,还要学会做饭。这样的要求也许高了些,但却是孩子们心中的父亲。

(资料来源：孙云晓.怎样做好父母[M].北京：中国人事出版社,2007：36)

二、母亲的角色扮演及其对孩子的影响

女性一旦成为母亲,母亲身份得到确认,母性意识就开始流露。下面主要从生理学、心理学、社会学三个角度探讨母亲角色的定位及其对孩子成长的影响。

（一）生理学视野中的母亲角色及其对孩子的影响

母亲因生育成为孩子最亲密的人，母亲与孩子的这种躯体联系，是父亲所不具备的。"具有所爱之人的喜悦，被人爱的喜悦，这种喜悦是男女双方共有的。但是，生孩子的喜悦是女性独有的。"[1]"那时候，我并不孤独，有两个人。我清楚地感到我身上还有另外一个生命。"[2]这种生理联系被称作生物学上的倾向性——"母亲印刻"，即孩子与母亲广泛、持久而深刻的联系，不仅仅从母亲那里获得物质满足和生活照顾，如喂养、穿衣、洗澡等，而且更多的是心理上的联系、情感上的满足。

（二）心理学视野中的母亲角色及其对孩子的影响

精神分析学说把母子关系的重要性强调到极限，认为只有母亲才能提供婴儿健康发育成长必需的感情满足和刺激，一旦母亲在情感方面的作用被轻视，那么孩子的成长发育就很有可能陷入畸形状态，造成性格上的发育缺陷。弗洛伊德描述幼儿与母亲之间的关系，称母亲是"独特的、无可比拟的、最强烈的、一生无可替代的第一个爱的对象，是将来两性之间爱情关系的模范"。而且对女性自身来说，做母亲也是她们保持心理健康和避免精神病变所必需的条件，是女性通向成熟和个性完善的必经之路。

研究表明，婴儿在与母亲的互动中，逐渐意识到母亲能满足自己的各种需要和愿望，因而产生了对她的高度信赖，建立了最初的人际关系。婴儿与母亲在情感和行动上持久而有效的联系称为依恋，依恋是儿童社会化反应的开端。婴儿在早期形成的依恋，对他以后的行为会产生重大影响。英国的心理分析家斯托尔（Antony Store）说，一个被爱的孩子会拥有一种"强烈的自我价值感"，这使得他拥有一颗坚强快乐的心去面对生命。而那些被认为是"不想要的孩子，被拒绝的孩子"则没有同等的内在力量，斯托尔说，这样的孩子虽然也会经历到成功和快乐，但这些不足以使他相信自己是可爱的，或证明他是有价值的，他可能一辈子都会有一点儿无家可归的感觉。[3]

英国精神病学者鲍比认为："幼儿渴望母亲的爱与陪伴，与他对食物的渴望一样强烈。母亲不在，会使他直觉地产生强烈的愤怒与失落感。"年幼的孩子在情感上极需能够随时找到母亲。这种情绪上的稳定，是将来一切人际关系的基础。[4]

---

[1]　（日）服部正. 女性心理学[M]. 江丽临，等，译. 上海：上海翻译出版公司，1987：59.
[2]　（日）服部正. 女性心理学[M]. 江丽临，等，译. 上海：上海翻译出版公司，1987：67.
[3]　（美）白安德·亨特. 选择在家[M]. 顾美芬，译. 成都：四川大学出版社，2007：前言 3.
[4]　（美）白安德·亨特. 选择在家[M]. 顾美芬，译. 成都：四川大学出版社，2007：6.

(三) 社会学视野中的母亲角色及其对孩子的影响

从心理学的研究成果中我们了解到性别造成的男女差异,但并不代表生理和心理上的差别决定他们所能做的工作截然不同。对女性的母亲角色具有决定性影响的,是使女性安于社会所要求于她们的母亲角色的文化价值观。因为以性别差异进行社会分工的现实广泛存在,而且女性生育这一事实无须用文化加以改变,于是传统社会将女性角色局限于家庭,定位于生养,例如我国古代最早的韵书之一《广雅》对"母"字的解释是:"母,牧也。言育养子也。""牧"意为"放牧",言母亲主要承担生理上的抚养责任。分工的方式因传统成为习惯而规定下来。"男主外女主内"这种分工的用处不仅有经济利益的区别,还有社会地位的区别,体现为社会的尊卑——男尊女卑。恩格斯说:"母权制的被推翻,乃是女性的具有世界历史意义的失败。丈夫在家中也掌握了权柄,而妻子则被贬低,被奴役,变成生孩子的简单工具了。"[1]女性地位的低下,迫使其为了获得社会承认而安于母亲角色的要求:相夫教子。社会以生理差别为前提或借口,规定了母亲的实际地位、身份与角色规范,反过来,因角色期望提供的角色限制和要求扩大了父母亲角色的隔离。通过家庭内外的空间区隔,划分了父母亲的传统角色——社会角色和生理角色。

托马斯(Tomas)指出:"如果人们把情境界定为真实的,那么就结果而言它们就的确是真实的。"[2]人创造了自己的社会现实。这共同的社会界定构成了一个"理所当然"的世界。如西方文化要求女性具有如下特征:柔情、服从、富有同情心、欢乐、善良和友好。正是这样的社会期望,使妇女们服从父权制的统治。中国古代,家庭内部男女地位极不平等,"夫为妻纲",对女性角色的定位是强调女性作为母亲的生儿育女价值,限制了女性自身独立的自由和人格尊严的发展。"女子无才便是德",女性的本体文化受到极大的压抑,与外界没有或极少建立联系,所以社会教化的作用微乎其微。

尽管如此,不可否认在传统母亲角色的影响下,也出现了一批批杰出人才,成就了母教的千古佳话。如中国历史上的"四大贤母",陶母截发筵宾,孟母三迁、孟母断织,岳母刺字,欧阳母画荻教子,这些脍炙人口的故事,代代相传,一直是家庭教育的典范。尽管独立自主受到了极大的控制,但传统社会中母亲身份的获得不仅是女性生理和心理的需要,同时还是女性取得社会地位的需要,如我国封建社会中"母以子贵"的传统。因为家教的前提首先是大量

---

[1] 中共中央马克思恩格斯列宁斯大林著作编译局编. 马克思恩格斯选集[M]. 第4卷. 北京:人民出版社,1972:52.

[2] 转引自(美)L. 布鲁姆,等. 社会学[M]. 张杰,等,译. 成都:四川人民出版社,1991:171.

的心理与情感投入,以及强烈的情感力量——激情、爱心、耐心与期望,会为孩子营造一个很好的家教基础和环境。从古今中外对母爱不计其数的讴歌中我们可见一斑。西方人说,上帝不能时时刻刻光顾每个家庭,所以他创造了母亲。罗曼·罗兰说,母爱是一种巨大的火焰。雨果说,慈母的胳膊是慈爱构成的,孩子睡在里面怎能不甜?我国著名的诗篇《游子吟》:"慈母手中线,游子身上衣。临行密密缝,意恐迟迟归。谁言寸草心,报得三春晖?"也让我们为母爱的伟大感到深深的震撼。因此,母亲虽难以对子女教育起到最佳的效果,但仍然是家庭情感的主要支柱,是子女人生的第一任教师,在孩子形成良好的性格、生活习惯、道德品德等方面有着不可替代的作用。正如著名文学家老舍在《我的母亲》中所写的:"从私塾到小学,到中学,我经历过起码有廿位老师吧,其中有给我很大影响的,也有毫无影响的,但是我的真正的教师,把性格传给我的,是我的母亲。母亲并不识字,她给我的是生命的教育。"

三、当下父母亲角色扮演的冲突与对策

由于社会的急剧变化,当下父母亲角色扮演在传统与现代之间摇摆,造成角色扮演的冲突,很难形成真正的角色适应,下面在分析父母亲的角色冲突的基础上提出相应的解决对策。

(一)当下父母亲的角色冲突

为人父母要经历初期角色适应到角色扮演的过程。角色适应是多种角色之间冲突的过程。

现代女性的角色适应体现为两种典型角色间的冲突:母亲角色与职业角色,或者说生理角色与社会角色之间的冲突。一方面,母子之间存在着天然的不可分割的联系,从孩子出生起,母亲就自然进入角色状态,而男性对父亲角色的适应往往要经历一个相对较长的认知和心理调适过程;另一方面,由于生产方式和社会的变革,女性走出家庭成为职业女性,与男人一争天下,谋求事业的发展。而抚养工作在传统意义上都是由女性承担,女性不得不放弃职业发展的机会,所以女性只有在母亲角色与职业角色之间摇摆、谋求平衡。男性的父亲角色与职业角色基本上是统一的,在有孩子前后父亲职责变化不大,养家糊口的经济角色没有改变。现代母亲角色间的紧张与冲突远远甚过传统的母亲角色,目前尽管母亲为孩子付出的时间、精力和做出的牺牲一般都比父亲多,但现实生活中为没能做一个好父母而感到内疚的女性却远远多于男性。可见现代母亲仍然用社会文化传统规定的母亲角色,用抚育子女的责任和规范来衡量自己的行为,这就使其处于两难境地。

为此,女权主义者举起了反对的大旗,为母亲的地位鸣不平,"似乎职业有

一个阶级系统,而做母亲一职是在最下面的"①。要求女性走出家庭,与男性平权,甚至放弃母亲的身份。

而另一种观点则要求女性回归家庭,继续母亲这一天职,因为"她的眼睛注视着家庭的一切,而她的手指触摸着国家的脉搏"②。一位著名的财务分析师波特(Sylvia Porter)说,美国2500万全职家庭主妇,每年的经济贡献超过10亿美元,只是她们的劳动产出没有算入在国民生产总值中。波特认为,没有家庭主妇"经济会起大骚动,你们的重要性超过一堆冷冷的统计数字。除非是最富有的家庭,否则要取代你们的服务是不可能的——而最富有的家庭已经用额外的费用买去了这些服务,在其他地方就几乎买不到了"③。

同样,目前父亲作为"赡养人"的角色弱化,父亲与子女的情感交流得到重视,父亲家长式权威弱化,家庭关系由传统的等级秩序转为更加灵活的成员关系。虽然父亲参与孩子的抚育现象稍有增多,但并不代表父母的角色可以完全交换,现实生活中即使交换也不易持久,而且非常少见。

(二)性别差异不决定养育孩子的固定角色分工

玛格丽特·米德则从文化的角度比较了三种有关社会性别的态度和制度:一种是传统的社会性别角色规范把男女人格标准化,强调男女角色之间的互补与对立,在此基础上建立的社会制度使男性和女性局限在规定的领域,个人的潜能没能得到全面的挖掘和发挥;第二种是一种激进的观点,倡导消除男女角色一切差异,认为既然男女可采取不同的行为模式,也必然能采取同一种行为模式。人类的共有潜能基本与性别无关,社会应建立一种无性别差异的、一体化的价值体系。玛格丽特·米德认为,上面两种态度和制度都不理想,主张采取第三种路线,承认性别差异但不制造对立,缔造一个具有较少专断性的社会结构,让具有不同天赋特质的个体都能找到适合自己的角色。社会不应按性别决定个人的社会角色,而应让个体按自己的兴趣倾向和天赋才能选择合适的行为模式。④

因此,性别差异不应该成为养育孩子固定角色分工的借口。美国学者桑德拉·贝姆认为,人类的行为和人格个性不应再有性别之分,取而代之的应该是两性化的人格。他发现,两性化的人格突破了社会规范的刻板性别角色,对各种社会情境的适应极具弹性,而且比单性化的人格具有更高的智力和创造

---

① (美)白安德·亨特. 选择在家[M]. 顾美芬,译. 成都:四川大学出版社,2007:61.
② (美)白安德·亨特. 选择在家[M]. 顾美芬,译. 成都:四川大学出版社,2007:57.
③ (美)白安德·亨特. 选择在家[M]. 顾美芬,译. 成都:四川大学出版社,2007:56.
④ 谭琳,陈卫民. 女性与家庭:社会性别视角的分析[M]. 天津:天津人民出版社,2001:88-89.

力。换句话说,传统性别规范造就的刻板的"男性"和"女性",局限了男人和女人作为人的智力和创造性。中国台湾学者孙敏华的研究表明:"母亲外出就业与父亲帮忙家务的事实,有利于减少新时代的性别角色刻板化观念。不仅如此,家人在耳濡目染中习得具有刚柔相济的两性化人格,对其日常生活为人处世有极大帮助。"①

(三) 当下父母亲角色扮演应突破性别角色刻板化观念

通过前面心理学的分析,我们了解到尤其在孩子幼年时,父亲和母亲扮演的是不同的角色。尽管父母的角色不同,鲍比认为父母都能为孩子提供"一个安全本垒,使孩子或青少年可以由此向外界出击。并且他知道这是一个他可以回去的地方,他会受到欢迎,身体得到补给、精神得到安慰"。鲍比并说,只有当一个孩子对父母有信心,知道他们可以依靠,他才有可能在他的世界探索和冒险。有一项研究显示,那些对父母双方都有稳固的依附感的孩子,是最有自信和最有能力的;那些对父母双方都缺乏稳固的依附感的孩子,是最没有自信和最缺乏能力的;而只对一方有稳固关系的孩子,则是介于两者之间。鲍比说一个孩子可以和任何人发展出稳固的依附关系,只要这个人扮演像母亲一样的角色。鲍比在《安全基础》一书中曾说,如果父亲在婴儿的头几个月,扮演母亲的角色,父亲一样可以像母亲。对孩子来说,最重要的就是有一个照顾他的人,而这个人对他的需要很敏锐,又始终如一,并且深深地爱他,只有这样,他才会感到被爱,并且以爱回报。②

由此可见父亲的参与很重要,同样,女性本体文化的建构也很重要。松田到雄说:"爱美的母亲才能养育出好孩子,因为她很注意培养自己孩子的个性。"③有个性的女性,应该是既能遵守,同时又能有分寸地去反对现有的秩序的,而且还具有支配环境的能力。

家庭是一个基本的社会系统,文化多样化、社会复杂化、价值观多元化的趋势,对家庭带来极大的冲击,深刻地影响着当前的家庭关系。在妇女就业比例增多和妇女回归家庭比例增加同时并存,父亲缺失与父亲参与家庭抚养现象同时增多的诸多矛盾和冲突中,父母亲传统定位的角色发生极大改变,在相互作用和碰撞中进行着当代转型,父母亲的角色和抚养行为既具有差异性,又具有相似性,共同影响孩子的成长。

---

① 转引自谭琳,陈卫民. 女性与家庭:社会性别视角的分析[M]. 天津:天津人民出版社,2001:88.
② (美)白安德·亨特. 选择在家[M]. 顾美芬,译. 成都:四川大学出版社,2007:25.
③ (日)服部正. 女性心理学[M]. 江丽临,等,译. 上海:上海翻译出版公司,1987:77.

第3节　隔代教养的家庭关系及其对孩子的影响

费孝通先生在1982年《中国家庭结构的变化》一文中谈到,江村的主干家庭或联合家庭的比例从1936年到1981年,只有从49%到43%的少量降低。重庆市1990年第四次人口普查中,三代户占家庭户13.9%;2000年第五次人口普查中三代户为20.83%。这些三代户中主要是主干家庭。2001年6月,上海社会科学院社会调查中心对上海500个家庭进行入户调查,调查结果显示,除高达68.9%的核心家庭外,主干家庭占26.8%,是家庭类型构成中的另一重要组成部分。[①] 尤其在中国"养儿防老"的孝道文化下,选择同儿子居住的主干家庭不在少数。一些西方学者的研究表明,亚洲主干家庭在代际关系上存在着很强的性别倾向,即对儿子的偏好。亚洲本地的研究也证明,父母有愿意与儿子,特别是已婚儿子或是长子,同住的强烈趋向。胡汝泉等中国学者指出,在中国对老人来说,无论是同住,还是代际间的联系和帮助,儿子都比女儿重要得多。[②] 这些数据充分说明核心家庭是现代家庭的主流趋势,而主干家庭则是排在第二位的居住形式。家庭特别是有了第三代后,更易遵守互惠合作的关系,老人一方面获得精神上的慰藉和子辈生活上的照顾,另一方面也为孙辈提供帮助和支持。这无论在西方还是在中国都是一种普遍现象。这也带来了除夫妻关系、亲子关系两种主要家庭关系之外,另两种重要的家庭关系——婆媳关系、祖孙关系,本节主要探讨这两种关系及其对孩子产生的影响。

一、家庭中的婆媳关系及其对孩子的影响

家庭社会学中心场理论提出,夫妻关系是家庭关系的中心。一对夫妻一个中心,两对夫妻两个中心,多对夫妻多个中心。中心本身有向心力,中心与中心之间则会有排斥力、离心力。按中国的父系家庭传统,儿子结婚娶媳妇进门,家庭中至少有了两个中心,以往的大家庭多个儿子就有多个中心,中心之间相互排斥,家庭关系会变得更加错综复杂。因此,主干家庭相比核心家庭,不但家庭关系复杂化了,而且还增添了新的问题——婆媳冲突。

[①] 边馥琴,约翰·罗根.中美家庭关系比较研究[J].社会学研究,2001(2):85-95.
[②] 桂罗敏.现代主干家庭代际矛盾研究——以代际权力关系为例[D].上海:上海大学硕士论文,2004.

（一）婆媳关系的特点

1. 婆媳关系是一种特殊的家庭关系

家庭关系说到底主要就是婚姻关系和血缘关系，婚姻关系也就是夫妻之间的关系，血缘关系包括父母和子女的关系、兄弟姐妹的关系、爷孙叔侄的关系等等。而婆媳关系既不存在婚姻关系，又不存在血缘关系，它是通过夫妻之间的婚姻关系而间接产生的一种新关系，这种关系本来并不密切，但婚后共同生活却把婆媳联结到一起，迫使她们在一起密切地生活，这就自然会出现许多矛盾。这种关系同姑嫂等关系相似，都是一种间接关系，但存在年龄的差距与不可分离性，所以相对姑嫂等关系，婆媳关系更难处。而翁婿关系同婆媳关系的特殊性是一样的，但按照中国的传统习惯，翁婿之间接触互动较少，彼此之间具有限制、疏远的心理，即使有些矛盾一般也难以形成正面冲突，可以相互忍让。

2. 婆媳关系缺乏感情基础，具有脆弱性

婆媳关系不像母女关系，是一种与生俱来的情感关系，也不像夫妻关系，具有一定的感情基础，所以它也不像母女关系和夫妻关系那样经得起挫折，吵架打骂也不太容易破坏这些关系。婆媳关系经不起风吹雨打，一次反目，可能终生成仇，一波未平，一波又起，彼此不太容易达成谅解。

（二）婆媳冲突产生原因

费孝通调查江村时，调查了家庭结构，认为婆媳不和的矛盾，是造成分家的直接原因。日本著名律师丹山雅也在其所著的《婆婆对付媳妇77计》一书中把解决婆媳关系问题称作是不亚于获得诺贝尔奖金的难题。婆媳冲突是影响家庭关系的一对主要矛盾。

邓伟志的《我的家庭观》，分析了婆媳矛盾的4个起因。

1. 异质介入

婆与媳原来分别生活在两个家庭中，彼此有迥异的习惯和情趣。现在突然合成一家了，她们并不是有不可调和的矛盾，只是点滴的生活细节可能让矛盾激化。要使她们协调，需要有个过程。

2. 感情转移

婆媳关系的产生引起了亲子关系的变化，小家庭形成后夫妻关系上升为第一家庭关系，原来家庭的亲子关系下降为第二家庭关系，亲子之情被夫妻之情部分取代。原来母子之间有深厚感情，现在儿媳的到来使儿子的感情分散，母亲就会觉得不自在。从对母亲的亲近和依赖转为对妻子的亲近与爱，儿子的生活重心由原来的父母家庭转移到自我小家庭。这种变化使母亲有一种相对剥夺感，感到失落，于是把无法排解的不满甚至怨恨转加到儿媳身上，家庭矛盾和冲突因此激化。

3. 权力变换

家庭也有权力系统。儿媳到来后,也许婆婆认为权力小了,也许媳妇认为婆婆不放权。今儿媳非昔儿媳,一般都有职业和工作,能在社会上立足,有一定的收入,有自己的事业追求和男女平等观念,在家庭中也希望夫妻平等、婆媳平等。于是现代"婆媳平等"与传统"多年的媳妇熬成婆"的观念有了激烈的交锋,体现为对家庭权力的争夺,如家庭中的发言权和对家庭事物的支配权。

4. 义务不均

婆媳在家庭经济、家务劳动、生活节律、兴趣爱好、价值观念、子女抚养教育问题等方面都有差异,加上权利与义务模糊不清又造成冲突普遍存在,尤其是婆媳共处的主干家庭,因日常生活中的频繁互动,往往更容易造成冲突不断。

(三) 婆媳关系对孩子的影响

据中国老龄科研中心对全国城乡 20083 位老人的调查,照看孙辈的老人占了 66.7%,隔代抚养孙辈的女性老人在城乡更是分别高达 71.95% 和 73.45%。有关部门对 30 个省市的 3080 个老人家庭进行抽样调查表明,有 58% 的老人家庭在帮助照管孙辈。上海市一项对 0~3 岁婴幼儿抚养方式的调查显示,与祖辈家长生活在一起的婴幼儿家庭共占 73%,有祖辈家长参与婴幼儿抚养的共占 84.6%。① 可见,在婴幼儿时期,祖辈参与孩子教养是普遍现象,尤其以祖母参与者居多。因此,婆媳关系对孩子的影响值得关注。

苏联学者 A.C. 斯皮瓦科夫斯卡娅就指出以下两种类型的祖(外祖)母易导致家庭矛盾,进而影响幼儿教育的质量。其一,作为牺牲者的祖母或外祖母,她们放弃了自己的职业活动、休闲活动,把全部的精力放在照料孙辈上。由于没有养育孙辈的责任,所以她们一旦觉得累了或是某些原因造成情绪低落,就容易形成抱怨,认为自己的付出没有得到应有的回报。其二,竞争型的祖母或外祖母,她们在照料孙辈时试图取代其父母的角色,并与子女形成一种竞争的态势。她们喜欢挑剔年轻人的过错和缺点,以此来证明他们的生活离不开自己,自己在养育孩子的问题上比他们更有能力、更有经验。②

孩子的外祖母与母亲之间因为是母女关系,即使有矛盾也可调和,但婆媳之间的矛盾却难以调和。大人之间的矛盾和冲突,孩子会敏锐地感觉到,势必对他们的情感产生不良的影响,容易使他们产生挫折感和不安全感,影响他们的身心健康发展。这不仅会对孩子的成长产生直接的不利影响,而且还可能

---

① 李石华. 隔代教育:备受宠溺的孩子怎样教[M]. 北京:朝华出版社,2009:3.
② [苏联]A.C. 斯皮瓦科夫斯卡娅. 家庭情感的奥秘[M]. 王峰连,等,译. 北京:文化艺术出版社,1990:99-101.

因此而引发家庭成员之间的人际冲突,影响家庭的和睦气氛,从而间接地影响孩子的成长。总的来说,有以下一些具体的影响。

1. 紧张的家庭气氛影响孩子的智力发展与心理素质培养

若婆婆与媳妇经常当着孩子的面无休止地争吵,甚至打骂或者冷战到底,孩子长期处于这种环境中,会对智力发展、学习兴趣以及良好心理素质的培养产生不利影响。据美国心理学家对 4000 名 7 岁儿童的调查表明,和睦家庭中的孩子远比气氛紧张家庭的孩子智商高。在这方面,我国心理学家也做过专门研究,结果表明,紧张的环境对儿童智商产生的消极影响是不可低估的。

2. 过分娇纵孩子,忽视自主性的培养

如果婆媳相互较劲,将会导致过分娇纵孩子,忽视其个性发展和独立自主能力的培养。因为婆媳转移矛盾,都会在孩子身上寻求补偿。加上现在的孩子生活条件优越,又是独生子女的环境,婆媳易强化他们的自我中心意识。孩子说一不二,只知享受和索取,不知付出和奉献,长期下去,逐渐发展成极端自私的情感和行为。

3. 相互不和易使孩子形成两面性格

通常在孩子成长初期,婆婆与媳妇肩负了养育与教育的主要责任。如果婆媳之间不分场合、不分事件地责备对方,会让孩子无所适从,逐渐发展成两面性格,个性固执。奶奶与妈妈在孩子面前互相说对方的坏话,将会严重影响亲子关系。

4. 教育方式南辕北辙令孩子无所适从

婆媳因为生长环境、教育程度不同,获取育儿知识有所差异,将会产生许多意见冲突。尽管都是为了孩子好,但婆媳两人若坚持己见,特别是当着孩子的面发生争执,就会令孩子无所适从。奶奶与妈妈不和,其严重性不亚于父母之间争吵对孩子心灵产生的伤害。

5. 互相贬低会使孩子失去信任感

婆婆与媳妇在孩子面前相互诋毁,会使孩子失去信任感,也会使对方在孩子面前失去权威,失去尊严,得不到孩子应有的尊重。

什么样的家庭培养什么样的孩子。和睦家庭的孩子总是充满自信,开朗活泼;娇纵的家庭孩子一般不知天高地厚,无法无天;经常吵闹的家庭,通常孩子内向沉默而且忧郁……由此可见家庭氛围对孩子的成长具有决定性的意义,因此婆媳不和对隔代教养的孩子影响尤为巨大。[①]

---

① 婆媳失和,孩子是最大输家[EB/OL]. [2004-09-28]. http://baby.sina.com.cn/health/2004-09-28/47_65147.shtml.

（三）协调婆媳关系

婆媳关系是一种深度互动关系，因为双方的精力都投入过多且期望值过高，因此需要注意以下几点。

1. 保持距离的交往

一般说来，大家庭不利于家庭成员个性的发挥，不利于不同年龄的人保持自己喜爱的生活方式，不利于家庭关系的协调与和谐。著名社会学家费孝通在讲人际交往，特别是婆媳关系时用了一个生动的比喻：硬要她们住在一起，多刺的刺猬挤紧了，大家觉得不好过。他的结论是：这表明子女成年结婚后，分家独立是普遍的情形。① 保持距离的交往，常见常新，是维持代际情感，减少代际矛盾的客观规律。尤其在当今社会中，人们普遍富裕起来，能够买得起房，有可能居住在"汤不会凉"的两处（形容分别居住在同一个城市的两个地方，但距离不远，随时能见面）。

2. 善意的"有意忽视"

日本著名律师丹山雅在《婆婆对付媳妇 77 计》中，要人们用理智而不是用感情去解决问题，"迄今为止，人们在试图解决问题时只注意'婆媳怎样才能亲密相处'，这就忽视了首先要做到不发生冲突这样一个前提，一下子飞跃到'亲密相处'的高要求上，犯了根本性的错误"。因此，如果婆媳没有条件住在"汤不会凉"的两处，必须共处屋檐下，共进一家门，首先需要保持好互动和交往的愿望。戈夫曼认为："人类互动的最重要特征就是印象管理或自我呈现。"② 婆媳在日常交往的过程中，发出印象管理行为，就是想使自身的言行给对方留下好的印象，其目的是获得对方的肯定和赞扬，促使双方保持良好的关系。双方应该充分肯定和赞许对方的印象管理行为，对与印象管理行为不一致的言行采取"有意忽视"，一定要善意地理解行为的出发点是好的，这样才能形成良好的互动。

3. 巧用"冷处理"

婆媳作为女性家庭角色，对日常生活中的琐事，如果一时说不清楚，不妨搁置一边，在往后的日子中逐步去分析和思考。这种"冷处理"的办法使双方都冷静下来，在反思的过程中化解矛盾，维持相互的信任，保护互动的愿望。

4. 借用中间角色达到调控的作用

婆媳就是经过儿子或丈夫这个中间角色发生的关系：一方是血缘关系，一方是婚姻关系。血缘关系和婚姻关系往往具有共同生活的经历和情感基

---

① 费孝通.生育制度[M].北京：商务印书馆，1999：129-130.
② 转引自许放明.女性家庭角色和谐关系探讨[J].社会主义研究，2006(6)：76-78.

础,容易理解,产生矛盾后关系容易修复。婆媳相互的期望,特别是要求对方承担责任的期望,可以由中间角色提出来,由中间角色做一些解释和说服的工作,这样的期望容易被接受,双方的关系也就好维持了。

5. 良好的交流

婆媳不管原来多么陌生,但既然深爱着同一个男人,所形成的家庭关系就不可能简单轻易地放弃。但是比起社会上的人际关系来说,不合适的交流甚至有可能使家庭关系恶化。所以,良好的交流十分重要。在交流的过程中不能显示出批判性的态度,也不应当作为一个评价者去倾听,应站在对方的立场上去理解,即使理解不了也要表示出诚恳的态度:第一,要认识到家庭成员都有着各自独立的人格,给对方留出充足的空间和距离很重要。第二,要注意进行交流的时机和当时的具体情况。第三,要明确自己的意见和观点。在与对方交流之前,首先应该在脑子里对自己的观点和意见进行充分的思考。非常模糊的表达方式,容易让人产生各种误解,引起歧义。第四,反馈的重要性。要想减少理解的差异,使相互的理解更加准确和贴切,需要用"我对你的话是这样理解的,是这么回事吗?"这样的方式来进行确认。一定要记住,在价值观日趋多样化的现代社会中,即使是同一个家庭的成员,不进行充分的交流,要达到相互理解也很难。

二、家庭中的祖孙关系及其对孩子的影响

《中国新闻周刊》2004年报道,一项关于"隔代教养"的全国范围调查结果显示:中国近一半孩子是跟着爷爷奶奶或外公外婆长大的,中国是现今世界上为数不多的"隔代教养"的国家。在上海,目前0~6岁的孩子中有50%~60%属于隔代教育,广州接受隔代教育的孩子占到总数的一半,而在北京,接受隔代教育的孩子多达70%。调查说,孩子的年龄越小,与祖父母在一起生活的比例就越高。[1] 但我国在这方面的研究却为数不多。可见祖孙关系是现代家庭中不容忽视的家庭关系,尤其在我国。

(一)隔代教养中祖孙关系不容忽视

我国实施计划生育政策后,独生子女增多。没有兄弟姐妹使得横向家庭关系在缩小,而祖辈寿命延长又扩展了祖孙等纵向的家庭关系。这样,祖孙关系由扩散型向凝聚型变化,使得祖父母对孙辈的影响更加深入、长久。另外,隔代抚养现象的增多,甚至使得祖父母替代父母在孩子的成长中起主要作用。出现这种现状的原因如下。

---

[1] 李径宇. 隔代之间隔着什么[J]. 中国新闻周刊,2004(21).

1. 现代社会竞争压力剧增

我国处于转型期,社会发展迅速,竞争日趋激烈,年轻的父母们在社会变迁和竞争压力下,希望能把更多的精力投入到自我实现中去,迫于紧张的工作和学习,无法全身心地照顾孩子。

2. 婴儿抚育不完善

我国 0～3 岁的婴儿抚育一是机构不健全,二是没有获得理论支持。加上刚刚起步的家政、保姆市场又无法满足家庭的需求,保姆难以取得家长的完全信任,于是祖父母就担负起养育孩子的重任。

3. 祖辈愿意照看孙辈

受传统文化的影响,我国老人都较愿意照看孙辈,有的甚至把这当做一种义务。上海社科院一份儿童家庭的研究表明,城市隔代教养比率不断攀升,和近年来城市家庭独生父母现象有关。独生父母是指年轻的父母本身也是独生子女,这些家庭中有可能父母双方都是独生子女,也有可能父母一方是独生子女。和普通家庭相比,这类大家庭中的孙辈数量少,物以稀为贵,双方老人纷纷将照顾这唯一的后代视为自己义不容辞的责任。该研究显示,城市家庭中近一半的独生父母家庭依靠祖辈来照料儿童,比非独生父母要高出近 20％,差异非常显著。而近两年类似的调查显示,这一比例还在不断攀升。[①]

4. 祖辈身体健康,寿命延长

现代社会,人的平均寿命在延长,一般已超过 70 岁,扮演祖父母的角色通常有 10 年以上。同时,由于生活水平的提高,退休后他们的身体状况完全能担起照看孩子的重任,以此来排解年老的孤独和寂寞——有人戏称"孙子疗法",并从中享受天伦之乐。

调查表明,隔代教育中外有所不同,美国的隔代教养家庭大都是女方的父母,即由外祖父母来帮助,而中国则是由祖父母来帮助照料的居多。但最近的调查发现,国内城市家庭中,由女方父母来照料下一代的数量超过了男方父母。而在广大的农村,祖父母仍旧是祖辈教养的绝对主力。

(二) 祖孙关系的类型

1. 国外的研究

关于祖孙关系的类型,研究者对美国中产阶级家庭进行详细研究,得出的祖父母类型如下。

第一种类型,也是人数最多的类型,叫做"规范的祖父母"。这种类型的祖父母占 30％以上,其特点是具有明确的角色观念,并力求使自己的行为与之相

---

① 包蕾萍,乐善耀. 走进隔代教养家庭[J]. 家庭教育(中小学家长),2009(2):4-9.

符合。因此,他们有时也照看一下孙辈,但决不想取代父母的角色。如果孙辈令人喜爱,也有特殊对待和宠爱之心,但有严格的限度。

第二种人数仅次于第一种类型,叫做"追求享乐的祖父母"。他们与孙辈一起游戏,同孙辈建立朋友关系。对祖父母来说,孙辈是闲暇活动的主要对象,是娱乐的源泉。这一类型的祖母多于祖父,约三分之一的祖母和四分之一的祖父属于这一类型。

第三种类型是"有距离的祖父母"。这种类型的祖父母只在生日和圣诞节等节假日才出现在孙辈的面前,与孙辈接触的时间短、次数少。他们对孙辈大多是友好的,但在生活上与孙辈存在着本质的差异。约有30%的祖父和20%的祖母属于这种类型。

属于第四、第五种类型的祖父母为数很少,他们分别叫做"取代父母的祖父母"和"保存家庭智慧的祖父母"。前者只存在于祖母中,是在孙辈的母亲就业等情况下代替母亲负责养育孙辈。后者一般多见于祖父母拥有特殊技术和财产的家庭,祖父母具有绝对的权威。①

2. 国内的研究

对于中国来说,城市和农村的情况是不一样的,城市家庭大多是独生子女,在"四二一"典型结构(四位老人、两位父母、一位孩子)的大家庭中,越来越多的老人自愿选择教养第三代。而农村家庭,隔代教养多存在于外出打工的留守儿童家庭中,父母由于经济原因不得不远离家庭,而老人无论愿不愿意,都得照顾孩子。再如,即便同属隔代教养家庭,祖辈和父辈对教养的参与程度也存在差异,按参与程度分,隔代教养可分为六大类:

① 日夜均由祖辈照顾,父母很少回家;
② 主要由祖辈照顾,父母不定期回家照顾;
③ 祖辈和其他亲属或照料人(如保姆)共同照顾;
④ 白天由祖父母照顾,晚上由父母照顾;
⑤ 平常由祖父母照顾,周末由父母照顾;
⑥ 父母为主照顾,祖辈在需要时提供帮助。②

第一、二、三类是比较狭义的隔代教养,教养责任完全由祖辈担负,这三类家庭大部分是离婚或留守家庭,除此之外也包括一些年轻父母家庭。由于缺乏父母的介入,这类家庭的教养方式最容易产生问题。当代中国社会中越来

---

① (日)上子武次、增田光吉. 理想家庭探索[M]. 庞鸣、严立贤,译. 北京:国际文化出版公司,1987:163-164.
② 包蕾萍,乐善耀. 走进隔代教养家庭[J]. 家庭教育(中小学家长),2009(2):4-9.

越多的是后三种隔代教养形式,有专家称之为"混合教养"。混合教养由于父母和祖辈的共同参与,可塑性极强,如果父母教育得当,辅以祖辈的经验和耐心,完全可以为孩子创造一个有利于其发展的家庭环境。

(三)祖孙关系对孩子的影响

1. 祖孙关系对孩子的积极影响

(1) 祖辈家长有充分的时间和精力投入到孙辈身上,一方面能减轻父母的负担、促进家庭关系和谐、发展良好的祖孙关系并建立祖孙间的安全感,另一方面成为孙辈与其父母的沟通桥梁。有学者对来自核心家庭和主干家庭的母亲在抚养行为方面的特点进行了比较研究,发现主干家庭的母亲在每一个维度及量表总分上都明显高于核心家庭。在对孩子需要的敏感性、避免孩子受到伤害及抚养行为总分上,两者存在着显著差异,且主干家庭的母亲要优于核心家庭的母亲。[①] 主干家庭有更多的家庭成员参与到孩子的教养中来,尤其祖辈成员对养育的关注更多,可以缓解双亲的抚养压力,让父母腾出精力和时间,来关注孩子的教育或其他方面,对孩子的反应也给予更积极的应对,以更好地适应和扮演父母的角色。

(2) 祖辈家长有抚养孩子的实际经验,对孩子在不同年龄段出现的问题,处理起来比父母容易。另外,祖父母有丰富的育儿经验,能预见一些即将发生的事件,可以给初为父母的子女一些具体的指导,避免年轻父母机械地照搬照抄书本,能够根据孩子的实际情况使父母少走弯路。

(3) 大家庭人际关系过于复杂,而核心家庭人际关系又过于简单,使孩子在家庭中无法领会到全部复杂的社会人际关系。而由祖父母和双亲共同组成的家庭教育力量能兼顾大、小家庭之长,去两者之短,充分发挥家庭教育的功能。核心家庭中的孩子在家庭中所承担的角色太单纯,不利于其社会适应能力的培养。主干家庭可以让孩子领略到不同的代际关系,从一定程度上弥补了现代独生子女家庭关系过于简单带来的交往问题。

(4) 老人有较平和、宽容的心态,他们对孙辈的要求不像父辈那么高,可以缓解孩子的压力,使他们在宽松、和谐环境中成长。对两代人和三代人家庭研究表明:注意吃和穿的,两代人家庭所占比例为44%,三代人家庭57%;注重教育的,两代人家庭所占比例为41%,三代人家庭26%。明显看出三代人家庭祖辈对孙辈多偏重养育,两代人家庭父母对子女除搞好养育外,多偏重于教育。[②] 父母对子女期望过高已是一个普遍的现象,父母易将社会的压力与竞

---

① 转引自沈卫华. 论祖孙关系在幼儿家庭教育中的作用[J]. 湖州师范学院学报,2001(5):82-87.
② 朱智贤. 中国儿童青少年心理发展与教育[M]. 北京:中国卓越出版公司,1990:613.

争带到家庭中来。但当父母的期望水平超过了子女的实际能力时,会使孩子的精神状态处于高度的紧张和焦虑之中,对他们的心理健康造成不良影响。而且父母因为工作无法分身照顾孩子,不是买一大堆全面开发智力的书,就是希望在有限的时间里高效高质地教育孩子,使孩子压力和负担过重,反倒局限和压抑了孩子的成长。而祖父母退休后有宽裕的时间,丰富的人生阅历使他们对人生有了较深刻的理解,拥有一颗慈爱、平和、宽容的心。因此,与老人相处可以缓解孩子的压力,在慈爱、平和、宽容的环境中,孩子容易产生心理安全感和获得心理自由,有助于形成积极的个性特征和旺盛的创造动机。

2. 祖孙关系对孩子的消极影响

(1) 祖辈过度迁就易形成儿童任性执拗的性格。许多祖辈担心对孙辈严加管教会使家庭失和,加上怕孙辈出差错,不好向孩子的父母交代等心理负担,对待孙辈感情多于理智,往往容易对孩子无原则地迁就;有的祖辈家长认为孙辈年龄小,有些毛病无所谓,"树大自然直",因而对孙辈采取放任不管的态度。因此,隔代教养中普遍存在溺爱、重养育轻教育的现象,使孩子无法形成正确的是非观,易形成蛮不讲理、攻击性强的特点。

(2) 祖辈的越俎代庖削弱了孩子动手能力的培养。祖辈易代替孩子从事一些力所能及的活动,忽视孩子动手实践能力的培养,使孩子易养成依赖心理,独立性、自信心的发展受到抑制。

(3) 祖辈常把孙辈封闭在小环境中,限制多于引导,孩子的主动交往意识弱。由于年龄较大,体力相对跟不上,对孩子的活动限制较多,不让孩子和他人交往,孩子易形成撒娇、爱哭、任性、胆小、没志气,在家里逞英雄而出门懦弱、神经质、依赖心强等性格特征。日本学者曾在一个幼儿园对孩子的穿着进行调查,发现有祖父母的家庭比没有祖父母的家庭的孩子穿得多,他们认为这可以看出祖父母的过度保护态度及其对孩子的影响。[①]

(4) 祖辈家长的素质影响隔代教育质量。李洪曾(2004)调查表明:祖辈家长的家庭教育总体水平的平均值低于父母的家庭教育水平,两者的差别在统计上有显著意义。祖辈在教育过程中以经验代替科学,不科学的教育阻碍了儿童优秀品质的形成和智能的培养开发,导致隔代教养质量下降。另外,祖辈的观念滞后,许多祖辈对现代社会人才标准和要求缺乏了解,思想观念、生活态度、行为方式等已经跟不上社会发展的步伐,他们严重落伍的世界观、价值观、思维模式、生活方式都会在不知不觉中影响孩子,易导致孙辈与时代脱节,增加孩子对新知识、新事物的接受难度,对新社会的适应难度,影响其创新

---

① (日)森重敏. 孩子和家庭环境[M]. 北京:人民教育出版社,1984:136.

意识的发展。比如,父辈家长与祖辈家长相比,更希望孩子具备个性和现代精神,注重孩子自主、平等、创造、竞争意识的培养,更强调其性格、社会能力等发展。尽管他们也有着"望子成龙、望女成凤"的期望,但更重视孩子的快乐和幸福。杨善堂等人的研究成果表明:两代人家庭的幼儿在独立性、自制力、敢为性、合群性、聪慧性、情绪特征、自尊心、文明礼貌及行为习惯九个方面的个性心理发展水平均要好于三代人家庭的幼儿。而且,在对子女的期望及教育方式上,两代人家庭与三代人家庭也存在显著差异,且正确的教育方式,两代人家庭大大高于三代人家庭。[①]

(5)隔代教养易引起家庭冲突从而影响儿童的健康成长,祖辈与父辈所创造的教育环境不一样,孩子比较容易形成两面人格。

(四)形成良好的祖孙关系

实际上,当我国在为隔代抚育是好还是坏,隔代抚育应该采用还是摒弃而争论不休的时候,日本等国却对中国的隔代抚育投来羡慕的目光,在为自己没有亲属可以依靠而叹息。因为即使都受儒家诸如天伦之乐等观念的影响,日韩两国的年轻夫妇却并不像中国的年轻夫妇那样能够得到来自亲属们的帮助。[②]

因此关键不是要不要隔代教养的问题,而是如何成为优秀的隔代教养家庭,形成良好的祖孙关系,从而有利于孩子的健康成长。家长和祖辈可以对照下面这份自查表[③],检查一下教养行为,看看家庭关系是否良好。

表 3-1　家庭关系自查表

请根据您家的情况用"是、否"来回答下面的题目:
1. 家中祖辈经常给孙辈钱或各种各样的礼物
2. 家中祖辈从来不对孙辈的行为提出要求
3. 当父母批评孙辈时,祖辈经常忍不住干涉,站在孙辈一边说话
4. 祖辈要求儿子或女儿按自己的方式照顾孙辈
5. 老人过分注意长辈的权威
6. 老人过分依从孙辈,从不给他们提出任何行为要求或规矩
7. 祖辈或父母缺乏对孙辈的耐心,和孩子没有感情
8. 子女不顾老人的实际情况,过分要求老人照顾孙辈
9. 孙辈或子女与祖辈住得太远,无法经常联系

---

① 朱智贤.中国儿童青少年心理发展与教育[M].北京:中国卓越出版社,1990:609、613.
② 转引自郑杨.对中国城乡家庭隔代抚育问题的探讨[J].学术交流.2008(9):124-126.
③ 包蕾萍,乐善耀.走进隔代教养家庭[J].家庭教育(中小学家长),2009(2):4-9.

如果你的回答中"是"有两个以上,说明你需要注意了,家里的隔代教养存在一定问题;有四个以上,说明你的家庭需要进行一定的隔代教养指导;有七个以上,则说明隔代教养对你的家庭来说不太适合,对孩子可能已经形成不良影响,这种情形下,每个成员都需要重新调适并接受指导。

总之,祖辈应有规律地让孩子父母参与照顾孩子,能够有意识地让父母和孩子保持一种长期亲密的关系;关注孙辈的身、心、智全方面成长,而不是只关注身高、体重等生理方面的成长;肯定父母为带孩子付出的努力;能给孩子的行为确定一定的规矩,在孙辈违背时,会给予批评;和孩子父母一起讨论和探究养育的方式和观念,并愿意改变自己;自己有时间、精力和兴趣时愿意帮助子女完成养育孩子的任务,在子女遇到困难时,愿意提供帮助。

通过分析,我们了解在家庭关系网中,祖孙关系虽然不及亲子关系那么直接,但是,它却是家庭教育中尤其是隔代教养中不可缺少的一部分。这种关系应该是充满了爱,包含着满腔的热忱和期待,既要亲近,又要保持一定距离,既有宽容,又要有严格的要求。对孙辈来说,祖父母对他们有特殊的教育意义,良好的祖孙关系有益他们的健康成长,使他们的人生更加丰富。因为祖父母能为他们提供在与父母或他人相处时所不能获得的经验,从祖父母身上可以了解自己不曾经历的风风雨雨。

 本章小结

每个人的生命都是与他人相互牵连的,根据"生命链接"理论,个体行为不仅受制于个体特定的生命阶段和本身定位,而且受制于家庭其他成员的发展需要。因此有必要从与孩子有紧密联系的家庭成员入手,对家庭关系进行研究。所谓家庭关系是由婚姻关系和血缘关系(拟血缘关系)组成,夫妻关系和亲子关系是家庭关系的核心,夫妻关系又是家庭关系的基石,其他关系都是在此基础上建立和发生的。

重点探讨几种典型的夫妻关系如"亲密+合作"型夫妻关系、"同一+规范"型夫妻关系、"冲突+疏离"型夫妻关系及其对孩子的影响。夫妻之间具有三种关系:生物关系、情感关系与社会关系。三种关系复杂地交织在一起,导致夫妻间的接触是一种全方位的、深度的、深刻的接触。只有"亲密+合作"型夫妻关系是三种关系的平衡,这种夫妻关系,会给家庭尤其是给孩子带来良好的影响。同时对父母亲的角色扮演及其对孩子的影响进行了分析。

家庭是一个基本的社会系统,文化多样化、社会复杂化、价值观多元化的趋势,对家庭带来极大的冲击,深刻地影响着当前的家庭关系。在妇女就业比例增多和妇女回归家庭比例增加同时并存,父亲缺失与父亲参与家庭抚养现象同时增多的诸多矛盾和冲突中,父母亲传统定位的角色发生极大改变,在相互作用和碰撞中进行着当代转型,父母亲的角色和抚养行为既具有差异性,又具有相似性,共同影响孩子的成长。另外,家庭其他成员及其关系如婆媳关系、祖孙关系对孩子的影响也不容小觑。婆媳关系是一种需要协调的深度互动关系。对孙辈来说,祖父母对他们有特殊的教育意义,良好的祖孙关系有益于他们的健康成长,使他们的人生更加丰富多彩。

思考与练习

1. 举例谈谈夫妻关系对孩子成长有哪些影响?
2. 结合现实谈谈如何解决夫妻冲突?
3. 在当代社会中如何扮演父母亲角色?
4. 如何看待祖辈在家庭教育中的作用?

第4章 儿童观与家庭教育

以儿童基本没有权利开始的世纪,正在以儿童不仅意识到他们的权利,而且要保护他们的人权,并拥有更强有力的合法手段而终结。

——卡罗尔·贝拉米(联合国儿童基金会常务总干事)

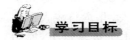
学习目标

1. 了解儿童的诞生。
2. 分析比较《儿童权利公约》与我国《中华人民共和国未成年人保护法》。
3. 评价我国目前家庭教育中的儿童观。

第1节 儿童的诞生

儿童时期是人的生命最起初的阶段,它的存在是客观的,但为什么会有儿童的诞生这一说法呢?主要强调人们未发现或者未认识到这一时期的存在。对儿童的总的认识和看法就是儿童观。不同的历史阶段有不同内容的儿童观。有学者把儿童观分成三种形态进行考察。① 社会主导形态的儿童观:指一定社会中居统治和支配地位的人所认定的儿童观。这种儿童观往往以法律、政令、规章等形式正式确认。② 学术理论形态的儿童观:指哲学、心理学、教育学、人类学等学术领域的研究人员所持的儿童观。它不具有社会主导形态的儿童观所含的法律效应,且往往是多元的,因为不同的研究者研究的着眼点不同,与儿童实际接触、交往的经验不同,个人的地位和文化背景不同,所持的儿童观不可能完全一致。③ 大众意识形态的儿童观:指广大国民对于儿童的根本认识和态度,这是一种最具实际意义的儿童观,因为儿童就是在这种现实的儿童观的作用和指导下生活、成长着。① 儿童的诞生首先是指儿童的发

---

① 贾云.论儿童观的范式转型——社会建构主义视野中的儿童观[J].南京师大学报(社会科学版),2009(2):96-100.

现,即三种形态中的任一种出现了儿童的概念,开始探讨儿童这一特殊时期。如果三种形态合一,就可以理解为儿童真正地诞生了。

一、儿童被埋没在黑暗中

有个谚语说,希腊人所有的事物都有对应的词语,但这个谚语并不适合于"儿童"这个概念。在很长一段历史时期,由于社会发展的限制,儿童不但在社会中没有位置,而且处于被迫害的地位,甚至被称为"受虐儿童"。

(一) 古代的儿童是"小大人"

在远古时代,人们对世界的认识尚处于朦胧状态,更不要说对人自身的认识了。人们头脑中完全没有儿童的概念,更没有明确的儿童观,无法区分儿童与成人。在文明发端的初期,人们普遍认为儿童就是小大人,儿童与成人没有本质的区别。例如,对于原始氏族来说,由于当时生产力水平极端低下,原始人急切地希望儿童加入成人行列,儿童经过一些简单的训练后,便同成人一样独立进行狩猎、采集等活动。他们没有把儿童作为儿童看待,而仅仅当做氏族部落的未来成员,当做"缩小的成人"。社会主导形态、学术理论形态、大众意识形态三种儿童观的任何一种都不可能出现,因为人类还处于蒙昧状态,对儿童的认识甚至对人的认识几乎等于零。

古希腊和古罗马时期在文化上虽然已取得辉煌成就,但儿童的独立人格和独特需求依然未被认识。柏拉图在《普罗泰哥拉》里说起收拾不听话的儿童时,提出要用恐吓和棍棒,像对付弯曲的树木一样,将他们扳直。古希腊斯巴达人的教育是武士教育,把农业贵族子弟训练成奴役人民的剥削者。因此,儿童和少年在大部分时间里从事军事体育练习,为了养成忍耐力,还必须习惯遭遇各种困难,忍受饥渴、寒冷和痛楚。总之,对孩子与对成人的要求是一样的,那就是绝对服从、承受艰难困苦、打仗和征服别人。同样,在雅典学校的艺术教育中,也没有儿童的认识。

(二) 西方中世纪儿童"生而有罪"

从公元 4 世纪罗马帝国宣布基督教为国教起,到西欧封建社会形成、发展和繁荣的这一时期,我们称为欧洲中世纪(5~15 世纪)。中世纪时基督教文化特点表现最为显著,教会成为最有势力的封建主,占据着社会统治地位。教会人士鼓吹"上帝创造世界"、"君权神授",并向人们灌输"原罪"的观念。教义说,在伊甸园中,人类的祖先亚当和夏娃由于听信了蛇的话,违背了上帝的劝告,偷吃了智慧树的果实,犯了罪。这一罪过是由亚当和夏娃传给他们的后代的,因而成为整个人类的原始罪过,即所谓"原罪",这种原罪伴随人类始终。教会认为人生而有罪,从儿童时期起就具有原罪,要不断赎罪,不断接受惩戒。

《旧约·圣经》"箴言篇"中说:"不可不管教孩童,你用杖打他,他必不至于死。你要用杖打他,就可以从地狱的深渊救出他的灵魂。"因此,当时惩罚、鞭打儿童的现象随处可见。在教会学校里,儿童学业不良或出现微小的违纪行为等,都会遭到惨痛的体罚。

法国历史学家阿利耶斯在他具有轰动影响的《"儿童"的诞生》一书中也曾指出,在中世纪的欧洲特别是在法国,人们并不承认儿童具有与大人相对不同的独立性,而是把儿童作为"缩小的成人"来看待,并要求儿童尽早和成人一起进行劳动和游戏,这样,儿童便从小孩子一下子成了年轻的大人。"中世纪没有儿童"、"中世纪没有儿童时代"是这本书的主要观点。对此,阿利耶斯在书中作了细致的论证。比如,那时绘画中出现的儿童形象只是"小大人",其服装与成人没有区别;在游戏时儿童与成人混杂在一起;等等。总之,在这个时期儿童期没有什么自身的价值,更谈不上儿童在社会中有什么地位了。

(三)中国历史上"没有儿童"

中国历史上一直存在着"儿童"与"成人"的融合,没有出现"儿童的诞生"或"儿童的发现"。在20世纪初,鲁迅在《我们现在怎样做父亲》中曾十分沉重地谈到中国文化中对儿童的压抑。他说,在中国传统中,或者把儿童看做成人的附属,说小孩懂得什么,一笔抹杀,不去理他;或者视儿童为"矮小的成人",拿"圣经贤传"尽量灌下去。在当时人们的心目中,儿童还只是千百年来光耀门楣和传宗接代的工具。具体体现如下:

第一,儿童没有独立的人格。孔子提出"君君臣臣父父子子","子子"即儿女要有儿女的样子。子女怎样才像子女呢?传统观点认为:父让子亡,子不得不亡。很显然儿童在家中没有独立的人格,连自身的生存权都无法保障。父亲掌握着子女的生死大权。

第二,儿童在传统文化中受到蔑视。中国传统文化是以成人为本位的,所以传统文化要求儿童快快结束儿童期,成人用长袍马褂将儿童打扮成成人的样子,以成人的规范要求儿童,用"四书五经"作为启蒙读物灌输给儿童,使儿童的童年没有童趣。

第三,把儿童看成传宗接代的工具。中国人普遍认为生儿育女是延续生命、追求不朽的一种方法,所以中国人对后代一般有一种感恩之情。在这种情况下,"父父子子"往往会发生错位。父母把子女看成小祖宗,看成传宗接代的工具。这种儿童观看起来似乎与传统儿童观相去甚远,但实质上它们有共同的一面,那就是,儿童都未能从封建的人格依附关系的链条中解脱出来。

第四,把儿童当做光耀门庭的工具。从古至今,"父以子贵",不少人把子女当成给自己脸上贴金的工具。把儿童当做工具,就不可能将儿童看成目的。

中国传统文化中儿童观的主流,是一种成人的自我中心主义,儿童只能从属于成人,围绕成人运转。①

二、儿童的发现

16世纪欧洲文艺复兴运动爆发,其目的在于使人从封建教会的束缚下解放出来。这是对"人"重新认识的过程,或者说发现了"人"的过程：倡导人权,反对神权;提倡个人自由,反对封建桎梏。人们在关注人的同时,也开始关注儿童存在的价值和意义,发现了儿童区别于成人的地方,掀起了尊重儿童本性、解放儿童、让儿童自由发展的浪潮。

17世纪理性时代或启蒙时代,英国的洛克提出了"白板说",认为人类在没有感觉、经验之前的心理状态就像一张白纸一样,上面没有任何痕迹,"可以随心所欲地做成任何式样"。他认为儿童来到人世间时其精神方面是一块"白板"。"白板说"反对"原罪说"的儿童观。他主张给儿童自由："应允许儿童有适合他们年龄的自由和自主,不要用不必要的约束去限制他们。不能阻碍他们的特点,不能反对他们游戏和要做的事情。但是不要让他们做坏事,除此之外,他们享有一切自由。"②

在18世纪法国资产阶级启蒙运动中,出现了反对封建教育,注重儿童身心自然发展,并具有独立思想体系的"自然主义"教育思潮。以卢梭为代表的自然主义教育家把矛头直接指向压制人性、忽视儿童特点、束缚人的自由发展的封建教育,要求人们树立正确的儿童观,尊重儿童的权利,遵循儿童发展的自然规律,培养反对封建教育的"自然人"。卢梭在著作《爱弥儿》中发表了令人瞩目的关于儿童和儿童教育的见解,他认为儿童不是生来就有"原罪"的存在,也不是可以教育的"白板",更不是"小大人",儿童本身具有不可转让的价值,真正的教育就在于使儿童的自然本性得到发展。他把儿童期看做人生的一段特殊发展时期,并认为儿童有其特殊的不同于成人的需要、不同于成人的精神生活。由于卢梭集当时思潮之大成,后世往往将"儿童的发现"与卢梭联系在一起。下面重点探讨卢梭的儿童观。③

(一)作为"人"的儿童

卢梭认为儿童是真正意义上的人。儿童虽然不是成人,但也不是成人的宠物和玩物。儿童首先作为"人"而具有人的根本特性。因此,卢梭关于人性

---

① 刘晓东. 中国传统文化中的儿童观及其现代化[J]. 学前教育研究,1994(8):8-11.
② 转引自刘晓东. 儿童教育新论(第2版)[M]. 南京:江苏教育出版社,2008:9.
③ 杨孔炽. 论卢梭的儿童观及其现代意义[J]. 教育研究,1998(1):73-77.

的论述,是他的儿童观的基本内容之一。

1. 自由是人的本质

卢梭认为自由"是人的一切能力中最崇高的能力",这是他关于人性论述的精髓。自由既然是人类的天性,因而也是儿童的天性。他特别指出:"在所有一切的财富中最为可贵的不是权威而是自由。""放弃自己的自由,就是放弃自己做人的资格。"由此可见,自由是卢梭谈人性的第一要则。但卢梭又指出,人虽然生而有主动自由的天性,但由于社会的恶浊,人的自由天性从童年起就普遍地遭到戕害,"出自造物主是好的,但到人手里就变坏了"。因此,为了保护自由天性,必须从童年时代起及早着手,要给儿童以自然的教育,比如他提到要给爱弥儿远离城市的乡村教育。

2. 理性是人的天性

卢梭认为理性是上帝赋予人类的又一种天性。这种天性就是对众多的感性材料进行抽象思考、分辨异同、分类编排等等的加工的能力。这是人与动物的重要区别之一。动物也是像人那样有各种感觉,但它们并不会因为有感觉而变得像人一样聪明,其原因就在这里。这种天性有利于人的自我完善的实现,因为理性的分析、比较、判断能使人越来越多地看到动物所看不到的事物间的联系和发展的规律。卢梭还认为,凭着理性的指导,每个人都可以使自己具有分辨好坏善恶的能力,使自由的天性接受理性的指导而不至于放任自流。卢梭关于自由与理性的人性学说构成了他儿童观的理论基础。

(二)作为"儿童"的儿童

把儿童看做"儿童",可以说是卢梭儿童观的核心,也是其最基本的思想、最大的贡献所在。卢梭在《爱弥儿》中反复强调了儿童世界的独特性。他指出:"在人生的秩序中,童年有它的地位;应当把成人看做成人,把孩子看做孩子。""儿童是有他特有的看法、想法和感情的。"卢梭指出,在儿童未长大成人以前,天性要把他们当做儿童。假如我们颠倒这个次序,无异于造成一个不成熟、无香味的果子,它等不到成熟便要腐烂了。同样,不合理的教育也就要造就出稚气的博士和衰朽的儿童了。卢梭批评当时的教育:"我们从来没有设身处地地揣摩过孩子的心理,我们不了解他们的思想,而且由于我们始终是按照自己的理解去教育他们,所以,当我们把一系列的真理告诉他们的时候,也跟着在他们的头脑中灌入了许多荒唐和谬误的东西。"

那么卢梭认为儿童区别于成年人的身心特性究竟是什么呢?应当以什么样的态度对待儿童呢?

1. 儿童的发育不成熟

卢梭认为,儿童不仅在生理上而且在心理上都处于尚待成熟时期。刚出生的儿童,其身体的能力甚至还不如刚出生的动物。"从孩子的本身来看孩子,就可以看出,世界上还有哪一种生物比他更柔弱、更可怜、更受他周围一切的摆布,而且是如此需要怜惜、关心和保护呢?"因此,对儿童种种不成熟的表现应宽容,并处处留心儿童的孱弱并尽力提供保护和帮助,"极其留心地守候着他薄弱的智力所显露的第一道光芒"。

2. 儿童的性情柔和易导

卢梭认为,儿童来到世间不久,天性尚未受到成年人社会的不良环境的影响,因此要趁着儿童的天性尚未遭到不幸的时候及早加以保护,及早施以正确的教育。"最初的性情是柔和易导的,不用花多大的力气就可以养成我们给他确定的类型,而成人的性情就比较执拗,只有用暴力才能改变它已经形成的类型。"

3. 儿童有自己的快乐和幸福

卢梭认为,要想使儿童获得快乐和幸福,就应当尽可能使儿童保持在天生的自然状态下,因为"人愈是接近他的自然状态,他的能力和欲望的差别就愈小,因此,他达到幸福的路程就没有那样遥远"。卢梭指出,在自然状态下,有时在成人眼里是痛苦的事情,而儿童却感到其乐无穷。我们经常看到"雪地上有几个淘气的小鬼在那里玩,他们的皮肤都冻紫了,手指头也冻得不那么灵活了,只要他们愿意,就可以去暖和暖和,可是他们不去;如果你硬要他们去的话,也许他们觉得你这种强迫的做法比寒冷还难受一百倍"。这就是儿童的快乐。卢梭认为,儿童期的快乐是自然赋予儿童的最重要权利,那种使"天真快乐的童年消磨在哭泣、惩戒、恫吓与奴隶的生活中"的教育,只能使儿童成为"残酷教育"的牺牲品。

(三)儿童期有自身的发展规律和价值

卢梭在《爱弥儿》中,将儿童的成长发育分为四个时期,并根据每个时期的特点,确定了相应的教育任务。

他认为从出生到2岁是人生的第一个阶段,这一阶段中的儿童,"最初的感觉纯粹是感性的,他们所感觉出来的只是快乐和痛苦。由于他们既不能走路又不能拿东西,所以他们需要很多时间才能逐渐养成见物生情的感觉"。这一阶段的教育任务主要是发展幼儿的身体素质,训练他们的感官,发展其感觉能力,应给儿童自由,让他们自由发展。

从2岁到12岁是人生成长的第二个阶段——儿童期。由于学会了说话,"有了体力,他们运用体力的智慧也跟着发展起来"。但卢梭同时又认为这个时期是"理性睡眠期",理性尚未发达,不能形成概念,只能接受形象,为获得知识和发展理性打下基础。

人生发展的第三个阶段是少年期：12岁至15岁。在身体发展的同时，精神方面如好奇心、兴趣、注意力、智力也愈来愈发展开来："我们的学生起初只是有感觉，而现在则有了观念了，起初只是有感官去感触，而现在能进行判断了。"卢梭认为，教育在这一阶段的主要任务是引导儿童学习知识，培养他们的学习兴趣，教给他们学习方法。

16岁到20岁是成人之前的最后一个阶段：青春期。卢梭认为这个阶段是脱离儿童状态的"第二次诞生"。在生理上，它是情欲发动的到来期。同时，儿童已经积累了较为丰富的感性经验和自然知识。在心理方面，发展了友谊乃至爱情，并具有了解社会道德关系的欲望。这一时期个性已十分突出，"在性格上就出现了无数的区分"，"每一个人的心灵都有它自己的形式"。卢梭认为，儿童的体力和智力都得到了良好的发展，因此，教育在这一时期主要的任务应该是发展儿童的情感和意志，形成良好的德行。

尽管卢梭关于儿童发展年龄阶段的划分和主要教育任务的确定有很大的缺陷，但他明确提出了另一种儿童观：儿童与成人不同，是发展中的人，是按照一定阶段向前发展的人，儿童本身也因年龄阶段的不同而具有不同的发展特点。教育要遵循儿童发展的特点，注意各个年龄阶段的发展特征，以促进儿童不断发展。

综上所述，卢梭的儿童观相当丰富，他构建了近代最完整、最透彻、最先进的儿童观，对后来教育心理学的理论建构奠定了基础。尽管他的理论不一定科学，但卢梭的意义和价值在于，其思想的严密性和系统性。因此，有的研究者认为，《爱弥儿》的出版，是人们真正发现了儿童，社会儿童观的转变彻底完成的标志。难怪康德要把卢梭的性善论与牛顿的万有引力理论相提并论，他们的伟大各在于牛顿揭示了自然界的规律，卢梭则揭示了人性的发展规律。可以说从卢梭开始，才真正系统地在教育理论上实现了由尊重人权向尊重童权的过渡，开启了儿童研究的大门，吹响了儿童天性解放的历史号角，掀起了近代教育变革的波澜。

三、儿童的真正诞生

（一）学术理论形态的儿童观

1. 科学儿童观——儿童心理学的建立[①]

19世纪的裴斯泰洛齐、赫尔巴特和福禄贝尔是"教育心理学化"运动的倡导者。裴斯泰洛齐深受卢梭的影响，而且更注意观察儿童，他提出以心理学特

---

① 刘晓东.儿童教育新论(第二版)[M].南京：江苏教育出版社,2008.13-16.

别是儿童心理学作为教育的依据,据说"要使教育心理学化"是他最早提出来的。赫尔巴特是"教育心理学化"运动的最重要的代表,他最先提出教育的首要科学是心理学。福禄贝尔因发起幼儿园运动而闻名于世。福禄贝尔认为,我们对人的本身和人的生长过程以及人类发展的历史研究愈多,对人的本性的了解就愈深切愈正确。他提出"种族复演论",并开展了大量的学前教育实践活动。裴斯泰洛齐、赫尔巴特、福禄贝尔都认为教育的前提是认识和研究儿童,并且他们都有进行教育活动的实际经验。他们对儿童的心理有一些认识,这为建立科学的儿童心理学提供了一些基础。他们的实践活动则使儿童心理学的建立成为教育发展的需要。

1879年,冯特在德国莱比锡创设了世界上第一个心理学实验室,这标志着实验心理学的诞生。德国生理学家、心理学家普赖尔于1882年出版了《儿童的精神》,这部著作是他对其儿子从出生到3岁末的系统观察日记。19世纪80年代前,对儿童的这种观察研究还寥若晨星,但80年代以后,这方面的研究却如雨后春笋般相继出现。以实证方法研究儿童已不再像以往那样是个别学者的偶然创造,而成了一批儿童研究人员不约而同采取的方法。《儿童的精神》一问世,各国心理学家都把它看成儿童心理学的最早的经典著作,被誉为"儿童研究之父"的霍尔在序言中写道:"在由富于严谨经验和彻底的科学观察家出版的近80种对幼儿的研究报告中,普赖尔的著作是最充分的,并且是最出色的。"因此,学术界一般把普赖尔《儿童的精神》一书的出版看成科学的儿童心理学建立的标志。它的出版也标志着实证的儿童心理学的创立。

2. 20世纪出现儿童研究的盛况

20世纪出现了著名的儿童教育家,如杜威、蒙台梭利等。他们都强调尊重儿童,坚信儿童的发展潜能,主张教育应当在不违背儿童自然本性的前提下进行,强调避免教育压迫儿童。如蒙台梭利吸收了当时自然科学的研究成果,秉承了卢梭等人的研究传统,提出了在世界上影响深远的"蒙台梭利法"。她重视儿童早期教育,认为儿童发展的原动力来自于儿童内部;儿童心理发展有自身独特的特点,儿童有不同于成人的活动方式等思想;要正确对待儿童,就必须研究儿童,尊重儿童心理特点和个体差异;重视儿童的自我发展,重视儿童发展的敏感期和阶段等。杜威突出儿童在教育过程中的重要地位,坚持从相信儿童和尊重儿童的立场出发,让儿童成为教育的主体和中心,让儿童积极主动地自我发展。杜威对童年生活价值的确认丰富了儿童观的内涵。杜威、蒙台梭利不仅为自己国家的儿童服务,而且奔走在国际之间,宣扬自己的思想,促成各国放弃传统的儿童观,把儿童问题提升为教育的中心问题,确立了儿童在现代教育中的地位。

这个世纪儿童研究盛况空前,出现了格塞尔、皮亚杰等著名的儿童心理学家。他们用科学方法研究儿童的心理,揭示儿童心理的内部机制和发展规律,创立了各具特色的儿童心理发展理论,为科学地认识儿童丰富的心理世界作出了贡献。特别是"皮亚杰的发生认识论,既吸收了机能主义、完形心理学、精神分析等心理学派关于认识发展和儿童思维的成果,又集合了各国著名哲学家、心理学家、教育学家、逻辑学家、语言学家和控制论学者的智慧,以我为主,创造性地综合成一个独特的理论体系。他把人的认识结构放在历史发展之中,认为人的不同时期有不同的心理结构,它们是整体性、转变性、自我调节(反馈)三者的统一体。其中强调了认知在内外过程统一中的重要作用,并把有机体与外界环境之间的适应(平衡)视为主体认知发展的推动力。这种从历史进化、发展角度去研究人智慧本质的观点,无疑是一大进步,并支持和丰富了科学认识论"①。

3. 中国近代"儿童的发现"②

中国历史上"儿童的发现"是伴随着新文化运动的"儿童热"而出现的。那时,儿童成为文学舞台上最受宠爱的主人公之一,儿童问题也被纳入了"人的发现与改造"及"社会的改造"的历史潮流中。1919年前后,中国出现了一批为儿童写作的作者和作品,表现出强烈的"儿童崇拜"倾向,人们如痴如狂地向往着"童心"世界。周作人、鲁迅、丰子恺成为开创儿童新世界的急先锋,其中,周作人无疑是这股"儿童热"中最热心的倡导者与最有力的推动者之一。早在20世纪初,周作人即开始搜集与研究儿歌,进行童话研究,先后发表了《儿歌之研究》、《童话略论》,并翻译与写作了大量有关儿童教育学的论文,他的《儿童的文学》成为"儿童热"的思想纲领。

新文化运动中对儿童问题的探讨与关注流淌着一种强烈的时代情绪,具有摧枯拉朽的能量。作为中国历史上思想与文化的"启蒙",新文化运动明确提出要"把儿童当做人"、"把儿童当做儿童",鲁迅甚至提出了"儿童本位主义"的响亮口号。他竭力主张要"理解"儿童,"尊重"儿童,儿童有他自己的内外两面的生活,要任"儿童的天性自由发展"。这是真正意义上的"儿童的发现"。

在新文化运动后不久,美国进步主义教育运动的旗手、"儿童中心主义者"杜威来到了中国,他在中国历时两年的演讲与巡回报告在最广泛的意义上推动了中国的教育民主化进程和儿童观的更新。陶行知和陈鹤琴两位儿童教育的先驱更是为建立起中国崭新的儿童教育观而身体力行,躬身于实践,开创了

---

① 江光荣. 人性的迷失与复归. 武汉:湖北教育出版社,2000:224.
② 王海英. 20世纪中国儿童观研究的反思[J]. 华东师范大学学报(教育科学版),2008(2):16-24.

中国教育史上研究儿童、尊重儿童、理解儿童的先河。

（二）社会主导形态的儿童观

社会主导形态的儿童观是一个国家或国际组织提出的对儿童应有的观念，主要体现在一定时期内的教育方针、政策、指导思想等文件中，具有主导性和强制性的特点。

第二次世界大战以后，随着人权意识的发展和民主运动的高涨，儿童的权利开始受到世界的关注。社会主流的价值取向的观念形态即社会主导形态的儿童观，以各种法律法规的形式体现出来。20世纪设立的国际儿童组织，先后通过了各项儿童权利法案。1989年，联合国大会通过了《儿童权利公约》，并于1990年召开了世界儿童首脑会议，这是历史上第一次专门讨论儿童问题的首脑会议，提出了《儿童生存、保护和发展世界宣言》和《执行九十年代儿童生存、保护和发展世界宣言行动计划》。

联合国《世界人权宣言》（1948年）表明：儿童有权享受特别的照料和协助，为了充分而和谐地发展其个性，应让儿童在家庭环境里，在幸福、亲爱和谅解的气氛中成长。1959年联合国通过的《儿童权利宣言》中规定：儿童应该受到关怀、爱护和了解；儿童应该有足够的营养和医疗照顾；儿童应该有法定的免费规定教育；儿童应有全面的康乐和游戏的权利……成人和社会应保障儿童的权益。1989年通过的《儿童权利公约》要求保护儿童免遭忽视、虐待和剥削，肯定了儿童拥有基本人权：生存权、发展权、受保护权和参与权。

各国颁布有关儿童的文件，明确了国家对儿童的基本态度。英国在1908年通过了《不列颠儿童宪章》，明确了儿童在社会生活中的地位和权利。日本1947年公布的《儿童福利法》，被视为尊重儿童权利和国家负有养育儿童责任的宣言，1951年颁布的《儿童宪章》，强调把儿童看做社会的一员，要尊重儿童的各种权利。[①] 我国的许多法律文件和政府报告都明确提出了"儿童是社会的未来，是民族的期望"，"全社会都应关心和保护儿童，支持儿童的工作"。我国的《中华人民共和国未成年人保护法》、《中华人民共和国义务教育法》等都从不同方面表达了社会主导形态的儿童观及其落实途径。

联合国通过的有关文件充分体现了国际社会对儿童共同的认识。一般来说，社会主导形态的儿童观是国家以法律形式认可的儿童观。它表明社会对儿童的基本认识与看法，反映社会总体的价值取向，体现着一定历史时期社会主流文化的倾向性。

---

① 姚伟.儿童观及其时代性转换[M].长春：东北师范大学出版社，2007：48.

(三) 大众意识形态的儿童观

大众意识形态的儿童观与国家的经济、政治、文化发展水平密切相关。发达国家在 20 世纪已经实现了儿童观念的科学化、现代化，并且转化为教育实践。人们基本实现了儿童观、教育观的现代化转变，对儿童前所未有地重视，并在行为上自觉尊重儿童的权利。

但在许多发展中国家，落后的儿童观并没有彻底消亡，很多儿童正受着成人的歧视和虐待，不少儿童正受着粗劣教育的压迫与折磨，仍然有大量的儿童失学、辍学。特别在战火不断的国家，儿童是主要的受害群体之一。在这种情况下，儿童不可能享有优先的权利，反倒成为最先的牺牲者。

当今中国，在西方文化与传统文化不断冲突、碰撞、融合之际，人们开始主动学习和接受新的儿童观。尤其是年轻一代父母逐渐意识到"忠臣"、"孝子"、"顺民"文化下成长起来的儿童，不可能具有勇于创新、大胆探索的科学精神，将不能适应时代的要求。因此在要求孩子乖巧、听话的同时，也鼓励孩子勇于质疑、挑战权威、大胆探求、个性张扬。"儿童中心"、"儿童自由发展"逐渐成为中国当今大众意识形态中占主导的儿童观。但值得重视的是，在提倡儿童自由发展的同时，往往忽视儿童发展的权利。也就是说，儿童总是被人们看做是依附于成人的弱势群体，而没有被看做是权利主体。因而有必要在《儿童权利公约》的前提下，促进中国本土意识的儿童观慢慢转型。人们要逐渐认识儿童是一个权利主体，自觉运用与体现"儿童优先"原则，积极主动维护儿童的权利。

第 2 节 儿童的权利

一、儿童权利的保证

（一）《儿童权利公约》的诞生与发展

从国际社会保障儿童权利的历史进程来看，重视儿童的基本权利并制定出保障儿童权利的国际准则始于 20 世纪。1923 年，《儿童权利宪章》被救助儿童国际联盟所认可。1924 年第一份《儿童权利宣言》（又称《日内瓦宣言》）诞生。1948 年，联合国大会通过《世界人权宣言》。1959 年，联合国大会通过了《儿童权利宣言》，明确了各国儿童应当享有的各项基本权利。这是第二份《儿童权利宣言》。1978 年第 33 届联合国大会通过决议成立《儿童权利公约》起草工作组，1979 年起草组开始工作，历时 10 年完成《儿童权利公约》起草工作。该公约于 1989 年 11 月 20 日在第 44 届联合国大会上一致通过。1990 年 1 月

26日《儿童权利公约》向所有国家开放供签署,当天就有61个国家签署了该公约。《儿童权利公约》在获得20个国家批准加入之后,于1990年9月2日正式生效。到目前为止,全球已有193个国家签署了《儿童权利公约》。

联合国《儿童权利公约》是一部保护儿童的标准性的国际法律文书,是迄今历史上内容最丰富、最全面、最为国际社会广泛认可的一项儿童权利保护公约。它阐述了儿童的所有基本人权:生存的权利、充分发展的权利、享受保护的权利和参与的权利。联合国《儿童权利公约》为各国政府在保护本国儿童方面,确立了卫生保健、教育、法律和社会服务等方面所必须达到的最低标准和基本行为准则。公约的通过被赞为国际社会在促进和保护人权,致力于加强正义、和平与自由的一个里程碑。《儿童权利公约》反映了当代儿童观的新发展,是一个划时代的文献,称得上是当代的"新儿童宪章"。

当时间跨入21世纪,儿童权利保护问题受到了包括联合国在内的国际社会更广泛的重视。联合国儿童基金会发布的《世界儿童状况2000年》一书对世界各国领导人的紧急呼吁中,提到国际社会于2001年秋成立一个"儿童联盟",并呼吁"要改变国际社会对儿童权利承担责任的方式就需要各级机构和社会行动的坚决支持"。由此可见,儿童权利的保护已成为新世纪国际人权活动中引人瞩目的重要内容。

(二)我国《中华人民共和国未成年人保护法》等有关法律的颁布

我国从1980年起积极参加起草工作组的工作,对联合国《儿童权利公约》作出了贡献。1989年在第44届联大上,我国是通过该公约草案的共同提案国之一。1990年8月29日我国政府正式签署了联合国《儿童权利公约》,中国成为第105个签约国。1992年3月2日中国常驻联合国大使向联合国递交了中国的批准书,从而使中国成为该公约的第110个批准国。公约于1992年4月2日正式对中国生效。这就意味着中国政府承担并认真履行公约规定的保障儿童基本人权的各项义务。1991年,我国政府颁布了《中华人民共和国未成年人保护法》,并于1992年制定了国别方案,即《九十年代中国儿童发展规划纲要》。由于我国是亚太地区最早开始相应行动的国家,所以被联合国儿童基金会称为"旗舰"。

作为对《中华人民共和国未成年人保护法》的补充,1999年全国人大常委会又通过了《中华人民共和国预防未成年人犯罪法》,该法仍然从家庭、学校、社会等方面对儿童权利作了一系列保护性规定,特别突出了净化社会环境,保护儿童不受不良因素的干扰和影响的内容。除了上述为保护儿童权利而制定的专门法律、政策外,我国政府及相关部门还颁布并实施了《禁止使用童工规定》、《中华人民共和国义务教育法实施细则》、《中华人民共和国教师法》、《中华人民共和国教育法》、《家长教育行为规范》、《中华人民共和国残疾人教育条例》、《未成工特殊保护规定》、《中华人民共和国婚姻法》等一系列法律法规。这些法律法规的颁发,为全社会保护儿童权利、促进儿童发展进一步提供了强有力的法律武器。

《中华人民共和国未成年人保护法》的通过与实施,使我国保护儿童权利的工作进一步法律化、系统化。如果说联合国《儿童权利公约》是国际社会保护儿童人权大宪章的话,那么《中华人民共和国未成年人保护法》可以说是中国保护儿童人权的大宪章。《儿童权利公约》和《中华人民共和国未成年人保护法》等有关法律,在基本精神上是一致的。

二、关于儿童的定义以及儿童权利的基本原则

(一)儿童的定义

《儿童权利公约》选择了通过区分成年和未成年这一非常简单的方法来定义儿童。《儿童权利公约》第一条指出:"儿童系指18岁以下的任何人,除非对其适用之法律规定成年年龄低于18岁。"

《儿童权利公约》中所指的"儿童"与中国法律中"未成年人"的概念一致。关于儿童的定义,我国法律目前尚未对此作出严格规定。《中华人民共和国未成年人保护法》第二条规定:"本法所称未成年人是指未满十八周岁的公民。"我国既然批准加入了联合国大会于1989年11月20日通过的《儿童权利公约》,那么,联系国内法律有关成年公民和未成年公民的规定,本书所称儿童是指未满18岁的所有未成年人。

(二)《儿童权利公约》关于儿童权利的基本原则

《儿童权利公约》关于儿童权利的四个原则分别为儿童最佳利益原则、无歧视原则、尊重儿童尊严的原则、尊重儿童的观点与意见的原则。

1. 儿童最佳利益原则

儿童最佳利益原则是指任何事情凡是涉及儿童,必须以儿童利益为重。我们生活的世界是一个由成人主宰的世界,成人强势、儿童弱势,儿童的利益时刻处于危险之中。虽然目前爱护儿童作为一种人类文化价值观得到普遍认可,但是,儿童的权利被忽视甚至被遗忘,至今仍是世界各国都存在的问题。目前存在诸多困惑,例如,到底把儿童作为权利主体还是被呵护对象?对儿童是尊重还是保护?当成人与儿童的愿望和利益发生冲突时,是否要求儿童服从?专家学者普遍认为,应使尊重和保护儿童权利成为普遍的公民意识。儿童不仅是保护的对象,而且是积极主动的权利主体,要尊重和相信儿童的潜力和创造力。充分认识儿童最佳利益原则不仅是公约的四条基本原则之一,而

且是最重要的、具有统领作用的原则。因此,应使最佳利益原则在各国保护儿童的相关立法和司法中得以体现和适用,并结合各国传统具体化为"儿童优先"原则。

2. 无歧视原则

无歧视原则是指不管儿童来自何种社会文化背景,不论出身高低、贫富,男孩还是女孩,正常儿童还是残障儿童,都应当得到平等的对待,而不应当受到任何歧视或忽视。这在整个公约的贯彻中也是很重要的原则。

无歧视原则在《儿童权利公约》第二条中有明确的体现,它指出:"(1)缔约国应尊重本公约所载列的权利,并确保其管辖范围内的每一个儿童均享受此种权利,不因儿童或其父母或法定监护人的种族、肤色、性别、语言、宗教、政治或其他见解、民族、族裔或社会出身、财产、伤残、出生或其他身份而有任何差别。(2)缔约国应采取一切适当措施确保儿童得到保护,不受基于儿童父母、法定监护人或家庭成员的身份、活动、所表达的观点或信仰而加诸的一切形式的歧视或惩罚。"最常见的儿童歧视是性别歧视。联合国儿童权利委员会要求各国,把非歧视原则写进关于儿童保护的各项国家政策和法律法规中。非歧视原则是保护儿童法律的总原则,尤其应该以实际的社会生活为基础,将非歧视原则应用到所有儿童身上。

3. 尊重儿童尊严的原则

每个儿童都是一个独特和宝贵的人,因而其个人尊严、特殊需要、利益和隐私应当得到尊重和保护。一个缺乏尊重、平等、友好氛围的环境不利于儿童的精神成长。《儿童权利公约》指出,教育必须尊重儿童的人格尊严,即使是执行纪律的方式也必须符合儿童的尊严和《儿童权利公约》的规定。因此,儿童即使违反了纪律,做了错事,也不应成为被歧视的对象。教师或同伴的另眼看待对儿童来说简直是灾难性的,它会使儿童丧失自尊和自我价值感,而自尊和自我价值感正是教育所应当培养的。《儿童权利公约》把对儿童权利的尊重和保护提到了前所未有的高度。国内外的许多研究也表明,受到尊重和自尊是儿童个体发展的内在动力,高自尊的儿童往往出自民主的教育。作为儿童的直接教育者,教师和家长应该给予儿童足够的尊重:尊重儿童之间的个体差异,尊重儿童的选择权利,尊重儿童作为一个平等的人的权利。

4. 尊重儿童的观点与意见的原则

这条原则涉及儿童参与权。任何事情如果涉及儿童本人,必须认真听取儿童自己的观点与意见。传统的儿童观念认为:儿童是被动、脆弱和无助的;儿童是未成熟和非完整的成年人;儿童是被动的接收者;以儿童的需求而不是他们的权利为中心;儿童能自动从家庭的可得利益中受益;成人知道对儿童来说什么是最好,成人都是对的;儿童和成人拥有相同的利益。新的儿童观念认为:儿童拥有权利;儿童有自己的能力、爱好、关心的事务和需要;儿童是有自己的想法和观点的个体;儿童的观点、经历和看法与成人的不同;儿童是社会的主要成员,他们创造自己的环境。这种儿童观念的变化,认识到儿童与成人是不同的,儿童是一个独立的范畴,成人不能代表儿童的观点与意见。在批判成人中心论的基础上,《儿童权利公约》第十二条就明显体现了这一原则。即"(1)缔约国应确保有主见能力的儿童有权对影响其本人的一切事项自由发表自己的意见,对儿童的意见应按照其年龄和成熟程度给以适当的重视。(2)为此目的,儿童特别应有机会在影响到儿童的任何司法和行政诉讼中,以符合国家法律的诉讼规则的方式,直接或通过代表或适当机构陈述意见"。还有第十三条"儿童应有自由发表言论的权利",第十四条"缔约国应遵守儿童有思想、信仰和宗教自由的权利",第十五条"缔约国确认儿童享有结社自由及和平集会自由的权利"等。《儿童权利公约》的主要目的是强调人权应延伸到儿童。儿童应被看做一个主动的权利主体,同时也是一个积极的参与者。

(三)我国关于儿童权利法律保护的基本原则

我国对儿童权利的法律保护贯彻以下几项基本原则。

1. 儿童优先原则

儿童优先原则跟儿童最佳利益原则精神是一致的。考虑到儿童不是小大人,儿童有自己的意见、想法和观点,区别于成人,所以儿童优先原则是其他原则的统领,不仅是儿童工作的基本原则,也是对儿童权利法律保护的基本原则。

2. 照顾儿童身心发展特点的原则

对儿童权利的法律保护,不能从成人的主观愿望出发,而应从儿童身心发展的特点与规律出发。儿童在不同的发展阶段有不同的发展特点。对儿童权利的法律保护必须照顾到儿童身心发展的客观规律,这是一项不可忽视的原则。

3. 公平和平等的原则

这是无歧视原则在我国的体现。不论儿童的出身、性别、民族、种族、信仰、受教育状况、财产状况、身体状况有何区别,在法律面前,每个儿童都是平等的,要公平对待每个儿童。

4. 成年人义务原则

权利与义务的统一,是一般的法律原则。但对儿童权利的法律保护,对成年人来说则主要是义务。因为儿童相对处于弱小状态,儿童是一个特殊群体,是未成熟群体。对儿童权利的法律保护,实际上就是要求成年人在法律上承担对儿童权利保护的义务。因为儿童的生存与发展离不开成人世界,成人世界构成了儿童生存和发展的外部环境,但成人世界也往往对儿童造成伤害。所以,对儿童权利的法律保护,不仅意味着是成年人的义务问题,而且意味着儿童在未来才能全面履行法律上的义务。由此可见,权利和义务的暂时不对等性,是对儿童权利法律保护的一个显著特点,也是必须加以贯彻的原则。

5. 全面保护的原则

所有的儿童都要受到法律的保护,并且涉及儿童人权和儿童健康发展的方方面面,都要有法律保护。在儿童权利的保护方面,不能出现法律的"空档"。即是说,国家法律对儿童权利的保护必须是周密的、全面的。

6. 一般保护与特殊保护相结合的原则

我国法律既规定了对儿童的一般保护,也规定了对特殊儿童或儿童的特殊情况的保护。忽视对儿童的一般法律保护是不对的,忽视对特殊儿童或儿童特殊情况的法律保护也是不对的。只有遵循一般保护和特殊保护相结合的原则,才是正确的、完整的。

7. 从实际国情和儿童实际需要出发确定法律保护的原则

中国对儿童权利的法律保护必须根据儿童的实际需要,从中国的国情和优良传统出发,同中国的国力发展状况和发展进程相适应。根据中国的国情和儿童的实际需要确定和实施儿童权利的法律保护,是中国保护儿童权利的重要原则。

8. 国内法与国际法相衔接的原则

为了更好地对儿童权利进行法律保护,我国制定了一系列的法律与制度,采取了一系列的措施。国内的法律与制度是我国对儿童权利保护的基本依据,但儿童权利保护又是一个国际性的问题。联合国制定了一系列保护儿童权利的法律文件,《儿童权利公约》是联合国关于儿童权利保护的最系统的法律文件。我国不仅积极参与了《儿童权利公约》的起草和制定,而且被批准正式加入了该公约。按照国际法原则,我国应履行缔约国的义务。《儿童权利公约》第四条要求:"缔约国应采取一切适当的立法、行政和其他以实现本公约所确认的权利。"由于我国关于儿童权利的法律与制度同《儿童权利公约》在基本精神上是一致的,所以,注意国内法与国际法相衔接是我国对儿童权利法律保护的又一项原则。①

---

① 郭翔. 我国对儿童权利的法律保护——兼析联合国《儿童权利公约》与我国《未成年人保护法》等法律的相关性[J]. 中国政法大学学报,1997(6):44-52.

三、儿童的权利

（一）《儿童权利公约》中的儿童权利

《儿童权利公约》共54条，实质性条款41条，其中被提到的儿童权利多达几十种，如姓名权、国籍权、受教育权、健康权、医疗保健权、受父母照料权、娱乐权、闲暇权、隐私权、表达权等。

虽然儿童的性别、处境、健康状况不同，但拥有的基本需求是相似的。在法律上得到确认的、所有儿童都应拥有的且应该得到保障的基本需求，就是儿童的权利。基于满足儿童需求的维度，我们对权利进行如下分类。

1. 生存权

儿童的生存权是每个儿童都享有其固有的生命权、健康权和获得基本生活保障的权利。具体包括儿童享有生命权、医疗保健权、国籍权、姓名权，以及获得足够食物、拥有一定住所以及获得其他生活保障的权利。强调儿童的生存权，也就是强调国家、社会对特殊困境中的儿童承担特殊保护和照顾的责任。

儿童的生命和生存的权利，受到国家法律的保护，任何人都不得非法剥夺儿童的生命，不得侵犯儿童生存的权利；同时，必须为保护儿童的生命，保障儿童的生存和发展提供最大的条件。如果非法侵害儿童的生命权和生存权，就要负法律责任。联合国《儿童权利公约》对儿童的生命权和生存权也做了明确的规定。例如第六条规定："缔约国确认每个儿童均有固有的生命权。""缔约国应最大限度地确保儿童的存活与发展。"第十九条规定："缔约国应采取一切适当的立法、行政、社会和教育措施，保护儿童在受父母、法定监护人或其他任何负责照管儿童的人的照料时，不致受到任何形式的身心摧残、伤害或凌辱，忽视或照料不周，虐待或剥削，包括性侵犯。"

2. 发展权

儿童的发展权是每个儿童享有充分发展其全部体能和智能的权利。包括有权接受正规或非正规的教育，有权享有促进其身体、心理、精神、道德等全面发展的生活条件。儿童的发展包括身体、智力、道德、情感、社会性等多方面的发展。目的在于培养儿童对人权和基本自由权的尊重，培养儿童对文化、民族价值观以及他国文明等的尊重，培养儿童与他人之间宽容和友好的精神等，培养儿童的社会责任感等。

3. 受保护权

受保护权是每个儿童享有不受歧视、虐待和忽视的权利。受保护权旨在减少未成年人生存和发展过程中的不利因素。儿童是处在身体、心理和智力发展中的群体,他们不了解权利,更不懂得维护自身的权利,国家、社会以及公民有责任保护并帮助儿童实现自己的权利。当儿童处于特殊困难的环境中,如流浪儿童、经济困难儿童、处于战争环境中的儿童、难民中的儿童等,更需特殊保护,他们的受保护权更不容忽视。

4. 参与权

参与权是每个儿童都有参与家庭、文化和社会生活并就影响他们生活的事项发表意见的权利。参与权保障儿童有参与各种社会活动的权利。儿童参与权有两个方面的含义:一是儿童可以对影响自己的事务发表意见;二是儿童有权得到与之相关的信息。儿童参与权的实现表现为一种渐进形式,即由完全受成年人支配,到被动参与,逐渐向主动参与发展,具体表现为两个阶段:非参与阶段和参与阶段。

非参与阶段包括第一至第三个阶梯:

第一个阶梯:完全受(成年人)支配。有关儿童的事情,完全由成人来安排,没有一种渠道或方法让儿童了解他们为什么这样做。

第二个阶梯:被动参与(儿童不明白参与活动的意义)。儿童可能有机会参加一些活动,如被要求唱歌、跳舞、穿漂亮衣服为某些事情做宣传等等,但不明白这些事项的意义,也不知道他们有权利选择与否,如何参与,以及在参与过程中如何表达自己的意见。

第三个阶梯:象征性参与(儿童的选择权利受成人支配)。在一些事项中,儿童可能会被问到他们会有什么想法,但是没有人重视或参考他们的意见。

参与阶段包括第四至第八个阶梯:

第四个阶梯:成人制订计划儿童自愿参与。成人决定一些有关儿童的事项或计划后,让儿童了解他们为什么要做这些事情,他们可以决定是否参与。

第五个阶梯:咨询儿童意见及儿童意见获得重视。成人设计了有关儿童的事项,但让儿童明白事项的意义,能征求儿童的意见,并能严肃地对待儿童的意见。

第六个阶梯:成人出主意与儿童共同决定。成人提出有关事项,让儿童在筹划和实施中参与,并与儿童一起做决定。

第七个阶梯:儿童出主意和做决定,成人帮助。儿童提出有关事项,并由儿童自己决定,成人不参与。

第八个阶梯:儿童出主意定计划,邀请成人共同决定。儿童自己提出有关事项,并以主体身份来邀请成人一起讨论和做出决定。

可以看出,阶梯越高,儿童参与能力越强。参与权旨在使未成年人了解自身的处境,并发展其表达和处事能力。在参与过程中,儿童才能不断认识和提高自己处理各种问题的能力,才能成长为一个在个性、才智和身心等方面充分发展的健康的人。因此,不要让成人的决定影响儿童的生活,不要让成人经常忽略或误解儿童,应该让儿童对有关自己的事项达到最大程度的参与。

(二) 我国儿童权利的法律保护

我国对儿童权利法律保护的内容是多方面的,重点概括为以下方面。

1. 生存权或生命权

儿童自出生之日起,就获得了生命权,其生命和生存将受到国家法律的保护。我国宪法和法律对儿童生命权和生存权的保护规定,同《儿童权利公约》基本是一致的。例如,《中华人民共和国未成年人保护法》第十条规定:"禁止对未成年人实施家庭暴力,禁止虐待、遗弃未成年人,禁止溺婴和其他残害婴儿的行为,不得歧视女性未成年人或者有残疾的未成年人。"《中华人民共和国婚姻法》第二十一条规定:"父母对子女有抚养教育的义务;子女对父母有赡养扶助的义务。父母不履行抚养义务时,未成年的或不能独立生活的子女,有要求父母付给抚养费的权利。子女不履行赡养义务时,无劳动能力的或生活困难的父母,有要求子女付给赡养费的权利。禁止溺婴、弃婴和其他残害婴儿的行为。"《中华人民共和国预防未成年人犯罪法》第十九条规定:"未成年人的父母或者其他监护人,不得让不满十六周岁的未成年人脱离监护单独居住。"第二十条规定:"未成年人的父母或者其他监护人对未成年人不得放任不管,不得迫使其离家出走,放弃监护职责。未成年人离家出走的,其父母或者其他监护人应当及时查找,或者向公安机关请求帮助。"《中华人民共和国民法通则》第十八条规定:"监护人应当履行监护职责,保护被监护人的人身、财产及其他合法权益,除为被监护人的利益外,不得处理被监护人的财产。"

2. 身心健康权

这是与儿童生存权或生命权相联系的一项重要的儿童权利。无论家庭、学校还是社会,都要禁止对儿童身心进行伤害,保证儿童身心健康全面发展。除了《中华人民共和国宪法》规定的法律保护外,其他法律也做了相应的规定。《中华人民共和国民法通则》第九十八条规定:"公民享有生命健康权。"其中自然包括儿童在内。《中华人民共和国未成年人保护法》第十一条规定:"父母或者其他监护人应当关注未成年人的生理、心理状况和行为习惯,以健康的思想、良好的品行和适当的方法教育和影响未成年人,引导未成年人进行有益身心健康的活动,预防和制止未成年人吸烟、酗酒、流浪、沉迷网络以及赌博、吸毒、卖淫等行为。"第二十条规定:"学校应当与未成年学生的父母或者其他监护人互相配合,保证未成年学生的睡眠、娱乐和体育锻炼时间,不得加重其学习负担。"第二十二条规定:"学校、幼儿园、托儿所应当建立安全制度,加强对未成年人的安全教育,采取措施保障未成年人的人身安全。学校、幼儿园、托儿所不得在危及未成年人人身安全、健康的校舍和其他设施、场所中进行教育教学活动。学校、幼儿园安排未成年人参加集会、文化娱乐、社会实践等集体活动,应当有利于未成年人的健康成长,防止发生人身安全事故。"第三十七条规定:"任何人不得在中小学校、幼儿园、托儿所的教室、寝室、活动室和其他未成年人集中活动的室内吸烟、饮酒。"等等。

3. 名誉权

儿童依法享有名誉权,任何人不得以任何形式侵害儿童的名誉权。《中华人民共和国宪法》第三十八条规定:"中华人民共和国公民的人格尊严不受侵犯。禁止用任何方法对公民进行侮辱、诽谤和诬告陷害。"《中华人民共和国民法通则》也对此作了相应规定。《中华人民共和国未成年人保护法》第五条将"尊重未成年人的人格尊严"规定为保护未成年人工作应当遵循的原则之一。第二十一条规定:"学校、幼儿园、托儿所教职员工应当尊重未成年人的人格尊严,不得对未成年人实施体罚、变相体罚或者其他侮辱人格尊严的行为。"

4. 隐私权

与名誉权一样,国家也应保护儿童的隐私权。隐私权是指个人私生活的保密权。《中华人民共和国未成年人保护法》第三十九条规定:"任何组织或者个人不得披露未成年人的个人隐私。"未成年人的隐私权就是未成年人所享有的不公开其生活秘密的权利。凡个人不愿告诉别人或不愿公开的生活秘密,都属于个人隐私,如:日记、信件、生理方面的疾病,以及曾经受过的污辱、经历过的痛苦、生活习惯、生活方式、消遣方面的爱好等。如果他人不尊重未成年人的隐私权,就会使未成年人受到刺激或打击,以致在精神上和名誉上受到损伤。而在现实生活中,揭露传播孩子的隐私是屡见不鲜的,有些人甚至根本无视孩子的隐私权。因此,必须要提升家长、教师等成人的法律意识。

通信秘密是公民享有的不可侵犯的自由和权利,从一定意义上说也是隐私权的一部分。《中华人民共和国未成年人保护法》第三十九条规定:"对未成年人的信件、日记、电子邮件,任何组织或者个人不得隐匿、毁弃;除因追查犯罪的需要,由公安机关或者人民检察院依法进行检查,或者对无行为能力的未成年人的信件、日记、电子邮件由其父母或者其他监护人代为开拆、查阅外,任何组织或者个人不得开拆、查阅。"

5. 教育和发展权

接受教育,既是未成年人的权利,对于接受九年义务制教育的学生来说,也是义务。学校是未成年人健康成长和全面发展的主要场所,也是保护儿童受教育权的基地。关于儿童的受教育权,多部法律均有涉及。我国《中华人民共和国宪法》第四十六条明确规定:"中华人民共和国公民有受教育的权利和义务。"《中华人民共和国义务教育法》第四条规定:"凡具有中华人民共和国国籍的适龄儿童、少年,不分性别、民族、种族、家庭财产状况、宗教信仰等,依法享有平等接受义务教育的权利,并履行接受义务教育的义务。"第十一条规定:"凡年满六周岁的儿童,其父母或者其他法定监护人应当送其入学接受并完成义务教育;条件不具备的地区的儿童,可以推迟到七周岁。"第十四条规定:"禁止用人单位招用应当接受义务教育的适龄儿童、少年。"《中华人民共和国未成年人保护法》第十三条规定:"父母或者其他监护人应当尊重未成年人受教育的权利,必须使适龄未成年人依法入学接受并完成义务教育,不得使接受义务教育的未成年人辍学。"第十八条规定:"学校应当尊重未成年学生受教育的权利,关心、爱护学生,对品行有缺点、学习有困难的学生,应当耐心教育、帮助,不得歧视,不得违反法律和国家规定开除未成年学生。"

6. 参与权

关于儿童的参与权,《中华人民共和国未成年人保护法》第十四条规定:"父母或者其他监护人应当根据未成年人的年龄和智力发展状况,在作出与未成年人权益有关的决定时告知其本人,并听取他们的意见。"

总之,我国对儿童权利的法律保护是广泛的、全面的。儿童权利法律保护的基本特点在于它的强制性、约束性、权威性和严肃性。因此,在实践中积极运用法律武器保护儿童的权利,促进儿童全面发展,是全社会共同的任务。

第3节 儿童在家庭中如何享有权利

案例 4-1

孩子的权利

1968年,美国内华达州一位叫伊迪丝的3岁小女孩告诉妈妈,她认识礼品盒上"OPEN"的第一个字母"O"。这位妈妈非常吃惊,问她怎么认识的。伊迪丝说:"薇拉小姐教的。"

这位母亲表扬了女儿之后,一纸诉状把薇拉小姐所在的幼儿园告上了法庭,理由是该幼儿园剥夺了伊迪丝的想象力,因为她的女儿在认识"O"之前,能把"O"说成苹果、太阳、足球、鸟蛋之类的圆形东西,然而自从幼儿园教她识读了26个字母,伊迪丝便失去了这种能力。她要求该幼儿园对这种后果负责,赔偿伊迪丝精神伤残费1000万美元。

诉状递上之后,在内华达州立刻引起轩然大波。幼儿园认为这位母亲疯了,一些家长也认为她有点小题大做,她的律师也不赞同她的做法,认为这场官司是浪费精力。然而,这位母亲却铁了心,坚持要把这场官司打下去,哪怕是倾家荡产。

3个月后,此案在内华达州立法院开庭,最后的结果出人意料,幼儿园败诉,因为陪审团的23名成员被这位母亲在辩护时讲的一个故事感动了。

她说,我曾到东方某个国家旅行,在一家公园里曾见过这么两只天鹅,一只被剪去了左边的翅膀,一只完好无损。剪去翅膀的被放养在较大的一片水塘里,完好的一只被放养在一片较小的水塘里。当时我非常不解,便问那里的管理人员。他们说,这样能防止它们逃跑。我问为什么?他们解释说,剪去一边翅膀的无法保持身体的平衡,飞起后就会掉下来;在小水塘里的,虽然没有被剪去翅膀,但起飞时因没有必要的滑翔路程,只能老实地呆在水里。当时我非常震惊,震惊于东方人的聪明和智慧。可是我也感到非常悲哀,为两只天鹅感到悲哀。

今天,我为我女儿的事来打这场官司,是因为我感到伊迪丝变成了幼儿园的一只天鹅。他们剪掉了伊迪丝的一只翅膀,一只幻想的翅膀;他们早早地把她投进了那片小水塘,那片只有ABC的小水塘。

这段辩护词后来成了内华达州修改《公民教育保护法》的依据,现在美国《公民权法》规定,幼儿在学校拥有两项权利:

1. 玩的权利;
2. 问为什么的权利。

这两项权利的列入是否起因于这场官司,不得而知。不过,这一规定,使美国在科技创新方面始终走在了世界的前列。

(资料来源:刘燕敏. 孩子的权利[J]. 基础教育,2005(11):62-63)

由于各国的文化传统不同,对上述案例肯定会存在理解上的差异,但至少说明家庭把保护儿童作为一种当仁不让的责任,应成为全社会的共识。家庭是儿童成长的第一环境。家庭保护具有早期性、基础性、全面性、长期性、有效性等特点,因此,家庭对儿童保护的特殊作用,是其他群体、其他途径所不能替代的。在现代社会中,所有国家和政府都应把家庭作为儿童权利保护的第一阵地,将儿童权利的家庭保护以立法的形式确定下来。在我国的法律体系中,只要涉及未成年人的权利保护问题,对家庭、家长的职责都有所规定,如《中华人民共和国未成年人保护法》中专设了"家庭保护"一章。凡是涉及家庭问题的法律条文,也有关于儿童权利的阐述,如《中华人民共和国婚姻法》中关于子女抚养等问题的条款。把家庭保护纳入法制轨道,保障儿童获得家庭的保护,对促进其健康成长有着重要意义。① 以下从儿童的角度,阐明儿童在家庭中极易被忽视的一些基本权利,帮助家长认识儿童的权利,了解相关法律规定的作为保护者的责任,从而提高家庭中儿童权利保护的实施质量。

一、"我是权利主体"

儿童首先是一个人,是一个与成人享有同等的权利、具有同样的人格尊严的人,只是由于其暂时的弱小与不成熟,才需要来自成人世界包括家庭的关怀和保护。家长把儿童看做一个受保护者的同时,必须把其看做一个权利主体、价值主体,使其在被保护过程中能体验到做人的尊严和价值,成长为一个有自尊的个体。

(一)享有健康生存的权利

第一,生存权是最基本的、首要的人权,也是享有其他权利的前提和基础。联合国《儿童权利公约》界定的儿童生存权包括生命权、健康权和医疗保健获得权,这是生存权最基本的内涵。

《儿童权利公约》规定,所有儿童,无论何种民族、何种性别、是否残疾等,都有生存的权利。《中华人民共和国未成年人保护法》规定,凡侵犯未成年人的人身权利构成犯罪的,负有抚养义务而拒绝抚养的,溺婴及弃婴的行为,将被追究法律责任。传统家庭把儿童看做附属品,没有自己独立的价值,其价值仅在于对家庭的贡献。儿童的生存权变成了对家庭的义务,家庭保护只是监督儿童实现其对家庭的价值。一旦儿童不想尽义务或不能很好地尽义务,家庭保护就有变成家庭伤害的可能。尽管儿童不像过去那样被任意野蛮地用于祭祀或避邪,但在一些贫困地区,弃婴、溺婴现象仍在发生,尤其是针对一些残疾儿童和女婴。

《儿童权利公约》第二十四条和第二十五条对儿童的健康问题进行了规定,确认儿童"享有可达到的最高标准健康",并享有为维持健康、治疗和康复所需要的医疗和保健服务。第二十七条还确认儿童享有足以促进其生理、心理、精神、道德和社会发展的生活水平。这种生活水平不仅包括充足的食品、衣着、住房和健康方面,还包括精神、道德和社会发展的需要。儿童的生活水准就构成了儿童生存权利的基本要素。中国离公约的标准还相差很远,不管

---

① 冯晓霞. 家长的教育观念与儿童权利保护——中国家庭中的儿童权利保护问题[J]. 学前教育研究,1996(3):20-22.

是政府还是家庭都需要付出很大的努力。父母对保障儿童的生活基本水准以及满足儿童的物质和发展需要承担主要责任。我国仍有部分儿童因家庭的贫困或父母的忽视等原因处于饥饿之中,而一些家庭经济情况较好的家长出于对子女的爱护,尽其所能为他们提供高营养的膳食,其热情有时达到盲目的程度。这样,儿童营养不良和营养过剩这两方面的问题同时困扰着中国的许多儿童。①

第二,拒绝虐待。目前,世界上已有193个国家批准了公约,包括中国,但是只有8个国家明确禁止体罚儿童。② 在各种形式的体罚暴力下致伤、致残、致死的儿童不在少数。目前社会竞争激烈,就业压力越来越大,不少家长对子女的期望值过高,往往"恨铁不成钢",以一种畸形的方式表达爱,很容易采取简单粗暴的方式来处理问题。其他如挤占孩子休息、玩耍、娱乐时间的家长,更不计其数。其实,用摧残儿童身心的办法不但达不到教育目的,反而一点一点蚕食了孩子们的健康,降低了儿童的生命质量,侵犯了儿童的权利。

第三,拒绝忽视。一些孩子曾联名写信给报社,呼吁父母关心自己的生活和成长,停止玩麻将、赌博、吸毒等活动。这些父母经常长时间不回家,根本不管孩子,或在家里聚赌、玩麻将等,严重影响了孩子的学习和休息。另有一些父母因婚姻冲突,忽略了对孩子的照料,还有外出打工或离婚后的父母将孩子托给高龄祖父母代管。③ 另外,意外伤害成为我国14岁以下儿童的第一位死因,也是儿童致残的首要因素。④ 女童遭到性侵害,数以百万城市流浪儿童缺乏照顾,未成年犯罪人数增加,这一切都提醒父母不能忽视作为孩子监护人的职责,应切实维护儿童的权利。

诺贝尔奖获得者、智利诗人埃尔拉·米斯特拉尔有一首诗这样写道:

> 很多需要的东西,我们可以等待
> 但是儿童不能等,
> 他们的骨骼正在形成,
> 血液在生长,
> 心智正在发育,

---

① 孟威. 中国儿童的生存权保障探析[J]. 江西教育,2009(1,2):9.
② 贺颖清. 儿童体罚问题研究——保护儿童人身完整性的国际人权法基础[J]. 青少年犯罪问题,2004(6):18-23.
③ 卜卫. 儿童的权利——我们应该知道和遵守《儿童权利公约》[J]. 少年儿童研究,1998(4):18-28.
④ 关颖. 家庭教育之本:对儿童权利的尊重与保护[J]. 青少年犯罪问题,2009(3):20-23.

> 对儿童,我们不能说明天
> 他们的名字是今天。

法律保护是儿童生存权实现的重要基础。法律确认儿童享有生存权,并不能代表它已经实现。在现实家庭中防止对儿童生存权的剥夺,杜绝对儿童的遗弃、体罚、虐待与忽视还任重道远,这需要每一位家长自觉遵守并切实维护儿童的权利。

(二)享有网络生存权[①]

当网络迅猛发展并构成儿童另一个重要的生存与成长空间时,儿童的网络生存便具有了和现实生存同样重要的意义——儿童不仅应当享有接触和使用网络的权利,更应当享有免受网络带来的各种伤害、在网络空间中安全成长并实现健康发展的权利。这就是儿童的网络生存权。

第一,儿童有权使用网络。儿童的网络生存权是现实社会中儿童生存权的进一步延伸。儿童有权获得在网络社会中生存的体验,并有权通过使用网络促进自身的发展。我们不仅应该保护儿童上网的权利,还应该创造条件,为儿童提供更多的健康的上网条件。维护儿童上网的权利是维护儿童网络生存权的基本前提。

第二,维护儿童网络安全与健康发展的权利。儿童享有人身权,包括现实社会中的人身权以及网络社会中的人身权,这是基于儿童身体、心理和道德发展的基本权益,是儿童网络生存权重要的组成部分,是实现儿童在网络空间中安全生存的基础。此外,儿童还应当享有在网络中获得身心健康发展的权利。儿童的网络安全和健康发展构成了儿童网络生存权的核心部分。

二、"我有我的尊严"

抚育儿童应本着尊重儿童尊严的精神。人道的对待将促进儿童发展对人类尊严和价值的意识,将加强他们对人的权利和基本自由的尊重。教育心理学研究成果表明,儿童少年只有在感到具有尊严性时,才能够正常地发挥自身的潜在的能力。

(一)请尊重我的人格

《儿童权利公约》第三十七条规定:"任何儿童不受酷刑或其他形式的残忍、不人道或有辱人格的待遇或处罚。"《儿童权利公约》将儿童的发展权定义为生理上和心理上两个方面,这就是说,每个儿童不仅需要生理上的生存条

---

① 王亚芳. 维护儿童网络生存权[J]. 中国教师,2004(9):53-56.

件,同时也需要心理上的发展条件,即足以促进其心理、精神、道德和社会发展的条件。

天津市家庭教育研究会2008年对一所小学372名学生的调查结果显示,65.9%的孩子有过遭家长训斥的经历,45.7%的孩子挨过打。①体罚给孩子带来的心理上的创伤经常被忽视。儿童的人格可塑性非常强。如果一个孩子长期生存在暴力、忽视和仇恨的环境中,他将具有同样或类似的性格特质,暴力和报复将成为他们解决问题的主要办法。②奥地利教育家阿德勒就曾指出,在遇到歧视的情况中,"一个怯弱者在面临失去尊严的危险时,他通常会为克服怯弱而铤而走险"③。

最常见的精神虐待是用责骂、侮辱、轻视的方式来对待孩子,贬低儿童的人格,使儿童变得情绪低落和产生被羞辱心理。研究显示,精神虐待的危害因其隐性特点而甚于肉体上的虐待,会对孩子造成很深的精神创伤。一个自尊心从小就受到挫折的人,可能会出现很多诸如自我否定、缺乏爱心、焦虑等心理疾病,使人难以适应社会,甚至走上犯罪的道路。

现实生活中,对儿童人格不尊重的现象比比皆是,很多家长素质提升后,有意识杜绝了体罚或变相体罚,但语言的暴力即有辱儿童人格的话语却屡见不鲜,严重刺伤了儿童的自尊心。家长一定要明白,这是一种不文明的行为,甚至是违法行为,情节严重以及造成后果者,要负法律责任。著名的儿童教育家陈鹤琴在《家庭教育》一书中写道,对儿童尽量少命令或少下指令,要用商量的口气,如"好不好?行不行?",否则有令不行,那做家长的没办法,只有强迫了。

(二) 我有隐私权

有的家长认为孩子的信,家长有权拆;有的家长觉得当面拆孩子的信也许不妥,就私下里拆,目的只有一个:为孩子好,至于方式、方法都是其次的。这只能说明家长没有法律意识,对儿童的权利不了解。家长或者其他监护人只可对无行为能力的孩子代为拆信。《中华人民共和国民法通则》第十二条第二款规定:"不满十周岁的未成年人是无民事行为能力人,由他的法定代理人代理民事活动。"所以,家长或监护人对已满10周岁的孩子的信件不得代拆。如果对具有行为能力的孩子的信件私拆或隐匿,会刺伤孩子的自尊心,影响父母在孩子心目中的威信,甚至会使亲子关系恶化,造成许多不良后果。

---

① 关颖. 家庭教育之本:对儿童权利的尊重与保护[J]. 青少年犯罪问题,2009(3):20-23.
② 贺颖清. 儿童体罚问题研究——保护儿童人身完整性的国际人权法基础[J]. 青少年犯罪问题,2004(6):18-23.
③ 周世江. 儿童权利保护原则与少年儿童读者[J]. 中小学图书情报世界,2010(2):13-14.

实际上，孩子在成长过程中有秘密是正常现象，家长因关心孩子而怀疑和担心也是正常的，如果选择谈心，从情感上尊重孩子，也许需要更多的耐心和时间，但远比私拆孩子的信件效果更好。联合国儿童基金会驻中国办事处官员张亚丽认为，对孩子情感上的尊重，雅吕兹·柯扎克的一段话说得很贴切"你们说：带孩子真累人。你们说得有理。你们还说：为适应他们的身高，要带俯身、弯腰、下蹲，自己做个小矮人。这句话你们说错了。这还不算磨人的。最累的是在情感上达到他们的高度。要挺腰、伸颈、踮脚，才不至于伤害他们。"

三、"我的世界我做主"

儿童的参与权指儿童参与家庭、文化和社会生活的权利。儿童参与权有两个方面的含义：一是儿童可以对影响自己的事务发表意见；二是儿童有权得到与之相关的信息。尤其儿童自由发表意见的权利，应按照其年龄和成熟程度给予适当重视。在现实生活中，儿童的参与权利被严重忽视了。在一些人的观念中，家长对儿童具有监护权，儿童就不是独立的个体，处处得听大人的指挥。

（一）我要表达我的意见

在国内许多家庭中，孩子很少有机会充分表达自己对某件事情的看法，成年人也很少倾听孩子的意见，认为"孩子小，他懂什么！"凭着主观臆断评价孩子、安排孩子的生活和学习，如家庭中的娱乐、交友，特别是儿童的学习兴趣、社会活动、升学志愿等，多半由家长决定。

国外的一些研究人士及专家的看法是，儿童的声音其实随处可闻，但是很少有成年人真正倾听并重视这些意见。成年人习惯于从自己的角度出发考虑儿童问题，虽然每个人都想爱护儿童、保护儿童，但忽视儿童的声音，就不能真正了解他们的内心世界，就等于蔑视儿童的权利。

案例 4-2

下面摘选的是儿童们自己陈述的要重新制定儿童宪章的理由：
"我们感到一些人并不喜欢儿童。"
"我们感到我们对电视的意见经常得不到应有的尊重。"
"没有人问过我们喜欢看什么或需要看什么。"
"许多节目是用哄孩子的口吻说话的。"

"有些节目有太多的暴力行为。我的意思是说,有的内容是为了暴力而暴力,并不是情节所需要的,我非常喜欢动作片,但是动作片里不必要的暴力太多,我们不喜欢电视里总是用暴力来解决问题的方法。"

"一些电视节目剥削我们儿童。他们总是在儿童节目里卖儿童玩具或其他产品。"

"电视节目对儿童体形有一种歧视,只展示所谓漂亮儿童。儿童电视节目应该让所有的儿童都能看到与他们体形类似的儿童。"

"为什么电视里看不到戴眼镜的儿童?为什么胖孩子不能上电视?"

"还有许多孩子从来没有在电视上看到过说自己民族语言的儿童,有时他们只能看美国的电视节目。"

儿童代表们说,他们要代表世界上的所有孩子,要求改变这些现象。他们还说,儿童电视的主人是儿童,所以儿童电视宪章应该由儿童来写。

许多成年人向孩子们提问:"你们认为什么是暴力节目?""广告就是剥削吗?""成人用哄孩子的口吻说话,是因为他们爱你们,你们知道吗?"

对于最后这个问题,一个12岁的女孩子接过话筒,大声回答:"我不同意你的意见。是的,成人很喜欢孩子,他们总喜欢对我们说'So lovely'(多可爱呀),'So cute'(多聪明呀),但是他们在说这些话的时候,没有把我们看做是一个独立的人,一个要表达自己意见的人,他们只注意我们的外貌,不注意我们的意见。我们是有权利的主体,而不是成人的玩意儿……"

(资料来源:郝卫江. 尊重儿童的权利[M]. 天津:天津教育出版社,1999:179-180)

　　承认儿童有自由表达的权利,家长应该明白在不违法的前提下,儿童想说什么都可以,想怎么说都可以,不能拿成人的标准来约束甚至禁止儿童讲话。儿童自由表达的权利维护得如何,从目前成人对待"新校园童谣"的态度,就可见一斑。在一些成人看来,"新校园童谣"是"胡言乱语"、"低级粗俗"甚至是"反动言论",应该禁止。但"新校园童谣"恰恰是一种儿童的表达方式,是儿童们在说自己的话,是他们用自己的头脑和眼睛进行的自主判断,并且也是他们在用"胡说八道"的方式宣泄压力,是其健康成长过程中不可缺少的一环。我们需要尊重和倾听,更需要慎重地对待,科学地引导。

(二)给我选择的权利

冯骥才在《尊重选择权》①一文中谈到,有一次在爱荷华公园,见一妇女拿一件风雪衣与一个四岁的小女孩儿说话,着急又认真,说个不停。过去一听,原来这件衣服一面是绿的,一面是红的,她非要孩子自己确定是红的朝外还是绿的朝外,她不替孩子决定,认为这是孩子自己的事。后来这小女孩自己做了决定,妈妈很高兴,因为孩子已经能自作主张了。

选择是我的权利——这种观念西方人在孩子年幼时开始渗透。对他们来说,选择权是个人最重要的权利之一。西方人认为,不侵犯别人的选择权,也是对别人权利的尊重。中国人习惯别人代替自己选择和做决定,尤其在传统的父权思想下,父亲替儿女决定是天经地义的事情。如今,家长要改变观念,儿女是独立的个体,独断专行实际上是侵犯了孩子的选择权。

(三)请让我参与

针对独生子女的家庭教育问题,很多研究者都谈到父母对孩子的"过度保护",即父母付出过多、替代过多。许多父母对孩子不仅整天千叮咛万嘱咐,而且事无巨细都替孩子包办,养成了孩子的依赖性,缺乏独立生活自理能力等等。如某大学门前滋生了"百事可托"机构,大学生由于缺乏生活自理能力,也要求入托。如果换一种角度思考,从保护儿童权利的角度分析,这种"过度保护"实际上是父母对孩子参与权的剥夺,扼杀了孩子作为权利主体的自我意识和独立意识。他们在家庭缺乏独立参与的机会,逐渐丧失独立成长的内在动力和勇气,从而弱化了参与自身、家庭和社会事务的能力,甚至不能成为完整的、自立于社会的人。

家长对儿童参与权的漠视和剥夺,也是对孩子社会化过程的粗暴干预。参与有利于儿童的社会化和良好性格的形成。有效地参与能够帮助儿童发展辩论、交流、协商、优先考虑和决策的技能,还能够使儿童产生自我效能感,提高自尊。提倡参与是培养儿童成为民主公民的前提,可以培养儿童以权利和社会责任为主要内涵的公民意识。总之,儿童是儿童问题方面的专家,给儿童机会和必要的支持,他们可能会高效地、有创造性地解决与自己有关的问题。

全国妇联权益部部长蒋月娥(曾任全国妇联儿童工作部部长)谈到去加拿大参加儿童工作培训时,多伦多国际学校一位校长就说过:"你告诉我,我就忘记了;你让我看到怎样做,我就会记住;你让我参与,我就会理解;如果你给我反思的时间,我就会永远记住。"可见儿童自身参与和思考的重要性了。《2003年度世界未成年人状况的报告》中也明确指出,如果一个人在童年时期

---

① 冯骥才. 尊重选择权[J]. 幸福(悦读),2009(3):80.

就积极参与社会生活的话,那么他在很小的时候就可以具备自我发展的能力,而且可以具有信心地跨入青春期。另外,更多的现实经验也证明了那些广泛参与其周围社会生活的未成年人,都具有很强的综合能力。①

四、"把玩的权利还给我"

儿童发展权是指儿童拥有充分发展其全部体能和智能的权利。主要包括信息权、受教育权、娱乐权、文化和社会生活参与权、思想和宗教自由、个性发展权等。在发展权中,儿童的受教育权和娱乐权,尤其值得重视。《中华人民共和国宪法》、《中华人民共和国教育法》和《中华人民共和国未成年人保护法》都明文规定依法保障儿童接受教育的权利,教育权得到前所未有的重视。但儿童的娱乐权,由于课业负担过重,家长期望值过高,被严重剥夺了。少年儿童年级越高,学习负担越重,几乎没有娱乐时间。可见,从学校到家庭,大多数人对玩是儿童的权利缺乏认同。

(一)"玩"是儿童的天性

天津市妇联与天津市家教研究会2008年对天津市9个区县1054位未成年人的父母进行的问卷调查显示,在孩子上学前88.6%的父母曾经教孩子识字、数数等知识,28.2%让孩子学外语,20.3%让孩子学习小学课程;中小学生父母中有49.3%让孩子上课余学习班,57.6%给孩子布置课余作业、让孩子超前学习课本或相关文化知识、给孩子请家教,孩子的学习成了家长与孩子互动的中心内容,为了孩子的学习,54.8%陪着孩子写作业,52.3%亲自辅导孩子学习,47.1%检查孩子作业后帮助他改错题,40.7%为孩子整理学习用具……②

由此可见,在许多家长看来,学习才是孩子的正事,一提到孩子的玩,首先想到的是耽误学习。实际上,家长把"贪玩"当成孩子的缺点,是没有意识到"玩"是孩子的特点、天性,当他们把孩子的天性当缺点试图改正的时候,事实上也毁掉了童年最真实、最具发展活力的方面,使孩子失去了童年的光彩,也毁掉了童年应有的价值。他们往往忽视了,正因为这种天性,童年就有了"只有儿童才可能拥有的纯粹幸福",才会使"童年的欢乐成为不可逾越的高峰"。

所以,家长应呵护孩子的童年,保护好孩子爱玩的天性。为此,国际儿童游戏权协会一个由专家和名人组成的委员会还专门推荐了32件在10岁前应

---

① 邓芸,杨可.浅议儿童参与权[J].社会科学家,2007(S1):43-44.
② 关颖.家庭教育之本:对儿童权利的尊重与保护[J].青少年犯罪问题,2009(3):20-23.

做的事：1. 在河边草地上打滚。2. 捏泥团。3. 用面粉捏小玩意儿。4. 捉蝌蚪。5. 用花瓣制作香水。6. 在窗台上种水芹。7. 用硬纸板做面具。8. 用沙子堆城堡。9. 爬树。10. 在院子里挖一个洞穴。11. 用手和脚作画。12. 自己搞一次野餐。13. 用颜料在脸上画鬼脸。14. 用沙子埋人。15. 做面包。16. 堆雪人。17. 创作一个泥雕。18. 参加一次探险。19. 在院子里露营。20. 烘蛋糕。21. 养小动物。22. 采草莓。23. 玩丢棍棒游戏。24. 能认出5种鸟。25. 捉小虫子。26. 骑自行车过泥水坑。27. 做一个风筝并放上天。28. 用草和小树枝搭一个窝。29. 在公园找10种不同的叶子。30. 种菜。31. 为父母做早餐并送到床前。32. 和人小小地打一架。[1]

（二）玩是儿童的权利

教育部规定，减轻小学生过重的课业负担，保证学生课间、课后、节假日和寒暑假的休息时间，使学生每天进行1小时体育锻炼，保证每天有足够的睡眠。小学一年级不留书面课外作业，二、三年级每天课外作业量不超过30分钟，四年级不超过45分钟，五、六年级不超过1小时。孩子有必要了解玩是自己的权利。

在现实生活中，父母总以成人的眼光来审视儿童世界，精心为孩子设计活动空间、学习内容，很少考虑儿童真正的需要。玩其实是儿童认识世界、了解世界的一种重要的学习方式，我们不能用成人认识世界的方式取代儿童认识世界的方式。

朱自强在《当儿童失掉玩的权利》[2]一文中谈到日本作家佐佐木赫子写的一篇幻想小说《遥远的声音》，故事主人翁"我"是正彦的表哥。正彦的时间不是自己控制的，做什么都得请示妈妈。假期来临了，"我"悠闲地去钓鱼，而正彦却被妈妈逼着每天坐一个小时的电车去上辅导班。有一天，妈妈记错了上课时间，害得正彦白跑一趟，正彦就在路边给妈妈打电话时，不幸被汽车撞死。在惨剧发生的那一瞬，"我"正好路过，听见正彦对着电话说："……玩……好呢？"后来，正彦家里总是接到死去的正彦打来的电话。正彦的父母怀疑是"我"利用和正彦生前录过的录音带搞恶作剧。为了证明自己的无辜，"我"到正彦家亲自接听电话。电话铃响了，果然是正彦犹疑的声音："……我玩什么好呢？"这不是正彦死前请示妈妈说的话吗？"我"就说：去找伙伴们，一起去踢足球、骑自行车。此后，死去的正彦再也没来过电话。故事中一个被剥夺了游戏、自由自在玩耍权利的孩子，竟然死后连灵魂都无所寄托！

---

[1] 丁山. 专家推荐：10岁前应做32件事[J]. 幼儿教育, 2005(10): 51.
[2] 朱自强. 当儿童失掉玩的权利[J]. 内蒙古教育, 2007(9): 1.

心理治疗家亚历山大·鲁宏说过:"人的个性,像树的年轮,是一圈一圈地发展出去的。婴儿的一圈,代表爱与享受;孩童的一圈,是玩耍及嬉戏;少年的一圈,代表创作与幻想;青年的一圈,是情爱及探索;而成年人的一圈,则象征现实与责任。一个完全的人,要具备上述所有特征。"这一圈一圈的发展,遵循着一定的程序。如果有一圈未完成或被破坏了,人的个性就会损伤或不能发育完全,而最易被失去或压制的就是孩童玩耍及嬉戏的这一圈。① 父母作为未成年子女的监护人,主要责任不是限制孩子玩,而是尊重孩子玩的权利,并有义务指导和帮助孩子玩耍。

 本章小结

儿童这个时期是人的生命最起初的阶段,它的存在是客观的,但为什么会有儿童的诞生这一说法呢?主要是指人们未发现或者未认识到这一时期的存在。由此可见,不是儿童期的变化与否,而是对儿童总的认识和看法是否发生了变化。这种总的认识和看法就是儿童观。我们把儿童观分成社会主导形态的儿童观、学术理论形态的儿童观、大众意识形态的儿童观这三种形态进行考察。

古代儿童被埋没在黑暗中:中世纪儿童生而有罪,中国历史上没有儿童,儿童被称为"小大人"。16世纪文艺复兴时期发现了儿童,开始出现了儿童的概念,也开始探讨儿童这一特殊时期,探讨儿童作为人的特征和作为儿童的本质特征。19世纪末20世纪初,在科学儿童观——儿童心理学建立的基础上,掀起了研究儿童的盛况;1989年,联合国大会通过了《儿童权利公约》;大众意识形态的儿童观开始转变。三种形态的儿童观逐渐聚合,至此可以认为儿童真正地诞生了。

《儿童权利公约》的诞生和我国《中华人民共和国未成年人保护法》的颁布是对儿童权利的保证。进一步明确儿童权利的基本原则以及儿童所拥有的权利,促使儿童权利在家庭中的贯彻落实。儿童作为权利主体,在家庭中享有健康生存权和网络生存权,人格尊严权和隐私权,表达意见以及选择、参与的权利,享有玩耍的权利等。

---

① 王冬兰. 还给孩子们玩的权利[J]. 教育导刊,2007年4月号下半月:53-54.

思考与练习

1. 如何理解儿童的诞生?
2. 结合实际谈谈我国社会目前的儿童观。
3. 比较《儿童权利公约》和我国《中华人民共和国未成年人保护法》,谈谈儿童有哪些基本权利?
4. 联系实际谈谈家庭如何维护孩子的生存权?
5. 联系实际谈谈家庭如何维护孩子的参与权?

第5章　亲子观与家庭教育

　　不管你立足什么理论,在从婴幼儿期到儿童期、青春期的孩子的人格形成(其中特别是社会化)过程中,父母子女间的关系是一个极其重要的构成因素。

——(日本)诧摩武俊

1. 了解西方的亲子观。
2. 理解我国古代亲子观。
3. 分析中西方亲子观的差异。
4. 评价我国当下的亲子观。

　　亲子之爱根源于亲子间的自然联系,但这并不是纯粹的自然感情,而是文化的产物。所以,亲子关系和其他家庭关系一样,必然受到社会的制约。不同的社会文化背景,会出现不同的亲子关系,并具有不同的形式和内容。从纵的方面看,不同的历史阶段,有不同的亲子关系;从横的方面看,不同的国家、民族和地区,亲子关系也有不同的特点。

第1节　历史视野中的亲子观

　　"父慈子孝"是我国维持亲子关系的重要的道德行为规范。"父慈"不难理解,因为亲子关系是家庭中由血缘承继相连接的人际关系,它首先是一种自然关系,是人类无法选择、不可解除的关系。"子孝"要求子女自觉地尊敬、赡养父母,服从父母的意志,它根源于我国传统家庭的现实生活和封建社会的政治、经济、文化制度,是传统家庭最基本的道德规范。"父慈子孝"不仅在传统家庭中具有历史的合理性,对现代家庭也有着一定的现实意义。

一、中国古代亲子观[①]

在春秋战国百家争鸣时期,儒、墨、道、法等诸家从各自的角度提出了不同的亲子观,使中国古代的亲子观呈现多维视角。颜之推是南北朝至隋朝时代的教育家,他的《颜氏家训》是我国历史上第一部关于家庭教育的著作,他对亲子关系提出了自己的观点,为后续亲子观奠定了基础。

(一) 儒家亲子观

"父慈子孝"是儒家亲子观的核心。早在西周初期,人们对父母与子女的关系就非常重视。《大学》说:"为人子止于孝,为人父止于慈。""父慈子孝"是亲子关系的概括,其中以子孝为核心。

"慈"指的是父母对子女的养和教。《说文》:"父,矩也,家长率教者。"《左传》:"父慈而教。"教是慈的深层内涵。儒家反对溺爱子女,主张对子女进行严格的道德教育。《左传》曰:"爱子,教之以义方,弗纳于邪。"爱子女就要进行严格的道德教育,使之走上正轨而不偏离。儒家主张"远其子"而教,就是父母与孩子要有一定的距离,过于亲近不便于保持冷静和清醒,不便于发现孩子的问题。孔子教子,一视同仁,其子孔鲤与其三千弟子同等受教。"易子而教",不仅可以杜绝慈爱变溺爱,也有利于发现孩子的问题,同时还可避免父母对子女管理过严,而遭子女记恨。

《说文》:"孝,善事父母者。"孝主要包括子女对父母的养与爱。如孔子说:"今之孝者,是谓能养。至于犬马,皆能有养;不敬,何以别乎?"养而无敬,与动物有什么区别呢?这肯定不是孝。孝必须要敬,敬以爱为基础。大多数子女都能养父母,特别在以家庭为生产单位的小农经济模式下,子女养父母是一种自然习俗。但真心实意地敬爱父母,却未必人人能做到。所以,儒家非常强调爱敬。特别是老人在家庭中丧失了生产能力之后,尽管很少子女弃而不养,但养而无敬,却并不少见。

颜之推同样推崇亲子间的慈孝观。他认为,无论是有严无慈、严得过分,或是有慈无严、过分娇宠,都不利于子女的健康成长,重要的是度的把握。颜之推认为,父母应遵循"威严而有慈"的原则。他说:"父母威严而有慈,则子女畏慎而生孝矣。"这是说父母对子女既威严又慈爱,子女就会言行谨慎。孝来自于对父母的敬重。他告诫父母:"父子之严,不可以狎;骨肉之爱,不可以简。简则慈孝不接,狎则怠慢生焉。"即父母与子女之间的关系应当严肃,不可过分亲昵;父母应当疼爱自己的孩子,不可以忽视、冷淡。对子女冷淡就不能

[①] 张俊相.中国古代亲子观的多维视角与整合[J].道德与文明,2005(6):25-27.

做到父慈子孝,过于亲昵则子女就会不尊重父母。颜之推认为在一般家庭中最容易出现的是父母对子女的娇惯溺爱。他说:"吾见世间,无教而有爱,每不能然。饮食运为,其所欲宜诫翻奖,应诃反笑。至有识知,谓法当尔。"即我见世间有些父母,对子女不加教育,一味溺爱,常常不以为然。不论饮食言行,孩子想怎样就怎样,甚至该禁止的反而奖励,该批评的却表示欣赏。这样积久成习,当孩子懂事时就会是非不辨,把错误的言行当成是理应如此的言行了。颜之推在谈论亲子观时对父母的慈谈的较多,这一点是难能可贵的。他认为父母的慈做到位了,子女的孝(主要指子女对父母的敬重)就自然而然地产生了。

(二) 墨家亲子观

"兼以易别。"兼,即爱自己之父母亲应该与爱别人之父母亲一样。别,是儒家主张的差等之爱,即爱自己之父母亲要重于爱别人之父母亲。墨家不赞成这种"别",而主张用"兼"来改变"别"。他们坚持"爱无差等,施由亲始"。爱没有等级差别,从尊亲开始。他们还说:"智亲之一利,未为孝也。"只知道孝己之亲,还不算是孝,还应知道以对己亲之孝同等地去孝别人之亲,才算是孝。

"孝,利亲也。"就是强调对物质利益的重视,即对"养"的重视。如墨家以薄葬短丧反对儒家的厚葬久丧,理由就是:"以臧为其亲也而爱之,非爱其亲也;以臧为其亲也而利之,非利其亲也。"厚葬不能使其亲真正地感受敬爱,也不能享受到利益,是没有任何意义的。同时,厚葬"足以丧天下"。厚葬久丧对活着的人的生产、生育和安定产生影响,对天下带来一定的危害。但墨家不重视亲子之间的情感。墨子认为,婴儿离开母亲时哭泣,不是眷恋母亲,而是因为不懂事。通过这种论述来反驳儒者对父母的三年之丧,从一定程度上忽略了亲子之间的自然爱恋之情。但墨子的"义,利也"的重利倾向,即对普通老百姓的物质关怀,尤其在不能保障温饱的贫困的生存条件下有重要的现实意义。

(三) 道家亲子观

道家崇尚自然真实,反对人为虚伪,认为只有自然的东西才真实可靠、合理,而强加、人为的东西不合理且有害。亲子的关系,也是如此。老子说:"大道废,有仁义;智慧出,有大伪;六亲不和,有孝慈;国家昏乱,有忠臣。"有自然大道之时,六亲和谐,孝慈顺理成章。而在大道废弃之时,一切出现了混乱,就不得不人为地提倡仁义;人的智慧水平提高了,又出现了伪装的仁义;六亲不和谐,孝慈不得不被强调起来。也就是说因提倡、强调来推行的"孝慈",并不是自然产生的,而是靠外力强迫的,多半具有伪装的特点,变得虚伪巧诈。只有恢复了自然大道,排除被人为强调的仁义,人们也就自然恢复了淳朴的孝慈天性。

庄子发挥了老子的亲子观,"子之爱亲,命也,不可解于心"。亲子之爱,是命中注定,是天生自然的不可化解的情结。只有来自本性的,才自然真实,才有意义。而世俗所"为"的孝慈诸德,只有形式,没有本真,有违自然大道,是没有价值的。"是以,夫事其亲者,不择地而安之,孝之至也。"子女只要安于其处境,不计个人之得失,自然而然地去孝敬父母就可以了。人类如果按自然而淳朴的方式生活,孝慈就在不知不觉之中得以实现。

老庄给儒家的慈孝观增添了自然真实的血液,对反对各种形式的虚伪起到重要的作用。但老庄又过于强调自然,对父慈子孝缺乏自觉的意识。

(四) 法家亲子观

法家在承认父子间亲情的同时,有着迥异的亲子观。如韩非说:"夫恃貌而论情者,其情恶也……实厚者貌薄,父子之礼是也。"表面上装出来的爱,不是出自自然,虚伪而企图不良;心里真爱而表面却很平淡,这才是父子之间的朴实自然的天性。又说:"子母之性,爱也。"母子间的本性就是爱。但是,法家更强调的是亲子之情对立的一面:"人为婴儿也,父母养之简,子长而怨。子盛壮成人,其供养薄,父母怨而诮之。子父,至亲也,而或诮、或怨者,皆挟相为而不周于为己也。"可见,虽亲子互养,但都从私利出发,以个人利益算计,不满或挑剔对方。"孝子爱亲,百数之一也。"对双亲怀有真情实爱的,百里挑一。所以所谓慈孝,只能靠外力来强制实行。

法家虽然看到亲子感情的一面,但更强调亲子间的利益对立,如"父母之于子也,产男则相贺,产女则杀之",即父母生了男孩就高兴、祝贺,生了女孩就顿生杀心,这种认识就相当偏颇。以冰冷的利害关系来算计亲人,就完全走到了与慈孝对立的反面。

二、中国古代亲子观的特点

汉代独尊儒术以后,儒家的思想占据了统治地位。儒家经典《论语》,虽然对亲子关系着墨不多,但它提出的一些重要的观念,后经由《颜氏家训》、《温公家范》等的发展,逐渐形成规范中国古代亲子关系的思想体系,影响着人们的家庭生活。

(一) 亲子关系的等级性

强调亲子关系的等级性是孔子思想的一个重要内容。《论语·颜渊》记载:"齐景公问政于孔子。孔子对曰:'君君、臣臣、父父、子子。'公曰:'善哉!信如君不君,臣不臣,父不父,子不子,虽有粟,吾得而食诸。'"孔子认为,亲子关系的等级性与君臣关系的等级性一样是名分所定,是自然界运行的规则在人类社会生活中的反映,不能违背。如果违背了"君君、臣臣、父父、子子"这种

"名分"和规则，不仅家庭混乱，而且社会秩序混乱，统治阶级的政权就要发生危机。

汉代董仲舒用阴阳学说对"父为子纲"这一被儒家视作是"三纲"之基础的原则，加以理论解释。董仲舒认为："君臣、父子、夫妇之义，皆与诸阴阳之道。君为阳，臣为阴；父为阳，子为阴；夫为阳，妇为阴。"阳贵阴贱，阳尊阴卑。父为阳，因而居主导地位；子为阴，因而居从属地位。父子阴阳如同君臣阴阳一样，是自然界的规律，永远不可改变。谁违反了这一"天之道"，谁就犯了大罪，为国法所不容。这样，亲子关系的等级性被赋予了不可动摇的哲学基础。

这样，家庭中的亲子关系，原是人的血缘关系，是人与人之间的自然纽带、最本质的联系，经儒家礼仁文化的熏染改变了自然天性，加入了等级服从的因素，在亲子之间实现上下尊卑、支配服从的关系。具体体现为三个方面：

第一，家长对子女有人身支配权。子女的生命是父母给予的，这种生理上的联系决定了父母对自己所创造的生命拥有绝对的权利，决定了父母对子女的绝对权威。父母可以把子女作为私有财产任意赠送别人，所谓身体发肤皆受之于父母，因而父母可以任意处置。父母还可以决定子女的婚姻，所谓"父母之命、媒妁之言"，子女对父母要绝对服从，不能有自己的思想、感情，因而婚姻不是子女个人的自主选择，而是父母包办。

第二，家长对子女有惩治权。子女是由父母抚养成人的，从出生到成为正式的社会成员，子女在生活上和心理上完全依赖父母，父母为养育子女付出了相当大的代价。这种状况养成了子女对父母的服从习惯，也巩固了父母对子女的权威。子女对父母应毕恭毕敬，父母的命令不得违抗。郑太和在《郑氏家范》中谈道："子孙受长上诃责，不论是非，但当俯首默受，毋得分理。"子女从小要遵守一套十分繁琐的"人子之礼"："夫为人子者，出必告，反必面……居不主奥，坐不中席，行不中道，立不中门。食飨不为概，祭祀不为尸；听于无声，视于无形。"(《礼记·曲礼上》)如子女违抗父亲的意志，不尊、不遵，则施以惩罚。《吕氏春秋》云："家无怒笞，则竖子婴儿之有过也立见。"《颜氏家训》中也说："笞怒废于家，则竖子之过立见；刑罚不中，则民无所措手足。治家之宽猛，亦犹国焉。"父母对子女有很高的惩罚处置权力，《清律例》规定"父母控子，即照所控办理，不必审讯"。

第三，子女没有经济权利。传统家庭是一个自给自足的生产单位，人是最主要的生产力，他只有和生产资料相结合才能发挥生产的技能，获得必需的生活资料。但在传统家庭中，生产资料一般掌握在父母手中，父母在世期间，子女不许分家，也不许有个人的财产。司马光在《谏水家仪》中指出："凡为子妇者，毋得蓄私财。俸禄及田宅所入，尽归之父母舅姑，当用则请而用之，不敢私假,不敢私与。"《唐律》规定:"诸祖父母、父母在,而子孙别籍异财者,徒三年。""诸同居卑幼私辄用财者,十匹笞十,十匹加一等,罪止杖一百。即同居应分不均平者,计所侵,坐赃论减二等。"而且对于子弟违规者,必处以刑罚。①

(二)父"慈"

传统亲子关系的基本规范就是慈孝,慈是对父母而言的,孝是对子女而言的。父慈包括以下三个方面。②

1. 生而有养

父母对未成年子女要尽抚养的责任,使子女能够健康地长大成人。父母孕生了孩子,就应该负起对孩子的养育职责,无论孩子是男是女、是美是丑,贤肖与否,父母都不能随意遗弃孩子,或拒绝承担抚养职责。北宋文人苏辙指出,父母对子女的爱,应是人类最真诚、最无私的爱,是"人伦之极","子虽不肖,岂有弃子者哉?"但在传统社会,生而有养多半指的是儿子,女儿的生存权基本受到漠视和践踏。因为人们普遍认为,女儿既与家族的血缘传承无关,又不能胜任繁重的体力劳动。

2. 养而有爱

为人父母的职责不仅是对子女尽抚养职责,而且还要对子女进行精神和情感上的爱抚和关怀,颜之推指出:"赐以优言,问所好尚,励短引长,莫不恳笃。"尽管父母对子女之爱是一种无私的天然之爱,但父母之爱要严。严则是指父母对子女严格要求,不能溺爱,父母爱孩子绝不仅仅是照顾他们的生活,给孩子提供必需的、良好的生活条件,更不是一味地去满足孩子的欲望与要求。如果单纯强调养,以养为爱则是溺爱。如司马光在《温公家范》中认为:"为人母者,不患不慈,患于知爱而不知教也。古人有言曰:'慈母败子。'爱而不教,使沦于不肖,陷于大恶,入于刑辟,归于乱亡,非他人败之也,母败之也。自古及今,若是者多矣,不可悉数。"溺爱不是爱孩子,而是害了孩子。

3. 爱而有教

父母对孩子固然要慈爱,但更重要的是要关注孩子的教育。爱的精髓不在于养,而在于育,在于培养子女立足社会,成为有用之才。古代人们都将教子视作生活中的头等大事,认为教子是为人父母者义不容辞的使命与责任。"人生至爱,无如读书;人生至要,无如教子。""家无贫富,人无智愚,子孙皆不可不教。""教诫子弟,是第一要紧事。"因此,传统家庭教育明确提出了养身、授

---

① 李桂梅.中西家庭伦理比较研究[M].长沙:湖南大学出版社,2009:37-38.
② 戴素芳.传统家训的伦理之维[M].长沙:湖南人民出版社,2008:78-82.

技、成德三个方面的要求,内容大致分生活教育、学业教育和品德教育。①

生活教育是指生活技能,关键是交际礼仪等方面的教育。《礼记·内则》记载:"子能食,食教以右手。能言,男'唯'女'俞'……八年出入门户及即席饮食,必后长者,始教之让。十年,出就外傅……朝夕学幼仪,请肄简、谅。"古人对子女的礼节教育是从他们能自拿餐具,会说话时开始,小孩八岁时就把出入门户、侍奉长者的礼节教给他,十岁便教孩童应行的礼仪及应对语言,直到成人。

学业教育。古人很重视教子读书。人们深信"耕也,馁在其中矣;学也,禄在其中矣","万般皆下品,惟有读书高","学而优则仕",读书做官是出人头地、光耀门楣的根本途径。如"朝为田舍郎,暮登天子堂"就是极好的写照。因此,古人教子学习儒家经典,并强调立态、勤勉、惜时等,即立志才能产生恒心和毅力,勤奋惜时,才能有所成就。

品德教育,是古代家庭教育最重要的内容,包括孝悌、忠信、义方、勤俭、积善去恶等方面。传统社会的道德教育是从胎教开始的,颜之推认为怀孕后就应该"出居别宫,目不邪视,耳不妄听,音声滋味,发礼节之"。司马光举例说:"周大任之娠文王也,目不视恶色,耳不听淫声,口不出敖言。文王生而圣明,卒为周宗。君子谓大任能胎教。"道德教育的关键时期则在子女幼时,司马光在《温公家范》中强调:"人之爱其子者多曰:儿幼时未有知耳,俟其长而教之。是犹养恶木之萌芽,曰:俟其合抱而伐之。其用力顾不多哉。又如开笼放鸟而捕之,解缰放马而逐之,曷若勿纵勿解之为易也。"若对子女不及时教育,则可能后患无穷。父母使子女从小形成良好的道德品性,才是真正的爱子之道。

(三) 子"孝"

孝本义是善事父母,是子女在处理与父辈的关系时应具有的品德和必须遵守的行为规范,它首先与人们的家庭生活密切相关,主要是调节亲子关系。但古代社会对孝的引申超出了家庭道德的范畴,从而使得本来就反映不平等家庭关系的行为规范变得更不合情理。不过,任何一种道德能够存在并被人们自觉地接受,总有它产生的必然根源和历史的合理性,仅仅依靠社会的强制是不可能长期发挥作用的。

1. 孝养、孝敬与孝顺

孝养父母。为了报答父母的生育之恩、养育之情、教育之泽,子女应该尽孝。孝养父母,就是对养育之恩的回报,它包括关心父母的身体健康、侍候父母的饮食起居、尽力满足父母的各种要求等。

---

① 李桂梅.中西家庭伦理比较研究[M].长沙:湖南大学出版社,2009:34-36.

孝敬父母。对父母仅有"养"是不够的。因为禽兽也会有养亲的举动,所谓"羊有跪乳之恩,鸦有反哺之义"。人若对父母只养不敬,则与禽兽无异。所以,"亲亲"还需要上升为"尊尊"。《孟子》:"孝子之道,莫大乎尊亲。"《才经·纪孝行章》:"孝子之事亲也,居则致其敬,养则致其乐,病则致其忧,丧则致其哀,祭则致其严,五者备矣,然后能事亲。"

孝顺父母。孝顺就意味着服从父母的权威,对父母的指令不违逆,即使父母之命有不合适之处,也要自觉体谅并遵从。当然,也有一些家训谈到,孝顺父母并非无原则地盲从父母,对于父母的过错和过失应委婉耐心地力谏,从某种意义上说,劝谏也是孝子的义务和责任。但"天下无不是的父母"是传统主流文化尽"孝"的前提。

2. 善继善述

孔子《论语·学而》提出:"父在观其志,父没观其行。三年无改于父之道,可谓孝矣。"从一方面讲,不改父道,就必须"善继人之志,善述人之事"(《中庸·第十九章》);从另一方面讲,不改父道,就是"无违"(《论语·为政》),即不违背礼。这就要求子女从外在行为与内在精神两方面都要与父母保持一致。那些使家道衰落、家学失传、家风败坏的后代,便是典型的不孝之子。父辈希望子辈能继承自己的志向,完成自己未竟的事业,并把子孙继承遗志当做孝的最高道德内容之一来加以要求。西汉史学家司马谈在《遗训》中要求儿子司马迁:"吾死,汝必为太史;为太史,无忘吾所欲论著矣。"即要求儿子博学著书,继承父业,延续家学传统,以不辜负父辈的期望。

3. 光宗耀祖

传统孝道不仅要求子女对父母尽义务,而且还要求他们立德、立功、立言为家族尽义务,孝子们往往究其一生的心血寒窗苦读,希望能跻身仕途,求取功名,实现"扬名声、显父母、光于前、裕于后"(《三字经》)的人生目的。《孝经·开宗明义章》讲:"立身、行道、扬名于后世,以显父母,孝之终也。"这是亲子关系中孝道的最高体现。[①]

三、中国近代亲子观

孝敬父母是传统家庭的重要伦理规范,在以宗法为基础的古代社会,孝是一切道德的基础、至善的美德,不孝则是不可饶恕的罪恶。作为宗法道德规范,它要求子女对父母绝对服从与尊敬,反映了父母与子女之间不平等的关系,因而在近代受到抨击。鲁迅在《我们怎样做父亲》、《随感录二十五》等著名

---

① 范鹏. 传统孝道与现代亲子关系[J]. 天府新论. 1994(5):51-54.

文章中对封建主义的亲子关系给予猛烈的抨击,提出改革旧的亲子关系、建立新的亲子关系的主张。我国著名教育家陈鹤琴也从科学的角度对旧的亲子关系提出了质疑。

(一)鲁迅的亲子观

鲁迅揭示了中国旧家庭的父母子女关系,并针对封建宗法观念下的亲子关系进行了尖锐的批判:

第一,父母与子女是统治与被统治关系。鲁迅在《二十四孝图》一文中说,东汉郭巨为了孝养老母,硬是把3岁的儿子活埋,且根本不负任何法律责任。这就是封建家庭里父母子女之间最本质的关系特征。

第二,家庭以长者为本位,子女是父母的私有财产和附属品。子女要绝对服从父母的意志,没有独立的人格,没有自己的个性,不得违抗父母之命。

第三,父母生养子女,子女要为父母而牺牲。子女是父母生养的,就是得到了父母的"恩典",理当报偿,应为父母而牺牲。

按照封建传统观念,在一个家庭中既然子女承受了父母的大恩,父母就是家庭的中心,考虑一切问题应以父母为本位。鲁迅对这种"长者本位"观念用进化论的理论提出了批评。他指出:"后起的生命,总比以前的更有意义,更近完全,因此也更有价值,更可宝贵。"

鲁迅提倡建立新型的亲子关系,首先表现在父母对子女要有无私的爱,而不是把子女当做"父母福气的材料",把养儿育女当做谋求自身利益的投资。

其次,对子女要尽力地教育。鲁迅认为,父母对子女无私的爱,还要体现在尽力地教育上。他说,父母生育了健康的子女"总算已经达到了继续生命的目的。但父母的责任还没有完,因为生命虽然继续了,却是停顿不得,所以还须教这新生命去发展"。关于父母对子女的教育方法,鲁迅提出了自己的见解,他指出中国传统的家庭教育方法有两种主要的偏向:一是"任其跋扈","放任自流";二是"一味禁止","甚而至于打扑"。这两种方法都不利于子女的健康成长。

再次,对子女要完全地解放。在中国旧式家庭中,做父母的总喜欢把子女的生活和自己捆绑在一起,不让他们有独立的人格,限制子女自立、自主、自强,而让他们成为自己的附属品。针对这种不合理状况,鲁迅提出了父母要给子女完全的解放。应让他们的命运"全部为他们自己所有,成为一个独立的人"。父母应该明白,只有让子女学会独立生活,"这才是完了长者的任务,得了人生的慰安"。解放了子女的父母,自己也应有"独立的本领和精神,有广博的趣味,高尚的娱乐",不能依赖子女生活。

(二) 陈鹤琴的亲子观[①]

我国著名教育家陈鹤琴在《家庭教育》一书中，阐述了他的亲子观。

第一，父母要尊重子女的独立人格。长期以来，我国传统家庭教育由于受封建意识的影响，普遍存在家长制的作风。父母不尊重子女的独立人格，过于严厉，任意命令、处置。陈鹤琴批判了这种做法。

首先，他认为，子女对父母的尊敬源于父母的以身作则，而不在于高压和严厉的手段。旧家庭的父母之所以严厉地对待子女，是因为他们想借此获得子女的尊敬，这种观念其实是不对的。"做父母的要使子女畏敬，并不是以严厉而能够得到的，需要在行为上举动上处处能够使得做子女的佩服你尊敬你，那么做子女的就不约而同地尊敬你了。""倘使做子女的能够恭恭敬敬地对待父母，而父母也答以相当的礼貌，那么家庭间就生出许多乐趣，不仅做子女的觉得快乐，就是做父母的也觉得快乐了。"

其次，父母要尊重儿童的独立人格，不能以自己的意志去支配儿童的行为。在旧家庭中，父权至上，父亲可以凭自己的喜怒任意指使子女，完全不考虑子女自己的意志。陈鹤琴认为这样会使儿童的独立意志日益浅薄，丧失了自由幸福。但他也反对父母对孩子过于溺爱，以孩子的意志支配自己的动作，认为这样会使孩子横行霸道，无所不为。父母和子女之间不应是支配与被支配的关系，而应平等相待。陈鹤琴认为父母在责罚儿童时，不可滥用权威，应注意保护儿童的自尊，不伤害其独立人格。他告诫父母在责罚之前，应先查明原因；不可在别人面前责罚儿童，以保存其羞恶之心；责备时，要重责其事，轻责其人，以予他自新之路，保存他的人格。这样不仅会促使儿童改正错误，也会使其不至于因人格受伤而怨恨父母，造成父母与子女关系紧张。

第二，父母应当同孩子做伴侣。陈鹤琴认为中国旧式家庭由于实行封建家长制，家长与子女感情疏远，关系紧张，且地位上不平等，更没有什么民主可言。陈鹤琴指出："我们贵族式的旧家庭里面的父亲大概是不同小孩子做伴侣的。"陈鹤琴认为父亲要主动亲近孩子，和孩子做伴侣。这样做有以下好处：一是可消除隔膜，增进父子间的感情；二是可以了解孩子，有针对性地进行教育，孩子从感情上乐于接受父亲的教育；三是在做伴侣时，随时随地教给孩子一些知识。同孩子做伴，并不是同他们轻狎。轻狎则使小孩子易生藐视之心，而做伴反倒会使孩子尊重父亲。在这一问题上，他赞同颜之推的话："父子之亲不可以狎，骨肉之爱不可以简。简则慈孝不接，狎则怠慢生焉。"只要掌握一定的分寸，在是非善恶问题上坚持原则，和孩子做伴是有利于教育的。

[①] 孟育群.少年亲子关系研究[M].北京：教育科学出版社，1998：46-48.

第三，父母的教育要一致。尊重儿童个性，依据儿童心理特点进行教育，这是陈鹤琴家庭教育思想的出发点，也是形成良好亲子关系的前提。他首次通过观察和实验研究了儿童心理发展的规律，并将其运用到家庭教育中去，提出要遵循儿童心理发展的特殊规律进行教育。这与我国传统家庭教育中将儿童视为"小大人"，抹杀其特殊性，从而在教育上单纯依靠经验的做法相比是一次巨大的进步，使家庭教育从此走上科学化道路。

在家庭中遵循亲子间的天然联系，营造父母和子女的亲密关系，就会使父母在子女心目中树立很高的威望，使家庭发挥重要的教育作用。颜之推谈到亲子关系的作用时说："夫同言而信，信其所亲，同命而行，行其所服。禁童子之暴虐，则师友之诫，不如傅婢之指挥；止凡人之斗阋，则尧舜之道，不如寡妻之诲谕。"也就是说，相同的话，人们相信谁说的呢？当然是相信最亲的人；相同的命令，人们听从谁的呢？当然听从自己敬佩的人。禁止儿童的放肆行为，师友的规劝，不如家中保姆的指挥有效；制止家人的打架斗殴，给他们讲尧舜的大道理，不如他们妻子的良言相劝。这说明了家庭中建立良好亲子关系的重要教育意义。

第2节 比较视野中的亲子观

西方在资本主义社会以前，关于亲子关系的观念，也有许多同中国古代相似的地方。但由于政治、经济、文化等影响，特别到了近现代西方随着商品经济的迅速发展，自由平等思想的提出，尤其是心理学的产生，亲子观呈现出与中国不同的特点。

一、古代西方的亲子观

在古代希腊，家长（父亲或祖父）在家中对自己的子女享有绝对的支配权，必要时甚至可以将子女逐出家门或出卖为奴；为了继承宗祀，最早雅典的继承权只授予男性后代；子女的婚姻由父母作主，尤其是女儿；子女虐待父母为破坏家庭罪之一。但是，与中国不同的是，在雅典，商品经济的发展，要求家庭发挥子女的独立性和经营商业及手工业的能力。公元前6世纪梭伦立法后，不仅大大提高子女的地位，如成年公民可以参加民众大会，禁止买卖婚姻等，而且法律还规定，父亲有专长不愿传给儿子的，儿子将来就没有赡养义务。

在古代罗马，一直到帝国时代，都强调亲子关系中祖父、父亲的绝对支配权。"在我们合法婚姻关系中出生的子女，都处于我们的权力之下。""你和你妻子所生的子女是处于你的权力下，同样，你的儿子和他的妻子所生的子女，即你的孙儿女,也处于你的权力下,你的曾孙以及你的其他卑亲属亦同。"在当时的罗马,新生儿一出生,就被抱到父亲那儿去决定其命运:或留,或杀,或卖,或遗弃。即使"儿子已成为军人、元老或执政官,他仍处于家长权之下,兵役以及执政官的显赫地位都不足以使儿子脱离家长权。"除非有皇帝的特别恩准,否则,至少在法律上,子女永远处在家长权之下。这种家长权成为古代罗马婚姻家庭制度的重要特点之一。"我们对于子女所享有的权力是罗马公民所特有的,任何其他民族都没有像我们这种对子女的权力。"古罗马家长权的传统观念,反映了早期农业社会为了维护家庭秩序和稳定社会的需要。但是,在罗马后期,随着商品经济的迅速发展,家长权已日渐弱化,子女的地位已有很大提高。到帝国后期法律已不允许杀死或出卖子女。《查士丁尼法学阶梯》甚至规定,父亲杀死儿子将被定以杀亲罪,处以极刑,即将其同狗、公鸡、蛇、猴子等一起封于口袋内,置于监狱中受折磨,尔后投之于河或大海。在家庭财产权方面,帝国时期,子女除基于父亲的财产而得的收益归父亲支配以外,其他所得(加服兵役获得的军功财产、当官所得的收入以及经商所得收入等)的用益权归父亲,所有权归子女,从而使子女在经济上开始具有独立的法律人格。

进入中世纪,西欧社会受封建的小农经济基础制约,在亲子关系上,实行的是家长制,子女处于家长权力的支配之下。但是,从总体上看,此时的家长权是受到一定限制的。比如,日耳曼部落群的盎格鲁和撒克逊人的习惯法规定,父亲若要卖子女为奴,必须等到子女满 7 岁才行;子女长到 12 岁当为成年,这时父亲就不能滥用权力;儿子的财产虽由家长管理,但未得儿子同意,不得处理属于他的不动产。中世纪支配人们行为的另一准则教会法,虽然也强调父亲的权力,但由于受基督教教义中上帝面前人人平等思想的影响,亲子关系中父亲的权力也未像中国古代那么绝对、那么神圣不可侵犯。[①]

二、近现代西方的亲子观

到了近代,随着商品经济的发展,在天赋人权、自由平等思想的基础上,英国的洛克、法国的卢梭,都提出了自己的亲子观,现代心理学的发展也产生了不同的亲子观。

(一)近现代西方的亲子观[②]

洛克的《教育漫话》、卢梭的《爱弥儿》是他们担任家庭教师时的著作,提出了非常有影响力的亲子观。鲍姆林德研究了青少年的亲子交往,并对父母的

---

① 何勤华,等.中西法律文化通论[M].上海:复旦大学出版社,1994:236-239.
② 孟育群.少年亲子关系研究[M].北京:教育科学出版社,1998:48-55.

教养方式进行了系统的研究,提出了四种不同的教养方式:权威型、专制型、宽容型和放任型。

1. 洛克的亲子观

洛克强调父亲在教育子女成长过程中的作用,他说:"如果做父亲的一点不肯受麻烦,不去教养自己的儿子,那是治家最坏的办法。"反之,"无论他的境遇是怎样的一个情形,亲自教养子弟就是对于子弟的最好的给予"。

洛克反对放纵孩子,他认为,欲望是人的天性,有欲望并不可怕,可怕的是不能自我克制。他指出:"我们人类在各种年龄阶段有各种不同的欲望,这不是我们的错处;我们的错处是在不能使我们的欲望接受理智的规范与约束。"一个从小被放纵,不懂得服从理智的孩子,将来不可能养成良好的品格。

他认为父母对子女的爱是自然的天性,但是这种爱必须服从理智,不能变成溺爱。"那种自然的爱一旦离开了理智的严密监视,就极容易流于溺爱。"

洛克强调父母在教育子女时应耐心说服,循循善诱,而不应动辄以命令的方式强制孩子去做父母所希望的事情。他坚持"对待儿童也要说理",并且"认定说理是对待儿童的真正办法"。洛克主张基本上不用惩罚,尤其反对体罚。他认为"惩罚应当尽量避免",而鞭挞是"教育上最不适用的一种办法"。

2. 卢梭的亲子观

卢梭提出在子女教育方面,既不应放任,也不应过分严格。"有些人是过分严格,有些人是过分放任,这两种情况都是同样要避免的。"他详细剖析放任的危害:"你知道不知道用什么方法可以使你的孩子受到折磨?这个方法就是:一贯让他要什么东西就得到什么东西。因为有种种满足他的欲望的便利条件,所以他的欲望将无止境地增加,结果,使你迟早终有一天不能不因为力量不足而表示拒绝。但是,由于他平素没有得到过你的拒绝,突然碰了个钉子,将比得不到他所希望的东西还感到痛苦。"过分放任孩子,就会使孩子失去幸福。

相反,如果父母对孩子过分严厉,动辄责备处罚,滥施权威,则会使孩子形成怯懦、惧怕、欺骗、乖戾等不良个性。他认为,在孩子犯错误的时候,不要实施惩罚,而要使他们在其错误所造成的不良后果面前受到自然的教训。利用错误所造成的自然后果进行教育的方法,让孩子从自己的切身体验中受到教育,促使其自我反省。

3. 鲍姆林德的亲子观

美国心理学家鲍姆林德研究了青少年的亲子交往现象,并对父母的教养方式进行了系统的研究。鲍姆林德认为有四种不同的教养方式:权威型、专制型、宽容型和放任型。

（1）权威型。

权威型的父母是高控制和高反应性的父母。这类父母对儿童青少年实行一定程度的控制和要求，会接纳他们的意见和想法，常常引导他们以理智的态度行事，鼓励讨论，对有原则的服从和自信通常给予高度的赞扬。鲍姆林德和其他一些研究者的研究表明，来自权威型家庭中的青少年具有较强的社会能力。其中，女中学生表现出应有的社会责任感和较强的独立性，而男中学生则比其他同龄的男孩具有较高的社会责任感和相同的独立性。

（2）专制型。

专制型的父母是高控制低反应性的父母。他们较严格地控制儿童青少年的行为和态度，试图使儿童青少年的行为和态度符合某一绝对的标准，他们较少允许孩子有自己的独特性和个人意志，很少与孩子交谈，温暖的情感不够，与孩子的感情较多疏远。一些研究者的研究结果表明：专制型家庭中的青少年独立性较低，社会责任感不强，而且这种影响在男性身上表现得更为明显。其他一些研究者总结认为：在这种教育方式下成长的青少年中，女性具有较强的自信心以及较高的认知发展水平，但社会责任感略低；男性则显得自信不够，认知发展水平较低。

（3）宽容型。

宽容型的父母是低控制和高反应性的集合。他们对儿童青少年既无控制又无要求，很少动用权力和惩罚以使孩子服从，他们在与孩子的交往中使用推理和解释的方法，在做家庭决策时也会征询孩子的意见，对孩子温暖而接纳。鲍姆林德在不同的研究时期，对宽容型的教养方式可能给青少年发展带来的影响做了阐述，总的来说，这类家庭中的青少年缺乏自控能力和自我信任，缺乏社会责任感和独立性，在认知和社会性发展中缺乏主动性。

（4）放任型。

放任型的父母是低控制又低反应性的父母。这类父母对自己的抚养者角色缺乏应有的责任感，他们通常被生活的事情所困扰，似乎根本没有时间和精力来照顾孩子，因此，他们经常把孩子置于一定距离之外，避免孩子带来的"不便"。他们可能会对孩子在食物等方面的即刻性请求有所反应，但在为儿童青少年建立相应的行为规范和约束，在儿童青少年与社会之间沟通和社会规则及道德规范培养上，却极大地缺乏努力和作为，他们对孩子有一种不闻不问、放任自流的倾向。有研究表明，如果母亲对孩子没有兴趣，在情感上与孩子疏远，母亲自身常处于抑郁状态的话，那么孩子与母亲明显缺乏亲密的依恋关系，而且以后会有明显的心理欠缺。鲍姆林德等研究者采用直接观察的方法对母亲的参与程度及青少年的发展进行了研究，取得了与此近乎一致的结论，即母亲的低参与不利于青少年的发展和成长,父母在情感上的投入与青少年的情感发展有关联。

多数研究者都同意,不同类型的父母教养方式会造成青少年心理发展多方面的差异。一般地,相对于其他三种教养方式而言,权威型的教养方式更有利于青少年的认知和社会性发展。鲍姆林德认为由权威型的父母抚养长大的青少年要比由其他类型的父母抚养长大的青少年更有能力。而专制型、宽容型和放任型的教养方式对青少年认知、社会性和情感发展存在着程度不同的消极影响。

(二)近现代西方亲子观的特点

第一,树立了父子平等的关系。近代西方,子女已经普遍争取到了自由缔结婚姻的权利(虽然,在有些方面还保留了父权的残余,如近代英国习惯法规定,未达21岁之未成年人的婚姻,必须征得父亲的同意);已成年的子女,可以自由地参与国家的政治活动,可以作为民事关系之权利主体,参加财产处理和缔结契约的活动。尤其是在美国,从18世纪初开始,人们的家长权、父权观念就已经很淡漠,"因为在新大陆诞生的公民往往从未见过自己的祖父,从未感受过祖父的权威,祖父也就不可能对自己的子孙施加父权制的权威。对这些新公民来说,父权代表着父权制的最后一代权威。无论男女都得在新形势下艰苦创业,这种比较平等的起点必然导致家庭关系的相对平等"。第二次世界大战后,英、美、法、德等西方发达国家,尽管在现实生活中,仍存在父权的残余,但在法律规定和观念上,已比较彻底地树立起了父子完全平等的关系。[①]

第二,不同的国家亲子关系有共同的特点。西方国家大多属于资本主义商品经济的社会范畴,商品经济要求个体成长为一个独立的个体,而独立的个体必须拥有平等的社会地位,这需要家庭营造一种和谐民主的氛围。因此,不同的西方国家亲子关系有共同的特点,家长创造和谐民主的家庭氛围,平等地对待孩子,培养孩子适应各种环境和独立生存的能力。家长多半扮演着旁观者、指导者的角色,十分重视让孩子拥有选择的自由,他们从锻炼孩子的独立生活能力出发,对孩子的教养采取放手而不放任的方法。所谓放手,即从孩子生下来,父母就设法给他们创造自我锻炼的机会和条件。普遍的做法是根据年龄让孩子做不同的自我服务性劳动。所谓不放任,一般反映在宁苦而不娇、家富而不奢、严教而不袒等方面。由于家长着眼于培养孩子独立生存的能力,西方国家的许多儿童从小就形成自立、自强的精神,表现出很强的自立和适应

---

① 何勤华,等.中西法律文化通论[M].上海:复旦大学出版社,1994.239.

社会环境的能力。

第三,不同国家的亲子关系有不同的特点。不同的民族有不同的文化背景,包括不同的生活方式、文化传统、价值观念,导致父母对子女的教养方式不同,亲子关系呈现不同特点。例如,瑞士父母注重从小培养孩子吃苦耐劳的精神,让孩子中学毕业后到别的城市去工作,学习谋生之道。英国富于"绅士传统",强调对子女的文明教育。法国的家庭教育则比较保守,父母对孩子的礼仪要求很严。在法国想要做一个理想的母亲必须承担两种责任,即对子女要有强烈的母爱和严格的教育方法,孩子做错事,不宽恕,不袒护,严加管教惩罚。德国的家庭强调教会孩子尊重别人,教育孩子自己管理自己,以鼓励为主,不随便惩罚。美国的家庭教育比较开放和民主,从小教育孩子自食其力。

 **案例 5-1**

穿"错"毕业礼服的风波(节选)

我的博士论文导师奎茨博士干了一件惊天动地的事。

美国的四年高中是人生一个非常重要的阶段。高中毕业这天,学校要举行非常隆重的毕业仪式。男生女生都要穿上特制的礼服,戴上特制的帽子。

有个叫西莉亚的女生,从入学的第一天起,就对校长说:"对不起,校长先生,毕业典礼那天,我不会穿白礼服,而会穿蓝礼服……"

按该学校的规定,参加毕业典礼的高中毕业生,男的穿蓝色礼服,女生穿白色礼服。

西莉亚把这件事告诉了她的同学:同学中不乏支持者,其中就有奎茨博士的儿子利克。

按照美国学校的传统,代表高中毕业生在毕业典礼发言的叫 Valedictorian,即成绩最高的那位同学。

学校态度非常强硬地威胁所有的毕业生:谁穿"错"颜色,谁就不能毕业,即使是 Valedictorian,也绝不姑息!

学校态度一强硬,绝大部分有异念的同学都缩了回去,只剩下三个人坚持自己的信念:一个是西莉亚,一个是死不改悔的利克,再有一个是那个女的 Valedictorian。

学校把情况通报给家长并威胁说:"如果你们不配合学校做好孩子的工作,你们的孩子将不能毕业,后果自负……"

奎茨博士接到学校的通知后，第一个想法就是听听孩子怎么说。

等利克放学回家，奎茨博士不动声色地向儿子询查情况，并了解孩子心里真实的想法。

利克认为：强硬规定女白男蓝，是性别歧视，男女应该有平等的选择颜色的权利。并且表示，他要支持西莉亚抗争到底，他要穿白色的礼服……

利克已经获得纽约州某著名音乐学院的奖学金，只等参加完毕业典礼，就到那里去深造自己钟爱的中提琴学业。

"学校已经明确表示，穿'错'颜色就不能毕业。"奎茨博士像是在试探儿子的"底线"。

利克望着父亲："他们没有权利这样做。我要坚持到底！"

奎茨博士说："我同意你的意见。如果你不愿意与学校发生冲突，我很理解，也省了许多麻烦事，包括时间、精力、金钱。当然，如果你要坚持到底，我和你妈妈也会支持你！"

利克想了想，说道："我知道这可能会给爸爸妈妈和我自己惹来很大的麻烦，但我不想放弃。"

奎茨博士说："你可以不急着回答我。你好好想一个晚上，明天上学前告诉我你的决定，就可以了。"

奎茨博士郑重地与儿子谈完话后，首先挂电话给专门研究教育法并在美国颇有声誉的系主任。

系主任了解情况后，说道："从法律的角度看，利克已经毕业，毕业典礼只是一个仪式。大学里也一样，每年都有一些毕业生因种种原因没能参加毕业典礼，这并不影响他们的毕业。学校说不让他们毕业，那是没有根据的。"

奎茨博士先吃了一粒小小的定心丸。

于是，他打算：如果明早儿子还是决定坚持到底，他就分别给学区的督导和学区教育理事会的各位理事打电话，并由其妻给学校校长打电话。

利克一个晚上都没睡好，想来想去，最后还是决定坚持自己的信念。

奎茨博士的妻子，当市长前在学校里教书，利克现在的校长就是她以前的同事，还曾经是牌友。但奎茨博士的妻子说，他们虽是牌友，但各自的观点是"握牌很紧，绝不轻易露出底牌"。

事态并没有因为这几通电话有所缓解，反而愈演愈烈。

学校作出决定并宣布：毕业典礼这天，凡是没按规定的颜色穿礼服的，一律由警察逮捕！

奎茨博士与学校的律师谈话后,也决定雇一个自己的律师与学校的律师在法律层面上打交道。与此同时,奎茨博士考虑不应该把"性别歧视"作为矛盾的核心,而应该把宪法赋予的"言论自由"作为抗争的焦点。于是,他和利克商讨了一晚上,并给每一位教育理事写了一封洋洋洒洒的长信,从法理的角度论证,孩子穿"不同颜色"的礼服是"行使言论自由"这一宪法赋予的神圣权利。因此,因为孩子穿了"不同颜色"的礼服而遭逮捕,是没有法律根据的……

奎茨博士做了最坏的打算。他亲自到警察局去询问了逮捕的各个细节:是当场在会场抓人,还是散会后抓?是否上手铐?逮捕后送往哪里?能不能保释?如果能,需要多长时间?是否记录在案?要不要孩子的律师在逮捕现场等待……

奎茨博士平静地跟孩子说,让他做好被逮捕的准备……

我被他们这种为了信念而不惜牺牲一切的精神强烈震动!

要逮捕人的,还在紧锣密鼓地筹划着抓人。坚持要穿"错"颜色的,除了做他们所能做的事以外,也做好了被逮捕的一切准备。

毕业典礼这天,三个要说"No"的孩子,两个女的穿蓝色礼服、一个男的穿白色礼服出席庆典。

许多人都等待着什么事情要发生……

教育理事会在最后一刻起了作用——校方宣布:女白男蓝规定仍然有效,但今天不打算采取法律行动……

场上掌声雷动!

等到身穿蓝色礼服的女 Valedictorian 发言时,她谈到了她的礼服的颜色、她这样做的动机……精彩的演讲不断被听众的掌声和欢呼声打断,成了当天最受欢迎的演讲。

(资料来源:黄全愈. 家庭教育在美国:《素质教育在美国》续集[M]. 广州:广东教育出版社,2001:251-259.)

三、中西方亲子观的比较

中国和西方社会亲子观有诸多差异,西方的父权并不像中国那么严密、那么神圣不可侵犯。无论在法律上还是在观念上,古代西方亲子关系上的等级性、伦理性、宗法性都比中国弱得多。这种差异主要因不同的经济形态、政治体制、文化传统而导致。尤其,文化的差异给亲子关系带来了深刻的影响。美国华裔女作家谭爱梅对中美两国的家庭教育作比较后指出："同样是小皇帝，在美国，孩子是社会的；在中国，孩子是爹妈的。"她这句话道出了中西方亲子观的不同所在。

（一）经济形态导致亲子观的差异

中国和西方社会亲子观的差异，在一定程度上是由不同经济形态所导致的。中国自出现阶级、形成国家以来，一直到20世纪初，基本上是以一家一户的小农经济为主的自然经济形态，在这种经济形态下，人口移动不大，社会关系单纯，便于以家长为主的家族统治组织的生长和巩固；另一方面，在小生产条件下，人们以土地为本，种田几乎是获得财产的唯一手段。农业耕作，不仅要凭体力，还要凭经验，而具有这两者的就是男性家长（父亲、祖父），家长拥有家庭的统治权在一定程度上就是理所当然的了。

在西方，早在古代希腊和古代罗马时期，即已出现了比较发达的奴隶制商品经济，而在商品经济条件下，人口移动频繁，社会关系复杂，子女经常离开家庭，离开家长，不仅培养了其独立的能力，而且淡化了家庭观念和对家长的依赖性。尤其是商品交换的规律要求其主体必须具有平等的人格。这样，便在古代西方社会中孕育了平等的思想（包括父子关系平等）。罗马帝国灭亡以后，西方社会虽然一度回到了小农经济之下，但一方面，这种局面维持时间并不长，到中世纪末，西方的商品经济又一次勃兴，对父权制仍有一定限制。

（二）政治体制导致亲子观的差异

一方面，在中国古代，国家始终是一姓一家之国家，家国一体，治家与治国同样重要，维护国君的尊严和维护家长的尊严实为一义。在宗法家族制下，通过人伦关系中的亲疏长幼之别，来确立家族内部成员地位、财富的差别，建立了一种特殊的不平等关系，它要求卑贱者永远为尊长服务，不能有自己的独立性和自由。同样，建立宗法家族制就利用了天然的人伦关系，使宗法的贵贱与人伦的亲疏融合为一体，通过尊尊、亲亲的亲子关系准则很好地实现了政治统治的功能。

另一方面，中国家庭伦理注重血缘亲子关系的和谐，也是与家国一体的社会结构相关联的。中国是不同家庭、家族、村落的扩展而组成一国，所以家庭是国家的单元。中国的家族为了自身的存在和发展，必须保持内部的凝聚力，强调血缘人伦的亲密性。而古代西方社会与此不同，西方文明源头的古希腊，从原始社会向奴隶社会迈进时，一开始就打破了氏族血缘集团的统治，而以地域性的国家代替了血缘民族，政治性的国家法治代替了家庭式的血缘统治。雅典、罗马是在打破旧的氏族组织的基础上，通过立法改革（民主选举国家最高统治者）而形成。由于这一历史原因，雅典和罗马社会并未产生出如中国那样家国一体的政治法律体制。古希腊社会公民才是国家的单元。即使在罗马帝国时期,罗马的最高统治者皇帝,也并不要求继承者一定是自己的亲生儿子,而是常常传给收养的继子(如屋大维是凯撒的养子,提贝里乌斯是屋大维的养子,哈德良是图拉真的养子,玛尔库斯是哈德良的养子)。这样,无论在法律上还是在观念上,古代西方亲子关系的伦理性、宗法性都比中国弱得多。

(三)文化传统导致亲子观的差异

在中国,《论语》这部儒学经典,作为官方的意识形态,经过历代统治阶级的解释、提倡,渗透到人们生活的方方面面,支配着人们的衣食住行。在西方,除《圣经》之外,尚未有一部世俗文献被尊崇到《论语》这样的高度。而对西方人的思想和行为以及政治和法律制度产生巨大影响的作品,如古代希腊、罗马的亚里士多德、柏拉图,近代西欧的孟德斯鸠、洛克、卢梭的作品等,宣传的又恰恰是民主、平等的思想。《论语》中具有丰富的民本主义思想,但这种思想,和民主思想是完全不同的,因为它的立足点仍是宗法性,即将国君看做是父母,将百姓看做是子民;国君必须爱护百姓,因为百姓的拥护是国君统治的基础。很显然,这种民本主义思想与父慈子孝、由孝及忠的观念是一脉相承的。在西方,即使是《圣经》,在亲子关系上,由于倡导圣父、圣子、圣灵三位一体的学说,及信徒在上帝面前平等理论,因此,它既是封建统治阶级的武器,也包含了人人平等的思想。另一方面,西方原始民主思想和基督教的平等思想,到了14、15世纪,随着人文主义思潮的兴起,重视人、强调人的权利(包括子女的权利),便成了西方社会的普遍价值观念。

因此,西方的父权并不像中国那么严密、那么神圣不可侵犯,其发展并不一以贯之,延续时间也不如中国那么长。亲子关系中的等级色彩、伦理色彩以及宗法色彩都不如中国的浓厚,尤其是中国对孝的强调,乃至将不孝列入十恶大罪,这在西方历史上是不存在的。[①]

第3节 我国现当代的亲子观

在传统社会里,父辈与子辈是支配与被支配的关系,父辈决定子辈的命运是天经地义的事。从传统走向现代,亲子关系也发生了相应的改变。新中国废除了男尊女卑,逐步实现男女平等;废除了漠视妇女儿童利益的旧家庭制度,逐步建立保证妇女儿童合法权益的社会机制。尤其是改革开放和信息化社会的发展,使得现代的少年儿童不再处于封闭、保守的社会状态下,他们通

---

① 何勤华,等.中西法律文化通论[M].上海:复旦大学出版社,1994:240-242.

过各种渠道了解与认识社会,也认识到自身权益。在家庭中父母说了算的传统已经不被现代的孩子所接受,子女的自主意识增强,渴望亲子之间的交流沟通,渴望与父母建立民主平等的关系。尤其在儿童权利保护的浪潮日益高涨的背景下,现代家庭正实现从单向义务观到双向义务观的转变。

一、亲子关系由等级服从关系转为平等民主关系

传统亲子观下形成的等级服从的亲子关系,是一种居高临下的非民主型亲子关系,父母不能成为孩子的朋友,不能尊重孩子的人格,不能向孩子学习,不能理解、倾听和鼓励孩子,不能与孩子进行平等的交流与沟通。孩子只有听话的权利,没有与父母对话的自由。现代家庭的亲子关系已经从"听话"转变到"对话"的模式,两代人对话与沟通的前提是民主、平等的亲子关系的确立。这种亲子关系表现为在越来越多的事情上,子辈有权作出决定,亲子两代人在家庭中处于平等地位,生活上相互扶助,人格上相互尊重,情感上相互依托,心理上相互理解。

建立亲子间平等民主的关系,就是构建一种新的价值观念,即对个体性的尊重。这种新的价值观念认为,双亲与子女,都是独立平等的个人,他们之间的关系,是一个人与另一个人的关系,不是谁附属谁、谁占有谁的关系。个体性的尊重,不妨碍子女对双亲的尊敬,不过这种尊敬,是自发的,不是为了屈从传统的教条或礼教。这要求父母在实际的生活里主动放弃独断的权威方式。放弃独断的权威方式,不只是为了尊重别人,也是为了尊重自己,使彼此都能保持独立的人格,使家庭成为独立人格的养成场所。

(一)平等民主关系是当今亲子关系的主流

平等民主关系成为当今亲子关系的主流的原因是:

首先,满足情感的需求。独生子女政策实行后,在很大程度上改变了中国传统的多子女的家庭结构,改变了家庭中的人际关系。家庭结构表现在亲子互动上,便缺少了兄弟姐妹一伦,造成亲子关系简单,亲子互动成为孩子在家庭中与他人交往的唯一方式。如果父母亲不充当孩子的玩伴,不采取民主的方式,不采纳孩子的意见,不与孩子之间发展出一种朋友关系,就不易形成孩子同情了解的能力,不能满足孩子情感的需求。

第二,形成健康心理的需要。在物质生活方面,现代家庭相比传统家庭获得了更多的保障,但现代家庭成员相比传统家庭成员更缺乏心理安全感。因为社会变化剧烈、竞争压力大,对社会成员的抗压能力要求更高。独生子女家庭使孩子在家庭内的中心地位得到强化,父母对独生子女在生活抚养照顾以及在教育上、感情交流上所花费的时间相应增多,父母对子女的经济投入和精

力投入过大，期望过高，势必造成孩子的心理压力增大。巴勒说："生活在民主社会中的个人的心智特征之一，乃是强烈的安全之感。"人类对心理安全感的需要在现代社会十分迫切，而这种心理安全感多半在民主家庭中才能获得满足，尤其对于未成年的孩子来说，应该给予更多关注。

第三，文化"反哺"的需要。现代科技突飞猛进，社会上的新知识、新观念、新事物层出不穷。儿童生活在电子、信息时代，可以从电影、电视、电脑中接触到前所未有的新奇经验。目前儿童的生活环境与其父辈幼时的生活环境反差异常鲜明。现代家庭的父母，如果拒绝新技术、忽视新经验，仍然沿用传统的权威态度育儿，将打压子女的学习动机、学习兴趣，抑制孩子创造性能力的发挥。而且，在开放的社会中，孩子能整合各方面因素的冲击，并能紧跟时代步伐向父辈提供新的信息和生活方式，对父母的影响日益增大。尽管在家庭中父辈依然对子辈扮演着教育者的角色，子女依然要向父母学习如何做人等，但两代人间的影响绝不是单向的，双向影响的趋向越发突出。因此，形成平等民主互动的亲子关系尤为重要，即父母在教育子女的同时向子女学习，子女将自己的兴趣、爱好、知识、经验、观念等"反哺"给父母。

（二）平等民主关系促使现代社会责任感的养成

在传统乡土社会里，社会封闭且流动性小，人们的生活圈子固定，绝大多数人从生到死，都好像钉牢在一个地方。这种封闭和固定性形成家庭内部严格的等级服从关系，要求个体安于其位，对自己的家族忠心，也就尽到了社会责任。现代社会开放而平等，人口流动性大，而且大部分人聚集在城市，家庭以外的事务和个人的关系也愈来愈紧密，个体成为社会的组成单元。因此，做一个现代公民，必须扩大责任感的范围，从家庭扩展到广大的社会，把社会参与和政治参与视为份内事。要做到这一点，首先应从家庭入手，从儿童教养着手。开放的社会要求打破传统家庭的封闭性，形成平等民主的亲子关系。家长应尊重儿童的独立自主意识，让他们学会民主参与家庭事物管理，以便形成社会责任感以取代家族荣誉感。

二、由单向义务观转为双向义务观

中国传统的亲子观过于强调子女的单向义务即孝道观，却忽视了父母对子女的慈爱尤其是尊重的义务。而西方则过于强调父母对子女的尊重、独立人格的培养，却忽视子女对父母赡养的义务。当前我国父母普遍重视子女教育，对子女寄予很高的期望，受传统亲子观与西方亲子观的双重影响，易形成两种极端的亲子关系。一种以"父母为中心"，父母在教养孩子的过程中，更多地扮演着管理者、领导者的角色，过分强调家长的权威，要求孩子无条件服从，对孩子采取控制的态度，儿童的主体性得不到重视和发挥；一种以"子女为中心"，父母难以理智地对待孩子，顺从、放任孩子，有求必应。这两种亲子关系都有所偏颇。

（一）父母尊重子女独立人格的义务

传统"父慈子孝"的伦理规范建立在封建专制的家长制基础上，侧重强调家长的权威，片面强调子辈的义务。今天提倡的孝是在亲子人格平等前提下子女对父母的道德义务。古代虽然有一些家训作者在论述父子关系时，要求做父亲的在不失家长权威的条件下，对儿女、家人宽以待之，如司马光就特别反对离慈讲孝，明确提出"不慈不孝，其罪均也"，这多少体现了封建时代少有的民主色彩。但今天，我们对"父慈"的理解，除了要求父辈将子女作为自身的一部分来关心爱护、教育引导其成长之外，还有更深一层的理解：尊重子女的权利和独立人格。

首先，父"慈"不是扭曲的爱。父母将子女视为私有财产，让孩子在父母预先设计的框架中生活，强烈的占有欲和过高的期望值，使父母缺乏理性，产生极强的攀比心理，老是拿自家孩子与别人家的孩子相比，甚至拿孩子的短处比别人的长处比，使子女备受打击。所以有孩子这么说："爸妈很爱我，但是他们的爱让我想去死！"

其次，父"慈"不是单向的爱。父母把所有的爱倾注在子女身上，一切以子女为中心。一些父母很具有奉献、牺牲的精神，他们把自己的精力和时间全部倾注在子女身上。为了孩子宁可放弃休息时间，宁可放弃娱乐，甚至放弃自己的工作，不求回报地为孩子付出一切。有一项调查显示，25%的父亲和50.3%的母亲在有了孩子后几乎没有了原先的娱乐和爱好，20.7%的父亲和43.6%的母亲为了孩子放弃了自身发展的机会。① 然而，这些父母在为孩子付出一切的同时，却往往忘记了父母与子女是平等的个体，爱应该是对等的。

再次，父"慈"是尊重子女的权利。古代亲子观过分强调子女的单向义务，忽视子女的权利，虽具有一定的片面性，但对它作些改造，将单向义务的孝发展成为双向义务的孝和慈，并且这种慈，不仅包括对子女的抚养、教育，而且包括对子女的尊重，对他们新的思想和观念的理解和支持，那么，这种孝和慈，就可以成为我们今后亲子观的基础。家庭中父母和子女都享有基本的人权，拥有人格的尊严。尤其是未成年人享有法律规定的诸多权利，父母履行法定义务监护、教育子女，不能侵犯子女的基本权利，不能损害他们的人格尊严，任何形式的家庭暴力，都是法律所不容许的。向家长进行普法教育、维护子女权益

---

① 桑标. 有了孩子，没了自己[J]. 父母必读，1999(4)：8-9.

教育,要求家长尊重未成年人的基本权益,养成倾听、尊重、容纳孩子意见的意识和习惯,是当务之急。

(二)子女尽孝道的义务

在中国,"父为子纲"使得传统家庭父与子的关系有严格的尊卑之别,即父若严君,子唯父命是从,这决定了孝成为家庭伦理规范的核心。目前中国由传统家庭向现代家庭转型,主干家庭向核心家庭转变,家庭中心由父子关系向夫妻关系偏移,尤其独生子女政策又造成了家庭重心下移。这种结构性的变革势必造成亲子关系的疏远和"孝亲"观念的淡化。同时,由于我国已经进入了老龄化国家的行列,但我国的经济发展水平尚不足以靠社会福利和社会化服务的方式来解决老年人的晚年生活需要,这种情况更加剧了家庭代际关系的危机,老人的赡养问题成为一个突出的社会问题。因此,尽管"孝"经常被现代人树为批判的靶子,但根据我国的国情,要解决老人的赡养问题,除了发展社会福利事业和增加社会性服务,还得发挥传统"孝亲"伦理的现代价值。

西方社会商品经济的高速发展,要求父母帮助子女尽早自立。而商品经济下时间就是金钱的观念以及人口的巨大流动性,使得子女在纷纷成立自己小家庭的同时,往往无暇或没有能力顾及自己的父母,这也使得部分丧失劳动能力的老人在物质或精神生活方面陷入了无人问津的困境。当然也不乏因子女的不孝行为所致的情况。这一问题已引起西方一些发达国家的重视,试图用法律强调对老人利益的保护以及子女对父母的义务。

子女对父母的孝,应当从自然规律和道德准则两方面获得自然和社会属性的认可。人和动物一样,刚生下来时,总要依赖父母的养育才能自立。那么,当子女长大后,尤其是当父母年老后,作为一种回报,子女孝敬父母、供养父母,是顺理成章的事。人类不管进化到何种文明程度,总有一个出生、长大到衰老的过程。因此,强调子女对父母的孝,恐怕是一个永恒的主题。社会主义商品经济下同样容易出现人们因忙于应付自己的工作,无暇顾及他人的情况,我们在吸收西方国家强调子女权利的平等、民主思想的同时,应避免冷落、漠视甚至侵害老人利益的现象出现。我们要吸收和改造传统亲子关系中的"孝亲"观念,加强对老人利益的尊重和保护,在社会生活中普及爱老敬老的新孝道观。尤其,古训强调,在父命与道义发生冲突时,要坚持"从义不从父",即使这样会引起父母的不悦,做儿女的也不能迁就,也要委婉地劝谏。这种"孝"才是我们今天应该积极提倡的。

案例 5-2

权利不是一切

一天,儿子放学回到家,满脸是得意洋洋的笑。他说他终于有了击败我的法宝了。他说,他在学校学习了《儿童权利法》,通过学习,他知道:他的房间不一定非得由他打扫;他的头发并不是非剪不可;他不一定非要吃我让他吃的东西;他有说话的自由;他有选择读什么书看什么电视的自由;他可以戴耳环,只要他愿意,他还可以文身或者在鼻子上打孔呢;如果我打他的屁股,他可以起诉我。所以,别碰他,因为他的身体只归他一个人所有,也不是用来让我拥抱或者亲吻的;我也不能像他外婆对待我一样对他进行说教——这叫精神控制,也是非法的!他有这些权利,受法律保护。以后,如果我再侵犯他的权利,他会打电话给少儿服务部投诉我!儿子有法律意识是一件好事,但是,我想让他知道生活中不只有法律,一个人也不能只有权利。

第二天,我们去采购。尽管儿子百般恳求,我仍然没有给他买他喜欢的"耐克"鞋和"耐克"衬衫。我当着他的面向少儿服务部咨询我这样做是否合法。少儿服务部明确答复,他们并不关心我给儿子买的鞋子是杂牌的还是名牌的。我取消了带他去开山地越野车的计划;我拒绝给他买冰淇淋和比萨饼。我说,等一等吧,晚饭有猪肝和洋葱,这些都是我喜欢吃的东西,到时你可以和我一起吃。

"能不能看一场电影呢,或者买一张影碟回去看?"他问道。绝对不可以!我说,不但如此,我还要将他房间里的电视机卖掉,用这些钱给我的汽车买几个新的轮胎。对了,我还要将他的房间包括他的床出租。因为,少儿服务部只要求我让他有住的地方和满足温饱所需的衣服及食物。另外,我今后可以不给他零用钱,这些钱省下来可以给我自己买好些东西呢。我可以不给他讲故事,甚至不和他讲话,因为我也有我的权利!

突然,我看到他不小心摔了一跤。"妈妈,我疼⋯⋯"他伏在地上说。"怎么想起妈妈了?你可以向少儿服务部撒娇呀!"我"扑哧"一声笑了。

(资料来源:邓笛. 权利不是一切[J]. 课外阅读,2006(5):23)

三、亲子关系由功利性关系转为非功利性关系

家庭亲子之间最根本的是血缘亲情关系，爱是本质，但以爱的名义追求最大的功利，是父母惯常的做法。在现代社会中，亲子间的功利关系体现为家长急功近利、心浮气躁，认为家庭教育投资越早越好、越多越好，甚至希望今天投资明天就有回报。另外，亲子间的功利关系还体现为将家庭教育变成学校教育的附庸，对孩子学习的监督变成了家长唯一的职责，开发孩子的智力变成了家长唯一的任务。家长不仅在中学、小学，甚至在幼儿园就开始了孩子间的智力大比拼，使竞争排名白热化。开发智力，成为家庭教育的重要任务，因为智力水平的高低，直接影响到一个人的生活和工作。因此，家长在家庭教育中关注孩子的智力开发，对孩子寄予厚望，希望孩子将来有地位，有更好的晋升机会等等，这都无可厚非。但将亲子关系完全演变成单一的功利关系就有失偏颇，根本原因是没有厘清家庭教育与学校教育的区别。

家庭教育与学校教育和社会教育相比，具有基础性、关键性、全面性、长期性和灵活性的特点，它是非义务教育、非学历教育、非专业教育、非系统文化知识传授的教育，其主要任务是通过父母、祖父母、外祖父母等长辈的言传身教，把孩子培养成身心健康、品德高尚、智力良好、潜能得到充分发挥、素质得以全面发展、具有较强生活能力和一定审美情趣的幸福之人。家庭教育任重而道远。从一个懵懂无知的幼儿到一个品学兼优的青年，期间跨度十多年，家教之功不是一日可成，不可能一蹴而就。家长不可急功近利，要有热心、耐心、恒心，不必时时拿孩子与人争速度比高低，孩子耐力、毅力、意志的磨练才是最终成功的根本。

因此，对家庭教育内容的重新定位是防止亲子关系功利化最有效的手段。学校是孩子学习知识、进行社会化的主要场所，开发智力、传授专业知识是它的应有之责。既然知识教育成为学校教育的主体，不再是家庭教育的主要任务，那么家庭教育就有必要重新定位。

（一）身心健康教育

培养孩子身心健康，是家庭教育的首要任务。一提起家庭教育，许多父母就想到学习，而且只想到学习，认为家庭教育就是开发智力。其实，家庭教育的内容很多，智力开发只占很小比例。身体是智力的载体，只有身体好、心理素质好，才能学习好。因此，应当把孩子的身心健康放在家庭教育的第一位。

在家庭教育中偏重于孩子的身体健康，对孩子的心理健康注重不够，忽视孩子健全人格的培养。人格是个体具有一定倾向性的心理特征的总和，包括

气质、性格、兴趣等,它在很大程度上影响着孩子的成长。只有具备完美人格的人,才能取得成功并获得幸福感。尤其值得注意的是孩子健康平和的心态、耐挫的能力、坚韧不拔品质的培养。使子女明白"人生自古多磨难"这一人生常态和基本道理,鼓励子女博学广识,增强其自信心,教会其正确的归因方式,使其理智、从容地对待挫折,放手让他们在社会生活实践中感受挫折来提高其耐挫、抗挫能力。

(二)道德教育

培养高尚品德,是家庭教育的主要任务,或者说,家庭教育的重中之重是认真培育孩子的良好品德。教之道,德为先,德为才之帅。只有品德高尚的人,才能懂得学习的真正目的,才能正确处理各种社会关系,其聪明才智才会有益于社会。否则,知识再多,财富再多,也不能给社会带来福祉。道德观念淡薄的人,其知识技能将成为满足物质欲望的手段。当然,这并不是把道德教育同知识教育对立起来,学校以知识教育为主,对道德的教育偏向"认知"的成分,而家庭是在生活点滴中进行德育,有"润物细无声"的最佳效果。道德教育也可称为"做人"的教育,在一个人的成长过程中,家庭起着关键作用。因为在家庭教育中,不仅有言教,更重要的是身教,父母必须要以身作则。家长的价值观对孩子起着潜移默化的影响,家长必须强化自身的修养,认识到自己的不足,时刻检点自己的行为。

(三)生活实践教育

生活实践教育包括独立意识和生活自理能力的养成以及日常行为习惯的培养。许多子女在父母的娇溺宠惯下,没有形成良好的生活习惯,如:生活杂乱无章,处处依赖他人,生活自理能力差,缺乏最起码的生活技能与劳动习惯。生活实践教育,一是生活自理意识与能力。要教育子女自己完成力所能及的事情,自己的事情自己做,培养生活自理能力和动手操作、制作能力,树立吃苦耐劳、不怕困难的精神。二是自食其力的意识与能力。培养孩子独立生活、学习、交往的能力,教育孩子厉行节约,避免浪费和生活上盲目追求高消费。三是支持孩子参加社会公益活动,培养助人为乐、无私奉献精神和热爱劳动的品质。

生活实践教育就是培养生活能力,是家庭教育的基本任务。这是一项容易被忽视的任务。其实,一个人只有具备了必要的生活能力,才能生存下去,才能工作和学习。1972年,国际教育发展委员会发表了《学会生存——教育世界的今天和明天》的报告,提出了"学会生存"的口号,指出青少年是世界的未来,学会生存尤为重要。因此,在日常的生活技能中培养孩子的生活能力,是对家庭教育的最基本的要求。学会生存,包括以下三层含义:第一,学会自我保护,以保持正常的生存状态,尤其要注意安全问题;第二,学会劳动,学会竞争,学会应变,以增强生存的能力;第三,学会审美,以提高生存质量。培养审美情趣,是家庭教育的高层次任务。一个人的生活质量如何,主要不取决于物质享受,而取决于精神生活。审美情趣体现了一个人的素质,标志着一个人的生活水准,是更高层次上的生活内容。

亲子关系是每个人一生中最初接触、持续时间最长的亲密的社会关系。我国是东亚文化历史传统较为典型的国家,我国家庭非常强调父辈与子辈的纵向关系,亲子关系尤为密切。特别是在当今独生子女的家庭中,父母对子女充满着慈爱,怀抱着殷切的期望,子女也对父母满怀依恋和信任。尤其是未成年子女最容易接受父母的价值观和行为准则。因此,亲子的情感是教育子女的巨大力量,它既可以成为子女接受父母正向教育的催化剂,也可以成为子女接受父母负面影响的加速器。立足于亲子关系对子女具有的巨大影响,我们应自觉在家庭中形成良好的亲子关系。

 本章小结

亲子关系作为一种社会关系,和其他家庭关系一样,必然受到社会的制约。不同的社会文化背景,会出现不同的亲子关系。从纵的方面看,不同的历史阶段,有不同的亲子关系;从横的方面看,不同的国家、民族和地区,亲子关系也有不同的特点。

在春秋战国百家争鸣时期,儒、墨、道、法等诸家从各自的角度提出了不同的亲子观,使中国古代的亲子观呈现多维视角。汉代独尊儒术以后,儒家的亲子观占据了统治地位。尤其是儒家经典《论语》,虽然对亲子关系着墨不多,但它提出的一些重要的观念,经过儒家各代学者的努力,逐渐成为规范中国古代亲子观的思想体系,影响着人们的家庭生活。中国近代亲子观,主要介绍了鲁迅和陈鹤琴的亲子观。在分析古代与近现代西方亲子观的基础上,对中西方亲子观进行比较,主要由经济形态、政治体制、文化传统导致的差异。最后,阐述我国现当代的亲子观,亲子关系正由等级服从关系转为平等民主关系,由单向义务观转为双向义务观,同时要警惕亲子关系不要演变为单一的功利关系。

亲子关系是每个人一生过程中最初接触和持续生活时间最长的社会关系,具有情感的极为亲密性。我国特别强调父辈与子辈的纵向关系,亲子关系尤为密切。应重视亲子亲密感情的巨大教育力量。

思考与练习

1. 如何理解中国亲子观中的孝道？
2. 如何借鉴西方的亲子观？
3. 联系实际谈谈如何形成家庭中平等民主的亲子关系？
4. 从现实入手谈谈亲子关系在家庭教育中的作用？

第6章 成才观与家庭教育

没有不好的孩子,只有不幸的孩子,他们受到了不正确的教育;没有不好的父母,只有不幸的父母,他们继承了不好的传统,或不自觉地使用着不正确的教育方法。

——崔宇(《家长的革命》)

 学习目标

1. 了解错误成才观的表现。
2. 树立正确的成才观。
3. 理解成才结果与成才过程之间的关系。

新生命诞生本身就意味着了不起的成功,每个人都是独一无二的。有千差万别的人,就有千万条成功之路。只要发挥各自的智能优势,每个人都可以走向成功。之所以仍有失败的人或孩子,按照《家长的革命》的作者崔宇的说法:"没有不好的孩子,只有不幸的孩子,他们受到了不正确的教育;没有不好的父母,只有不幸的父母,他们继承了不好的传统,或不自觉地使用着不正确的教育方法。"现在,就让我们来对那些不正确的教育传统、教育方法进行解剖并让其终止吧。

第1节 走入误区的家庭教育成才观

家长爱孩子,却容易爱错孩子,症结就在于自以为是的教育。家长的成才观如果是错误的,结果常常事与愿违。对此,家长应注意对以下几种错误的成才观保持警惕。

一、成才不等于好成绩、好大学

"万般皆下品,惟有读书高"、"学而优则仕",这些词句曾是我国古代学子自我认同、自我激励的至理名言。受此文化传统影响,"好成绩"、"好大学"仍

是当下很多中国家庭教育子女的目标导向。这种目标导向虽然在农耕时代为人才向上流动提供了公平竞争的机会,有其"合理性"。然而,在社会竞争日趋激烈的今天其弊端也越发突出。有的大学毕业生带着漂亮的成绩单和诸多证书去找工作,却被用人单位拒之门外。对此,孩子委屈、家长难过。这个世界怎么了?有那么多证书、那么多次第一名,难道都找不到一份工作?什么时候,分数开始成为参考甚至是摆设?

据专业调查机构 Universum 发布的调查报告显示,中国内地企业雇主对大学生求职简历关注度排名位列前四位的分别是:实践经历、学历、毕业院校、所学专业,而在校期间的学习成绩则被排在了第九位。一位经理对此做了解释,他说:"公司是讲业绩、讲效益的地方,我们录用的人才必定要能为公司创造效益。相信任何单位用人的核心和准则都是紧紧围绕着'能力'二字的。分数漂亮固然让人觉得美好,但对我们而言并不重要,因为从目前来看,工作和学校的学习还是有着很大的区别的。实践证明,很多分数漂亮的人未必有能力,相反,那些成绩一般的人却表现出了非凡的能力。现在的大学生,从小到大,什么事情都是别人代劳,连倒水倒酒这样的事情都不会。在家你可以,谁也不能过问,可到了公司,见了客户,你也不会倒水,你凭什么让人家信任你,放心地把工作给你,或和你合作?"[①]

这位经理的话极具代表性。邓小平同志早就教导我们:"不管白猫还是黑猫,捉住老鼠就是好猫。"从学校出来,用人单位看重的是能力。分数只是形式和手段,它不能证明孩子真正学到了多少知识,也不能代表一个孩子的品格与才能。它不是衡量孩子聪明与否的唯一标准,也并不能完全真实地反映一个孩子的能力。然而,几乎所有的家长都特别关注孩子的学习成绩,认为学习成绩的好坏就是成功与否的标志,只要孩子学习好,其他的缺点就可以忽略了。正是由于家长的忽视,导致孩子生活、学习重心偏移,自理自立、交往、领导、组织等能力得不到锻炼,离社会对人才的需要标准越来越远。

被社会拒绝的孩子,证明是家庭教育在作茧自缚!"晚了,太晚了。等你的孩子拿着简历奔波于各个招聘会,却'屡试不第'的时候,别人说什么都太晚了,他今天感受的挫败,本来中小学时就应该经历和承受的。他本应是一个成熟、稳重、能干、独立的孩子,错误的家庭教育让他成了今天的模样。"中国家教学会理事崔宇如是说。

[①] 分数再漂亮,不能当饭吃[OL]. 新浪亲子网. http://baby.sina.com.cn/edu/10/0401/0944153702.shtml.

二、成才不等于超前发展

教育并不是越早越好,而是越合适越好。早了,等于揠苗助长,有百害而无一利。可是现在有很多家长固执地相信,"抢跑"是在为孩子争分夺秒。幼儿园教育小学化,孩子回家后还要写字、算算术,对此,家长不但不反对,而且还是其有力支持者。为了中考、高考,初中生、高中生都在"抢跑",正常情况下需要三年时间完成的教学工作量,压缩为两年半或两年完成,学生不堪重负。家长为了不让自己的孩子输在起跑线上,承担起推动孩子"抢跑"的任务,结果常常事与愿违。在"抢跑"下被毁的孩子已不鲜见。

案例 6-1

何必让孩童变"神童"

曾被誉为"神童"的东北男孩王思涵,当年以14岁的年龄、高考成绩572分的高分考入沈阳工业大学自动化专业,入学后成绩每况愈下,今年本应从大学毕业,却因为多门成绩零分,而被学校责令退学。

据报道,这位曾经的"神童"的大学生活,留下的记忆只有灰暗和痛苦。因为不断地跳级,王思涵对地理、政治之类的人文学科,是那样的陌生,以至于大学同学海阔天空地谈论,他都不知道,插不上嘴。于是,他只能在一边孤单地沉默。而在生活上,他也根本无法自理,需要父母跟前跟后地伺候着。就这样,多门零分成绩宣告了这位"神童"已经"泯然众人矣"。

"央视论坛"节目以"何必让孩童变神童"为题探讨了这一现代版的"伤仲永"悲剧。作为嘉宾之一的童话大王郑渊洁认为,出现这样的悲剧,根子在家长身上。在他看来,凡事都应该遵循事物发展的自然规律,揠苗助长,欲速则不达。而另一位特约评论员也认为,每一个"神童"背后都有一对催生"神童"的父母。在培养"神童"的过程中,他们往往只注重孩子的成绩,教导孩子"两耳不闻窗外事,一心只读圣贤书",把孩子除了学习之外的所有事都打理得好好的。这样培养出来的"神童"不知道玩,和周围的孩子完全隔离开来,也不知生活为何物。等进了大学,就像王思涵一样根本无法和同学进行人际交流和沟通,同时在大学同学眼里,他还只是个孩子,没有共同语言,久而久之,就会被完全地孤立起来。而这样培养出来的人才,很难走得太远,也很难在社会上立足。

> 正如专家所言,在一个个被人们津津乐道的"神童"背后,掩藏的是可怕的功利教育。这种在功利教育下培养出来的"神童",缺乏的却是最基本的人文素质。随着时间的推移,便会带来显而易见的负面影响。这个现代版"伤仲永"的悲剧,说明了功利教育只能培养出畸形的人才,尽管这样的人才最初看起来风光无限,但却没有长久的生命力,容易过早地凋零。同时,这样的"神童悲剧"也应该让家长们和学校及早警醒,必须尊重教育规律,莫再制造"悲剧神童"。
>
> (资料来源:何必让孩童变"神童"[N].江南时报,2005-7-13(2))

自然界万物都按照生长规律自然生长,人类为万灵之长,也自有其发展规律。为促其生长必须施加外力,但若施用不当,就很容易出现倒退甚至"枯萎"现象。教育孩子也是一样的道理。家庭教育必须尊重孩子身心发展的客观规律,并在此基础上寻求合适的教育内容和方法,培养他们的能力,不能急于求成。同时,要注意巩固效果,这样才能事半功倍。否则,孩子会惧怕、厌烦甚至反抗,结果是"欲速则不达"。

三、成才不等于出国留学

中外教育观、教育教学方式方法的不同,以及我国优质教育资源的不均衡配置,以致我国许多家境殷实的家长希望孩子到国外接受教育,以期孩子能"成才"。然而,诸多事例证明,如果家庭教育不能就留学做好充分准备,留学未必能成才。

(一)家长望子成才推动留学热

出国留学在我国已有100多年的历史,尤其是改革开放以来,神州大地的留学热潮不断升温,出国留学人数猛增。根据教育部《2004年留学工作年鉴》公布的数字,自1978年到2003年底,我国各类出国留学人员总数达到70.02万人,留学国别108个。仅2003年,各类出国留学人员的数量就有11.73万人之多,其中自费留学占93.05%。中国已经成为世界上最大的留学生输出国,庞大的留学大军令世人惊叹。

需要引起我们注意的是:教育部的统计数字中不包含未成年留学生。因为,教育部官方称未满18岁的未成年人出国留学不能成为留学生,他们也因此未被包括在教育部有关留学生的统计数据中,但时下这股未成年人留学风潮却是谁也不能无视的。据估算,如今未成年人留学生已经占到自费留学生人数的一半。在南方一些城市,办理出国留学的中学生甚至占到所有出国人员的70%至80%。一项对上海市14所学校的428名初中生和高中生的问卷调查表明,47.4%的初中生和42.9%的高中生有留学的打算,超过六成的中学生父母对子女的出国留学计划持支持态度。①

　　留学大军的出现与家长希望孩子成才的心理密不可分,他们试图通过昂贵的留学为孩子成才提供一条有效的教育途径。当国内竞争激烈的高考让学生及家长越来越不堪重负时,一些父母把目光转向国外高校。因为孩子的成绩在国内上好大学太难,最多只能上个"二本"、"三本"这类学校,毕业后找工作很困难,而同样的成绩到了加拿大或澳大利亚,就能申请到不错的大学。国内优质教育资源的稀缺和国民需求之间的矛盾也是留学热的原因之一。据中国青少年研究中心调查显示,95%的父母希望孩子读大学,44.5%的父母希望孩子读博士甚至博士后,然而,即使在连续扩招的情况下,同龄人能够进入大学的比例也仅在15%左右,而且10年内不会有太大变化。为了逃避巨大的升学和就业压力,为孩子谋得更好的前程,一些家庭选择了送孩子出国留学这条路。

　　中国未成年留学生人数之所以逐渐上升,还在于我国基础教育由于长期受应试教育的影响,较为重视基础知识,课程难度大,忽视培养学生的能力,课程设置也往往不能吸引学生的兴趣,致使学生找不到自由发挥的空间。相比较而言,国外的教育则更注重学生个性的张扬,注重培养学生的独立思考和解决问题的能力。出于对国内现有教育模式的不满和对国外灵活、务实的教育模式的向往,一些家庭更愿意将孩子送出国门接受教育。另外,随着中国国际化程度越来越高,一些父母逐渐意识到拥有国际视野和会讲流利的外语将成为孩子未来竞争的重要砝码。不少父母为孩子选定的留学目标就是"开阔眼界,学一门外语"。

　　(二) 留学未必能让孩子成才

　　留学的确是一种投资,可以学习先进技术和知识,增长本领。但对于留学热,仍需要仔细分析。并不是所有的"海归"回国后都有很好的发展,也并不是所有的孩子都适合留学。在竞争中,难免有的"海归"成为"海带(待)"。未成年人出国留学所出现的问题已引起诸多争议,有人认为出国留学可以锻炼孩子独立生活和思考的能力,为他们未来发展奠定良好的基础;也有人认为,未成年人缺乏自我管理和监督的能力,出去后很容易学坏。

---

　　① 孙云晓,赵霞.热点解读:中国未成年人留学热的冷思考[OL].新华网[2005-02-10].http://news.xinhuanet.com/overseas/2005-03/10/content_2678234.htm.

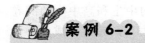

案例 6-2

留学热冷思考——有勇气改变自己的家长 才有能力改变孩子

曾经有一个孩子,被爸爸妈妈送到澳大利亚读一所私立高中,在那里待了一年后,就被爸爸妈妈"拎"了回来。

"我们班一共有 40 个同学,其中 22 个是中国人。在那里上学和在国内几乎一样,根本没有什么留学的感觉。"

起初,他还想好好学,可后来,在那个环境里,不知不觉就学不下去了。"班上的中国学生多,同学之间总觉得说外语别扭,反倒是一些当地的学生找我们学中文。平时,同学们经常互相请客,到处旅游,有时候还打牌赌钱。"

妈妈见孩子总是要钱,觉得纳闷,为什么开销会那么大。后来,让澳大利亚的朋友去看了一下才知道,儿子在那里根本没好好学习,一年下来,不仅花了 20 万元,还欠了同学好多钱。

得知情况后,爸爸妈妈当机立断,把孩子给"拎"了回来。

(资料来源:留学热冷思考——有勇气改变自己的家长 才有能力改变孩子[N].齐鲁晚报.2009-11-28(A21))

诸如此类出国留学失败的例子在留学大军中并不鲜见,以致出现"留学垃圾"①现象。金世达资深留学专家 Shirley 从以下 8 个方面对其成因进行了分析②:

1. 学习动机扭曲。有些孩子留学并非为了学习,而是为开洋荤、捞资本,也为享受国外生活方式;更多孩子还为逃避国内严格的考试和学习压力,甚至为脱离父母家人的管束。

2. 自学自理极差。许多孩子从小生活和学习被父母包办,没有形成自觉、良好的学习习惯,总是被迫学习。而国外的教育方式更多要靠自主自觉的学习,许多孩子不能适应。

3. 沟通能力匮乏。很多中国学生不会表达自己的需求,总是期待寄宿家

---

① 所谓"留学垃圾",实际上就是指没有明确学习目的,到国外也未完成任何学业,最后完全脱离学校,成为"社会垃圾"的人。"留学垃圾"并非个别留学生的个别行为或个别现象,而是存在于整个中国留学生队伍中的小群体。

② 什么是"留学垃圾"?[OL].美国俚语网.http://www.meiguoliyu.com/html/chuguoliuxue/news/688.html.

庭和老师同学像父母一样无微不至地主动询问,照顾和呵护自己。甚至遇到生活小事,也首先打越洋电话跟自己的父母抱怨,而少与周围人沟通。

4. 意志品质薄弱。孩子缺乏各种能力的锻炼,留学生活中遇到困难和挫折时,若缺乏心理承受力和解决问题的能力,加上自控能力差,就可能放弃学习,或被外界不良因素诱惑。

5. 青春叛逆心理。有些孩子青春期的叛逆心理强烈,当远离父母时更容易阳奉阴违,明知故犯,不能把握自己的心理行为,甚至有意去冒险或故意去违法乱纪,从而走上危险的道路,导致荒废学业,葬送自己的前程。

6. 诚信责任缺失。有些孩子容易以自我为中心,很少为他人考虑、顾及他人感受。某些小留学生不经寄宿家庭同意,擅自留宿外来朋友;或不经许可随意取用房东个人生活用品;不顾及他人的生活习惯和感受,经常做出一些不道德、损害他人的行为。

7. 自我调适无能。大部分学生对国外的期望值过高。留学生大都来自条件不错、收入相对较高的家庭。到国外后,很多学生所住的寄宿家庭的生活条件可能没有他家的好,常会有很大的心理落差,如不能有意识自我调适,就容易做出极端的、错误的行为,以致放弃学习。

8. 缺乏有效监护。国内父母们习惯于事无巨细地"管教"孩子,而小留学生们,却像突然被放出笼子的小鸟,失去约束,也迷失了回家的路途。国外都习惯于自我管理,小留学生可能时时处于"脱管"状态,有些孩子更可能在越洋电话中也哄骗父母,其留学效果就可想而知了。

"留学垃圾"现象折射出中国家庭教育存在的问题,如果家长着力于孩子的生活自理能力、沟通能力、自我调适能力等方面的培养,就会少一些留学问题、留学悲剧的出现。以此来看,如果在国内没有做好充分准备,即便留学也不能成才。

四、成才不等于"自然"成长

教育孩子,犹如护理树苗,必须从小予以重视。在孩子成长的每一阶段,父母都应仔细观察、了解,适时引导,使孩子避免受环境中的各种不利因素影响,从而健康成长。但有的父母却认为:孩子如小树,树大自然直,孩子长大了自然就会好——"自然成才"。

家庭是孩子接受教育的第一课堂,如果父母放弃教育的权力和责任,社会环境中的各种思潮、习气就会无孔不入地渗入孩子的心灵。孩子因无人管教,又缺乏辨别能力,就容易接受负面影响,容易导致不良行为产生,有的甚至走上犯罪道路。

案例 6-3

孩子放任自流 未成年犯罪问责家庭教育

"近两年,新市民、再就业职工子女犯罪呈明显上升趋势,从本院审理的案件看,约占未成年人犯罪的六成。"5日,北塘法院少年庭杨庭长忧虑重重地说。锡城一位心理咨询师对此现象进行分析,认为:"新市民、再就业职工为谋生打拼,一心扑在工作上,对子女的教育、关爱不够,使得一些孩子放任自流,一步步走上违法犯罪的道路。"

近日,北塘法院少年庭审理一起团伙抢劫案,7名花季少年合伙抢劫10次。7名嫌疑人是某中学同学或校友,平时关系很"铁",其中4名是新市民子女,另3人的父母则是再就业人员。今年春节期间,一少年的父母回福建老家过年,他独自留守无锡,便邀请三个哥们住在自己家。上网、打游戏,几个人过起了"公子哥"般生活,父母给的零花钱很快挥霍殆尽。一方面贪恋奢华的生活,一方面苦于没有足够的银子支撑,几名少年想到了抢劫。2月26日,这4人伙同另一少年在吴桥元康弄楼梯口,采用殴打、言语威胁等手段拦路抢劫。事成之后,他们觉得刺激,并一发不可收拾。从2月26日到3月5日短短10天内,他们疯狂作案10次,而他们的父母因忙于工作,一切还蒙在鼓里。直到办案人员通知家长时,他们才知道孩子犯了"大事",后悔当初疏于对孩子的管教。

锡城一名心理咨询师说,部分新市民、再就业家庭结构不是很完善,家长对孩子的教育、关爱处于真空状态,这无形中对孩子的行为、心理产生了不利影响。她呼吁家长们将一部分精力转移到孩子身上,如果错过教育机会,孩子一旦犯错很难扭转过来,到时不论是家长还是子女都将承受更多的痛苦。

(资料来源:孩子放任自流 未成年犯罪问责家庭教育[OL].长春市佳音心理咨询语言矫正中心网.http://www.ccjyxl.com/news_view.asp?id=1760)

放任自流,让孩子"自然成长",不但在新市民、再就业家庭中存在,一些素质较高的父母也认为,孩子应该像野花一样成长,什么早期教育、特长培训、家庭教育理念,大可不必理念。如果家长抱着"自然成才"的观点,或者事实上让孩子"自然成长",其实是在做着不劳而获的美梦。孩子的内心需要一双有力的手来支持、一盏明亮的灯来引导。如果没有家长的有力支持与引导,孩子可能会走不必要的弯路。

第2节　家庭要不拘一格培养孩子

奥地利作家托马斯曾说:"每个人都有自己的路,每条路都是正确的;但有些人的不幸在于,他们不想走自己的路,总想走别人的路。"[1]不幸的是,许多家长在教育孩子时,总拿自己的孩子和别人的孩子作比较,而不是帮助孩子选择适合他发展的道路。结果,泯灭孩子的个性和爱好,使他们变得平庸无奇。须知每个孩子都有他自己的特长爱好,选择适合他发展的道路才能让他有的放矢、成功成才。

一、在了解、尊重孩子天赋的基础上培养孩子

休谟说过:"一个人不论有什么天赋才能,如果他自己不清楚自己具有这种才能,不能形成适合于自己才能的计划,那种才能对他就完全无用。"[2]为此,家长首先需要了解孩子的优势。

(一)了解孩子的天赋

孩子的天赋很难三两下就鉴定完毕,但这并不意味着不可以发现。美国耶鲁大学罗伯特博士通过研究,总结"孩子各方面天赋特征"如下[3]:

1. 善于记忆诗歌和富有情趣的台词。
2. 很少迷路,尤其是女孩。
3. 能注意到别人情绪的各种变化。
4. 经常问"这件事是什么时候开始的"之类的话。
5. 动作协调优雅。
6. 能很好地按调子唱歌。
7. 经常问雷鸣、闪电、下雨等关于大自然的问题。
8. 你讲述故事时改动了常用的一个词时,他会纠正你。
9. 学习系鞋带、穿袜、骑自行车很快,且不费力。
10. 喜欢扮演角色、编故事,且演得、编得很像样。
11. 乘车的时候会说"去年冬天奶奶带我来过这地方"。
12. 爱听不同的乐器演奏,并能根据音色讲出乐器名称。

---

[1] 李敖.每个孩子都有自己的路[OL].太平洋亲子网[2008-07-03].http://edu.pcbaby.com.cn/family/0807/292838.html.
[2] 池晓宏.家家都有好孩子[M/OL].北京:作家出版社,2009.http://www.chinavalue.net/bookserialise/BookShow.aspx?ArticleID=9374.
[3] 翟宇.家长的革命[M].北京:光明日报出版社,2009:83-84.

13. 擅长画地图、绘物体。
14. 喜欢模仿各种表情和各种体育动作。
15. 按规格、颜色收藏玩具。
16. 善于表达做某件事的感受,如"这样做我很高兴"。
17. 很会讲故事。
18. 喜欢评论各种声音。
19. 与某生人见面时会说出"他使我想起了小明爸爸的样子"之类的话。
20. 能准确地说出他能干什么,不能干什么。

如果孩子在他的少年期表现出如上情形的话,他可能已开始显露出他的能力和才华了。生活中几乎每个孩子都会在上面的 20 条中找到一两条甚至更多吻合的地方。一个"经常问雷鸣、闪电、下雨等关于大自然的问题"的孩子,有可能成为自然科学家;一个"能很好地按调子唱歌"的孩子可能成为歌唱家;一个"爱听不同的乐器演奏,并能根据音色讲出乐器名称"的孩子可能成为器乐家;等等。

(二)尊重孩子的天赋

在现实生活中,由于受世俗眼光的影响,一些家长认为只有那些在艺术、科学等领域突出的人才算有天赋,而会做包子、会理发不是天赋。家长常常拿着宝石的标准去寻找美玉,学校也常用学业成绩衡量所有学生。

当家长的眼睛只盯着孩子的成绩时,当孩子的成绩与上名牌大学、发大财、当大官、一份理想的工作、找个好对象、光大门楣、成名、出国留学等联系在一起时,孩子的兴趣、爱好常常被忽视。家长要想让孩子最终成功,关键是帮孩子发现他的天赋,尊重他的兴趣,开发他的潜能,找到一条最适合他发展的路。而不是无视孩子的天赋去培养天才,无视孩子的爱好去搜寻天赋,以至于出现现代版的"骑马找马"。

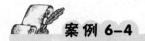

金口哨——秋鸣

秋鸣是中国第一位职业口哨演员,也是中国第一位获得北京市特批的口哨专业表演许可证的农家姑娘,央视 7 台成功播出专题节目"乡约——走进四川仁寿县"、"金口哨——秋鸣",中央人民广播电台、中央电视台、上海东方电视台,以及美国环球卫视新闻、英国 BBC 等媒体都播报过秋鸣的口哨艺术。

然而，秋鸣的成功之路并不顺利，其阻力主要来自社会的偏见及父母由此产生的阻拦。

秋鸣小时候就酷爱吹口哨，她学树上的鸟叫，后来就开始尝试吹歌，怕人听见就在干农活打猪草的时候吹。快乐的日子总是过得很快，转眼到了上初中，每当下课的时候，总会有些同学围上来，让秋鸣吹些歌曲解闷儿。初三毕业典礼上，16岁秋鸣的口哨表演在学校引起轰动，那时候的秋鸣第一次认识到，原来口哨也可以给人美的享受。可就在秋鸣乐在其中的时候，一件事情的发生却让她整整六年没敢在公共场合吹过一句口哨！

一次秋鸣对邻居说想到北京去吹，邻居说她肯定疯了，应该送到精神病院。那时候吹口哨被认为是不三不四的人的流氓行为，父亲用柳条打她不让她再吹，从此六年她没在人们面前吹过。

六年压抑的日子过得格外的慢。好不容易到了1996年9月，秋鸣考上了北京医科专修学院，压抑了六年的爱好又重新迸发出来，而且是一发而不可收拾。对于秋鸣的口哨，同学们都喜欢听，可是却没有一个人觉得这是一门艺术，只不过是休闲娱乐的行为而已。1996年11月的一天，秋鸣终于忍耐不住，给《大中华》的原创者高枫拨了电话，询问女孩能否吹口哨，吹口哨是否是一种艺术，她得到了肯定。

于是，她做出了大胆而意外的决定——退学，专心吹口哨。父母知道她竟为口哨离开了学校，震怒了，因为他们不能容忍一个女娃吹口哨。一气之下，他们断了秋鸣的生活费用。为了省钱，秋鸣在渗水的地下室呆了三个月，生活的窘迫让秋鸣无奈之余，不得不找了一份文秘的工作，以一个月500块钱的工资为生，找了一个四平方米的阳台暂住。一年多过去，秋鸣的口哨声吸引来了北京市文化局局长，1997年她获得由北京市文化局特别颁发的国内第一本、也是当时唯一一本口哨演员专业证书。

（资料来源：金口哨—秋鸣［OL］.新浪博客网［2009-04-07］. http://blog.sina.com.cn/s/blog_4826e48f0100cqal.html）

秋鸣的故事告诉我们：家长要以平常心面对孩子的兴趣、爱好。"三百六十行，行行出状元"，现代社会是多元的，孩子只有"成为自己"才能过真正幸福快乐的生活，而不要戴着有色眼镜去看待他的爱好、兴趣。著名作家龙应台的儿子在上大学时曾问她："如果你的儿子极其平庸，你会失望吗？"龙应台回答："假定说，横在你眼前的选择是到华尔街做银行经理或者到动物园做照顾狮子河马的管理员，而你是一个喜欢动物研究方面的人，我就完全不认为银行经理更有成就,或者狮子河马的管理员'平庸'。每天为钱的数字起伏而紧张地斗争,很可能不如每天给大象洗澡,给河马刷牙。"

(三) 帮助孩子发挥天赋

刘轩在与父亲刘墉共著的《奋斗书》里写道:"硬把孩子转上所谓的'正业',不如引导他,使他的才能充分发挥,成为真正的'他自己'。"北大钱理群教授指出:"做任何事,刻苦的结果往往是两个字:及格。兴趣的结果常常也是两个字:优秀。"走自己的路,才会成功。"天才"们的成功经验给我们提供了这方面的证据。关于天才,有各种各样的说法。如蒲丰说:"天才就是毅力。"歌德说:"天才就是勤奋。"叔本华认为,天才就是忘我。其实,天才就是入迷,就是兴趣。说"天才就是勤奋"的歌德,为完成《浮士德》用了40年;威吉尔为完成《艾丽奇斯》用了11年;吉本为完成《罗马衰亡史》用了15年;孟德斯鸠为写《论法的精神》用了25年。这些例子证明,所谓天才人物指的就是有毅力的人、勤奋的人、入迷的人和忘我的人。但是,需要给予特别关注的是:毅力、勤奋、入迷和忘我的出发点实际上都在于兴趣。有了强烈的兴趣,自然会入迷,入了迷自然会勤奋,有毅力,最终达到忘我。

如果家长仔细观察过孩子就会发现,孩子在婴幼儿时期极易对事物产生兴趣和热情。也就是说,婴幼儿天生就具有对某些方面或某一方面的强烈热情。然而,令人遗憾的是,许多家庭往往在孩子的热情之火刚刚燃起来时,就把它吹灭。

如此,家长想让孩子取得成功,不是把孩子送进最好的学校,找最好的老师辅导,买最好的资料,就可以了,而是让孩子走在自己的路上,让孩子尽情发挥自己的天赋。同时也意味着家长不需要特意为孩子设计他要走的路,家长需要承担的是欣赏者、鼓励者、协助者、支持者的角色,关键在于保护和激发孩子强烈的兴趣和顽强的热情。在这一点上,爱迪生的妈妈做出了表率。

爱迪生一生中发明的项目多达1628项。他上小学时,好奇心特别强。有一次,看到充满气体的东西能够飞上天,于是就找来一些发酵粉,动员想上天的同学吃。意想不到的是,那些同学吃了发酵粉之后,痛得在地上打滚。校长知道了这件事,十分生气地对爱迪生说:"又是你这个捣蛋大王,我把你开除了!"爱迪生被学校开除后,母亲并没有责怪孩子,而是气愤地说:"你们不了解我的孩子,他非常聪明,他不是在捣乱,而是好奇。你们不懂得教育,我亲自教育他。"就这样,母亲带着爱迪生回家了。在家里,母亲亲自给爱迪生上课,还积极鼓励他做实验。

爱迪生被校长开除,这在许多人眼里,表明爱迪生是个坏孩子。然而,他的母亲则非常了解孩子的优点及长处,在母亲帮助下,爱迪生特有的个性充分发展,成长为有用之才。

此外,家长还需要知道,孩子的兴趣和热情也是比较脆弱的,并且,越大越难以具备强烈的兴趣和强烈的热情。因此,对孩子进行早期教育非常重要。

二、在遵循孩子身心发展规律的基础上培养孩子

陶行知有这样一句名言:教育人和种花木一样,首先要认识花木的特点,区别不同情况施肥、浇水和培养教育,这叫"因材施教"。古今中外,许多教育家都强调"因材施教"。这对家庭教育同样重要。家长要成功培养子女,不仅要了解、尊重孩子的天赋,帮助其发展,而且要了解孩子身心发展的其他方面,遵循其发展规律。

(一)家长要了解孩子的身心发展规律

家庭教育中的许多错误是由于家长缺乏家庭教育知识、缺乏对孩子的了解造成的。很多家长也许了解孩子的身高、体重、身体上的各种细节、衣食的喜好,但却不了解不同年龄段的孩子生理、心理上有哪些变化,孩子怎样看待父母的教育,喜欢怎样的生活方式。父母只是按照自己对孩子的理解来对待,认为自己所做的一切都是为了孩子好,却不一定受孩子欢迎,教育效果就会受到影响。

现在的孩子所处的社会环境与过去发生了很大变化,有着许多过去的孩子不曾有的新的特点,他们对新事物的敏感程度和接受能力甚至超过父母。如果父母跟不上时代,不了解孩子的生存境遇,其"教育"就可能失效。如,在计算机走进课堂后,有的家长对其仍然不了解,就发生了一则这样的家庭教育故事:

有个孩子放学回到家里,无意中对妈妈说:"我们学校的计算机染上病毒了。"妈妈根本不知道计算机病毒是怎么回事儿,就对儿子说:"那这些日子你就别到学校计算机小组活动了,免得把你给传上了。"儿子觉得妈妈的话根本不对路,是很可笑的,再三解释计算机病毒和人体病毒是风马牛不相及的事,可是妈妈要坚持自己的意见,说:"万里还有一呢!"儿子说:"真拿我老妈没办法!"[①]

父母要做一个成功的教育者,就要学会站在孩子的立场上思考问题,向孩子学习,了解孩子的特点和真正需求,适应子女的心理、生理及行为特点的变化,以利于保护孩子的权利,促进孩子全面发展。否则,只会适得其反。新修

---

① 关颖.向孩子学习,读懂孩子这本书[OL].新东方家庭教育研究与指导中心网[2011-02-28]. http://www.xdf.cn/201102/609506.html.

订的《中华人民共和国未成年人保护法》第十二条规定:"父母或者其他监护人应当学习家庭教育知识。"为人父母犹如当法官要精通法律、当医生要有医术一样,也要具备"专业素质"。学历只是表明过去的学习经历,在进入父母角色后,需要开始学习家庭教育知识以便提高家庭教育质量。

(二)家长要基于孩子的身心发展状态帮助其发展

体坛上有很多转行成功的佳话。如2008年奥运会蹦床冠军何雯娜原来是练体操的,转行后从体操灰姑娘成为蹦床公主。她的经历告诉人们:处于合适的位置才能秀出精彩。家庭教育也是如此。我国台湾地区亲子类畅销书《遇见世上最好的爱》的作者刘继荣,以一位母亲的亲身经历和感受,讲述了父母如何为孩子找到合适发展位置的例子。

案例 6-5

星期天下午,才艺班老师打来电话,问她女儿怎么还没来。女儿早已出门,深感意外的她追了出去,发现女儿与一楼的女孩普普正悠闲地坐在花园的秋千上。

"我真羡慕你,我要是你该多好啊!"生气的她听到女儿的话特别惊奇,因为这个被叫做普普的女孩,3个月时被查出患有脑瘤,5岁才能勉强挪步,8岁上学,除了语文,其他科目怎么都学不会。女儿羡慕她什么?

和普普的对话持续了整整一个下午,谈话后,她知道了许多她从来不知道的事情。

她不知道,在那家最好的幼稚园里,在那些聪明伶俐的小朋友之间,她拘谨的女儿,常常站在角落,深深地把头埋下去;在那所最好的小学里,在那些层层选拔出来的资优生中间,女儿更是受尽煎熬,度日如年。女儿对普普说:"实验小学的拖把都比我聪明,我是全世界最笨的人。"

她深深地震惊了,女儿一出生就被寄予厚望。为了女儿,胎教、早教、0~6岁天才方案……她一天也没放松过。女儿似乎也很配合她——背唐诗、写算术、背英语单词、每天阅读一则励志故事。

但她失望地发现,女儿并没有走向她所设想的灿烂目标。女儿的额头上甚至出现了三道浅浅的抬头纹,她像个庄重的小老太太。

她不明白,为什么给女儿提供了所谓最好的成长环境,却扼杀了女儿的自尊、自信和快乐,将女儿培养成了一个自卑、绝望、毫无生气的女孩。

瓜果催熟自然会异常鲜艳和肥美,但味道极差,更没有营养。她明白了,女儿的人生不该如此。

她将女儿转入了一所普通小学。这里的作息时间很正常,这里没有节假日的补课,最重要的是,这里的学生不是选拔出来的精英,他们与她的女儿一样,都是资质平常的孩子。

所有的人都不理解她的做法,他们认为这样会毁了女儿。

在她的坚持下,女儿开始了普通小学的学习。在新的班级,老师没有特殊训练,按部就班地上课,女儿的作业很快就能做完。女儿的睡眠时间充足了,眼里的红血丝消失了。餐桌上,女儿第一次笑逐颜开地告诉父母学校里的事:"早读时下雨了,老师允许我们挤在一堆趴在窗前看。下雨原来很好看,每一滴雨,都有自己的一条小路。"她发现女儿额头上的皱纹居然不见了,女儿终于有了适合自己的一条路。

女儿还告诉父母她是班里年纪最小的学生,如果答对了问题,大家都会鼓掌,答错了,也没人会笑她。

期中考试女儿的各科成绩出乎预料地好,女儿很高兴,笑个不停。期末考试,女儿成绩稳定,在评语里,老师热情洋溢地称赞她是班上最优秀的学生。

后来,女儿在一次数学大赛中,获地区二等奖。在后来的英语口语比赛中,女儿的表现也很出色……

(资料来源:崔宇.家长的革命[M].北京:光明日报出版社,2009:145-147)

这个故事告诉我们:每个孩子都走在自己的路上,都有自己的最近发展区,放对了位置,孩子就可以过得很精彩。

(三)家长要促进孩子的身心有个性地成长

有很多家长,为了孩子的发展,放弃了很多个人爱好,看了不少有关家教的书,听了不少课,找老师、专家咨询过,可是在面对孩子的时候,尤其是遇到问题的时候,依然不知道如何是好。这一现象说明很多家长并没有自己的家庭教育主见,甚至机械模仿,不能把正确的观念和方法很好地运用在家庭教育实践中。如:有的家长常关注谁家孩子上了名校,也为自己的孩子定了诸如此类的目标;有的父母打孩子、逼孩子弃学培养特长;有的家长总是拿自己孩子的缺点与别人的优点比,对孩子的心灵造成严重伤害。也许有的孩子在家长的"威逼"下成功了,进了名牌大学或成为某方面的冠军,但是这类赌博式的教育是难以复制的,更多的情况是失败。

世上没有两片一模一样的树叶,每个孩子都是独一无二的。所以,每个孩子的家庭培养方式也应是不同的,家庭教育应体现出"个性",简单地套用他人的培养方式是很难成功的。同时,家长也要注意以下几点。

1. 家长自己要形成正确的成才观

李白的"天生我材必有用",对于家长来说不应只是一句诗词,而应是"育子成才观"。家长要相信,每个孩子都有自己的成功之路。只有建立这样的信心,家长才会从容地面对孩子的优缺点,才会基于孩子的身心特点寻求有效的教育策略,而不会盲目地去照搬他人的教育策略和方法。

2. 要做有个性的家长

很多家长是老师怎么说怎么做,别人家怎么做自己就怎么做,似乎忘记了自己的孩子是与众不同的,自己也是与众不同的。只有独一无二的家长,才能培养出有个性的孩子。因此,家长也要发现自己的优点,努力成为自己,才能使自己的家教有特色,也才能帮助自己的孩子有个性地成长。宋氏三姐妹的父亲宋耀如先生,对三个女儿大力栽培,从来不相信女子不如男的说法。他让三个女儿都到美国去接受新式教育,培养出的女儿既有东方的娇羞之美,也有西方的开朗和风趣。宋氏三姐妹都很感谢自己的父亲,感谢他没有按照传统的教育模式去要求她们,所以她们在那个内忧外患的时代里格外耀眼。还有漫画家朱德庸,他常常帮孩子请假,带着孩子周游世界。据说他的儿子竟然哭着要去上学,不过,他很骄傲自己有一个与众不同的父亲。

做一个与众不同的人,才是真正的爱生活、爱自己的人,这样的人也才能感染孩子。教育孩子、爱孩子不是盲目地迷失自己,保留自己的个性,让孩子看到一个真实的、有自己想法、有性格的自己,也为孩子走自己的路、形成个性树立榜样。

3. 家长慎用"对比教育"

我们总是习惯性地跟周围的人比较,比如地位和财富,甚至包括孩子。如果说财富、金钱等具有可比性,孩子作为独一无二的鲜活的生命,应该是没有可比性的。然而,很多家长却不这样认为,而是常常拿孩子跟周围的孩子比。这对孩子的个性化发展是不利的。因为,无论自己的孩子是否超过其他孩子,对比本身就是在伤害孩子,超过了他人孩子心里可能会滋生骄傲、傲慢等情绪,落后了容易伤害自尊心,产生自卑、失落情绪。欧文曾说过:"宽容精神是一切事物中最伟大的。"父母只要对孩子多一分宽容,少一些责怪;对孩子多一些鼓励,少一些埋怨,孩子就会在父母的精心呵护下茁壮成长,不畏艰险,不惧因苦,勇于面对人生的各种挑战。

第3节　家庭教育成才过程优先于结果

孩子的成才是需要过程的,这样说似乎空泛无意义。然而,从过程哲学的观点来看,我国家庭教育中存在的问题恰是忽视了孩子成长过程的结果。

一、基于过程哲学理解成才

什么是过程哲学？从广义上说,过程哲学是任何一种主张存在或实体的存在(它内在的本质)是一个"成为"的过程,这一过程表现在与其他实体的交互作用中进行。英国哲学家阿尔弗雷德·诺斯·怀特海(Alfred North Whitehead 1861—1947)是过程哲学最有影响的代表人物之一。

(一)过程哲学的基本观点

过程哲学作为一种较有影响力的哲学观点,其阐释力度在于它从关系性、整体性的视角对个体、事物和事件的生成、建构进行论述,以揭示过程的内在形成机制在于其内在的创造性,主要观点如下。

1. 有机体思想

虽然学术界普遍用"过程哲学"一词来概括他所阐述的思想和观点,但怀特海本人却总是以"有机体哲学"(或机体哲学)来指称自己的新哲学。他认为,整个宇宙就是一个有机统一的整体,小到亚原子微粒,大到整个宇宙,无论是一个细胞还是一个人,都是有机组合的"社会"。整个宇宙是一个充满活力的有机体。人与其他存在物一样,都是一个有机体,是一个精神与自然统一的有机体,身体与心灵统一的有机体。

2. 过程原理

过程哲学认为,整个宇宙就是万事万物不停变化、生成的过程,该过程生生不息,流动不止。每种事物都以过程的形式存在,是各种状态之间不停转化、生成的过程。过程的特征在个别事物中表现出来,理解个别事物也必须根据包含在其中的过程来理解。怀特海以"过程"为基本思想创建了宇宙论：宇宙是活生生的、有生命的机体,它处于永恒的创造进化过程之中。构成宇宙的不是所谓原初的物质或客观的物质实体,而是由性质和关系构成的"有机体"。在过程理论中,事物的生成变化没有终极原因。宇宙中的每个事物都成为它自己的原因,它就是它自己生成的理由。事物的生成过程是其自我组织、自我建构的过程。旧的部分与新的部分没有明显的分水岭和结合部。一个有机体总是持续不断地生成,再生,变老,不停地变化。

3. 创造性原理

怀特海所说的"创造性"是一种"前进",即"产生、引起和生产",也可将其理解为事物的生产性原理。正是因为存在物本身固有的、多样的创造性,才能生成宇宙中的万事万物。它不是某种具体的实在,而是构成存在或实存本身可能性的先验条件。事物由创造决定,创造是存在物的潜在可能性,每个事物都有向着新事物创造性发展的潜质。

4. 关系原理

过程哲学认为,每一个实际存在物都是根据关系性质得以规定的,现实事物的存在不是其本身孤立的存在,而是由该事物本身及其与其他现存事物的关系共同构成。也就是说,现存事物不是孤立的事物,而是现存事物及该事物与其他现存事物的关系共同构成的,是事物与关系的集合体。每一个事物都是如此,关系成为构成现存事物的重要元素。

(二)过程哲学视野中的成才观

过程哲学对理解教育、家庭教育和个体成才提供了一种视角。过程哲学视野中的人才是一种身心统一体,是一种关系性存在,一种过程性存在,一种具有内在创生性的存在。

1. 人才是身心统一的有机体

人是有机体,人才同样也是有机体。怀特海认为人的身心是统一的,我们当下的经验取决于两个因素:身体和先前的精神活动。我们与其中的每一个都具有同一性,我们的身心整合为经验统一性的活动是一种自我建构活动。把身体当成物与身心的二元对立是错误的。因为,大脑以及整个身体是由拥有体验能力和创造性的细胞个体组成,人的意识也同样是由具有体验的个体构成,大脑与意识共享感觉,所不同的只是程度上的差异。因此,人的经验不是意识对客观世界的反映,而是作为活动的有机体的整个身体协调活动所获得的感受。也就是说,人才的身体感受、精神体验、才能等相互关联,是一个完整的统一体。

2. 成才是一个过程

成才是一种结果、一种状态,更是一个过程,人才只具有相对意义而没有绝对意义。个体一生都处在生成、转变之中,有的才华早露,有的大器晚成。个体的成长没有终极原因,个体的成长的任何阶段都是成长中的组成部分,都构成了个体发展的历程。

3. 创造性是成才的先验条件

创造性是个体发展的原动力,是个体生存所具有的先验条件,是个体发展的潜质。在此意义上,创造性是成才的先验条件,是每个个体都具备的成才的可能性。因个体的创造性不同,其成长之路也会不同。

4. 成才是一种关系性状态

成才虽离不开个体自我建构,但成才本身是一种关系性存在,成才与关系一体两面。成才过程中的关系既包括个体身心内部各要素之间的关系,又包括个体与其生长环境中的人、物的关系。关系的复杂性、独特性建构成不同的成才类型。

二、家长培养孩子成才结果优先于过程所存在的问题

尽管成才需要过程,但在中国的家庭教育中却往往因过于关注结果而导致结果前置,造成对学生成长过程的异化。

(一)成才结果前置,孩子的未来殖民了现在

很多家庭教育是围绕孩子的升学进行的,升初中、升高中、升大学,上大学、上好大学是家长、孩子为之努力的方向,孩子当下所做的一切似乎都是为升学做准备。高考成为中小学教育的终结性战场,也是学生个体命运抉择的竞技场,之后的大学生活则是美好的"乌托邦"。

当家庭教育把目光聚焦于未来时,结果前置便统摄了孩子成长的过程。因为,当人们对未来的结果过分渴求时,就遮蔽了对当下生活的关照。当家庭教育以孩子升入好大学为目标时,当下孩子生活是否愉悦、充实、幸福、健康似乎已不重要,重要的是考上好大学。于是,"当下"消失了,"鲜活的生命"不见了,当下被未来殖民了。

(二)成才结果的可计算性,容易导致孩子失去个性

很多家长把孩子升入大学看成是家庭教育的目标,这意味着孩子的成才成为一种可以知性度量的对象。升入不同类型的大学与孩子的考试成绩挂钩,成才=好分数。这样,孩子的成长状态是可以计算的、度量的,进而,孩子被客体化、物化了,孩子成为众多可以计算的对象中的一个,家庭教育也因追求目标的雷同而雷同。于是,出现了家庭教育的从众、盲从现象,孩子、家长的个性被消解。

(三)成才结果固化,导致孩子不可持续发展

很多家长把孩子升入大学看成是家庭教育任务的结束,这意味着他们为孩子的发展设置了界限,封闭了孩子发展的多种可能性。在这种观念的影响下,很多孩子在上大学前还有学习的目标,上大学后反而失去了学习的动力,迷失了学习的方向,在浑浑噩噩中度过大学生活。成才本身是一种过程,在社会不断发展的背景下,人才只有可持续发展才能跟上时代的步伐,才能成为时代所需要的人才,人才一旦停止前进的脚步,就可能被时代所淘汰。

三、家长培养孩子成才过程优先策略

为避免结果优先所存在的问题,家长需关注孩子的成长过程,并注意运用以下几种策略。

(一)让孩子身体力行,学习"活知识"

在怀特海看来,教育的目的在于活跃人的思维,形成智慧。智慧不等于知识,知识是人们对事物的一种抽象认识,是人们的理性对客观世界的反映,是独立于人和自然之外的存在。而智慧是一种体悟,是个体在生活情境中内心生成的知识和本能的结合,是触类旁通解决问题的能力。知识可以从外界学习,而智慧则离不开行动,即学习者的身体力行。

人才拥有的不只是知识,还有智慧。现实生活中,许多家长培养孩子成才的道路并不顺利,其主要原因就是:注重掌握知识,忽视形成智慧。其中比较典型的问题是:高分低能、动手能力差、交往能力差、承受挫折的能力差、责任感不强,等等。"学会做人"、"学会做事"、"学会学习"、"学会生存"是当下社会对人才的基本要求,以此来看我们当下的许多家庭教育距此要求还有一定的距离,其根本原因则是给孩子创造身体力行学习"活知识"的实践机会少了。我们的家长太注重孩子对书本知识的学习,忽略了身心整体投入对孩子的影响。温室里的花朵难以承受暴风雨的袭击,圈养的虎狼会失去野外生存的能力,盆景难以长成参天大树,以读书本知识构建成长历程,缺乏身体力行的实践,自然很难培养出优秀的人才。

家长要让孩子身体力行,首先要让孩子从家庭生活小事做起。

有这样一则故事:

有一个人到瑞士访问的时候,在一个洗手间里,他听到隔壁小间里一直发出一种奇怪的声音,由于这响动时间过长,也过于奇特,不由得引起了他的好奇心。

于是,他通过小门的缝隙向小间探望。这一看,让他惊叹不已。

原来,他看到一个只有七八岁的小男孩正在修理马桶的冲刷设备。一问才知道,这个小男孩上完厕所以后,因为冲刷设备出了问题,他没有把脏东西冲下去,因此他就一个人蹲在那里,千方百计想修复它。他的爸爸妈妈、老师当时并不在身边。①

这个故事让许多人非常感慨,相比较之下,我们有些小孩子的责任心就令

---

① 过度呵护让小孩子没有责任心[OL].爱宝网[2010-01-08]. http://www.kid520.com/study/view-339610-1.html.

人担忧了!比如,玩具乱扔,书包不收拾等。为什么孩子缺乏责任心?因为家长让孩子参与家务活动的机会太少,一个生活在万事不用操心、衣来伸手饭来张口状态中的人,怎么可能有责任心?责任心如此,其他方面也是如此。

其次,让孩子接触新奇的世界。自然主义教育倡导者、法国启蒙运动著名思想家卢梭认为,儿童要获得的,是对事物的真正理解,那种将孩子封闭在家中,一味要求孩子写字、画画、背诗的做法是不可取的,它只会将孩子培养成"书呆子",而绝不可能培养成有创新力的人。卢梭反复说明的一点是:要以行动去教育孩子,而不是言辞说教,在书本中,他们学不到能够从经验中学到的东西。智育的任务不是机械地传授科学知识,而是发展孩子汲取知识的能力,激发他们对知识的兴趣和热情。孩子在充分接触世界的同时,能够保持旺盛的求知欲,并在汲取知识的过程中体验到乐趣,这种乐趣会激励他不停地去探索未知领域,使孩子智力得到一个良好发展。

最后,让孩子养成"行动着"的习惯。学习"活知识"并不仅限于一时一刻,而是需要形成一种习惯。只有如此,才能经过锻炼,提高其生存能力。

(二)培养孩子的兴趣爱好,让其成才过程更精彩

怀特海指出:"我们的生活是在关于发现的经验中度过的。一旦失去了这种发现感,我们就会失去心灵所是的那种活动方式,我们就会沉落到仅仅与过去的平均值相符合。完全的符合意味着生命的丧失。剩下的是荒芜的无机界的存在。"而保持发现感的动力则来自个体的好奇心、兴趣,持续的发现为个体的发展提供了经验,建构个体的成才历程。

好奇心是产生智慧的基础,没有好奇心,难以产生真正的智慧。"智慧生活的本能基础是好奇心,动物界以其初级形式也表现出好奇心……好奇心,恰当地说是由对知识的热爱激起的。"[①]从终极存在来看,创造性是宇宙的终极范畴,也是人存在的本质。而创造性离不开好奇心,人类天生具有渴望了解未知世界的特点。"一切复杂的生命形式中,都内在地本能地包含着好奇心……活跃的好奇心对于一切复杂的生命形式的生存和发展都是至关重要的。"[②]既然好奇心、兴趣、创造性、智慧之间密切相关,那么,培养孩子的兴趣爱好是其成才过程中不可忽视的内容。对此,家长需要注意如下几点。

首先要认识到"兴趣是最好的老师"。兴趣对一个人学习的引导作用是巨大的,对一个人的个性形成和发展、对一个人的生活和活动也有着巨大的影

---

① 瞿堡奎.教育学文集.教育目的[M].北京:人民教育出版社,1993:501.
② (美)费劳德.一种怀特海主义的教育理论——兼论中国教育改革[J].李大强,译.华中科技大学学报,2005(5):110-114.

响。那些在科学方面对人类作出巨大贡献的人，他们的成就动力首先来自他们的兴趣，如爱迪生、爱因斯坦、达尔文等。有人曾对我国数十名高考状元进行调查，发现他们具有一个共同点：感觉学习是一件愉快的事。

其次，用欣赏的眼光发现孩子的兴趣。每一个孩子都有自己的兴趣、爱好，重要的是家长如何去发现、去培养。所以，家长要学会用赏识的眼光去发现孩子的兴趣，并给予正确的引导，才能让孩子成为可用之才。家长也许并不知道孩子对什么感兴趣，但可以通过为孩子提供各种各样的活动和环境，从中发现孩子的兴趣和爱好。对于成长中的孩子来说，他的兴趣是一个不断发展、转移的过程，这不仅需要父母用赏识的眼光去发现，而且也需要父母花费一番心思去创造良好的条件，帮助孩子的兴趣和爱好持续不断地向深处发展。

最后，父母提供支持成就孩子的梦想。有部分家长在孩子的成长之路上，能给孩子充分的专业引导，而大部分的家长可能感到在指导孩子的兴趣发展方面力不从心。这就需要家长给予支持，寻找条件使孩子的兴趣得到培养，在成长的道路上少走弯路。纵观古今中外，大凡有作为的人大多数都是在名师指导下成才的。让孩子站在巨人的肩膀上，可以让孩子站得更高、看得更远。

（三）让孩子在沟通中成长，构建良好关系性存在

孩子是一种关系性存在，各种关系的存在状态就是他的成长状态，各种关系的质量就是他成长的质量。而在各种关系中，家长、老师、同伴作为重要他人对其影响很大，并且，亲子关系是最持久、持续的，其他关系的存在状态也是亲子交流中的重要内容。在此意义上，亲子关系的质量直接影响着其他关系的质量。因此，亲子沟通是家庭教育的基本内容，它能够帮助孩子明确生活目标，处理生活中的困惑，引导孩子树立合理的价值观、形成社会责任感，把孩子引向健康发展的道路。同时，也有助于家长反思自己的家庭教育观念、教育方式与方法，使家庭教育变得更理性。

沟通从了解孩子开始，了解孩子也要从沟通开始。沟通是家长弯下腰来与孩子平等地对话、交流，要给孩子表达的时间、空间，并给孩子足够的尊重和信任。沟通不是说教，不是居高临下地训导，沟通更不是刺探孩子内心的隐秘。沟通是为了相互了解、理解、尊重，是为了相互陪伴与共同成长。只有这样，孩子才能把亲子间的良好沟通经验迁移到与他人的关系中，才能抱着一种积极的、乐观的、宽容的、理解的心态与他人交往。

（四）发挥孩子的创造性潜质，促使其在蜕变中成长

按照过程哲学理论，创造性是个体发展的潜质，但如果没有适当的条件，潜质很难显示出来。人类之所以成为万物之灵，主要是因为具有"比生命更多的生命"。也就是说，人类是通过战胜自我、挑战自我来成就自我的，"自我实

现"是人类的内心需要。所以,接受挑战并以自己的创造性战胜困难能给人非凡的成就感。

孩子当然也不例外,他们也需要这种感觉树立自信心,但是孩子还不独立。所以,家长不要总是让孩子做一些简单的事情,要让孩子接受挑战,做一些需要努力才能成功的事。在现实生活中,家长经常认为,孩子年龄小,处理事情的能力差,到了某个阶段才能做某种事情。而孩子却总是怀着"再难也敢试一试"的心理,敢于挑战难题。如果家长不给孩子尝试的机会,会减弱孩子的进取心,打击孩子挑战难题的勇气。一旦孩子习惯于走平坦的路,听惯了顺耳话,做惯了顺心事,遇到困难时,他们就会不习惯,甚至束手无策,这样往往导致失败。

要让孩子具有挑战精神,调动其内在具有的创造性潜质,家长要对自己的孩子有信心,敢于让孩子面对困难;适当提高对孩子的要求,让孩子学会挑战,让其在不断挑战难题的过程中,享受成功带来的喜悦。

 本章小结

随着社会竞争的日趋激烈,家长对孩子成才的期望值也越来越高,有的家长把孩子成才等同于取得好成绩、考上好大学;有的家长认为孩子要成才,就不要输在起跑线上,就要"超前"发展;有的家长认为,出国留学是孩子成才的必要途径。另外,还有的家长认为,孩子自然成长就可成才。在这些成才观引导下,家庭教育出现了各种各样的问题。有的因过于追求分数,致使孩子高分低能甚至出现厌学情绪;有的因"超前"而"拔苗助长",导致孩子不可持续发展;有的不但没有留学成才,反而成为"留学垃圾";有的孩子因家长疏于管教而走向犯罪道路。这里我们并不否认好成绩、好大学、早期教育、出国留学、尊重人类天性的意义与价值,而是认为,当家长把孩子的成才目标及其过程过于简单化、外在化、功利化时,是不利于孩子成才的。

成才并没有统一的模式与路径,但却有一些家长要遵循的客观要求。首先家长要接纳孩子的既有状况,包括孩子的性别、智力、相貌、性格等各方面,以及孩子的年龄心理特征,然后在此基础上了解孩子的天赋、优缺点,尊重孩子的天赋,创造条件发挥孩子的天赋。就像世界上没有两片一模一样的树叶一样,不存在身心状况相同的两个孩子,家长对自己的孩子要"因材施教",不宜采用"对比教育"。

依据过程哲学的观点来看,成才既是一种结果也是一种过程。如果成才过程优先于结果,人才就应是身心统一发展的,是一种处于发展中的关系性状态,是一种不断发挥个体创造性潜质的过程。所谓的人才,只是个体发展过程中的一种阶段性状态,是过程的自然结果。然而,在我国当下的现实家庭教育中,很多家长并不是从过程哲学的观点来培养孩子成才的,他们把结果看得比过程还重,成才成为一种预先固化的、可以计算的目标。为了实现成才目标,结果殖民了孩子成长的过程,当下消失了,鲜活的生命不见了,个性消除了。

 思考与练习

1. 谈谈你对成才结果与成才过程之间关系的理解。
2. 谈谈你对成才观的理解。
3. 谈谈如何才能让孩子更好地成才。

第7章　孩子的身体发展与家庭教育

如果孩子们跳舞、品尝、触摸、听闻、观看和感觉信息,他们几乎能学一切东西。

——简·豪斯顿(《教育可能的人类》)

学习目标

1. 了解身体之于个体及家庭教育的意义。
2. 理解家庭教育如何帮助孩子修身成人。
3. 思考家庭教育如何"因性施教"。
4. 掌握个体身心发展的关键期。
5. 理解青春期身心发展特点及其对家庭教育的要求。

我们每个人都拥有一个身体,并且天天都会见到他人的身体。但是,这不表明我们对身体有充分的认识。比如,把身体仅仅当做生物学意义上的肉体其实是对身体的肤浅认识。正如在日常生活中我们缺乏对身体的充分认识一样,在家庭教育中家长们也常常忽视身体之于孩子成长的意义,或者仅限于关注青春期给孩子身心带来的变化,却忽视了身体之于孩子全方位的影响。对此,下面一则调查在一定程度上能帮助家长认识到身体在孩子成长中的重要意义。

美国心理学家戴蒙(Damon)和哈特(Hart)对儿童自我理解的发展进行了研究,发现孩子们对自己的理解都离不开身体。[1]

例一：你是怎样的人？——我有一双大眼睛。
　　　为什么你觉得这是个重要特点？——我不知道。
　　　你是怎样的人？——我爱出汗。
　　　这很特别吗？——我就是那样的,出好多的汗。

---

[1] Damon, W. & Hart, D., Self-understanding in childhood and adolescence[M], London: England Cambridge University Press, 1998.

你是怎样成为现在这样的一个人的？——我吃饭、睡觉、喝水,它们帮助我长大。

就这些了吗？这是你成为现在这样的唯一途径吗？——我猜是这样。

例二：你是怎样的人？——我挺高大。

为什么你觉得这是个重要特点？——我比别人都高大,这样我就能骑自行车了。

你是怎样的人？——我很聪明。

为什么你觉得这很重要？——我比别人都聪明,聪明使我反应快。

例三：对你来说最重要的是什么？——我很强壮,而且我的样子挺酷。

为什么那很重要？——因为我所遇到的每个人都因此而佩服我。

你是怎样的人？——我是个诚实的人。

为什么那很重要？——我是这样成长起来的,别人因此而信任我。

由上述例子我们可以看出,孩子在童年时期对自我的认识始终与自己的身体联系在一起,童年是被"体现"出来的。[①] 例一是孩子通过对自己身体的归类(大眼睛)理解自己,例二是通过比较自己与他人的身体(个子高大)理解自己,例三是通过交往中别人对自己身体的认同(别人觉得自己样子挺酷)理解自己。自我的身体特征或者说体现自我的身体与孩子的意识、思想、目标等是不可分割的,他们从对身体的评价与感受中确认着自我,身体的高矮、胖瘦、外表、性别和行为的任一方面对孩子的自我认同和交往关系都有很大的影响。而且,身体及其感受、经验自胎儿时期起已开始产生影响,孩子身体的经历、遭遇、状况与他们的发展相一致。为了对此有更加详细、深入的阐释,我们分别从孩子的身心发展、身体的社会性特征等方面探讨身体对孩子成长的作用及家庭教育应关注的问题。

第1节　家庭教育要从孩子的身体开始

许多家长认为,进行家庭教育就是家长把外在的、孩子不知道的而对他们的发展又很重要的知识,让孩子掌握了。一位幼儿园的园长正是这样认为的,也是这样做的。她的孩子出生不久,她就在门上贴个"门"字,在瓶子上贴上"瓶子"……不断地把孩子抱过去给孩子读,不断地这样做。孩子4岁多的时

[①] Allison James, Embodied being(s): understanding the self and the body in childhood(m), Edited by Alan Prou, The Body, Childhood and Society, ST. MARTIN'S INC. ,2000.

候,就已经拿着书本开始阅读了,而且加减法都会。她自认为她的孩子非常聪明,因为她的孩子掌握了很多知识,尤其在阅读方面。然而,以教育家蒙台梭利的观点来看,她的孩子心智上却非常弱。因为,只学书本知识的孩子不能综合地将所学的东西在一个特定的环境中加以应用,一开口就是知识,但他的知识同生活无关。如此,孩子不会洞察,不会深入思考,好像什么东西只要外界不反应,他就不能确定,常常显得不自信、不坚强、不果断。那么,怎样才能避免孩子成为"书呆子"而能活学活用呢?蒙台梭利告诉我们:从孩子的感觉开始。

一、家庭教育需始于孩子自己的感觉

孩子对世界的理解、认识在他们能听懂言语之前,已用其感官在感觉、体会,甚至养成了一些最初的习惯、态度和情感,并影响其一生。

(一) 身体是孩子认识世界和自我的方式

直立行走、用手加工工具、语言交流,这些既是对身体的加工也是对身体的运用与实践。身体是人类首要的加工对象,也是人类从动物界脱颖而出的实践方式。孩子对世界和自我的认识及其价值实现也首先来自他们的身体。许多研究表明,儿童自出生到三四岁,如被剥夺了感性经验,缺乏社会交往,疏忽智力教育或没有双亲的抚爱、照料等,都会严重影响其日后心理的正常发展。孩子对世界的认识及反应自其出生之日起就已开始,且首先来自他们的身体感受。例如,妈妈的喂养方式直接影响着孩子的心理安全感、信任感,而这些又直接影响着他们的人际交往、非智力因素及道德形成。

艾恩沃斯等人曾经研究了婴儿1岁以内母子之间的相互作用方式,主要通过观察母亲对喂食时间的选择、对婴儿饿哭时的反应速度、是哄婴儿吃还是强迫婴儿吃、是喂得过多还是喂得不饱、是否允许婴儿拒吃新的食物等等。婴儿1周岁时,他们观察婴儿在陌生情境里的反应,结果表明:母亲喂养婴儿的模式对婴儿的发展有较大影响。母亲在食物方面高度敏感照顾的婴儿更有安全感,他们喜欢被人抱,爱笑,容易赢得其他人的欢心,与他人交往的机会较多。而母亲不敏感照顾的婴儿,则缺乏安全感,对他人的拥抱表现出拒绝,易哭,不容易抚慰,不招人喜爱,与人交往的机会大为减少。

蒙台梭利认为:"智力中没有一样东西最初不是源自感觉。"梅洛-庞蒂则经过大量研究发现:"我就世界所知道的一切,甚至借助于科学所知道的一切,也是从我自己的某种观点或关于世界的某种经验出发的,没有这一观点或经验,科学的符号不会说出任何东西来。整个科学世界建立在实际经验世界的基础上,如果我们打算严格地思考科学本身,精确地评价其意义与影响,我们就应该首先唤醒世界的经验,科学在其间只是次要经验。"①

(二)感觉是家庭教育促进孩子发展的生长点

教育从孩子的感觉开始,但又不仅仅停留于自然的感觉,而是在孩子感觉的基础上进行引导,促进孩子的发展。如有一个孩子,两岁了,口头语言表达能力与同龄孩子相比较弱,表达的欲望也较弱。然而,一天傍晚,他跑出去玩,抬头看到了湛蓝湛蓝的天空,这让他有一种触目惊心的感觉,他看了很久很久。此时,家长告诉孩子说:"天。"孩子竟然不断地指着天说:"天、天、天。"从那一刻起,他见人就拉着人的手说:"天、天。"一连说了三天。此时,"天"不再是外在于自己的声音符号,词语捕捉住了感觉,稳固了感觉,清晰了感觉,加深了感觉,使模糊的、稍纵即逝的感觉成为明晰的属于他的对象,智力也因而发展了。而这个孩子,之前因不愿说话很让家长着急,为了让孩子尽快说出常见物体的名称,家长常拿着教棒给孩子指这指那,家里都指遍了,每天重复很多次,但孩子依然不愿开口。这一案例告诉我们:家庭教育要引导孩子从感觉走向概念。

不仅掌握词汇、概念如此,如要孩子对所学的东西活学活用,切实发展孩子的智力,形成生存智慧,家长应注意让孩子参加各种户外活动,尽可能多带孩子到各地走走,使其见多识广;应注重培养孩子的动手实践能力,手脑结合,从做中学。要意识到:忽视孩子身体存在的家庭教育,将是失败的家庭教育。

养一个聪明宝宝是每一位家长的心愿。为了更好地实现这一目标,家长不要过多地把自己的要求强加于孩子身上,不要简单地从词语、知识出发,而要从孩子的感觉出发。

(三)感觉训练是家庭教育开发幼儿智力的重要途径

家长只是从孩子的感觉出发进行引导还是不够的,因为把一种感觉抽引出来并概念化,与把这种感觉表述出来是不同的。作为家长,不但希望孩子从感觉走向概念,更希望孩子运用概念、词语、符号等表达自己的感觉。要做到后一点,就需要进行感觉训练,且要做好6岁以前的感觉训练,因为之后孩子的感觉敏感就要朝着一个方向发展,再进行感觉训练效果将减弱。

感觉训练就是训练孩子的视觉、听觉、嗅觉、触觉。对此,家庭教育可借鉴蒙台梭利的感觉教育思想及其教育方式。她认为,由于幼儿总是通过触觉来认识周围事物,所以,在各种感觉训练中,触觉练习是主要方面。在蒙台梭利的感觉训练中,对各种感觉的训练目的和内容如下:触觉训练在于帮助幼儿辨别物体是光滑还是粗糙,辨别温度的冷热,辨别物体的轻重、大小、厚薄、长

---

① Maurice Merleau-Ponty, Phénoménologie de la Perception[M]. Paris: Zditions Garlimard, 1945, P. XV.

短以及形体;视觉训练帮助幼儿鉴别度量的视知觉,鉴别形状、颜色、大小、高低、长短及不同的几何形体;听觉训练主要使幼儿习惯于辨别和比较声音的差别,使他们在听声训练过程中,培养起初步的审美和鉴赏能力;嗅觉和味觉训练注重提高幼儿嗅觉和味觉的灵敏度。蒙台梭利希望通过这种感觉训练,使幼儿成为更加敏锐的观察者,增进和发展他们的一般感受能力,并且,使他们的各种感觉处于更令人满意的准备状态,以完成诸如阅读和书写等复杂的活动。为了取得更好的教育效果,除了"脑体活动相结合"外,蒙台梭利还强调在活动中注重孩子的活动自由,即"任儿童自由反应"。

二、家庭教育要帮助孩子修身成人

"修身、齐家、治国、平天下",是我国古代教育思想的主旨,也是个体成长过程中志向、修为的内在秩序。其中,"修身"是最为基础的人生课程。然而,当下中国的家庭教育过于成为"应试教育"的附庸,忽视了"修身"在孩子"成人"中的意义和作用,影响了他们在意志、品行、能力等方面的形成与发展。对此,应引起家长的注意。

(一)修身成人:来自日本的家庭教育启示

全球化是当代的一个特点,孩子成人后竞争的舞台是地球村。在这样的竞争空间里我们的孩子能走多远?是否优秀?未来的发展基于现在,当下不同国家孩子身上的素质已折射出其家庭教育的优劣,这是值得中国家长深思的。

1. 我们的孩子是日本人的对手吗?

青少年研究专家孙云晓在《夏令营中的较量》中,通过叙述中日中小学生的表现展现出两国孩子间的差别。这是中国孩子们自己的话:

"日本孩子动手能力比我们强!"

"他们比我们能吃苦。"

"他们比我们热情,肯主动交朋友!"

"日本孩子敢闯!"

"他们无拘无束,不怕把衣服弄脏,甚至敢把墨抹在老师脸上。我们太小心了!"

"分西瓜时,他们抢着吃,大口吃,声音很响地吃。我们牢记外事纪律的规定,吃东西不许出声。结果,吃西瓜太少了!"

"日本孩子少说多做,中国孩子恰恰相反,多说少做。"

"……"[1]

---

[1] http://sunyunxiao.youth.cn/jlbwl/200608/t20060802_347659.htm.

我们的孩子在这场竞赛中坦率地承认自己输了,在听孩子们争先恐后地说这些话的时候,孙云晓直想哭。中日孩子的差别不仅表现在上述方面,更为深层的区别是:在夏令营中进行的竞争实际上是并不公平的竞争,中方选的是优秀选手,他们个个都是品学兼优的好学生,而日方是普通选手。

2. 日本家庭教育注重磨砺孩子

中日孩子有这么大的差别,主要原因之一是家庭教育的不同。用夏令营中董志宇同学的话说:中国家长"做事总是瞻前顾后,三思而后行,权衡到百无一害才去干"。"至今,姥姥不准我动火。天然气炉灶是电子打火,有什么危险?就不准我动!我平时住姥姥家,有什么办法?姥姥不让我干,还说什么不能光会学习,还要会干家务。她让我干什么家务呢?扫地、倒垃圾、洗碗、刷鞋等等,凡电、火、水和刀子一概不许碰。其实,不是中国孩子不能干,而是家长不让干!独生子女嘛,万一出事怎么办?您也许不信吧?我姥姥还是退休的小学教师呢,道理上十分明白,实践起来就是不行。您说,我们怎么会不高分低能呢?"

与中国家庭教育不同,由于受武士道文化传统的影响,刚毅、不屈不挠、勇敢、镇定这些品质,日本青少年从小就耳濡目染,并通过实践和训练,让自己慢慢具有这样的品质。在日本,孩子拥有这些品质会受到鼓励,会被广泛地赞赏。父母还通过相当严厉的方法来训练孩子的勇气。他们认定,狮子会把它们的幼崽扔下万丈深谷,家长就应该把孩子放在艰难险峻的环境中,才能让他们完成有如西西弗斯[①]般的苦役。因此,日本有让孩子吃苦的传统,[②]而且至今仍在保持。譬如,自幼儿园到小学、中学阶段,即使是寒风凛冽的冬天,日本男孩也只能穿单衣单裤,日本女孩只能穿短裙,光裸着双腿经受锻炼。此举若只发生在个别学校,也不足为奇,而日本学生人人如此,形成习惯,便难能可贵了。日本人常说:"孩子是在风中长大的,冻一冻有好处。"日本也有让孩子冒险的传统。尽管日本国内土地狭小,却为青少年修建了许多冒险乐园,让他们学会生存。当日本福冈的"蚂蚁蟋蟀"游戏学校发现,本地10%的孩子有怯懦

---

① 西西弗斯是法国文学家加缪《西西弗斯神话》中的人物,诸神为了惩罚西西弗斯,要求他将一块巨石推上山顶,然后让巨石滚落下来,西西弗斯再把巨石推上去,巨石又滚下来,他不断地永无休止地重复着这件事。生命在这样一件无效又无望的工作中消耗,西西弗斯却在这孤独、荒诞、绝望中的生命中发现了意义,他看到巨石在他的推动下产生的动感的美妙,他还体会到与巨石较量中所碰撞出的如舞蹈一样的激情。他沉醉在这种幸福中以至于感受不到苦难,而当巨石不再成为他的苦难时,众神停止了惩罚。这是一种对待命运的智慧态度。

② (日)新渡户稻造.武士道——影响日本最深的精神文化[M].傅松洁,译.北京:企业管理出版社,2004:22-23.

心理，他们连续4年组织孩子来中国举办探险夏令营。这也是中日儿童探险夏令营的由来。日本孩子来到中国的海岛、草原和高山地区，既要负重远行，又要野炊和支起帐篷野外宿营，从而磨练在陌生的野外环境生存的能力。自然，还要学会与外国人打交道，学着做一个"世界人"[①]。

正是有这样的文化及家庭教育传统，夏令营中日本孩子和家长的一些表现就可以理解了。如，日本孩子黑木雄介在草原大探险夏令营活动中，尽管肚子疼，脸色苍白，汗珠如豆，仍不肯坐车回营地。他说："我是来锻炼的，当了逃兵是耻辱，回去怎么向教师和家长交代？我能挺得住，我一定要走到底！"在医生的劝说下，他才在草地上仰面躺下，大口大口地喘息。只过了一会儿，他又爬起来继续前进了。同是在这次活动中，出发前，日本宫崎市议员乡田实先生驱车赶来，看望了两国的孩子。这时，他的孙子已经发高烧一天多，许多人以为他会将孙子接走。谁知，他只鼓励了孙子几句，便毫不犹豫地乘车离去。

而中国的孩子和家长与此形成了鲜明对比。我们的孩子有的也病倒了，见到医生时泪珠滚落，被送回了大本营。有的家长发现道路被洪水冲垮时，马上把自己的孩子叫上车，风驰电掣般冲出艰难地带。[②] 当然，中日孩子的差别不能完全归咎于家庭教育，应该是家庭、学校、社会合力的结果。《孟子》云："天将降大任于斯人也，必先苦其心志，劳其筋骨，饿其体肤，空乏其身，行拂乱其所为，所以动心忍性，增益其所不能。"当我们的家长望子成龙心切时，应反思一下我们家庭教育中所存在的问题。

（二）修身成人：家庭教育的重要内容

"修身养性"进而"修身成人"并不仅限于勇敢、坚强、忍耐这些品性，它还有更为丰富的内涵。我们甚至可以说："修身"、"践行"就是"成人"的过程。因为，"成人"即成为一个适应社会的人，成为一个人格完善的人，成为一个对社会有用而自我实现的人，不是书本知识掌握了多少，而是知识、能力、技能、态度、精神、道德等方面统合在一起的实践系统、行为方式，是通过个体具体的身体活动展现出来的行动。所以，家庭教育究其实是一种"体化实践"。即，家长对孩子的期望通过培养孩子的言行举止体现出来。

1. 帮助孩子养成好习惯

人的行为从行为方式上可分为定型性行为和非定型性行为。定型性行为指的是习惯动作，要靠长期的培养和训练养成。行为有四个层次：最低层次

---

① 孙云晓.《夏令营中的较量》续篇[OL]. http://sunyunxiao.youth.cn/jlbwl/200608/t20060802_347659_3.htm.

② 孙云晓.我们的孩子是日本人的对手吗[M].黄金时代，1993(7).

是被动性行为,其特点是靠外部的强制力量;第二层次是自发性行为,其特点是自己的意志力不够,主要靠外部的提醒和督促;第三层次是自觉性行为,其特点是不需要外部监督,但尚需自己的意志努力,靠内部的自我监督;第四层次,也是最高层次,是自动行为——习惯。①

习惯是一种行为方式,主要是在长期训练、模仿和实践中形成的。习惯一旦形成,就会变成人的一种需要。习惯是一种定型性行为,是最稳定的、模式化的行为和思维模式,不需要别人督促、提醒,也不需要自己的意志努力,是一种省时、省力的"自动化"行为。

英国作家萨克雷曾说过:"播种思想,收获行动;播种行动,收获习惯;播种习惯,收获人格;播种人格,收获命运。"叶圣陶先生指出:"教育是什么,往简单方面说,只需一句话,就是要养成良好的习惯。"如果家庭教育把孩子的各种好习惯都培养起来,其任务就基本完成了。习惯其实就是一种体化实践,如垃圾分类习惯、上网习惯等。当然,好习惯应与时代发展相契合,如节俭习惯不再是"新三年,旧三年,缝缝补补又三年"了,而是在合理消费的前提下励行节约等。此外,还要注意在培养孩子形成习惯时,不要扼杀孩子的个性和创造性。

2. 帮助孩子守礼

《论语》曰:"兴于诗,立于礼,成于乐。"又云:"不知命,无以为君子也。不知礼,无以立也。不知言,无以知人也。"孔子把"礼"与"立"紧密联系在一起,一个人要想在社会上立足,就要懂礼并守礼。在古代,礼与制度、仪式、身份等级、角色扮演等相关联,无礼则不足以显仁,社会将处于混乱状态。即便是今天,"礼"与"立"也密不可分。因为,礼不但是人们社交时应遵守的礼节,而且是个体精神和社会秩序的外衣。守礼就是要言行举止得体,它是人的德性的外化形式,是对他人尊重、同情和关爱的表达,是对事物正当性的尊重,是对社会合法秩序的肯定与认同。守礼与个人的德性、社会的稳定紧密联系在一起,家庭教育不可缺少礼之教化,这一思想充分体现在我国传统的家庭教育之中。

3. 培养孩子的品位

品位与生活习惯、个人礼仪有相互重叠的内容,但又与它们不同。习惯反映的是个体自动化的生活行为方式,个人礼仪反映的是个体的个人品德,而品位不但反映个体的生活品质、生活态度,而且还是一个人道德修养、文化底蕴、审美情趣、身份地位的体现。品位有两个层面的意思,一个是物质上的,一个是精神上的。物质上的品位可从一个人的穿着、家里的摆设、房子的样式和格

---

① 关鸿羽.家庭教育中应关注养成教育[M].家庭教育导读,2008(7).

局、开什么车、车里的装饰、平时爱喝什么、用什么杯子喝等看出来;精神上的品位与看什么书、怎么说话、说什么话等联系在一起。《格调》一书的作者福塞尔指出,真正标识一个人社会等级地位的是品位。一个人可以在一夜之间暴富,却不能在一夜之间改变自己的生活品位。

品位实际是一种修养,有品位是对人的道德、审美、心态的要求与提升。品位作为一种评价个体的常效标准提醒家长:孩子取得好成绩、考上好大学、找个好工作固然重要,在我国当下社会阶层结构逐渐明晰与稳定的背景中,孩子能否获得周围环境的认同、充满自信、过上幸福的生活同样重要。

4. 让孩子进行体育锻炼

体育锻炼绝非只是培养头脑简单、四肢发达之人,而有强心强志之功效。如毛泽东所说:"体者,载知识之本,寓道德之所也。""无体者,则无德智也。"

(1) 身弱心亦弱

由于受"劳心者治人,劳力者治于人"的传统思想的影响,很多家长很少注意体育的重要性,认为学习是孩子最主要的任务。他们常说:"少玩会儿,多学会儿。"也正是因为存在这样的认识,体育在家长和孩子眼中成为一门可有可无、无足轻重的功课。"有什么样的思想,就有什么样的行为;有什么样的行为,就有什么样的习惯;有什么样的习惯,就有什么样的性格;有什么样的性格,就有什么样的命运。"正是因为对体育的错误理解,孩子们缺乏体育锻炼,加之繁重的课业要求及升学压力,导致孩子们身心皆弱。

全国第二次国民体质检查结果显示:在我国学生身高、体重、胸围增长的同时,其他方面也出现了不少问题。具体表现在:城市男孩的超重率达到了13.2%,肥胖率比2000年增长了2.7个百分点;青少年视力不良现象突出;耐力和柔韧性明显下降,同时肺活量、肺功能也有所下降,身体素质不容乐观。专家提醒说,体育锻炼的缺乏已经导致孩子体质明显下降,抵抗疾病的能力也越来越差,很容易受各种疾病的侵袭。这些都是因为平时没有注意锻炼。[①]

(2) 家长要注意让体育成就孩子的明天

"身体是革命的本钱",这曾是中国人的一句口头禅;"增强体质,保卫祖国",是国人进行体育锻炼一句常见的口号。然而,身体之于孩子并不只是生命的物质载体,体育也不只是带来健康的身体。体育更重要的是调节人的心理,锻炼人的意志,带给人们一种积极向上的精神。古希腊有句格言:"如果你想强壮,跑步吧!如果你想健美,跑步吧!如果你想聪明,跑步吧!"

---

① 剑琴,李扬. 让孩子自由成长[M]. 北京:金城出版社,2010年:101-102.

体育之所以对人的身心具有积极的作用,主要基于以下几点:首先,体育锻炼能促进人的智力水平发展。经常参加体育锻炼能使人的神经系统兴奋和抑制的交替转换过程得到加强,从而改善大脑皮层神经系统的均衡性和准确性,促进人体感知能力的发展,使思维更加灵活和协调。其次,体育锻炼有助于培养良好个性心理。体育锻炼本身就要克服困难,遵守竞赛规则,制约和调控某些不良的个性品质,对良好个性心理的形成会起积极作用。最后,体育锻炼可以增进快乐,有利于调节情绪。经常参加体育锻炼,大脑会分泌一种名为"内腓钛"的物质,科学家们称它为"快乐素",它能使人产生愉悦。

因此,在家庭教育中,家长应多鼓励孩子参加体育锻炼,既可以塑造良好体质,有助于保持乐观情绪,调节紧张生活,同时还能锻炼意志,形成勇敢、顽强的品格。当今社会竞争激烈,人们既要有知识和智能,更要有意志和毅力。经常进行体育锻炼,可以提高孩子的社会适应力。

三、家长要关注孩子的性别教育

性别这一身体特征为个体来到世界获得其首要社会角色提供了物质载体,父母对孩子性别的认同及培养方式直接影响着孩子的终身发展。同时,性别的生理机能也为孩子自我感知、自我体验及行动提供了物质基础。为了使孩子悦纳自己的性别,更好地适应社会,过上幸福的生活,家庭教育应对性别教育给予关注。

(一)性别角色扮演是个体社会化的主要内容

长大意味着由一个生物学意义上的自然人成为适应社会的人,这一过程人们称之为"个体社会化"。人需要掌握一定的知识、技能,形成社会所需要的审美、道德、政治情感、态度、精神、行为方式等,才能在社会生活中获得立足之地。需要注意的是:社会化的各项内容常常与性别联系在一起。由于性别不同,人们对个体社会化中所要掌握的知识、能力、情感等也不同。如果在个体社会化过程中出现性别角色错乱则容易出现问题,如2000年引起轰动的美国影片《男孩不哭》中的主人公。该片讲述了1993年发生在美国一个小城市的真实故事:一个叫布兰顿的女孩无法接受自己的性别,一直自认是"有性别角色危机的男人"。她到一个新的城市开始了自己的生活,并找到了理解自己的女友。然而她的行为却不被人们原谅:她死在一群男人怒气膨胀导致的一场血腥暴力事件中。我国南方一个省会城市也有这么一位男孩,在他的潜意识中有着另外一种感觉——"我被束缚在一具错误的躯体内"。上学后,他与女同学玩女孩的游戏,参加她们的生日聚会,甚至为跳芭蕾而盛装打扮。而当他在校园内被取笑,被称作"变态"和"同性恋"时,他选择了自杀。

性别角色社会化不是"生出来是男孩,以后就一定成为男孩"这样简单,也不是"男孩要做男孩该做的事情,女孩要做女孩该做的事情"这样直接。性别分为自然性别和社会性别。自然性别(sex)也称为生理性别,它是指人与生俱来的生理特征属性,是生物意义上的男女之分。以自然性别为基础,人的社会性别(gender)是指人作为一个社会人所具有的性别属性,它更多的是一种文化上的定义,用来指由社会文化形成的对男女差异的理解,以及社会文化中形成的属于女性或男性的群体特征和行为方式。具体来说,性别包括四个层次:生理特征、自我心理辨识(即自我性别归属)、自我行为建构、社会确认,且每个层次又分男、女两个维度。对于个体来说,只有这四个层次在同一维度上统一起来时,男孩才能成为男人,女孩才能成为女人。如果四个层次不能在同一维度上统一起来,就容易出现不同程度的性别混乱。从现实情况来看,每年都有上百的学生向北京市青少年心理咨询热线了解变性问题,其中既有男孩也有女孩,而造成孩子们想变性的原因往往是家庭教育。[①] 有的父母错误地认为,小男孩当女孩养会很听话,等孩子长大了,自然又会变成男孩的样子。其实,孩子的性别教育在5岁前就应该完成并在以后不断强化。等孩子长大了再想让他接受男孩的性别定位已经太晚了。此外,独生子女缺乏兄弟姐妹,加之父母较忙,孩子通常由一个人负责,使其对性别缺乏清晰定位,也容易产生异性化倾向。在家庭性别教育不当或弱化的情况下,学校又因过于追求学生的学业成绩也常忽视性别教育。在此情况下,性别认同及其教育问题渐渐浮出水面,不得不引起家长的重视。

(二)家长要反思家庭中的性别教育状况

无论家长是否有意识地对孩子进行性别教育,对孩子的性别角色扮演都会产生影响,只不过效果不同而已,且这种影响自孩子出生之日起就已开始起作用。在严格意义上,应该要求家长,在孩子没有出生之前就要学习性别教育相关知识,反思自己对性别角色扮演的认识。

性别教育就是关于男女两性如何学做"男人"与"女人"的教育,即性别角色教育。何为"男人"?何为"女人"?通常人们会回应,"男人"就是有男性气质的人,"女人"就是有女性气质的人。那么,何为男性气质,何为女性气质?波伏娃认为,性别除了生理方面的性征不同外,并不存在自然的性别气质,它是后天培养出来的。家长作为孩子的第一任老师,对男女性别气质的理解直接影响着孩子性别气质的形成。性别教育问题是个非常复杂的问题,如前所述,性别异化常常会因家长在孩子幼年时性别教育不当引起。中国当下较常

[①] 李莉.上百孩子咨询变性问题[OL]. http://health. 91. cn/xljk/xlrs/xsxl/2007-06-05/286772. htm.

见的现实情况是：即便在"男孩做男孩该做的，女孩做女孩该做的"理念引导下的家庭教育中，家长也常因受自身成长经历的影响，对孩子的性别角色期待表现出"性别刻板印象"。

所谓"性别刻板印象"就是对男女角色过度简化、僵化、类化的认识或假定，常以男女性别对立的方式思考性别角色，忽略个体差异，赋予男女各自不同的性格、态度和生活方式、职业等。传统性别刻板印象表现见表7-1[①]。

表7-1 传统性别刻板印象

类别	男性	女性
活动范围	家庭以外	家内
人格特质	工作取向；生产者角色	人际取向；家庭、生殖者角色
角色取向	工作特质取向	情感特质取向
玩具	积木、交通工具、操作性玩具	洋娃娃、柔软性玩具
游戏	主动的、攻击的、消耗的、激烈的、自我结构式的活动	低能量消耗、被动性的、较结构式的活动，如玩洋娃娃、扮家家
自我概念	良好、对成功充满自信	害怕成功
成败归因	因能力而成功 因不努力而失败	因努力而成功 因能力不足而失败
赞赏点	聪明	具吸引力、有礼貌
面临冲突时	勇于面对	妥协、逃避
职业对象	领导者角色	附带者角色
社会地位	高；尊	低；卑
家务分工	主外	主内
异性人格倾向	娘娘腔	女强人
其他	独立 坚强 勇敢 理性 有主见的 有能力的 积极进取的 有领导能力的	温柔的 情绪性的 依赖的 顺从的 关怀的 害羞的 有爱心的 有耐心的

---

① 陈滢安，等. 性别刻板印象［OL］. http://www.shs.edu.tw/works/essay/2007/10/2007102921134467.pdf.

传统的性别刻板印象为家长如何培养男孩、女孩提供了参照模式，但其中蕴含着性别歧视和不利于孩子发展的局限性。尽管当下很多家长认为，生男生女都一样，男女平等，甚至有的家庭出现"妻管严"现象，但这并不意味着对孩子的性别教育能祛除性别刻板印象。无疑，当下我国还是男权社会，社会各层面的领导者多数还是由男性担任，家族长辈中重男轻女的思想仍存在，家庭中男主外、女主内的分工以及男人是家里的主心骨、经济主要来源等观念，都会把性别刻板印象带入到对孩子的性别教育之中，影响到他们对自身性别角色的定位。对此，家长要保持警醒，如果父母总是按照传统的性别要求教育孩子，对孩子的发展是不利的。如父母总是鼓励女孩文静、细致、听话、守规矩，忽略对她灵活、独立、探索精神的培养，见到女孩大声说话、活泼好动、能玩能闹等行为就加以否定，称其"疯得不像个女孩"。这使许多女孩长大后，在小学是懂事、合作、常受老师夸奖的好学生，而到中学则因过分拘谨、思维不活跃、缺乏创造精神而变得平平常常。而对许多小男孩来说，如果因为受了委屈掉眼泪，马上就会受到"不像男子汉"的指责，类似这种批评过多，会使男孩的个性受到压抑。其实，无论男性还是女性，在生活中除了具有自己性别中的一些典型特性以外，在不同的场合和不同的对象面前还需要表现出不同的性别特性来。

（三）家长在培养孩子的过程中要注意男女有别

父母在孩子出生的一刹那就要给孩子进行性别定位，以使孩子长大成人后具有较好的性别角色能力，使他们将来在处理恋爱、婚姻、家庭中的性别角色时能够正确对待，孩子如果在4岁以前对自己的性别认识错位，再想改变就很困难了。在对孩子的性别定位正确以后，家长还要"因性施教"。据观察，婴儿从生下来后就已经有若干性别意识。如，女孩反应灵敏一些，男孩则粗钝一些。女孩哭声普遍尖锐漫长，音调高低起伏，她更多地是在呼唤"请给我更多的注意"；而男孩的哭声短促高亢，音节短，音调急，他更多地是在呼唤"我需要什么快给我"。

男女孩的这种差别主要来自基因。男女各有23条染色体，22条完全相同。恰是这奇异的第23条染色体，给男孩、女孩带来了千万个不同。驱动女性的荷尔蒙叫血清素，它是爱的激素，让女孩子天生就喜欢和人打交道，关心、爱护、照看别人。男性大脑分泌的则是睾丸酮，进攻的激素，让男孩子天生就更具有竞争性、侵犯性和支配性，更加关注物品，喜欢快速移动的物体。在睾丸酮的驱使下，男孩子生来就喜欢挑衅和冒险，需要第一时间马上满足自己的欲望，更加容易急躁、恼怒，更加容易感到压力，也更需要极端、激进的手段来发泄自己的情绪。男孩子要求独立的时间比女孩子要早。此外，男性大脑比女性大脑至少大出10％,有人认为这不是男性比女性更聪明的证据。虽然女孩的大脑小,但比男性大脑发育得更快,并且能制造出更大的胼胝体,即大脑左半球和右半球相互联系的桥梁。由于胼胝体大小不同,男性大脑左右半球的沟通少,女性大脑的左右半球却总在沟通,所以女性大脑的活动领域比男性大脑广。如果将大脑比作机器,女性的大脑永远处于运作状态,几乎从来不停止,还可以"一心多用"。男性则不同,他们的大脑工作时开启,工作完成后关闭,而且一次只喜欢专注于一件事情。

总的说来,男性的各个感觉器官——视觉、听觉、味觉、触觉以及心理感受,都比女性迟钝。这根源于远古时代男性的主要任务是狩猎,不适宜拥有太敏感的器官和同情心,否则会因动物的伤痛、死亡而不忍杀生。在狩猎中,男性的空间感和距离感得到发展,因此,男孩比女孩能够更加熟练地组合搭建块状物品。而远古时代女性的主要任务是留在家里照看孩子、管理家务、采集食物、饲养牲畜等,与追杀猎物相比,照料孩子需要更加细致的情感,收集植物、识别其是否可以食用也需要更灵敏的感觉器官。正是远古男女的分工造成性别差异:女性比男性更善于处理情感问题,因为社区活动比狩猎更需要情感的力量;男性较之女性抽象思维能力更强,因为狩猎的规模、距离和公共建筑的建造都需要抽象设计能力;男性较之女性语言和沟通能力弱,因为每天的狩猎活动较之照顾孩子、管理家务等不需要太多语言和沟通;男性较之女性更需要在集体中体现自己的价值,因为狩猎是一项需要大家齐心协力才能够完成的任务。

今天人类尽管已进入信息时代,但人类的大脑与穴居猎人并没有根本的差异,我们的基因并没有跟上科学技术的飞速发展。因此,养育孩子,就要了解孩子的基因特点,根据他们的需要做出相应的举措。养儿子就要理解他对自由、独立的渴望,就要理解他行动多于语言沟通的特点,就要明白他喜欢冒险、不喜欢接受他人帮助的特点,就要给他宽广的空间、奔跑的场地、集体的氛围,就要鼓励他参加体育运动、集体活动,这样他才能健康地发育男性的大脑。同时要注意帮助他学会自制、学会沟通。养女儿,就要明白她需要交流、受到关注的愿望,就要培养她温柔、体贴、善良的性格,但也注意不要过于娇纵、溺爱,以免养成任性的习惯,同时要关注女孩独立、自主能力的形成。

第2节 家长要关注孩子的关键期教育

中国有句老话:"嘴跟着腿走。"又常说:"三翻、六坐、八爬叉,十个月会喊大大。"孩子的发展是身心统一的,心理的发展离不开身体的发展,身体的经历为心理的发展提供了源泉,心理的发展又使孩子的感知突破纯生理的界限,增加了社会性意涵。家长是否意识到这一点并采取一定的教育措施对孩子的成长影响较大。家长如果能做好孩子关键期的家庭教育工作,将对孩子一生的发展起到积极的作用。

一、关键期释义

人类对自身发展关键期的了解始于奥地利动物心理学家洛伦兹(K. Z. Lovenz)对动物行为发展规律的研究。1935年洛伦兹在研究刚出生的小鹅的行为时发现:小鹅在刚出生的20小时以内,有明显的认母行为。它追随第一次见到的活动物体,并把它认作"母亲"。有趣的是,当小鹅第一个见到的是鹅妈妈时,就跟鹅妈妈走,而当小鹅见到的是洛伦兹时,就跟随洛伦兹走,并把他认作"母亲"。令人惊奇的是,如果在出生后的20小时内不让小鹅接触到活动物体,过了一两天后,无论是鹅妈妈还是洛伦兹,不管多努力与小鹅接触,小鹅都不会跟随,即小鹅这种认母行为丧失了。

洛伦兹把这种无需强化的、在一定时期容易形成的反应叫做"印刻"(imprinting)现象。"印刻"现象发生的时期叫做"发展关键期"。且,这种"关键期"现象不仅在小鹅身上发生,几乎所有哺乳动物都有。洛伦兹之后,人们开始研究人类的"关键期"现象(包括心理、技能、知识掌握等行为),形成了人类发展的"关键期"理论。即,人类的某种行为、技能和知识的掌握,在某个时期发展最快,最容易受影响。如果在这个时期施以正确的教育可收到事半功倍的效果,一旦错过这个时期,就需要花费几倍的努力才能弥补,或者将永远无法弥补。如,幼儿5岁以前是语言能力尤其是口语能力全面发展的时期,如果在5岁以前幼儿缺乏最基本的语言训练或接触,那么将很难学会人类的语言,印度"狼孩"就是典型例证。他在出生后不久被狼叼走,七八年后才回到人类社会。尽管进行了各种教育训练,但仍无法学会人类语言。

经过几十年的研究,广大心理学家、生理学家以及脑科学家普遍认为,人类的各种能力与行为存在着发展关键期的现象是人类生理发展规律决定的。研究发现:人的脑功能与大脑的组织结构的发展和成熟是相吻合的,也就是说关键期的存在是人的大脑发展的客观规律决定的。如果在某一种能力发展的关键期进行科学系统的训练,相应的脑组织就会得到理想的发展,如果错过了脑功能和脑结构的关键期的相应训练,会使一些脑组织的功能受到影响,即使后期进行长期训练也难以有效弥补。

二、关键期发展的身心表现

自洛伦兹之后,有关关键期的研究成果日益丰富,根据研究的主题内容我们把相关研究分类如下。

(一) 身体与感官发展的关键期

研究发现,人类胚胎最容易受到损害的关键期是怀孕后 6 周以内,即主要器官发育时期;一切先天缺陷都发生在妊娠期的头 3 个月内。

听力发育的关键期,即从受孕后不久开始,25 周成熟,2～3 个月是螺旋器发育的关键期。

牙齿发育的关键期,即孕期两个月到出生是乳牙发育的关键阶段;出生后到 8 岁,为恒牙形成的关键期。

视力发育的关键期,即 1～3 岁。

脑发育的关键期,即 0～4 岁。宝宝出生后大脑发育很快,出生后 5～10 月的大脑发展尤为重要,且两周岁时的大脑皮质活动程度已基本接近成人的水准,4 岁时甚至达到成人的两倍,并持续到 10 岁,以后则随年龄的增长而减弱。

身体锻炼最有效的关键期,即 6～16 岁。其中 6～7 岁是速度、灵敏度发展的关键期,8～16 岁是力量和耐力增长的关键期。

身高发育的关键期,即女孩 8～15 岁,男孩 11～17 岁。

(二) 各种能力和非智力因素发展的关键期

出生后第 8 个月是分辨大小、多少的关键期。

1～1.5 岁是学习口头语言的关键期。

2 岁半左右是技术能力开始萌芽的关键期。

2～3 岁是计数能力开始发展的关键期。

3 岁半左右是开始学习自我约束,建立规则意识的关键期;是动手能力开始发展成熟的关键期;是独立性开始建立的关键期;是注意力发展的关键期。

3～4 岁左右是初级观察力开始形成的关键期。

3～5 岁是音乐才能发展的关键期。

3～8 岁是学习外语的关键期,其中,4 岁左右是开始学习外语的关键期,6～8 岁是学习外语书面语言的关键期。

4 岁以前是形象视觉发展的关键期。

4 岁半左右是开始对知识学习产生直接兴趣的关键期。

4～5 岁是学习书面语言的关键期。

5岁左右是掌握数概念的关键期，是学习与生活观念开始掌握的关键期。

5岁半左右是抽象逻辑思维开始萌芽的关键期，是幼儿掌握语法、理解抽象词汇以及综合语言能力开始形成的关键期，是悟性开始萌芽的关键期。

5～6岁是掌握词汇的关键期。

6岁左右是社会组织能力开始形成的关键期，是创造性、观察力开始成熟的关键期，是超常能力结构开始建构并快速发展的关键期。

7岁左右是多路思维开始形成的关键期，是操作能力开始形成的关键期。

8岁左右是自学能力开始形成的关键期，是自我控制与坚持性开始成熟的关键期，是阅读能力和综合知识学习能力开始形成的关键期，是欣赏艺术和美感心态形成萌芽的关键期。

9岁左右是初级哲学思维产生的关键期。

（三）社会适应性发展的关键期

1～3岁是社会化过程中语言发展的关键期，语言的发展促进了儿童自我意识的发展。

3～6、7岁是社会化过程中智力发展和个性形成的关键期。

6、7～10、12岁是社会化过程中培养学习品质和道德品质的关键期。

12、13～14、15岁是社会化过程中自我意识发展的关键期。

14、15～17、18岁社会化过程中价值观、人生观形成的关键期。

三、关键期发展理论对家庭教育的启示

由上可以看出，关键期发展的内容在不同时段的侧重点不同，并且多集中在8岁之前。这启示家长在进行家庭教育时，既要重视早期教育，又要抓住时机进行科学教育。

1. 家长要重视孩子的早期教育

由于个体发展的关键期多在幼年，实施早期教育可以充分发挥幼儿学习潜力。美国学者研究提出了早期教育对儿童教育发展起决定作用的假设，认为儿童学业的成败，在很大程度上取决于早期教育与个体的早期发展。日本学者研究也提出，儿童的潜在能力存在递减规律。生下来具有100分潜能的儿童，如果自出生起即进行理想的教育就可以成为具有100分能力的人；若5岁开始进行教育，就只能成为具有80分能力的人；若从10岁开始进行教育，就只能成为具有60分能力的人。也就是说，教育越晚，儿童潜在能力发挥出来的比例就越小。这些观点强调了人类婴幼儿在关键期受到教育，对其以后的一生能起长期作用。既有研究启示我们：家庭要重视孩子的早期教育。

2. 家长注意选择最佳时机对孩子进行教育

早期教育实质上是一种超前教育,在学习难度和学习速度上要求都相对高一些,这样才能挖掘儿童的智力潜能、提高孩子的整体素质。但是这种超前教育应该符合孩子的身心发展特征,应该是合理的、适度的,使知识技能容易为儿童掌握,并特别注重教育方法的运用,寓教于抚养、游戏之中,千万不能操之过急,"拔苗助长"。也就是说,与孩子各方面发展关键期相对应的是家庭教育的最佳期。

3. 家庭教育重视关键期教育但不应局限于此

上面虽列出了关键期发展的诸多方面,但并不意味着总括了孩子需要学习的内容。孩子的学习是随时随地进行的,一个婴儿能够辨认出妈妈和其他人的区别,一个男孩意识到与女孩的不同,都是学习。家长不要片面地理解关键期的学习内容,更不要以"开发智力"、"开发潜能"为借口太重视"结果"而轻视"过程"。对于年幼的孩子来说,快乐比结果重要,从过程中得到的锻炼比结果重要,孩子内心的和谐比结果重要。此外,在现实生活中,由于各种原因,有些家长可能错过了或者在对关键期理论不了解的情况下缺乏对孩子进行关键期教育。对此,家长应有正确认识:关键期对个体的发展固然很重要,但不要因为过了关键期就对孩子的教育抱一种放弃的态度。从一些大器晚成的人身上我们可以看出:错过关键期的学生或成人仍可通过适宜的教育获得良好的发展。在个体发展的过程中,家庭教育应相伴始终,家长固然期待孩子"早慧",但也不应放弃"大器晚成"的可能性。

第3节 青春期发展特点及其家庭教育

十一二岁到十七八岁被心理学家称为青春期,也称为"心理断乳期"、"反抗期"、"逆反期"。青春期与幼儿期、少年期截然不同,生理的逐渐成熟和心理世界的逐渐独立意味着个体的第二次诞生。既有研究表明:青春期是个体生命发展历程中心理上最不稳定、最脆弱的时期,容易发生各种心理疾患。在各种形式的心理咨询中,青春期的心理问题占 60%~70%[①]。为了让孩子顺利度过青春期、获得更好的发展,家长应了解青春期孩子的身心特点、青春期教育的主要内容及相应策略。

---

① 徐岫茹,王文雄.青春期家教漫谈[M].北京:中国农业出版社,1996:69.

一、青春期身体发育特点

女生从 10 岁到 12 岁,男生从 12 岁到 14 岁,就进入"生长突增期",整个青春期平均增高 28 厘米。与儿童期每年只长 3 到 5 厘米相比,处在青春期的孩子大踏步地登上了生长发育的"特别快车"。青春期女孩和男孩在生理上会有什么不同变化呢?

1. 女孩生理发育特点

对于女孩来说,青春期是指从月经来潮到生殖器官逐渐发育成熟的时期,而在初潮前,其生理变化就开始了,主要表现如下:① 全身发育:随着青春期的到来,全身成长迅速,逐步向成熟过渡;② 生殖器官的发育:随着卵巢发育与性激素分泌的逐步增加,生殖器各部也有明显的变化,成为第一性征;③ 第二性征出现:此时女孩的音调变高,乳房丰满隆起,出现腋毛及阴毛,骨盆横径的发育大于前后径的发育,胸、肩部的皮下脂肪增多,显现了女性特有的体态;④ 月经来潮:月经初潮是青春期开始的一个重要标志。由于卵巢功能尚不健全,故初潮后月经周期也无一定规律,须逐步调整才接近正常。

2. 男孩生理发育特点

男孩第二性特征以遗精、变声为主要特征,具体表现如下:① 最早出现的是阴毛,平均在 11 岁到 12 岁左右。腋毛在阴毛出现后一年至一年半开始长出。② 胡须的出现是在腋毛出现后一年左右,也可更早些。喉结约在 12 岁左右开始出现,这是由于雄性激素的作用,自 13 岁起男孩的声音逐渐变粗,称为"变声期"。此外,大约 1/2～1/3 的男孩也会有"乳房发育",常常表现为一侧,主要有乳头突起、乳晕下出现硬块,个别人可有轻度触痛,一般持续半年至一年即自行消退。③ 阴茎在青春期前一般不会超过 5 厘米,大约在 12 至 13 岁之间长得较快,至青春期末可长至 12 厘米左右。青春期发育加速后,包皮会渐渐向后退缩而露出龟头。但有不少人到了成人时期包皮仍较长,只要经常注意卫生,把包皮翻起进行清洗,不让污垢堆积在里面,就既不会影响健康,也不会影响性功能。④ 男孩首次遗精年龄平均为 14 至 16 岁。首次遗精年龄多发生于夏季。初期的精液里可能没有成熟的精子。首次遗精发生后体格发育渐趋缓慢,而睾丸、附睾及阴茎却在迅速发育,逐渐接近成人水平。

二、青春期心理发展特点

孩子进入青春期后,不但身体变化比较大,而且心理方面也发生了巨变。男女生心理发展上虽有不同,但也有一致的地方。结合青春期生理发展的特点,青春期心理特点表现如下。

1. 开始进入性成熟期,性意识活跃

研究表明,现在的孩子,从十一二岁就开始进入性发育期,至十八九岁性完全成熟。性意识的觉醒、萌动,是青少年的大事件,对他们的心理会产生巨大影响。有专家称,性早熟主要是因为食物中性激素的成分增多,加之大众传媒和社会开放的刺激。初中生谈恋爱,已是司空见惯的事。小学生谈恋爱的也时有所闻。性的迅速发育和成熟,不健康场所、黄色书刊及录像的刺激,使青少年性意识异常活跃。他们开始注意异性朋友,有了性憧憬,有些还产生了模仿录像镜头的好奇心。异性朋友之间的交往比以前更大胆,更频繁,更公开。

2. 有了强烈的自我意识,坚持己见

所谓自我意识,就是人对自身的看法,对自我的认识。人并不是生下来就有自我意识,只有到了青年阶段才真正发现自我,对自己的内部世界开始注意,并有了理性的认识和评价。刚进入青春期时,孩子对自我的形象、评价还不确定,模糊不清,常常感到混乱不安或内心空虚。随着年龄的增长,到初二、初三尤其是上高中后,自我形象的稳定性逐渐加强,强烈地感觉到"自己是大人了"。关于自己是什么样的人,在周围人群中处于什么样的地位,在社会中是一个什么角色,也都有了相对确定的认识。虽然自我评价的稳定性随年龄的增长准确性不断提高,但与成年人相比主观性仍较强。如对老师、同学的评价特别敏感,表扬或嘉奖了别人,没有提到自己,内心就很不是滋味。这并不是荣誉心、自尊心强,而是自认为自己表现不错,肯定会受到表扬和嘉奖,而老师却"没有看见自己"。于是,便疑心老师对自己有偏见,或别人"会来事"等等。青春期强烈的自我意识也给个体发展提供了动力,为了赢得他人的尊重,也为了实现自我价值,这个时期的孩子自我锻炼的主动性较强。

3. 独立意识特别明显,出现叛逆心理

孩子上了初中,就不再把自己看成孩子了,如大人仍像对待小孩一样对待他,就会不高兴,甚至反感。他们把家长的嘱咐、劝告看成"唠叨",希望自己的事自己做主,甚至希望父母不要再管自己,只提供学费和生活保障就行了。他们愿意自己单独住一间房子,绝不许父母偷看自己的日记,要求家长像尊重大人一样尊重自己,自尊心特别强烈,有时会因父母的责罚而离家出走,甚至自杀。

4. 孤独感加重,十分渴望被理解

昔日天真活泼、有说有笑的孩子,现在变得沉默寡言了。昔日与父母无话不谈,现在却没多少话可说了。昔日是"少年不识愁滋味",现在却心事重重,闷在心里了。昔日与家人关系密切,现在却愈来愈疏远,对朋友显得比父母还亲密。昔日总是对亲人敞开心扉,无密可保,现在却躲藏在小屋里偷偷写日记,内心的秘密就是不叫父母打听。昔日有了问题就找父母想办法,现在是能扛就自己扛,实在扛不住了,才说出来。当父母埋怨"怎么不早说"时,他们反倒有理似的回答:"我本来就不想说!"昔日总是悉心理解父母,现在却强调父母要理解他们。"理解万岁"是他们内心强烈的呼喊,"为什么没人理解我?为什么我这样孤独?"是他们挥之不去的疑问。

孩子之所以孤独感增强是因为他们把自己当成大人了,有了责任感,开始思考所面对的种种现实问题。如,思考怎样走出贫困,对得起父母;怎样面对学习的压力,处理好与同学和老师的关系;思考未来做什么,成为什么样的人……而常常是想得越多,迷茫也就越多;想法很好,但能力有限;既希望亲友帮助,又要显示独立能力。于是,他们在理想与现实、希望与失望、责任与能力、快乐与痛苦的矛盾激流中,时而沉到水里,时而浮出水面。这种激流家长看不见,老师看不见,所以他们显得那么孤独。这是成长的代价,是走向成熟的必然过程,是心理断乳期的正常现象。

5. 情绪灵敏度高,强度大

青春期的孩子,情绪的灵敏度变高了。他们自尊心强,独立性强,对别人的态度和评价、人与人之间的关系都特别敏感。很小的一点刺激,马上能在情绪上体现出来。对家长、老师的表情是热情还是冷淡,言语温和还是尖刻,语调高还是低,他们都特别在意,真往心里去。昔日大大咧咧的孩子,现在显得"小心眼儿"了。昔日什么事都不在乎的孩子,现在"脸皮薄了",面子重了,脾气也大了。因孤独感较重,心里经常窝着"底火",总显得气不顺,一旦有谁伤了他们的自尊心,或受到委屈,遭遇不公或强制,就按捺不住情绪的暴发,"沾火就着"。家长和老师惊讶地发现:他们以前不是这样子,太过分了。家长往往以为这是"惯"的,其实不是。青春期孩子体内的肾上腺素分泌等机能发生了变化,孩子不想激动却控制不住自己。只有发泄出来内心才轻松,心理才平衡。过后孩子一般都会后悔,认识到自己不该这样过分。但是他们又碍于自尊心和独立性,不情愿主动认错、道歉,下一次情绪激动起来时,又控制不住脾气,显得很没有教养,有意与父母作对。如果家长以脾气对脾气,"针尖对麦芒",往往会使矛盾激化、扩大,有时可能引发可怕后果。

简言之,处在青春期的孩子常有这样的心理体验:时常关心自己的变化,在意别人对自己的评价;竭力掩饰、隐藏正在迅速发育的第二性征;希望了解有关性方面的知识,愿意看言情小说、电影、电视剧等;在意异性的评价;因身体变化而躁动不安、困惑迷茫,有时会无缘无故地发脾气,易轻率鲁莽;很注意自己的外表形象,比以前更喜欢照镜子了;有了自己的各种"小秘密",宁愿和同龄伙伴谈,也不愿向父母和老师倾述;喜欢写日记;对异性有一种说不出的兴趣和好奇,想和异性同学一起活动或聊天;有时顶撞父母和老师。

三、家庭如何进行青春期教育

由青春期的身心发展理特点我们可知:生理的逐渐成熟容易引发孩子的性冲动,早恋现象容易出现;第二次断乳期的到来,增加了孩子的独立意识、自我意识,叛逆常成为困扰孩子和家长的问题。因此,性、早恋、叛逆成为青春期家庭教育的主要内容。

(一)家庭如何进行青春期性教育

青春期的孩子很想了解有关性方面的知识,在当下学校性教育开展还存在着这样或那样问题和不足的情况下,如果家长不能帮助孩子对性形成正确的认知和态度,他们可能会向传媒、色情网站以及同龄人求证,可能会得到一些错误的认识和观念,对孩子产生不良影响。

1. 家长要了解青春期性教育知识[①]

性是人性及生活的一部分,性的需要随着个体的发展和人生经验的增长有所改变。因此,性教育的目的也应该针对不同发展阶段的需要而制定。针对青春期孩子,家庭性教育目的和内容应围绕以下几点来进行:

① 知识类:包括生长与发育、人类繁殖、生理学、手淫、家庭生活、怀孕、生育、初为人父母、性知识、避孕、流产、性骚扰、艾滋病及其他性传播疾病知识。协助孩子认识和适应在青春期中的性生理、心理转变以及社会角色,为他们以成人视角理解性做好准备。② 态度类:给孩子发问的机会,帮助孩子了解社会上各种不同的性现象及性与责任、义务之间的关系,提高他们对两性之间关系的洞察力,建立健康、开明而负责任的性态度,确立正确的价值取向。③ 人际关系与人际交往技能:培养孩子尊重和爱护别人的能力;提高孩子的交往能力,包括与人交流、做出决定、坚定自信、拒绝别人的技巧以及创造令人满意的关系的能力。提高孩子关心他人、支持他人、理解他人、与人合作并建立相互间令人愉快的亲密性关系的能力。④ 责任类:帮助孩子增强对于性关系的责任感,包括宣传禁欲,过早性行为应承受的压力,性病感染的压力等。

家长在对孩子进行性观念的教育时,并不只是告诉他们如何做是对的、如何做是不对的,因为直接告诉孩子,并不能发展孩子的判断力、抉择力及解决问题的潜力。而应该尽力给他们提供全面的知识和不同的分析角度,使他们能在掌握充分的资料及做出深切的思考后,建立自己的看法,并为他们所做出的选择负责。

---

① 一凡.父母应该知道的性教育知识[J].家庭教育导读,2009(11).

2. 家长进行性教育可采取的策略

家庭对孩子进行青春期性教育并没有固定的方式，也不是固定由家长中的某一位来进行。父母均可对子女进行性教育，父母一同进行性教育是最佳的选择。在具体进行时，可根据情况选择适当的方法，下面列举一些方法供参考。

① 正式讲授法。孩子开始进入或已到青春期了，有的家长感到有必要对孩子进行性教育了，但又发现已有教材相关内容不够完善，如图片不够精美、语言不够优美、内容不够全面等，就亲自选择、组织材料给孩子上课。可以把给孩子进行青春期性教育的内容做成 PPT 文件，再做好演练，给孩子讲解性知识，回答孩子的问题，与孩子一起讨论与性相关的一些问题。② 无声启蒙法。由于受我国传统观念的影响，有些家长感到与孩子面对面谈性有些尴尬，如果交流不到位效果可能适得其反，避而不谈又怕孩子误入歧途，可采用无声启蒙法。如，有的家长选择一些青春期性知识教育的报刊、书籍放在沙发上、电视旁或孩子的枕边。等孩子对性知识有了一些了解、思考后，再深入讨论相关话题。③ 随机应对法。有的家长在女孩初潮或男孩首次遗精时，或当孩子询问相关问题时，及时进行青春期性教育，与孩子讨论青春期可能遇到的问题，引导男孩增强责任感和义务感，引导女孩如何处理"春心萌动"。④ 长期渗透法。在日常生活中，家长有进行青春期性教育的意识，以"润物细无声"的形式把青春期性教育内容渗透到与孩子的谈话和讨论中。

3. 家长进行性教育要掌握的原则[①]

鉴于青春期身心特点以及我国文化传统的影响，家长在进行青春期性教育时需遵守以下原则：① 帮助孩子建立自尊。研究表明，自尊心强、自我感觉良好、认为自己值得尊重的青少年，与其他青少年相比，极少有与性有关的问题。自尊心强的青少年开始性行为的年龄较晚，一直到比较成熟的年龄才开始。因此，要注重培养孩子健康的自尊心。② 尊重孩子的隐私。青春期的孩子常常有了自己的秘密，家长不要偷看孩子的日记和信件，不要背地里监视，不要搜查孩子的房间，要允许孩子有自己的想法和做法。有的家长因迫切想知道孩子的交友、在校情况，监视孩子、偷看孩子的日记，被孩子发现后引发逆反心理，亲子沟通困难，导致一些不良后果。③ 帮助孩子学习如何做决定。孩子在做出有关性的决定时，多数情况下是家长不在场的，且随着年龄的增长他们遇到的情况和做出的决定也会变得更加复杂。父母要教孩子做决定的技能，就要与孩子探讨有关性决定与价值观、自信、自尊、后果之间的关系，怎样

---

① 一凡.父母应该知道的性教育知识[J].家庭教育导读，2009(11).

做才会有最好的结果。只有做好这方面的教育工作,孩子才能处理好约会、性侵犯、性安全等问题。

(二)家长如何应对孩子的早恋问题

近年来,由于不良影视书刊的影响,校园"早恋族"颇有扩大的趋势,在大量的心理咨询中,有近三分之一的学生倾诉了早恋与学习的矛盾。在一份对528名中学生的问卷调查中,有5.5%的学生挣扎在早恋的苦恼中,有20.1%的学生在恋爱方面已经有了个人的隐私或尝试。[1] 早恋已经成为干扰中学生学习的主要因素。也正是因为早恋人数的增加,家长的忧虑被进一步强化。面对青春期孩子出现的早恋现象,家长该怎么做呢?

1. 家长要肯定孩子的情感

当家长发现孩子有了"心上人"或发生早恋时,在言语和态度表达上对孩子感情的接纳和肯定很重要。有能力喜欢别人或被别人喜欢是一件好事,比讨厌别人、怨恨别人、嫉妒别人、被别人讨厌要好得多。青少年的感情虽不成熟,却十分真挚。由于生理上不断成熟,他们对异性产生好奇、欣赏、喜欢、爱慕等感觉,是正常而且自然的。如果父母否定他们这种情感,责备他们、不准孩子早恋,而他们又控制不了青春的冲动,隐瞒、撒谎就会出现,家长的话他们很难再听进去,孩子和家长都将陷入一种无以名状的困境之中。所以,家长要肯定孩子的感受。肯定是接纳、是包容、是引领、是积极地沟通,而不是焦虑、担心、愤怒,不是围追堵截、禁止、威胁。

2. 家长要体会孩子的情感

处在早恋状态中的孩子,其境况也是不同的,有的只是暗恋,有的已相互表白,有的已有肌肤之亲。不论处在何种情况,他们并不只是在单纯享受爱恋带来的美好,心中常充满矛盾与挣扎,很多时候无所适从、不知所措。家长可通过积极沟通,了解孩子对早恋的看法,对早恋对象的认识以及对未来的设想,进而了解事情发展的程度。在此过程中,家长要耐心倾听,不要做任何评判,即使父母听到的内容是多么的幼稚和可笑。家长只有与孩子良好沟通,了解孩子的情感状态,才能更好地引导孩子。

3. 家长要正确引导、积极协商

当家长了解了孩子的感受后,在理解、尊重孩子情感的基础上帮助孩子学会如何与异性交往,并适当进行爱情教育。由于受生理成熟、各种媒体中有关性爱信息的影响,青春期的孩子实际上已需要并等待一位"爱人"出现。当条件适当时,早恋的对象就出现了,这些条件通常是:日常生活中接触比

---

[1] 周玉波.青春期早恋与学习的矛盾[J].家庭教育导读,2009(4).

较频繁的异性,如同桌;单独接触,如班干部之间;班级或校内的优秀学生。对于前两者,由于接触机会的"便利",容易相互表白进入早恋状态;而对于后者,因对方的优秀而产生暗恋的情况居多。对于前者,家长可通过与孩子一起讨论恋爱的行为、承诺、责任、结果,让孩子理解爱情不仅是一种强烈的感情,而且也是一项决定、一个诺言、一种责任、一种结果,进而让孩子判断他是否有能力为自己的爱做出一个正确的判断和负责的承诺;让孩子明白即便是为了爱,首要任务也是要使自己的知识、能力等方面发展得更好,以便具备爱的条件、承担爱的责任。当孩子坚决不接受放弃早恋的建议时,父母要和孩子就约会等事项进行协商,如不可以在阴暗、秘密的场所约会;约会时要注意自己的言行,不做与年龄、身份不符的事情;不把交往限定在两个人的小圈子里,要保证和他人交往的时间。协商不是放纵孩子的早恋行为,而是让他们学会与异性交往,避免将早恋转入地下。对于处在暗恋状态的孩子,家长要帮助孩子不要为此背上自责、自卑的包袱,让孩子感受到:暗恋一个人会感到忧郁、困惑,但也是一件很美、很幸福的事情,因为暗恋中有对人生的品味,更有对美好的憧憬。同时,也提醒孩子注意:是否把对方美化了、理想化了;帮助孩子对暗恋对象形成更为全面、客观的认识,以使其从暗恋对象的光环中走出来。

(三)青春期家长如何应对孩子的叛逆

孩子进入青春期以后,强烈渴望摆脱父母,成为独立的人,以求得更为彻底的"解放"。面对处在心理断乳期的孩子,父母又常喜欢用自己的已有经验要求孩子,孩子则认为父母的经验过时了,希望他们"跟上时代潮流"。这样两代人在生活方式、生活习惯、兴趣爱好、思想认识等方面就产生了很大差距,往往有时因为一句话说得不投机,或者在某个问题上彼此看法不同,孩子与父母便相持不下。有的孩子还为顶撞父母振振有词,以"胜利者"自居。这种逆反现象的出现,既给父母带来痛苦,又给孩子自己增加了烦恼。孩子心理上的不愉快必将导致行为上的阴差阳错,甚至为图一时痛快,乱使性子,离家出走,给家庭带来始料不及的严重后果。虽然孩子并不是存心与父母过不去,有时连他自己都说不清为什么会把事情搞糟,但不愉快的事情还是发生了。针对孩子的表现,父母应真诚地与之沟通,化解隔阂,做孩子的知心朋友,化解孩子的烦恼,变"高压政策"为"和平共处"。面对孩子的叛逆,家长要注意做好以下几方面的工作。

1. 家长要对孩子的叛逆现象做好心理准备

不论是中国少年还是外国少年,不论是在乡村还是在都市读书的少年,虽有着不一样的生活环境,但却有着一样的烦恼,经历着一样的叛逆时代。对此，父母要理解这是孩子要长大的心理反映：他们要自由，要摆脱成人的束缚；他们要独立，要自己决定自己的事情；他们要飞翔，要去寻找属于自己的世界。他们常常通过与父母的对抗来建构自我，其中最主要的就是重新定位和父母的关系。他们的反抗是对自己和父母关系的一个测试——我不是以前的乖宝宝，我是这个样子，你们还能接受并爱我吗？父母能通过这个测试，亲子关系将会更深厚。他们对父母的愤怒，在家里挑起的一场场冲突，是在测试父母对自己独立性的接纳程度。家长只有了解了青春期孩子的各种心理特征及其表现，才能理解、宽容孩子，对其叛逆行为保持冷静，避免争吵，做出平静、合理而且尊重的反应。

2. 家长要换位思考，接纳孩子的一些"不正常表现"

多数情况下，与青春期少年相处并且对待他们有时表现出的抵触、反抗、不合作及暴躁行为的最佳答案是接纳、宽容。父母一旦理解了十几岁孩子的发展要求，可能会发现孩子的逆反行为并不棘手，对他们的一些反常举动在一定程度上是可以接纳的。如，某高中学生小陈，染了一头黄发，黄头发中间又夹染几撮红头发，还喜欢穿新奇的服装，他知道父母及老师无法接受，但每当看到父母或长辈瞧见自己这般模样时的表情和表现出来的嗤之以鼻，他就洋洋得意，犹如自己打了胜仗一样。小陈的行为其实不难理解，觉醒的自我意识支配强烈的表现欲望，他想通过展示自己和别人的不一样来体现自己的价值，想让人知道自己与众不同，于是他会靠和父母对着干来体现自我。通过穿奇装异服、梳怪异发型以引人注目、让人另眼相看，这是青春期少男少女们想要的效果。父母如果对此过分责备，反而使其愿望达成。如果对此冷处理，把着装、修饰的权力下放到孩子手中，看到父母的宽容、理解，孩子不久就会改变。

3. 反思家庭教育，正视由"代沟"引发的逆反

2005年，央视"新闻调查"栏目报道13岁上大学的"神童"魏永康，因与母亲关系紧张，数次离家出走。主持人问母亲：你有没有意识到孩子也是个独立的人？这位母亲愣了一下说：除非我死了之后，他才是个独立的人。[①] 这位母亲要求儿子完全顺着她的意志学习、生活，完全是"君要臣死，臣不敢不死；父叫子亡，子不敢不亡"的传统文化的现代版，这样的传统教育方式在遭遇到现代孩子的青春期时，其冲突的强烈可想而知。当孩子逆反行为强烈，亲子之间关系冲突激烈时，家长应该反思一下孩子的问题是否由自己造成，反思一下

---

① 央视新闻调查：神童魏永康讲述成长的烦恼[OL]. http://news.sina.com.cn/e/2005-05-18/14016678531.shtml.

自己的教育方式是否简单粗暴、命令、专断,在生活学习等方面期望值是否过高、过严,是否强迫孩子接受自己的看法,是否爱唠叨,等等。换个角度看,"神童"与他母亲之间的冲突源于"代沟",源于孩子长大了不再完全认同父母的思想观念、行为习惯。因为,子辈的生存环境与父辈已经不同,尤其是在转型期的中国,如果家长一味蛮管可能会阻碍孩子的发展。

4. 家长不要和孩子较劲,要寻找解决冲突的方法

冲突一旦出现,家长不要和青春期孩子较劲,较劲是不能解决问题的,反而会增加冲突的激烈程度,要寻找解决冲突的方法。面对冲突,如何解决,主动权通常在家长一边,毕竟家长处理人际关系的知识、能力要比孩子丰富,同时家长也不愿意让冲突持久。面对冲突,家长要冷静面对,在理解、宽容的同时,要倾听孩子的心声,听取他们的建议,同时也坦诚自己的想法,寻找双方都能接受的、解决问题的办法。如,当陈娜周五下午在外面待到很晚才回家时,妈妈找她谈话。"陈娜,"妈妈说,"我们达成一致的周五下午外出的规定看来并不奏效。你总是在外面待到很晚,而你最终回家时,我会大发脾气并唠叨。我不喜欢这么做,而且我知道你也不愿意听到我的唠叨。"陈娜表示同意,妈妈继续说:"我乐意忘掉以前制定的外出规定,我们一起讨论解决这一问题的新办法,这样你会在合理的时间回家而我不会唠叨。"陈娜承认自己未对自己的行为负责,讨论的结果是:让她的朋友来家里而不是她跟他们出去——一个适合 15 岁孩子的让步。

总之,父母对青春期的孩子要多些理解、信任与尊重,少些居高临下的专断。如果说,孩子是一叶小舟,父母就是舵手,为孩子导航,放手但不放纵。只有放开手,让孩子去寻找自我,找到的,才是真正的自我。

 本章小结

在培养孩子过程中,家长们多关注孩子的身体健康和知识、能力、德性的养成,而常常忽视了身、心之间的关联。身心不是二元对立的,身体本身就是身心的统一体。身体是个体自我的呈现,是心灵的源泉。因为,无论是人类从动物界脱颖而出,还是精神世界的建构,都离不开人类对身体的加工和身体实践。正是直立行走、用手加工工具这些身体实践,使人类的活动范围、活动方式与其他动物不同,也使语言的产生及其所编织的世界成为可能。在此意义上,家庭教育要取得成功,需认识到身体是孩子认识世界和自我的方式,感觉是孩子发展的生长点,感觉训练是开发幼儿智力的重要途径,家庭教育的过程就是帮助孩子修身成人的过程。

正是因为身心关系密切,身体的发展才常常会带动孩子的整体发展。孩子身体的成长过程并不均衡,主要表现在幼儿阶段会出现比较多的关键期。关键期的存在启示家长要重视孩子的早期教育,选择最佳时机对孩子进行教育。青春期虽不是关键期,但身体的变化尤其是第二性特征的出现影响了其心理状态,早恋、叛逆、代沟冲突是其中的一些表现。家长应在了解、理解青春期孩子身心发展特点的基础上,对孩子进行科学、合理的青春期教育。

思考与练习

1. 青春期身心发展有哪些特点?
2. 论述身体在家庭教育中的意义与作用。
3. 发展关键期对家庭教育有什么要求?
4. 如何进行青春期家庭教育?

第8章 智商/情商/德商/财商与家庭教育

学习是生活中最有趣的和最伟大的游戏。所有的孩子生来就这样认为,并且将继续这样认为,直到我们使他们相信学习是非常艰难的和讨厌的工作。有一些孩子则从来没有真正地遇到这个麻烦,并且终其一生,他都相信学习是唯一值得玩的有趣的游戏。我们给这样的人一个名字,我们叫他们天才。

——格伦·多曼《教你的孩子学数学》

1. 掌握智商、情商、德商、财商概念。
2. 理解智商、情商、德商、财商之于个体成功的意义与价值。
3. 了解情商与德商之间的联系。
4. 理解家庭培养孩子智商、情商、德商和财商的途径。

美国管理学家彼得提出一种管理理论,即水桶原理,又称短板管理理论。其核心内容为:一只水桶想盛满水,必须每块木板都一样平且无破损,如果这只桶的木板中有一块不齐或者某块木板下面有破洞,这只桶就无法盛满水。也就是说,一只水桶盛水的多少,并不取决于桶壁上最高的那块木板,而恰恰取决于桶壁上最短的那块。根据这一核心内容,"水桶理论"还有两个推论:第一,只有桶壁上的所有木板都足够高,水桶才能盛满水;第二,只要这个水桶里有一块不够高度,水桶里的水就不可能是满的。以木桶原理来看家庭教育,它启示家长:家庭教育要促进孩子全面发展,帮助他们形成完满人格。由于个体发展的多样性、复杂性,本章主要围绕智商、情商、德商、财商进行阐述。

第1节 智商与家庭教育

一、智商

智商作为一个心理学概念,基本上已家喻户晓。对孩子的智商,家长们都很关注，希望自己的孩子不但智商正常，最好超常成为天才。作为一个概念，智商的内涵并不是一成不变的。对智商的认识不同，基于其上的家庭教育观也往往不同。就智商的既有研究成果来看，加德纳的多元智力理论可为家庭培养孩子的智商提供理论基础。

（一）智商定义

智力通常叫智慧，也叫智能，是人们认识客观事物并运用知识解决实际问题的能力。智力的高低通常用智力商数 IQ 来表示。IQ 是"Intelligence Quotient"的简称。

（二）智商分类

智商有两种：一种是比率智商，一种是离差智商。比率智商的获得是通过要求被试回答智力测验中的一系列问题或根据要求完成特定任务，再根据回答和任务完成的正确与否计算出智力年龄，又称智龄，以这个智龄与实际年龄作对比就可得到智商分数，即智力年龄÷实际年龄×100＝智力商数。如果某人智龄与实龄相等，他的智商即为 100，标示其智力中等；如果智商高于 100，说明其智力发展快于实际年龄；如果低于 100，说明其智力慢于年龄增长。因为，各年龄阶段智力发展的速度不是等速的，而且发展到某个年龄后，会趋于高峰饱和状态，到某个年龄后会渐渐衰退，而生理年龄却是一年年等距增长的，所以智龄与实际年龄并不存在同步的比率关系。如此，到了老年时，人的智商竟然降低到比儿童还低，可是老年人解决问题的能力明显要强于儿童。

鉴于比率智商存在的问题，美国心理学家韦克斯勒在编制智力量表时，采用了离差智商，其基本原理是把每个年龄阶段儿童的智力测验分数分布看做呈正态分布状。某个儿童的智力高低是由他与同年龄儿童智力测验分数分布的平均数和离差大小而定的。高于同龄人的平均数，其智商就会大于 100，低于同龄人的平均数，智商就小于 100。智力商数分布呈钟形曲线，如图 8-1 所示。

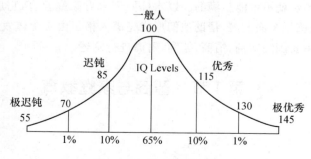

图 8-1　智商正态分布图

人的智力是随年龄而不断发展的,对此,心理学中有一条公认的智力成长曲线,即智力在人的一生中是以非线性的速度发展的。心理学家一致认为智力的发展呈先快后慢的特点,从出生到少年期智力呈直线向上的速度发展,在这段时间儿童的智力每年都提高许多;而从少年期到青年期智力虽仍呈向上发展的态势,但速度明显慢下来了,也就是说智力在这段时间仍在提高,但速度不再像前面那段时间那么快了;而青年期以后智力不再向上发展了,即达到了高峰,以后到中老年还会向下衰退。当然这是指总的智商情况,各人智力的发展表现又各有不同,有的能力较早就达到了高峰,而有的要到比较迟才停止发展。

智力发展曲线告诉我们:因儿童期智力发展最快,如在这段时间里有意识地培养儿童的智力就能收到事半功倍的效果。同时也要注意孩子智力发展的最近发展区。制定一个可望而不可及的目标将使儿童常处于失败的境地,易使他们产生挫败感,形成自卑心理。如果制定的目标过低,儿童不需努力就能达到,也会扼杀他们学习的积极性,导致其学习能力下降。所以,制定适当的学习目标很重要。

二、智力的构成

既然智商是智力的商数,我们就有必要对智力的构成有所了解。从目前已有的研究来看,通常情况下,人们认为智力由五种因素构成,即观察力、注意力、记忆力、思维力、想象力。观察力是指大脑对事物的观察能力;注意力是指人的心理活动指向和集中于某种事物的能力;记忆力是识记、保持、再认识和重现客观事物所反映的内容和经验的能力;思维力是指人脑对客观事物间接的、概括的反映能力;想象力是人在已有形象的基础上,在头脑中创造出新形象的能力。这几方面对孩子的智力发展都很重要,孤立地进行某一种能力的培养都不会收到理想的效果。观察力强有助于孩子清晰、全面、细致、准确、深入地认识事物,发现别人没有发现的细节,从人们习以为常的事物中看到特殊之处;注意力强的孩子可将精力专注于学习上;记忆力强可提高信息的储存、提取效率,提高学习、工作的速度与质量;想象力、思维力强则可提高人的创造力。

以上这些能力传统称为认知能力,它们对一个人的学习具有重要意义。近年来,随着人们对智力的认识不断发展,心理学家已不再满足于把人的智力仅局限于认知能力上,许多心理学家根据自己对智力的研究纷纷提出了一些新认识,其中加德纳的多元智力理论受到广泛关注,并成为20世纪90年代以来许多西方国家教育改革的指导思想之一。

加德纳强调智力是个体用以解决问题与生产创造所需的能力。个体因受环境和教育等多种因素的影响其智力表现出不同的发展方向和水平，呈现出差异性、多样性。他认为，我们每个人都同时拥有相对独立的八种智力，且这八种智力在现实生活中并不绝对孤立，而是以不同方式、不同程度有机地组合在一起，使得每一个人的智力各具特点。八种智力为：语言智力（口头上和写作上能有效运用词语的能力）；数学逻辑智力（数学和科学方面的逻辑运算能力）；空间智力（正确观察视觉空间的能力）；躯体运动智力（运用身体语言表达情感、制造产品或进行体育活动和游戏的能力）；音乐智力（辨别和运用节奏和基调的能力）；社交能力（能够与群体中其他人合作和进行言语、非言语交流的能力）；自知能力（认识自己并选择自己生活方向的能力）；自然智力（能够认识、欣赏、区分植物、矿物、动物的能力）。

按照传统智力观，只有前三种才属于智力，而加德纳却以多维度的、全面的、发展的眼光评价个体。他认为，每一个孩子都是一个潜在的天才儿童。多元智力理论启示家长：每个孩子都有自己的优势智力，有自己解决问题的方法。家长在教育孩子时要清醒地认识到，不能只关注自己的孩子有多聪明，而要关注他在哪些方面聪明和怎样聪明。家长应向孩子提供多种多样的智力活动机会，注意鉴别并发展孩子的优势智力领域，帮助孩子将优势智力领域的特点迁移到其他智力领域以培养其创造力。

三、家庭教育提升孩子智商的途径

人的智商虽然在一定程度上取决于天赋，但并不是天生不变的，优良的环境可以把一个孩子的智商提升20到30点。并且，如果出生前六年得到优良环境的熏陶，大部分孩子都可能发展出比平均智商更好的智力。

（一）提升智商的神经生理学原理

从神经生理学的角度看智力，大脑结构和智力之间关系密切，苏联医技科学学院神经外科主任科索夫斯基所做的有关猫、狗的脑神经实验是这方面的翘楚。具体实验如下：

1. 将初生的同胎猫、狗分成两组，一组称为实验组，另一组为控制组。
2. 实验组放进一只雌猫，控制组也放进同胎姊妹猫。
   雄猫也做同样安排。
   雌、雄狗也做同样安排。
   两组动物都做相应的配对处置。
3. 控制组的猫、狗在正常的环境中成长。
4. 实验组的猫、狗被安置在转动的圆桌上，在圆形转动的餐厅

5. 两组猫、狗的视觉环境差异:分别为静止的世界、转动变化的世界。
6. 第1天,开始解剖相对应的猫、狗,观察它们的大脑。
直到第19天,最后一组猫、狗解剖完毕。
7. 结果,科索夫斯基发现:实验组的脑前庭网络比控制组的多长22.8‰~35.0‰。这个实验说明了两件事:大脑使用越多,它成长得越快;给动物以丰富的环境,它的智力也会相对提升。①

人脑虽与猫、狗等动物不同,但智力发展与大脑之间的密切关联也是存在的,克索夫斯基的发现证明了这一点。对人而言,智商的高低主要与神经丛的数目有关。大部分人拥有约一千亿个脑细胞,彼此差异不大,但神经丛的数目差异极大,甚至有百倍的差异。一般智商的人,每个脑细胞约有50个神经丛与别的脑细胞相连。而神经丛的发展主要决定于人脑长期所接受的环境激发。神经科学家一般认为:① 智力决定性的因素不在于脑细胞的数目,主要取决于脑细胞之间的神经丛的数目;② 1岁到6岁是脑神经丛的主要成长期;③ 大脑使用越多,它的脑神经丛长得越稠密,其智商相对高;④ 使用较少,大脑的神经丛就逐渐萎缩枯化,其智商相对降低。②

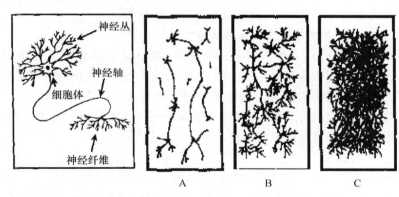

A. 出生时的神经细胞构造
B. 后来在普通环境下的构造(一般 IQ)
C. 后来在优秀环境下的构造(高等 IQ)

图8-2 神经细胞构造图

---

① 李顺长.做你儿女的好父母,提升你儿女 IQ、EQ、CQ 的超级方法[M].成都:四川大学出版社,2006:3.
② 李顺长.做你儿女的好父母,提升你儿女 IQ、EQ、CQ 的超级方法[M].成都:四川大学出版社,2006:39-41.

（二）人脑网络的形成与智力发展

人脑在出生后的成长主要经历两个时期，如能为其创设优良环境，孩子就会有很好的机会，发展出比一般人优秀的智商。这两个阶段是布线期（Wiring Process）和清理期（Pruning Process）。

1. 布线期

布线期指的是从出生到6岁，这一时期的总体情况是：从出生到1岁，人脑约成长3倍；1岁到2岁，成长较少；6岁时差不多达到成年人的大小。此段时间若给予优良的环境，脑细胞间会长成茂密的神经线路，此茂密的神经线路将永久性地提升人的IQ潜能。此段时期所学得的表情、情绪反应、走路姿势、说话表情、人际关系，将会永久性地烙印在脑神经结构里，并称为个体的本能反应。

2. 清理期

清理期指的是6岁到12岁这段时期，这一时期的总体情况是：人脑线路经过修剪，常用的线路会强化，形成习惯、技艺，不常用的线路会萎缩淡化；脑神经线路自动修剪的过程是为了使大脑的工作更有效率；继续保持该技艺，脑神经线路会更精纯化；此段时期重复练习是最佳策略。

（三）家庭教育提升孩子智商的途径[①]

无疑，教育是开发一个人潜能的金钥匙，受过良好教育的人具备独立思考、深入观察、有创意地解决问题的能力，他们常常有开阔的心胸、发掘机会以及组合资源创造成功的能力。这些能力的培养离不开家庭教育，因为布线期的孩子与家人相处的时间较长，父母又是孩子的第一任教师。在布线期，家长可以采用下列途径提升孩子的智商。

1. 亲人的抚爱

孩子智商的高低与他所接受到的亲人抚养多寡密切相关（亲人抚养主要是指父母亲或重要亲人的照顾）。许多有关抚养的实验显示，孩子的智力、情绪、社交等能力的发展，若无亲人的关爱（特别是母亲），会受到阻碍。在委内瑞拉，有研究发现许多婴幼儿的智力发展不良，就是因为：他们的母亲很少对孩子讲话；他们身上包了厚重的衣服，手脚很难活动；他们被放在黑暗的房间里，眼睛缺乏光学摄像的激发；他们从小被放在安静、静止的环境。结果，他们上了小学后学习很困难。

根据智力发展的脑神经科学原理，父母的关爱意味着给孩子提供有助于

---

① 李顺长.做你儿女的好父母,提升你儿女IQ、EQ、CQ的超级方法[M].成都：四川大学出版社,2006：47-54.

孩子脑神经网络长得繁密的刺激。在婴幼儿时期,孩子必须享有如下关爱以促进其智力发展:① 身体的需要得到照顾;② 怀抱、爱抚、触摸孩子,用摇篮,与孩子嬉戏;③ 对他说话、唱歌、读书;④ 让孩子进行抓、走、手眼配合、爬、踢、跑等活动。

2. 身体的活动

杰出行为科学家皮亚杰(Piaget)在研究人类智慧发展时发现:成年人的智商奠基于婴孩时期的身体活动,抓、看、爬、抬、走等小动作都刺激脑部的神经网络,影响其成年后的智商。限制孩子的身体活动,也就限制了他的智商发展。因此,在布线期家长要注意以下方面:① 给孩子自由空间去探索,但要注意安全;② 衣服只要保暖就行,越宽松越好,尽量让孩子的四肢自由活动;③ 陪他们爬行、翻滚、站立、伸手、踢跳、抓取、手眼配合、走路、跑步、骑三轮脚踏车等;④ 五个月大到会走路期间,让小孩子坐学步车走路(注意安全);⑤ 爱抚他、抱他嬉戏、教他拍手、唱歌等。

3. 读书给孩子听

父母在孩子还是婴孩时读书给孩子听,可刺激孩子的好奇心、语言能力和智力,有助于他形成优良的读书能力;故事的转折可激发孩子的想象力;听故事可激发孩子的好奇心和学习的热诚;在读与听之间,可建立美好的亲子情感和沟通渠道。大约有三分之一的孩子,因为父母从未读书给他听,一生的学习都很困难。下列建议有助于提高孩子的智商:① 从1岁开始读书给他听;② 如果孩子已经长大了,还是可以读书给他听,直到大约12岁;③ 小时候读有图画的书给他听,教他认字;④ 读的声调要抑扬顿挫,以激发孩子的音韵感。

4. 游戏

喜欢游戏是孩子的天性,游戏能刺激孩子的脑神经发展,为他们成年期的智商奠定基础。孩子进行游戏时家长要注意:① 玩具和空间必须安全;② 玩具的种类尽量多元化;③ 不必花大钱买昂贵的玩具,孩子喜欢的、久玩不厌的玩具就是最好的玩具;④ 父母亲、小猫、小狗也是最好的玩具;⑤ 2岁半以下的孩子尽量在亲人旁边玩,不需同龄玩伴;2岁半至6岁可以跟其他小孩一起玩。

5. 视觉

孩子依赖视觉学习胜过任何其他感官,视觉所带给大脑神经的发育也是脑神经线路成长的主要来源。听觉、嗅觉、味觉、触觉这些感官在出生时已大体发展完成,视觉发展较晚。初生婴儿的眼睛尚不会对准焦距,两个月左右眼看见的是两个影像,四个月大时可以看见一个影像,并对任何距离的物体对焦,对移动的物体特别有兴趣。下列这些方法有助于对婴孩的视觉进行训练,帮助孩子的神经丛网络成长更稠密：① 床单要使用亮丽的颜色,墙壁上贴上各种形状的图案、动物图形等；② 房间光线要充足；③ 多看看图识字的书,多看彩色动物故事书；④ 多看儿童电视节目；⑤ 常在社区、公园、杂货店等散步。

6. 听觉

加州大学尔湾(Irvine)分校的神经生物学中心,做了这样一个实验：给36个大学生听莫扎特的D大调双钢琴奏鸣曲10分钟,然后给他们做智商测验,发现提高了9分。这一实验被称为"莫扎特效应"。研究人员认为,古典音乐的精巧结构可能整合了某一部分的大脑,使它更有效地工作。不过,此效应大约持续15分钟,过了这段时间,学生的智商又恢复到平常水准。但如果每天坚持听两次各15分钟的古典音乐,可永久性地提升孩子的智商。他们还发现：学钢琴等其他乐器可有助于脑神经网络成长更稠密,提高孩子的思考能力。孩童学音乐对其智力的建设性是永恒的,即便是成年人听莫扎特音乐,也能提升思考能力。既然如此,家长就让孩子多听、多弹、多唱、多学古典音乐,让古典音乐优美的旋律去建设孩子的脑细胞线路,强化他的智力吧。

清理期及其之后在提升孩子的智商具体方法上有所不同,但其原理是一致的。家长要多给孩子提供动手、动脑的机会。如美国教育家杜威所指出的："从做中学。""教育即经验的改造。"

第2节 情商与家庭教育

为什么小时候都很聪明的孩子,长大后有人成功,有人失败？为什么最聪明的孩子最终并不是最有成就的？遭遇困难时,为什么有人能冲破逆境,有人却意气消沉？结了婚,为什么有人夫妻恩爱,有人却争吵不休？戈尔曼的研究对诸如此类的问题提供了答案。他认为,一个人的EQ直接影响学习、工作、生活的状态、心态,并以"棉花糖实验"提供了有力证明。

 知识小卡片

软糖实验

1960年,美国斯坦福大学心理学家瓦特·米歇尔把一些4岁左右的孩子带到一间陈设的简陋房子,然后给他们每人一颗非常好吃的软糖,同时告诉他们,如果马上吃软糖,只能吃1颗；如果20分钟后再吃,将奖励1颗软糖,也就是说,总共可以吃到两颗软糖。

> 有些孩子急不可耐，马上把软糖吃掉。有些孩子则能耐心等待，暂时不吃软糖。他们为了使自己耐住性子，或闭上眼睛不看软糖，或头枕双臂自言自语……结果，这些孩子终于吃到两颗软糖。
>
> 实验之后，研究者长达 14 年继续跟踪研究参加这个实验的孩子，一直到他们高中毕业。跟踪研究的结果显示：那些能等待并最后吃到两颗软糖的孩子，在青少年时期，仍能等待机遇而不急于求成，他们具有一种为了更大更远的目标而暂时牺牲眼前利益的能力，即自控能力。而那些急不可耐只吃 1 颗软糖的孩子，在青少年时期，则表现得比较固执、虚荣或优柔寡断，当欲望产生的时候，无法控制自己，一定要马上满足欲望，否则就无法静下心来继续做后面的事情。换句话说，能等待的那些孩子的成功率，远远高于那些不能等待的孩子。
>
> （资料来源：软糖实验[OL]. 百度百科网. http://baike.baidu.com/view/1212444.htm）

"软糖实验"对家庭教育的启示是：家长要善于培养孩子"延迟满足"的能力，让孩子学会坚持、学会期待、学会等待、学会克制、学会自我激励。

一、情商释义

情商（Emotional Intelligence Quotient，简称 EQ）又称情感智商，是与智商（IQ）相对的术语。1990 年，美国耶鲁大学心理学家彼得·塞拉斯和新罕布什尔大学的琼·梅耶首先提出了"情感智力"（Emotional Intelligence）概念，用它来诠释人类了解、控制自我情绪，理解、疏导他人情绪，并通过情绪的调节控制，以提高发展和生存质量的能力。1995 年，美国哈佛大学心理学教授、《纽约时报》专栏作家丹尼尔·戈尔曼在总结大量相关理论和实验报告的基础上，写成《情感智力》一书，首次使用"情商"这一概念。戈尔曼认为，情商是个体最重要的生存能力，是一种开发情感潜能、运用情感能力影响生活各个层面和人生未来的关键性品质要素。如果说智商主要反映人的认知能力、思维能力、语言能力、观察能力、计算能力等理性能力的话，那么，情商主要是反映一个人感受、理解、运用、表达、控制和调节自己的情感关系，以及处理自己与他人之间情感关系的能力，是属于非理性的。戈尔曼认为，在人的成功要素中，智商只占 20%，而 80%受情商的影响。由此，对情商可以作这样的理解：情商是一个人控制自己情绪、驾驭别人情绪的能力，是忍受挫折与应变的能力，是衡量一个人情绪水平高低的尺度。

二、情商的构成

从情商的既有研究来看,人们在表述方面虽有不同,总括起来主要包括五个方面:自我认识能力、管理自我情绪的能力、自我激励能力、识别他人情绪的能力和人际交往能力,具体内容如下。

1. 自我认识能力

自我认识能力包括:了解自我优缺点的能力,了解自身真实感受的能力,能对人生大事作出正确选择的能力。只有了解自己的情绪才可以控制,避免激动时作出错误的决定。能正确认识自我是极不容易的,比认知他人更难。知道自己的情绪状态是发展情感智商的第一块基石。

2. 管理自我情绪的能力

管理自我情绪的能力包括:自我安慰、摆脱焦虑的能力,对冲动和愤怒的控制力,临危不惧、处变不惊的能力,能在挫折和困难面前保持冷静,有效地摆脱消极情绪侵袭的能力,等等。个体在生活、学习中,不可避免地会遭遇困难和挫折,管理自我能力强者可从困境中崛起。反之,则陷入其中不能自拔,一蹶不振。在众多负面情绪中,比较难以处理的是怒气,拥有高度情感智慧的人知道怎样通过积极思考、放松、冷却来管理情绪。

3. 自我激励能力

个体要获得成功,既需要来自外力的督促,更需要不断地自我激励,以使行为朝向期望的目标前进。这种为服从某一目标而自我调动、指挥个人情绪的能力,即为自我激励能力。自我激励在个人走向成功过程中起着引擎作用,成功者通常都具备这种能力,他们善用自己的热诚、自信、强烈的动机来达成目标。

4. 识别他人情绪的能力

所谓识别他人情绪的能力,是在自我情感觉知的基础上发展起来的一种了解、疏导和驾驭别人情绪的能力。识别他人情绪的能力包括:具有能"感受别人的感受"的"同理心";能通过细微的社会信号敏锐地觉察他人的需求与愿望;能设身处地为他人着想;能通过控制自己的情绪,从而改变别人的情绪;等等。正确地识别他人情绪,是个体形成良好人际关系的基础。

5. 人际交往能力

人际交往能力是一种人际状况适应能力,即一种愉快地建立、调整与他人关系的能力。人际交往能力包括:对他人的感情、动机、需要、思想等内心活动和心理状态的感知能力;对交往对象个体特征以及交往情景、交往内容的记忆能力;理解他人思想、感情与行为的能力;从对方地位、处境、立场思考问题的人际想象能力;将自己的情感、思想等表现以恰当的方式表现出来的能力;与他人的合作能力。

三、家庭教育如何培养孩子的情商

家长莫不期望自己的孩子一辈子幸福快乐,具备什么样的条件才能让人一辈子幸福快乐呢?心理学研究提供的依据是:如果家长在孩子的成长过程中给足两样东西,孩子就会成为一个快乐的人。一是让孩子学会处于正面的情绪状态,愿意积极地把自己的能力展现出来,觉得自己是能够有所贡献的;二是具有良好的人际关系,这并不是意味着孩子的朋友一定要很多,而是必须培养孩子有能力爱别人,也有能力被爱,让孩子比较容易建立人与人之间的亲密连结。究其实,拥有高 EQ 的孩子才能生活得更幸福。EQ 在现代社会之于个体显得尤为重要,因为生活存在着许多压力、挫折,需要孩子面对并化解。

(一)家长帮助孩子学会处于正面情绪状态

情绪影响着我们每天的生活:它会影响我们的情感,改变我们的自我评价;它会左右我们的思考,决定我们的人际关系;它会增减我们的动机,选择我们的人生方向。人类的情绪已经被确认的共有两百多种,喜、怒、哀、乐是人们平常比较注意的四种,常见的负面情绪和正面情绪主要有下列 10 种,具体内容见表 8-1[①]。

表 8-1 常见负面和正面情绪

负面情绪		正面情绪	
1. 愤怒	6. 嫉妒	1. 爱心	6. 乐观
2. 惧怕	7. 仇恨	2. 喜乐	7. 信心
3. 内疚	8. 忧郁	3. 希望	8. 安全
4. 自卑	9. 骄傲	4. 平安	9. 同情
5. 沮丧	10. 抱怨	5. 热诚	10. 饶恕

正面情绪与 EQ 呈正相关。一个热情的人,他会尽量地相信别人,沟通的话也常常带着建设性,思想积极。反之,一个自卑的人,在与他人沟通交往时比较被动,自我表达与表现不积极,常常夸大自己的弱点,不能很好地把握取得成功的机会。EQ 水平的高低是情绪管理能力的标志,培养孩子保持好的情绪状态是提升 EQ 的关键。如果家长帮助孩子学会处理负面情绪,有效地加

---

① 李顺长.做你儿女的好父母,提升你儿女 IQ、EQ、CQ 的超级方法[M].成都:四川大学出版社,2006:67.

强正面情绪,导引他们的情感力量与实现人生目标相配合,将会大幅提升他们一生的快乐幸福。家长可通过以下途径帮助孩子学会处于正面情绪状态。

1. 父母为孩子构建高情商的氛围

身教胜于言教。父母要培养高 EQ 的孩子,首先要从自我做起,以肯定和祝福来培养孩子的情感智慧。让孩子在享受美妙亲子关系的同时,以积极乐观的态度对待生活。

 知识小卡片

孩子从生活中学习

多罗茜·洛·诺尔特

如果一个孩子生活在批评之中,他就学会了谴责;
如果一个孩子生活在敌意之中,他就学会了争斗;
如果一个孩子生活在恐惧之中,他就学会了忧虑;
如果一个孩子生活在怜悯之中,他就学会了自责;
如果一个孩子生活在讽刺之中,他就学会了害羞;
如果一个孩子生活在妒忌之中,他就学会了嫉妒;
如果一个孩子生活在耻辱之中,他就学会了负罪感;
如果一个孩子生活在鼓励之中,他就学会了自信;
如果一个孩子生活在忍耐之中,他就学会了耐心;
如果一个孩子生活在表扬之中,他就学会了感激;
如果一个孩子生活在接受之中,他就学会了爱;
如果一个孩子生活在认可之中,他就学会了自爱;
如果一个孩子生活在承认之中,他就学会了要有一个目标;
如果一个孩子生活在分享之中,他就学会了慷慨;
如果一个孩子生活在诚实之中,他就学会了什么是公正;
如果一个孩子生活在安全之中,他就学会了相信自己和周围的人;
如果一个孩子生活在友爱之中,他就学会了这世界是生活的好地方;
如果一个孩子生活在真诚之中,他就学会头脑平静地生活。

(资料来源:(新西兰)戈登·德莱顿.学习的革命[M].顾瑞荣,等,译.上海:生活.读书.新知上海三联书店,1997:76)

营造一个有助于培养孩子高 EQ 的家庭氛围,需要父母在日常生活中注意以下三点:首先,保持正面思考。家长在工作、生活中会面对一些压力,如果家长对此常常发牢骚,孩子就无法有一个快乐的环境;相反,如果家长每天回家都可以找到有趣或正面的事情与家人分享,孩子也就渐渐地学会多观察事物的正面并与人分享。其次,正确表达负面情绪。负面情绪的存在也是不可避免的,家长也不可能每天都心情愉快。对此,家长要意识到自己负面情绪的存在,并以和缓的方式传达给孩子,不要把自己的负面情绪粗暴地转移到孩子身上。最后,勇敢面对挫折。家长如何处理自身的挫折、负面情绪等,是孩子学习的重点。很多家长常常报喜不报忧,碰到挫折时硬扛着。这虽从表面上维持了家庭的和乐氛围,却并不利于孩子学习如何克服挫折。在孩子可以承受的程度内,适度地和孩子分享挫折,有助于孩子学习承受挫折的能力。

2. 家长面对孩子的情绪避免不当反应

很多家长对 IQ 的重视度高于 EQ,在教导孩子时常常不处理孩子的情绪,长久下来,孩子会跟自己的感受愈来愈远。疏远并不代表情绪消失,只不过对自身的感受不再敏感,觉察情绪、表达情绪的能力退化,不利于其对自我情绪的调整。父母面对孩子的情绪常有的不当反应如下:不聆听孩子的情绪;过度用权威的命令和指挥,漠视孩子的情绪;感觉情绪要被藏起来;父母经常以指责或羞辱孩子的方式来表现自己的情绪;不肯定、不鼓励孩子;认为正面的表达都是不恰当的。

3. 家长帮助孩子正确面对负面情绪

负面情绪是人类很重要的反应,害怕才会知道安全,羞愧才会知道什么是对错,难过才能对他人的悲伤产生同理心。但如果处理不当,就会给个体及周围的人带来困扰。如果家长能够认识到:当孩子碰到负面情绪的时候,恰是进行情绪教育的最好时刻,孩子就有可能从阴影中走出来。美国"二战"英雄乔治·巴顿曾经给他的士兵们一个很好的建议:强迫自己"多害怕一分钟"是解决问题的关键,正视忧虑是克服忧虑的最好办法。事实上,强迫自己正视负面情绪的过程,就是尝试的过程,就是千方百计想办法解决问题的过程。人生在世,不可能不面对困难、挫折,对此产生恐惧、听天由命的消极心态也是正常的。如果孩子有了负面情绪,父母千万不要着急,更不能斥骂、抱怨,而要帮助孩子正视困难、解决困难、抵抗挫折。美国参议员艾摩·汤玛斯小时候因身体原因自卑感很强,他母亲是这样帮助孩子的:"……儿子,你的身体不太好,你可以用你的头脑为生,用自己的良好语言表达能力,宣传鼓动的力量。"艾摩在母亲的教育下,避开了身体上的劣势,克服了自卑感,终于获得了成功。

(二)家长帮助孩子学会人际交往

在当今激烈竞争又紧密依存的社会里,人际交往能力是一种生存和发展的最基本的能力。在现实生活中不乏这样的例子:某人受到大家的推崇成为领导,在很大程度上并不是因为他特别聪明,而是因为他善于人际沟通与合作,让他当领导大家信得过。

美国心理学家罗拔·凯利和珍妮特·卡普兰通过对贝尔实验室工作人员进行追踪研究,发现了人际交往的重要性。该实验室的工作人员不是工程师就是科学家,他们的学识、智商都很高,然而经过一段时间后,他们中有些人成绩斐然,而另一些人却碌碌无为。为什么同是优秀的人会出现两种相反的结果?究其原因发现,凡是成绩斐然者都是交友广泛、人际关系良好,后者则没有。他们研究的结论是,贝尔实验室150名工程师和科学家中,最有成就和价值的人是"为人和善,在危机和变化的时刻能脱颖而出的人"。

每个人都是社会人,是社会这张大网上的一个"结",必定要与他人产生关系。个体能否与他人和谐相处、得到他人的支持与帮助在当下信息时代越发显得重要。你有一个苹果,我有一个苹果,彼此交换一下,各自仍只有一个苹果;你有一种思想,我有一种思想,彼此交换一下,各自将拥有两种思想。因此,人与人的共同合作与交流,其结果是各自的思想呈几何级数增长。就一般情况而言,一个人的成功,在一定的专业技术条件下,30%取决于机遇,70%取决于人际关系即与人相处和合作的能力。

1. 交往能力与交往模式

人际交往能力是 EQ 的重要组成部分,其水平高低虽受先天人格特质的影响,但父母的熏陶教养和后天学习所起的作用不可忽视,孩童时期所习得的社会性倾向和交往技巧影响着个体的终身发展。而个体的交往方式在怀特博士(Dr. Burton White)看来,在其孩童时代从原生家庭中已形成,并大体上终其一生。按照社交倾向性,他把人际交往分为三种类型[①]:

(1) 快乐合作型

- 有爱心、体贴
- 能替别人着想
- 笑脸迎人
- 思想积极
- 鼓励别人
- 给别人机会
- 话语具建设性
- 容忍别人的缺点
- 擅长表达自己
- 有效处理自己的情绪

(2) 放纵自私型

- 坚持己见
- 自我中心
- 玩弄操纵权术
- 以哭闹取得心里所求

[①] 李顺长.做你儿女的好父母,提升你儿女 IQ、EQ、CQ 的超级方法[M].成都:四川大学出版社,2006:74.

- 侵犯别人权益　　・说话具攻击性
- 对人有敌意　　　・特立独行

(3) 孤僻寡合型
- 退缩　　　　　　・怕得罪人
- 缺乏自信　　　　・过分敏感
- 害怕不被接纳　　・自怨自责
- 沉默寡言　　　　・过分在意别人的意见
- 多疑　　　　　　・拙于表达

显然，具有"快乐合作型"倾向的孩子较之其他两种更易于与人交往。

2. 家长培养孩子人际交往能力的方式

家庭是孩子成长的摇篮，家庭中的人际关系尤其是亲子关系为孩子的社交倾向奠定了基础。为了培养孩子的社交能力，家长应注意以下方式。

(1) 先求了解别人，再求被了解

家长与孩子之间所存在的代沟常会影响亲子沟通。当亲子之间沟通不畅时，家长如以成年人的标准来要求孩子，可能会增加亲子之间的隔膜，造成孩子封闭自我的习惯。如果家长主动了解孩子，同时争取孩子对自己的了解，孩子就会从中学到人与人之间如何互动。当亲子遭遇交往阻隔时，孩子也会争取别人的理解，获得友情。

(2) 运用同理心来倾听

能否做到彼此之间相互理解、尊重，带着同理心去倾听是关键。尝试从对方的立场来看待事物，是解决冲突的重要方面。倾听使相互理解、合理让步、达成共识成为可能，这在生活中非常重要。如果家长在处理家庭人际关系时运用同理心来倾听，孩子就能学会尊重每一个个体的存在，替别人着想，易于与他人合作。

(3) 建设性地处理怒气

有时孩子或家中其他成员的行为可能会使父母受到伤害，但被伤害与报复泄愤是不同的。被伤害是感情受到打击，报复是选择以扳回一局来宣泄情绪。如果孩子的行为让家长的感情受到伤害，尝试抱着爱和宽恕的心态把注意力集中在改正孩子将来的行为上，而不是为孩子的过错发怒。在此过程中，孩子就会学到如何化解怒气，避免在其成长、发展过程中因一次怒气造成不可弥补的损失。

(4) 修补裂痕的能力

每个人都可能在某种情况下言语失控、行为反应不恰当，以致伤害了别人。学会修补这些裂痕，可以避免关系的恶化，恢复彼此的信任。在亲子关系中,父母的言行可能会伤害了孩子,向孩子道歉不但不会有损尊严,反倒能化解双方的心结,重新和好。这种修补关系的能力,是孩子婚姻、生活幸福的重要因素。

(5) 为纠正错误留下空间

没有孩子不犯错误,他们的成长常常与从错误甚至尴尬中汲取教训相伴而行。父母要有心理准备承受孩子的错误,允许他们在摸索中成长,耐心等待他们的成熟。如果孩子在家庭中学到了宽容和饶恕,将来他们就有度量来宽容他人,具有较高的人格魅力。

(6) 将行为和人格分开

孩子的弱点有时重复出现,错误一犯再犯,家长的情绪有时失控,以强烈的言语为孩子的人格贴上标签,使孩子的人格受到极大伤害。父母纠正孩子的错误行为时,如能做到只针对行为而不是泄愤攻击人格,孩子的自尊得到维护,就比较容易养成宽大的胸怀,将来可承受成人世界中所遭遇的建设性批评。

家长在关注上述方面的同时,还应有针对性地培养孩子的人际交往能力。如独生子女家庭,家长应注意给孩子多提供人际交往的机会,避免孩子形成唯我独尊、任性自私的人格倾向。

(三) 家长帮助孩子学会自我激励

对于人来说,最大的敌人往往是自己,自卑、不自信、退缩则是其突出表现。因此,自我激励是情商的重要组成部分,个体只有学会自我激励才能保持一种积极心态,才能有动力克服困难、摆脱逆境。

1. 对待逆境的不同方式

每个人一生都会遭遇挫折、失望、困难,有人被逆境击垮,有人击败了逆境。之所以结果不同,主要是因为面对逆境人们采取的方式不同。被逆境击垮者所采取的方式通常是:逆境→负面情绪→消极思想→低落的自我形象→无力感→放弃努力→悲惨的生活。击垮逆境者的方式则是:虽然环境并不顺利→我相信只要努力一定成功→专心把某一件事做好→经历快乐的情绪→自信心增强,塑造健康的自我形象→养成积极乐观的思想习惯→更加努力不懈→享受成功果实。两种方式导致两种不同的循环,击垮逆境者形成了良性循环,而被逆境击垮者形成的则是恶性循环。创造良性循环的主要秘诀是:相信自我,从小的成功着手。小的成功给人带来自信、健康的自我形象以及努力后的满足感。一个人一旦把成功与努力连在一起,把自己看成是成功者,他就能开始创造良性循环,小的成功就会发展成较大的成功。

2. 家长帮助孩子自我激励的途径

每位家长都希望自己孩子在面对逆境时形成的是良性循环而非恶性循环。无论哪种循环方式，各因素之间是相互联系的。其中，积极的思想、正确认识自我、积极的行动是克服逆境的主要因素。

(1) 面对挫折保持积极心态

挫折并不可怕，可怕的是对自己失去信心，缺乏积极的思想。有的人失败时对自己说："我总是把事情搞砸。"失意时对自己说："我早知道不会有什么好结果的。"这种消极的思想、悲观的内心对话，是腐蚀人格、被困难击垮的毒素。积极的思想、乐观的内心对话，则是面对逆境的主要力量来源。因此，家长要帮助孩子形成积极的内心对话习惯，在日常生活中对孩子的行为给予正面鼓励。父母多注意孩子的长处，常加鼓励，孩子的内心对话自然健康；多表达积极的思想，常加熏陶，孩子的对话内容自然正面；多沟通感恩的态度，常身教示范，孩子的内心对话自然积极。当孩子以积极态度对待生活时，也会以积极的态度对待挫折。同时，在面对挫折时也比较容易接纳父母所给出的建议。

(2) 塑造健康的自我形象

积极的思想容易形成健康的自我形象，反之，则可能形成消极的自我形象。哈利·爱默生·佛斯迪克博士曾经说过："生动地把自己想象成失败者，就使人不能取胜；生动地把自己想象成胜利者，将迎来无法估量的成功。"一个人过低地估计自己，则会导致自卑，缺乏自信心。只有具备正确的自我认识，才能扬长避短，充分发挥自己的长处，克服自己的缺点，树立自信心。有的孩子之所以被挫折压垮，一个很重要的原因是不能正确地认识自我，妄自菲薄，看不到自己克服困难的潜能。基于此，家长应在日常生活中帮助孩子形成正确的自我意识，学会自我定位，让孩子认识到：天生我材必有用，事成于专，为孩子点燃希望。切忌老拿其他孩子的优点与自己孩子相比。俗话说：人比人，比死人。孩子容易受家长及周围人对自己评价的影响。因此，家长既要注意家庭成员间对孩子评价的一致性、和谐性，以免孩子无所适从、自我评价动荡；又要在帮助孩子认清自身的优缺点，在为自己的优势喝彩的同时，正视自己的缺点，管理好自己的言行。

(3) 基于行动争取成功

抱怨是推卸责任者最常用的借口，行动是克服挫败感、无助感的武器；抱怨常让人产生无助的错觉，养成放弃努力的态度；行动常能改善环境，使人增强自信，脱离失败的阴影。家长要使自己的孩子形成积极的思想、健康的自我形象，就要鼓励孩子行动起来，从行动中让小的成功和胜利带给孩子自信、努力的满足。孩子一旦把成功和自己的努力联系在一起，即使在挫折面前，他们也会相信通过自己的努力,能够战胜困难。所以,家长在日常生活中一定注意多锻炼孩子,不要过度溺爱,让孩子有建立自信的一技之长。

第3节 德商与家庭教育

每个望子成龙的家长都不可忽视马加爵事件的启示:如果没有健全的人格,没有健康的心态,没有完美的品格,就不可能造就人才。做人失败的人、品格低下的人绝不可能成为人才。人才首先是"人",其次才是"才"。家长要培养孩子成为有用的人才,需要关注德商。

一、德商释义

德商(Moral Intelligence Quotient,缩写为MQ)与智商、情商相比,概念提出得较晚。情商概念的提出为人们开辟了一条事业成功的新途径。它有助于人们克服一味强调智商所造成的宿命论思想,使人相信:只要通过不断学习、认知与调整,正确面对情绪的变化,每个人都有开创美好前景的机会。但这并不意味着情商是万能的,尽管有了很高的情商,也不一定会有益于社会。因为,正如高智商既可以为人类造福也可用于犯罪一样,情商也是一把双刃剑。

正是认识到德商之于个体发展的重要性,哈佛大学教授罗伯特·科尔斯对其进行了研究,并于1997年出版《孩童的道德智商》。他认为,德商是指一个人的德性水平或道德人格品质。他鲜明地提出"品格胜于知识"。在他看来德商的内容主要包括体贴、尊重、容忍、宽恕、诚实、负责、平和、忠心、礼貌、幽默等各种美德。

其后,越来越多的人认识到德商的重要性,并取得了一定的研究成果。道格·莱尼克和弗雷德·吉尔认为,德商是"决定如何将普适的人类原则运用到我们的价值观、目标和行动中去的能力"。或者简单地说,是从普适原则的角度来区分对与错的能力,是建立并且遵循道德原则的能力。米歇尔·博芭认为,培养孩子的德商则是教孩子具备正确行事的七大美德:同情心、良心、自控力、尊重他人、善良、宽容和公正。[①]

尽管对德商的认识仁者见仁、智者见智,却都有内在的一致性:德商是衡量人的道德品质的标准,它包含分清是非的能力,形成一定的道德信念并照此行事的行动能力。

---

① 米歇尔·博芭.如何培养孩子的德商(MQ)——教孩子正确行事的七大美德[M].北京:中国发展出版社,2002.

二、家庭教育如何培养孩子的德商

德商由诸多要素构成,其形成又涉及道德认识、道德情感、道德行为等各个方面,且每种要素、方面在不同年龄段又各有其特点,如以此展开家庭教育与德商的探讨将是一个比较复杂的课题。鉴于此,本书不再按照某一维度展开逻辑严密的理论阐释,而是就当代家庭教育在培养孩子德商过程中比较容易出现问题的方面进行论述。

(一)家长在道德方面为孩子树立好榜样

科尔斯指出:高水平的德商不是只凭死记硬背规章制度,靠抽象的课堂讨论和家庭说教获得的。儿童在道德成长过程中始终是一个专心致志的观察者。在日常生活中,儿童观察、积累并试图发现一个人应该如何为人处事的原因和线索,并且总会有大量的发现:父母和教师如何面对生活,如何作出决定,如何待人接物,以及如何通过行动表现我们内心的猜测、欲望与价值观。[①] 19世纪俄国伟大作家列夫·托尔斯泰所写的"老爷爷和小孙子"的故事较好地诠释了这一点。故事是这样的:一位爷爷年纪大了,手脚不利落,有一次吃饭不小心把饭碗打碎了,儿媳骂了他一顿后,立下了这个规矩——只许他用一只笨重的木碗吃饭。一天,儿子和儿媳看到他们的孩子米沙在认真地刻着一块木头,就问:"宝贝,你在做什么?"米沙郑重地回答道:"爸爸,我在刻木碗,等你和妈妈老了,你们就可以有木碗吃饭了。"听了米沙天真的回答,他的父母羞愧地意识到自己的过错。

家长希望孩子有较高的德商,首先要以身作则。家长的道德行为为孩子勾勒了一幅完整的可仿效的道德行为图式,其中蕴含着道德认识、道德情感、道德行为。当家长试图去纠正孩子某方面的德行时,要学会反思自身的言行。如果家长言行不一,孩子一旦识破此点,认为家长是伪善的,可能就不再相信家长甚至来自成人的建议或规劝而变得玩世不恭。孩子的德商正是在家长和周围其他成人日常待人接物的潜移默化下所形成的习惯行为。

(二)注意培养孩子的责任感和纪律性

负责和纪律是德商的两大根基。负责是善用自己的自由,遵循社会事实建构的内在因果规律,为社会和自己做出最好的抉择;而纪律则是通过正确的约束,建立起良好习惯,使一生达到高效率状态。在现实生活中,许多社会难题主要是由不负责任的人所引起的,如乱丢垃圾,在公共建筑上涂鸦,诈骗钱

---

① (美)罗伯特·科尔斯.道德智商——成为灵魂健全的人[M].姜鸿舒,刁克利,译.北京:北京出版社,1999:5.

财,在街道上飙车,写匿名信攻击人,等等。不负责任的人,通常情况下是从小我行我素惯了,缺乏管教与纪律。因此,负责与纪律两者的结合可以切实提高孩子的德商。

1. 如何培养孩子的责任感

当下,抱怨孩子没有责任心的家长已不在少数。孩子为什么缺少责任心?其实这是家长教育的结果。家长们为了让孩子专心学习,通常不让孩子参与任何家务劳动,甚至还对孩子进行"三不准"的规定:不准动刀、不准动电、不准动火,更不要说进行野炊、探险活动。如此,很多孩子长大后连火柴都不会划,怎么可能独当一面。

美国黄石公园管理处给每位游客一张传单,上面用大字提示:不可用食物喂熊。但公园里仍有许多游客,不顾禁令喂熊。公园的管理员解释说,每一年他们都必须抬走几百具熊的尸体。这些熊吃过喂食,就长时间逗留在公路旁,等候游客喂养,最终丧失捕食能力,饿死在道旁。如果父母不让孩子做任何他可以做的事情,孩子最终将丧失负责任的能力,成为别人的负担。培养孩子的责任感可从以下方面入手。

(1) 避免过度保护孩子

过度保护是当下中国家庭教育的一种常见问题,家长必须舍得让孩子去尝试、去失败、去跌倒、去碰撞,让他们从错误中摸索成长。家长要允许孩子犯错,要忍受孩子出错时内心所产生的煎熬,要横下心让孩子自己去面对犯错的结果,这对父母来说是个痛苦的过程,也是家长要承受的教育责任。当然,家长要区分:有些错误是迈向成熟的导师,允许孩子摸索成长;有些错误会留下永远的不良后果,要保护孩子免受其害。

(2) 给予孩子适当的自主权

没有选择权,责任不明,就无法负责,在适当范围内赋予孩子选择权是训练孩子负责任的最佳做法。家长可根据孩子的成熟度,赋予其适当的自主权。年幼的孩子享有太多自由是危险的,成熟的孩子仍被过分约束是剥夺了他的自主权。让孩子自主选择,并让他们经历结果,他们会逐渐认知事物间的因果关系,了解到行为与人生成败之间的相互作用,渐渐成熟到知道怎样活在社会规则里,成为一个负责任的人。如,早餐时孩子一旦选择了食物的种类,就餐时又不想吃,家长不要再为其更改食物,饿的感觉会教给他负责的观念。

(3) 帮助孩子学会选择

没有谁的选择是完全成功的,好的选择建立于坏的选择所取得的经验之上。正是在不断的选择并承担其结果中,孩子才能不断积累经验,才能在人生的路上学会作出好的选择,取得成功。为了帮助孩子在探索成长的过程中减少损失与痛苦,家长要帮助孩子学会选择,并注意:孩子小的时候让他学习在小事上做选择;犯错时不要责骂他,要与他一起探索问题的原因,分享更好的解决办法;少年时在作出重要的决定前,给他事先辅导,分享各种资讯,分析不同选择的优缺点,然后将选择权交给他;青年时教育孩子为人处事的法则,他的事情主要由他负责,家长可提供自己的建议供孩子参考,孩子若遭遇失败,要接纳并帮助他重新出发。

(4) 让孩子学会尊重

一个孩子在进行了选择后,如果没有学会尊重,他将遭遇许多困难。不尊重自然法则,很难成功;不尊重法律,可能事与愿违;不尊重科学,可能事倍功半。

2. 如何培养孩子的纪律性

孩子必须经过管教,才能形成美好品德。管教孩子,使他走应当走的路,是父母的天职。研究表明:严格要求而又疼爱有加的家教,是培养孩子良好人格的主要秘诀。如果把父母比作教练,其目标是培养出纪律严明、人格可爱的孩子,下列这些原则将有助于其取得成功[①]:

① 教育孩子服从权威。在孩子成长过程中,对父母权威的尊重是对其他权威尊重的基础。只有尊重父母才能尊重自己,进而尊重法律、师长、生命。② 家有家规。如果父母设立合理的家规,说明家规的理念,并坚持执行家规,孩子就会有努力上进的动机、较佳的人际关系和较强的独立自主性。如果父母过分放纵孩子,未设立家规,孩子较难锻炼出判断力和发展出自信,很难学到纪律和情绪管理,导致人际关系较差。③ 运用平衡理论。在培养孩子时,家长应在约束和自由、处罚与接纳、公义和慈爱等方面作出平衡,以免孩子养成钻牛角尖的习惯。④ 正面管教。孩子无疑需要家长管教,管教的最终目的还是帮助孩子健康成长,而不是为惩罚而惩罚、为责难而责难。如此,管教时的气氛应是积极的、慈爱的,而不是独裁的、暴怒的;所用语言应是正面的,而不是贬损人格的。⑤ 对孩子的教养是贯彻始终的。家长对孩子的要求不能朝令夕改,要有持续性。否则,孩子会无所适从,家长也将失信于孩子。

(三) 不同年龄段的德商培养重点不同

正如智商的发展在不同年龄段是不平衡的一样,孩子的德商亦如此,家长要根据孩子的年龄特点培养德商。

---

① 李顺长.做你儿女的好父母,提升你儿女 IQ、EQ、CQ 的超级方法[M].成都:四川大学出版社,2006:145-154.

1. 家长要认知孩子的道德发展阶段

可把儿童的道德发展分为两部分：从出生到3岁；从学龄前到成年。即便孩子还裹着尿布甚至不会说话，其道德就已在发展。并且0～3岁这段时间的亲子关系直接影响着孩子信任感、亲社会行为等方面的形成。从学龄前到成年，孩子的道德发展（道德推理发展）见表8-2。

表8-2　道德推理阶段

道德推理阶段		
阶段1：以自我为中心的推理（学龄前儿童至4岁左右）	什么是对的	我应该自行其道
	表现好的理由	得到奖励，避免受惩罚
阶段2：无原则服从（幼儿园）	什么是对的	我应该按大人告诉我的去做
	表现好的理由	避免惹麻烦
阶段3："其中有我什么好处"的公平观（低年级小学生）	什么是对的	我应该为自己打算，只公平对待那些公平对待我的人
	表现好的理由	自私自利：其中有我什么好处
阶段4：人际顺从（高年级小学生和十几岁的少男少女）	什么是对的	我应该做一个好人，满足我所认识和关心的人对自己的期待
	表现好的理由	这样的话，别人才会认为我是好孩子（社会认同），我也认为自己不错（自尊）
阶段5：对"系统"负责（高中生）	什么是对的	我应该对自己所在的社会或价值系统负全责
	表现好的理由	维护系统运载，维护保持自尊的权利
阶段6：良知原则（刚刚成年）	什么是对的	我应该尽力维护每一个人的权利和尊严，应该支持保护人权的制度体系
	表现好的理由	根据良知判断，应该尊重所有人

道德推理阶段论对家庭进行道德教育的启示是：家长了解道德推理阶段论有助于理解孩子，以便把孩子当成一个思考者来欣赏，并适时介入；道德推理阶段就像一个自然的阶梯，是一个循序渐进的过程，年龄越高，越有爱心；不能仅仅根据孩子的年龄确定他的道德阶段，如有的孩子尽管5岁了，仍可能我行我素，处在阶段1；从一个层次到下一个层次的提升称为道德阶段的纵向发展，横向发展意味着在与个体发生关联的所有情况下使用某一阶段的推理方式。尽管一些孩子进入了道德推理的更高阶段，但该阶段的推理方式并不在

其日常行为中贯穿始终。只有使用推理方式解决生活中的实际问题时,才真正地进入更高推理阶段。

2. 从出生到3岁孩子的家庭道德教育

婴儿期是孩子对父母的依恋时期,家长对孩子的抚摸、爱是满足孩子依恋需要的基本途径,家长通过了解和满足孩子的需要有助于孩子学会服从,进而有助于孩子学会爱、信任、自信,为激发他们去探索和学习奠定基础,有助于其后整个道德推理阶段的发展。同时,也要注意在1、2、3岁侧重点各有不同。1岁期间注意积极的爱以及合理的喂养方式,让孩子尽量安全地去探索,使用替换法、转移注意力等策略强化受欢迎的行为。2岁时,孩子往往想独自干一件事情,又常常对父母合理的要求说"不"。对此,家长可通过提供选择机会以维护家长的权威和体现对孩子的尊重,也可通过提出问题让孩子思考、转移注意力、暂停等策略解决亲子冲突,促进孩子的道德发展。孩子3岁时,其独立性有了一定的发展,较之2岁时更顺从,更容易听大人的话。因此,对3岁的孩子可进行文明礼貌教育,培养孩子助人为乐的习惯。

3. 从学龄前至成年时期的家庭道德教育

学龄前至成年时期,个体的道德推理能力已有很大不同,其家庭道德教育自然也随之不同。根据这一时期各阶段个体的道德认知特点,家庭可做如下培养。

(1) 幼儿时期孩子的家庭道德教育

这个时期孩子发展的特点是:能考虑其他人的观点,但认为只有一种观点是正确的,即大人的话。他们认为大人什么都懂,视大人为道德灵魂,他们喜欢告状让大人作出是非判断。如果某件不好的事情发生在自己身上,一定是自己做了某件坏事得到的惩罚。他们很难同时考虑两件事情、顾及两种观点。尽管知道应该遵守规则,但他们不能理解为什么需要规则。针对孩子这个时期的特点,家长应成为孩子需要的权威人物,强化孩子的良好行为,帮助其形成良好习惯。同时,也要把孩子视为独立个体,以避免孩子因听话而抑制他们的独立性,让他们懂得相互尊重。

(2) 小学时期孩子的家庭道德教育

这个时期的孩子个人主义和独立性逐渐增强;相信每个人都有自己的观点,所谓正确的就是坚持自己的观点(做我自己的事,别人怎样待我,我就怎样待别人);认为自己应该拥有和大人平等的道德权利,不再认为大人应该随时管着自己,如果就某些问题不能与大人协商,会倾向于偷偷行动,对权威的敬畏心减弱;总是不停地比较,要求公平对待,有强烈的"以德报德"公平意识;因强烈的武断,缺乏对别人情感的敏感,导致一些潜在的残忍刻薄行为;除非知道一些坏事的后果,否则,不会去了解一件坏事;总认为必须以牙还牙,常常互叫绰号,甚至打架斗殴。对此,家长应注意顺应其发展:理解孩子强烈的公平意识,与孩子协商确立其一些日常行为;将爱而不是公平作为去做你所要求的事情的理由,帮助孩子善于理解他人的感受,弱化物质性的奖惩;养成相互关爱的亲子关系,帮助孩子将爱延伸到家庭以外。

(3) 小学高年级和十几岁少年时期的家庭道德教育

这个时期出现得缓慢且持续的时间较长,有的孩子从小学中期就已开始出现。这个时期的开始意味着青春期的第一抹乌云开始显露,孩子开始变得有些紧张和暴躁,12岁时通常会出现一个暂时的平衡,13岁左右青春期的风暴就来临了。青少年时期,孩子对他人如何看待自己很关心,渴望摆脱父母融入到伙伴当中。因此,这个时期孩子的自我认同和社会认同是一体两面的:想实现理想自我;希望建立良好的人际关系并明了其所需要的条件,如不要说谎、公正等;害怕被嘲笑;在面对群体压力时很脆弱。对这个时期的孩子,家长进行道德教育时要注意:在孩子的独立性与对孩子的管束之间找到平衡,要把家长的权威建立在爱的基础上,只要有可能,就说"行";允许孩子以安全的方式反叛;控制时要考虑孩子的需要,不要用破坏性的内疚去实现,比如让孩子感到自己无可救药;通过帮助孩子透视所谓的流行进而理解自己,学会拒绝来自同辈群体的不良压力,给孩子传授道德价值,让孩子看到独立自主确实对他们有利;不要做比较,帮助孩子形成积极的自我观念。

(四) 关注德商与情商之间的联系

德商与情商之间密切相关,情商是德商形成的基础。积极乐观的心态、面对并克服困难的勇气、对自我的激励、持之以恒的韧性、关心他人、与人相处及把握自己和他人情感的能力等,已体现了个体的人格修养,包含了抑制冲动、抵制满足的自制力,包含了如何设身处地为他人着想、建立良好人际关系所需要的善良与尊重,包含了奋发向上、积极进取等要素。孩子的情商提高了,他的基本素质就提高了,就不会犯那些显而易见的低级错误,也不会去做破坏课堂纪律、影响集体等毫无意义的事。因为,一个自我控制能力强的孩子,遇事能三思而后行,他的处事能力就强;一个人际关系好的孩子,就不会以强凌弱。反之,一个情商水平较低的孩子,提高其德商也比较困难。

德商为情商的形成提供内在精神支撑。自我认识需要是非善恶美丑的价值判断,自我激励需要责任担当,管理自我情绪与人际交往需要宽恕。一个是非不分的人,很难对自我的形象准确定位;一个没有责任感的人,很难有积极进取的动力;一个不能宽容他人、缺乏公正的人,也很难管理好自己的情绪,形成良好的人际关系。德商水平不高,也会制约一个人情商方面的发展。

正是由于德商与情商之间存在关联,需要家长们注意的是:培养孩子的情商以便为提高德商打下基础,同时,也要通过培养孩子的德商为情商的提高提供内在支撑。家长如果了解了德商与情商之间的关系,就能避免把孩子的道德问题处理为心理问题,就会明了孩子的心理问题常常源于道德的局限性。如,孩子内心的焦虑可能是由于缺乏明确的生活目的、正确的自我认识而导致的;冲动的爆发可能是由于缺乏值得信赖的价值观去抑制、战胜愤懑、失望、沮丧的表现。如此,家长对孩子的焦虑、抑郁问题如果只采用心理咨询和治疗措施,将是无效的。

案例 8-1

有一个 15 岁的孩子,即使有人拿他的事开些善意的玩笑,他也会立即自闭起来,摇着头拒绝说话。后来他不去上学了,在家中大量酗酒,将自己关在房间里听摇滚乐,甚至还吸食大麻。从心理学的观点来看,可把他的问题归结为自闭和抑郁,或一定程度的精神病。

科尔斯通过与他交流了解到:男孩的酗酒、吸大麻、听摇滚乐是他愤怒的表现,自闭显示着他的畏缩。愤怒的形成来自他对一切道德标准和社会规范的蔑视,而强烈的道德意识又在折磨着他。他很善于观察社会,观察他人,观察他们的失败、错误、虚伪和矫饰。他能够洞察人心,在了解了别人之后,他又转向自己,把他所见到的一切击碎。

科尔斯认为,要帮助这个孩子打开封闭的世界,如果不涉及价值观,心理治疗效果会受到影响。他还指出,青春期孩子所表现出的易怒、暴躁、逆反,是他们在为自己寻找真理和美好生活所做的道德思考,孩子的心理问题是其道德选择冲突的表现。

(资料来源:(美)罗伯特·科尔斯.道德智商——成为灵魂健全的人[M].姜鸿舒,刁克利,译.北京:北京出版社,1999:133-141)

第4节 财商与家庭教育

随着改革开放的不断深入和市场经济的深化,衡量一个人素质高低的标准不单单是学历和文凭,还需要具备处理金钱、创造财富的能力。然而,由于受我国古代文化传统"贱商"①观念的影响,尊重"财富、财产所有权、公平、契约"的商业文化氛围并未形成,缺少形成真正工商文明的土壤,因此,即便是到了市场经济已渗透于生活中方方面面的今天,我们在培养孩子财商方面与欧美一些国家相比仍然较弱。德国著名教育家卡尔·维特早就指出:"理财能力是孩子将来在生活和事业上必须具备的最重要的能力之一。这是一种素质,它关系到人一生的生存和幸福。"微软创始人比尔·盖茨认为:"只有善待生活,健康理财,才能让生活的每一分每一秒都充满快乐的色彩。"财商教育之于逐渐富裕起来的中国家庭来说不再是可有可无的了,它应该成为孩子素质的重要组成部分。

一、财商与财商教育释义

"财商"这一概念于1999年由《穷爸爸,富爸爸》一书的作者罗伯特·清崎和莎伦·L. 莱希特首先提出,并轰动了全美和世界。对于我们大多数人来说,父母都是"穷爸爸",只教孩子好好读书,找好工作,多存钱,少花钱。赚得少一点没关系,关键是稳定。而没有像"富爸爸"那样,像富人一样思维,教孩子学会"理财"。那么,何谓财商、财商教育,如何培养孩子的财商呢?

1. 财商 FQ

FQ 是"Financial Quotient"的简称,译成汉语为"财商",意指一个人认识金钱和驾驭金钱的能力,是理财的智慧,包括观念、知识、行为三个层面。观念是指对金钱、对财富及对财富创造的认识和理解;知识是指投资创业必不可少的知识积累,包括会计知识、投资知识、法律知识;行为是观念的表现和载体,是观念和知识在自我与环境之间的协调和实施,突出表现为个体正确应用金钱及金钱规律的能力。

2. 财商教育

财商教育就是帮助个体形成正确的财富观,普及理财、投资知识,提高人们理财智慧和能力的教育。财商教育不是一般的思想教育和知识教育,而是从观念到行为贯穿于日常生活中的教育。

---

① 将"商"列为"士农官商"四民之末,商人不得与士大夫官僚同起同坐。

二、我国家庭财商教育存在的问题

财商素质欠缺在当代青少年甚至青年身上还是比较明显的，其表现为：花钱随意，大手大脚，且盲目攀比、讲排场之风盛行；金钱至上的观点十分流行，做什么都要和钱挂钩；走上工作岗位的年轻人由于理财技能不足，很多人成为"购物狂"、"月光族"、"啃老族"、"房奴"、"卡奴"。[①] 年轻一辈财商素质缺乏说明我们的教育尤其是家庭财商教育是存在问题的。

（一）对财商教育的认识存在误区

受"万般皆下品，惟有读书高"、"书中自有颜如玉，书中自有黄金屋"传统思想的影响，家长们往往认为，只要读好书，考上好大学，将来就有文凭、有社会地位，就不愁生存问题。因此，很多家长主要着力于提高孩子的学习成绩。为了让孩子用心读书，家长常常尽力为他们创造条件，不让他们为钱财分心。正是这种"衣来伸手、饭来张口"的生活，使孩子体会不到生活的艰辛，甚至因为生活无忧而缺少学习动力，这种现象已比较普遍。有些孩子追求名牌、挥金如土，对父母不但不知道感恩，有时还鄙视自己的父母"无能"，不能满足自己的需要。及至走向工作岗位，他们常常陷入理财困境，责任感淡漠，自私自利，怨天尤人。

（二）进行财商教育的方法不当

我国当下，并不是所有的家长都不重视财商教育，有些家长"高度重视"财商教育。如，他们把金钱奖励和孩子的学习成绩、考试分数挂钩，只要学习成绩上去了，就大把地奖励钞票。而对金钱财富的正确认识、如何努力赚钱、如何科学理财等财商教育内容，却往往一片空白。由于这种教育，孩子逐渐养成用金钱来衡量一切的习惯，很容易形成拜金主义思想。比如现在过年给孩子压岁钱，有些孩子变得过于追求金钱数量，往往以得到的压岁钱数量来评价长辈的爱意。这样，孩子走向社会后，可能会默认为了发财可不择手段，那将带来许多不良后果。

（三）家长自身财商有待提高

尽管中国有悠久的理财传统，从古代的范蠡、邓通，近代的胡雪岩到当下一些富有的温州人，他们都是理财高手。但对于多数中国人而言，财商水平还有待提高。主要是因为：中国理财文化传统中存在结构性缺陷，所谓的理财经验主要来自国家、富豪、大家族，不太适合普通家庭。此外，大多数中国人的理财行为有勤俭、量入为出等优点，但缺点也十分突出，如重"节流"轻"开源"、

---

① 赵慧玲. 走出青少年财商教育的误区[J]. 教育旬刊，2009(07)(中旬)：54-55.

行为谨慎、风险意识淡薄等。并且,传统的理财文化不够系统,有的可执行性不强,不易仿效。受此影响,与美国、犹太人的家长相比,我国的家长自身财商有待提高。由于受自身财商素质的局限性,家长在对孩子进行理财教育时误区多多、问题多多。

三、家庭如何进行财商教育

家庭财商教育也是一个相对系统的实践活动,主要包括正确的财富观、正当获取财富的途径以及理财能力的形成三方面教育内容。

(一)帮助孩子建立正确的财富观

在我国目前贫富分化不断加剧的情况下,如何认识财富对于贫穷与富有的家庭同样重要。因为,对财富的认识与个体的幸福感、心态的调整以及创造财富能力的形成密切相关。要孩子形成正确的财富观就要让他们明了为什么要追求财富,以及财富与个人欲望、幸福之间的关系。我们为什么创造财富?因为财富对社会进步和个体发展都是必要的。

追求财富是社会发展的动力。丰衣足食曾是古代及物质匮乏时期的社会愿景,也是衡量一个朝代、国家繁荣的尺度。社会富足了,国家才能富强,才能在教育、科技、体育、文化等事业上不断投入,才能提升整个国家的综合国力,从而推动世界的整体进步,才能使人类生活得更有尊严。

追求财富是激发个体潜能、完善自我的重要途径。因为,追求财富就要保持一颗进取心,以充满自信、希望和勇气的精神去释放自己的潜能,杰出地完成自己的使命,实现自我价值。

然而,我国在改革开放前,由于受阶级对立思想观念的影响,财富与压迫、剥削关联在一起,人们恐惧财富,仇视财富,甚至以富为耻、以穷为荣,不敢也不能创造和积累财富。改革开放后,人们赋予了财富新的内涵,"贫穷不是社会主义",并实施"让一部分人先富起来"然后走向共同富裕的国策。在此社会境遇中,人们开始爱慕财富,敬重富人,以富为荣,以穷为耻,努力创造和积累财富,财富逐渐成为个体身份、地位、素质的一种象征。

追求财富、希望自己变得富有一些,这种愿望是无可非议的。需要家长们注意从以下几方面引导孩子。

1. 追求财富绝不是人生的终极目的,幸福的最大化才是人生的终极目的

人们追求财富是为了让自己的生命更加丰满,更好地实现自己的理想。如果为了追求金钱,不顾健康,不顾亲情,不顾家庭,不顾牺牲环境,不但不能获得幸福,反而成为被财富所束缚的奴隶。财富仅是给人带来幸福的因素之一,而不是唯一因素。一个人幸福与否,还取决于一些与金钱无关的因素,如身心健康、家庭和睦、学识修养、追求梦想、回报社会，等等。

2. 学会面对社会不同阶层之间的财富差别

人与人是不同的，社会是有阶层差别的，富裕阶层与弱势群体之间的贫富鸿沟是不可能完全消失的，贫穷会给人带来很多困扰和不幸，但不能因为贫穷而有仇富心态。俗语云：人穷志不短。只要努力奋斗，就能体会收获的喜悦。

3. 追求财富但不能以可持续发展为代价

财富既是人类的创造，也是大自然的赐予。如果没有来自大自然的物质资源，社会是无法发展的。因此，家长在教育孩子追求财富的时候，应让孩子认识到，再丰富的资源也有穷尽的时候，无论贫富都要克制自己的欲望，不要为了追求财富不惜污染环境、破坏自然，要保持大自然的和谐和可持续发展。

（二）让孩子了解获取财富的正当途径

古语云：君子爱财，取之有道。用现在的话说，就是追求财富要通过法律和道德允许的正当手段。否则，一旦超越了法律和道德的底线，就会受到社会的遣责和法律的制裁。社会允许的正当的谋财手段很多，对此，家长要让孩子明了以下几点。

1. 通过辛勤劳动获得财富是光荣、崇高的

尽管创造财富受很多因素的影响，但最终都离不开劳动。要想从社会财富中获得属于自己的那一部分，只有充分发挥自己的力量，在不断的辛勤劳动中为社会创造出更多的财富。家长要让孩子从小明白劳动的价值，让孩子体验劳动所带来的收获与喜悦。进而让他们明白，劳动不分贵贱，只要依靠自己的双手和智慧创造财富，就是光荣的、崇高的。

2. 以科技创新获得财富是值得尊敬的

"授之以鱼，不如授之以渔"，学会创新致富就意味着拥有了"点金术"。那些敢为人先、勇于科技创新的人在为社会创造财富的同时，个人也会得到回报。如世界首富比尔·盖茨，他在信息技术领域的创新给整个世界带来了巨大变革，推动了社会的进步，也为自己带来了巨额财富。科技创新无论之于国家还是个人发展都是重要的，以科技创新获取财富的方式是值得敬佩与效仿的。

3. 诚实守信、合法经营获得财富是受社会称赞和保护的

诚信是做人的根本，也是做事的根本。不容否认，当下我国还处在市场经济的初级阶段，社会存在一定的诚信问题。父母要帮助孩子理性面对社会中存在的诚信问题，要有战略性眼光，要看得远一些。投机取巧、不讲诚信，注定要失败。

（三）帮助孩子形成理财能力

如果说帮助孩子形成正确的财富观、让孩子了解获取财富的正当途径是"穷爸爸和富爸爸"家庭教育都要进行的内容，能否帮助孩子形成理财能力则是区别两者的主要着力点。

1. 根据孩子的年龄特征培养其理财能力

不同年龄段孩子的智力发展水平是不同的，家长可根据孩子的年龄特点进行财商教育。一般情况下，孩子对金钱的萌芽期一般在 6 岁以前，6 岁至 12 岁是形成期，12 岁到 18 岁是发展期。各年龄段具体教育内容可为：3 岁认识硬币和纸币；4 岁知道钱币的面值，并认识到无法把商品买光，必须做出选择；5 岁时知道硬币的等价物以及钱是怎么来的；6 岁时可以简单地找零；7 岁会看商品的价签；8 岁知道干零工可以挣工钱，知道把钱存在储蓄账户里；9 岁时能制订简单的一周开支计划，购物时知道比较价格；10 岁知道每周节约一点钱，攒起来可以应付较大的开销需要；11 岁至 14 岁时要懂得人们的花费和储蓄受哪些因素影响，懂得如何提高个人理财能力；14 岁至 16 岁要学习使用一些金融工具和服务，包括如何进行预算和储蓄。

2. 培养孩子的三种理财能力

在如何培养孩子的理财能力方面，犹太中产阶级家庭可给人们提供有力借鉴。犹太人对孩子的财商教育主要着力于三方面：掌钱能力、赚钱能力和投资能力。这里，我们也主要就这三方面进行探讨。

（1）掌钱能力

孩子的压岁钱问题是春节过后常见于媒体的话题，其着力点在于：随着人们生活水平的提高，给孩子压岁钱的数额也越来越大，如果孩子不知道如何打理压岁钱，容易滋生一些问题，比如攀比心理、乱花钱。怎样"用"压岁钱？对家长和孩子都提出了新要求。对于家长来说，需要对孩子进行理财教育；对于孩子来说，需要具备掌钱能力。

日本著名企业家松下幸之助认为，好多人不是在穷的时候犯错误，而是在有了钱财时才开始犯错误。在拥有了一定的财富后，驾驭财富的能力是需要培养的。对于如何处理孩子的压岁钱，常见于媒体的信息是让孩子学习理财，如储蓄、投资基金、教育保险甚至股票。这些建议是不错的，有助于家庭理财教育。但掌控金钱不等于简单地理财，对于以零花钱为财富主要内容的中小学生群体来说，学习储蓄、投资固然重要，如何让金钱为自己服务也是不容忽视的。家长要让孩子知道，财富不是人生的最终目的，财富是为提高生命质量、实现人生价值而服务。家长可引导孩子摒弃奢侈浪费、虚荣攀比等不理性消费，把压岁钱用在自我教育上，用在培养自己的兴趣爱好上，用在孝顺父母、帮助亲朋上,用在社会和公益事业上,等等。

(2) 赚钱能力

相对于美国、日本等国家,我国的孩子挣钱能力较弱。家庭进行财商教育不仅要让孩子学会掌控金钱,还要培养孩子的赚钱能力,更确切地说是培养孩子的赚钱意识。因为并不是要他们真的来养家糊口、养活自己,而是让孩子从赚钱的过程中,体会到自立、勤奋与金钱之间的关系,了解赚钱的规则与财富的流转过程。

美国有一句口头禅:"要花钱打工去!"美国的父母不光鼓励孩子给自己家做家务,还鼓励孩子给邻居打工,比如送报、修草坪、倒垃圾、洗车等等,虽然收入金额只相当于学生勤工俭学的价格,但却真正培养了孩子的劳动意识,并让他们体会到金钱来之不易。美国人常将自己不需要的东西拿出来拍卖,美国小孩也会将自己用不着的玩具摆在家门口出售,以获得一点收入。即使出生在富有的家庭里,家长也会培养孩子的工作欲望和社会责任感,世界第一位亿万富翁洛克菲勒家族的家教就很严。小洛克菲勒靠给父亲做"雇工"挣零花钱。他清晨便到田里干农活,有时候帮母亲挤牛奶。他有一个专用于记账的小本子,把自己的工作量化后,按每小时 0.37 美元记账,尔后与父亲结算。这件事他做得很认真,感到既神圣又趣味无穷。更值得一提的是,洛克菲勒的第二代、第三代乃至第四代,都严格按此办理。迄今,洛克菲勒家族已繁盛了六代。正是通过这些切合实际的锻炼,美国人的孩子基本具备了很强的独立性、经济意识以及经济事务上的管理和操作能力。

(3) 投资能力

家长除了要培养孩子合理地花钱、有效地赚钱外,还可以试着让孩子了解一些基本的财富常识,带着他们做一些简单的投资。前面我们曾提到孩子的压岁钱,现在很多银行推出了一些针对青少年的"儿童账户",以便他们储蓄、投资基金甚至购买股票。然而,在实际运作过程中,很多家长仅仅是用子女的名字开设一个账户而已,忽略了让孩子亲自参与。其实,家长们不妨带上自己的孩子亲自办理一些基础的银行业务,告诉他们为什么要把钱存在银行里,不同年限的存款利率为什么会不同,如何填写存单和取款单,怎样给外地的爷爷奶奶汇款等等,以了解存款、取款的业务。家长还可以和孩子玩一些"大富翁"游戏,以帮助其建立起对投资的初始印象,然后给孩子介绍简单的投资知识。譬如,带着他们在电脑前查看基金的净值,简单地告诉他们净值涨跌对自己的财富会有什么影响。对股票熟悉的家长,还可以选择一些孩子知晓的公司股票,比如家里电视、冰箱的出产公司,这些品牌都出现在孩子周边,他们并不陌生,进而可以陪孩子一起注意所投资公司的相关信息,让他们知道,哪些信息会促使其股票涨价或跌价,以及对所投资的钱会有何影响等,在潜移默化中,孩子自然就学会简易的股票投资原则,并尝试让孩子做一些简单的投资。

(四)处理好财商与其他教育方面之间的关系

《富爸爸 穷爸爸》的作者罗伯特·清崎指出:"世界上绝大多数人奋斗终生却不能致富,因为他们在学校中从未真正学习关于金钱的知识,所以他们只知道为钱而拼命工作,却从不学习如何让钱为自己工作。"[①]换言之,得到良好的教育和获得优异的成绩不再能确保在金钱和财富方面获得成功。罗伯特的观点让我们认识到,培养孩子的财商依赖学校是不行的,财商教育是不同于学校教育的一种路径。由他的著作来看,要提高孩子的财商需着力于三方面:掌握财务知识;学会克服心理困难;行动起来。其间的内在关系是:财务知识让我们像富人那样思考,了解财富运作的游戏规则,为个体投资选择打下基础;克服心理障碍以具备健康的心态和精神力量去运作自己的财富;行动既是对个体所拥有的财富知识的检验,也是克服心理障碍开发才能的试验场。三者间的关系其实昭示着财商教育也离不开智商、情商和德商方面的培养。

财务知识教育无疑是需要的,但克服通向财富自由的障碍(恐惧心理、愤世嫉俗、懒惰、不良习惯、自负)也是非常重要的。在罗伯特那里,恐惧心理指的是对可能亏钱的恐惧;愤世嫉俗指的是对所进行的投资决定害怕、怀疑甚至杞人忧天;懒惰则指通过忙碌或其他掩饰改善自身状况的一种心态;不良习惯指的是支配财富时先他人后自身的行为习惯;自负指的是用傲慢掩饰自己的无知。对亏钱的恐惧使人不愿承担投资风险;愤世嫉俗让人在投资的决策上不自信、不果断以致失去投资良机;懒惰和自负使人不愿面对自己的财务问题和缺乏财富知识;不良习惯弱化了自身去获取财富的物质和精神力量。所有这些导致个体不能在财富上获得成功。罗伯特的观点揭示了财商与情商之间的关系:个体财商的提高离不开情商的发展,一个人想在财富或其他方面获得成功,都需要调节自我心态,自信地面对自我和勇于承担。

除此之外,罗伯特有关精神的力量、慎重交友、自律的力量、无私的力量、给予的力量等方面的阐释,揭示了获取财富与做人之间的关系,昭示着财商与德商之间的密切关系。尽管罗伯特·清崎的观点是一家之言,对家庭如何进行财商教育还是有启发的。财商教育不只是花钱、挣钱的教育,而是培养孩子全面发展教育不可缺少的重要组成部分。

---

① (美)罗伯特·清崎,莎伦·莱希特. 富爸爸,穷爸爸. 萧明,译. 海口:南海出版社,2008.

本章小结

本章就家庭教育如何培养孩子的智商、情商、德商、财商进行了探讨。如此安排，一方面基于传统教育中对人才要求德智体美劳全面发展的定位，另一方面又兼顾当下家庭教育比较关注孩子情商、财商等方面的培养。此外，从个体素质的构成来看，智商、情商、德商、财商是其基本内容。

关于家庭教育如何培养孩子的智商，鉴于教材内容篇幅，本章并未就智力的各项构成及其在不同年龄阶段的表现逐项阐释，而是着力于影响个体智力形成的脑神经系统及其关键期发展方面。本章认为，儿童智商发展的关键期在 6 岁之前，即布线期。并且，在这一时期智商发展的状况取决于家长是否给予孩子关爱、提供丰富的身体实践活动。

从中国目前的家庭教育情况来看，家长比较关注孩子的学习成绩而忽视孩子的情商、德商、财商的培养。基于此，本章在关注智商培养的同时，分别就情商、德商、财商之于个体成长的重要性、涵义、家庭培养途径进行了探讨。并在具体阐述过程中，不但呈现各自的培养策略，而且论述其理论基础，以凸显所提建议的合理性、科学性。

 思考与练习

1. 结合现实生活中的成功案例谈谈情商之于个体成功的意义。
2. 分析情商与德商之间的联系。
3. 日常生活中如何培养孩子的智商、情商、德商与财商。

第9章　游戏与家庭教育

各种高尚道德,几乎都可从游戏中学得。什么自治,什么克己,什么忠信,什么独立,什么共同作业,什么理性地服从,什么纪律,这种种美德之养成,没有再比游戏这个利器来得快来得切实。

游戏亦能发展智力。判断力、知觉力、观察力、想象力、创作心、冒险心皆能从游戏中渐渐地养成。

——陈鹤琴

 **学习目标**

1. 识记游戏、游戏的特征。
2. 了解游戏的功能。
3. 理解游戏化生存的含义。
4. 分析游戏与学习之间的关系。
5. 思考家庭如何引导游戏。

第1节　游戏与生存状态

游戏是一种极古老、普遍的活动。早在两千多年前,游戏在古希腊已发展为大规模的奥林匹克竞技运动。柏拉图在《法律篇》中认为游戏源于一切幼仔(包括动物与人)要跳跃的需要。亚里士多德在《尼各马科伦理学》中把游戏视为劳作后的休息和消遣,本身并不是目的。但正如沛西·能所言:"游戏的精神是一个不可捉摸的、巧于规避的幽灵,它的影响可以在最难预料的一些生活角落里找到。"正因为游戏善于规避,难以捉摸,几千年来,"游戏之谜"仍然困扰着学者。①

---

① 转引自王小英. 儿童游戏的意义[M]. 长春:东北师范大学出版社,2006:1.

一、什么是游戏？

游戏确实是一个非常难以定义的概念，《牛津英语词典》中共列出了116条关于游戏的不同定义。[①] 在此，对"游戏"一词作简单的词源学分析，也许可以帮助我们更好地理解游戏，因为"观念总要受我们用以表达它的那个词语的规定甚至限制"[②]。

（一）汉语中的游戏

《说文解字》中"游"的本字是"斿"，意为旌旗上的飘带或垂缨。后来从飘带舞动的形态上引发出悠闲自在、无拘无束的含义；作为动词则通"遊"，可以指遨游、游览、游玩等活动，如《礼记·王制》："膳饮从于游。"

学者刘焱在《儿童游戏的当代理论与研究》中谈到，"游"同"遊"，最早用来形容旌旗在空中悠然飘荡的形状。从中人们引申出下面两种含义：

1. 闲逸无事，出游，嬉游；
2. "不仕为游"，即无正当职业或不入仕途为游。

刘焱也谈到，"戏"同"嬉"，亦有"游"之意。东汉杨雄《方言》："戏或谓之嬉。"萧统《文选·张衡赋》："乐也，追渔父以同嬉。"

"戏"本义为角斗、角力。《国语·晋语九》云："少室周为赵简子之右，闻牛谈有力，请与之戏，弗胜，致右焉。"韦昭注："戏，角力也。"

后来，"戏"又引申出其他的含义。例如《论语·阳货》中"偃之言是也。前言戏之耳"，"戏"意为开玩笑、耍笑捉弄；陆游《出游》中"云烟古寺闻僧梵，灯火长桥见戏场"，意为歌舞戏剧表演。而《史记·游侠列传》"剧孟行大类朱家，而好博，多少年之戏"和《聊斋志异·促织》"宣德间，宫中尚促织之戏，岁征民间"的"戏"已经开始有了博弈、竞争的含义。

至于"游"、"戏"二字一起连用，始见于《韩非子》中："或曰：管仲之所谓言室满堂，言室满堂者，非特谓游戏饮食之言也，必谓大物也。"这里的"游"、"戏"二字与现代的"游戏"一词基本一致，意指玩耍、嬉戏和娱乐。

到了近现代，对游戏的界定更为具体。《辞海》中对"游戏"的解释为："体育的重要手段之一。文化娱乐的一种。有智力游戏（如下棋、积木、填字）、活动性游戏（如捉迷藏、搬运接力）、竞技性游戏（如足球、乒乓球）。游戏一般都

[①] （美）约翰逊，等．游戏与儿童早期发展[M]．华爱华，等，译．上海：华东师范大学出版社，2006：4．

[②] （荷兰）J. 胡伊青加．人：游戏者：对文化中游戏因素的研究[M]．成穷，译．贵阳：贵州人民出版社，2007：26．

有规则,对发展智力和体力有一定作用。"

而《现代汉语词典》中对"游戏"的解释为:"1. 游乐嬉戏、玩耍;2. 犹戏谑,也指不郑重、不严肃;3. 文娱活动的一种,分智力游戏(如拼七巧板、猜灯谜、玩魔方)、活动性游戏(如捉迷藏、抛手绢、跳橡皮筋)等几种。"

由此,我们不难发现,中国人对"游戏"主要是从三个方面来理解:其一是一种玩耍娱乐的活动形式;其二是对游戏趣味、游戏意境的体味,如无拘无束、自由自在;其三,闲逸无事、不务正业,或戏谑他人,有贬损之意。

(二)国外的词源分析

荷兰学者 J. 胡伊青加在《人:游戏者:对文化中游戏因素的研究》一书中指出,希腊文中有一个表达儿童游戏的奇特方式,就是在词尾加"inda"。这两个音节本身并不指示任何事物,只是把"玩某物"(playing at something)的含义赋予某个单词。

梵文中表示游戏的一个常见词是"Kridati",指动物、儿童与成人的游戏。就像日耳曼语系中的"游戏"一词一样,它也用于指称风或波浪的运动。

日语中作名词用的"asobi"和动词"asobu",意指一般的游戏、娱乐、轻松、消遣、逍遥(pastime)、游览(jaunt)、放浪(dissipation)、赌博、闲荡、闲卧(lying idle)、无所事事(being unemployed)。"asobi"和"asobu"也指戏弄某物(如傻子)、表现某物、模仿等等。

可见,虽然各民族语言不同,但对"游戏"的理解却是惊人的相似。而且,当人们在谈论什么是游戏的时候,往往自觉或不自觉地拿"什么不是游戏"或"工作"与之相对。"一个词在概念上的价值总是取决于同该词意思相反的那个词。"[①]

人类进入工业文明时期,游戏和休闲不但不重要,而且还是不正常、懒惰的表现,只有工作和严肃才是正常的、重要的。如康德提到艺术时顺带谈到游戏,说了一段影响深远的话:"艺术还有别于手工艺,艺术是自由的,手工艺也可叫做挣报酬的艺术。人们把艺术看做仿佛是一种游戏,这是本身就愉快的一种事情,达到了这一点,就算是符合目的;手工艺是一种劳动(工作),这是本身就不愉快(痛苦)的一种事情,只有通过它的效果(例如报酬),它才有些吸引力,因为它是被强迫的。"[②]就在今天,世界上许多国家的人也经常产生这样一种潜意识焦虑,把游戏看成是浪费时间的活动。大多数人总为自己一边坚持

---

① (荷兰)J. 胡伊青加. 人:游戏者:对文化中游戏因素的研究[M]. 成穷,译. 贵阳:贵州人民出版社,2007:41.

② 转引自朱光潜著. 西方美学史[M]. 南京:江苏文艺出版社,2008:295.

从事有价值的生产性工作,一边却在纵容自己游戏的欲望而感到内疚。所以,重新认识游戏和阐明游戏的价值十分重要。

(三) 游戏的特征

1. 游戏就是享受快乐

人的审美情感的实现是产生乐趣的直接动因,快乐是游戏的本质。因为,游戏的审美性质是游戏的重要特质,游戏有某种要成为美的倾向,游戏浸透了节奏与和谐。欢乐与优美一开始就在原始的游戏形式上得以体现。

游戏是"吸引人的",使人"入迷的"。在游戏中不仅有单纯的快乐,同时伴有紧张、不安、神秘与恐惧。J.胡伊青加认为游戏有一种紧张感,这种紧张感意味着不确定,意味着要作出决断、预计结果。游戏者希望通过自己的操作,打破这种不确定而"取得成功"。这个过程尽管夹杂着恐惧与不安,但本质是快乐的。游戏的此种强度和吸引力,我们不能解释但都在感受,我们不能说明但都在体验。所以我们就不难理解为什么儿童尽管害怕,还一遍又一遍地从陡峻的滑梯上滑下来。我们也可以理解,为什么儿童在编造某种想象,变成了较他平时不同的,更美丽、更崇高或更危险的某人或某物时会快乐得"发疯"。

2. 游戏是一种自愿、自由的活动

一切游戏都是一种自愿的活动,都是受内在动机驱使的。游戏绝不是一桩任务,它拒绝强制性。相比快乐而言,这是游戏的第二个重要特征。"King(1979)发现幼儿对于一个活动,如玩积木,如果是自己选择的,就是游戏,如果是老师分配的,那就变成了工作。King(1982)的后继研究发现,对五年级儿童而言,是否快乐而非是否自由选择是分辨工作与游戏的关键因素。"[1]可见,随着儿童年龄的增大,快乐的重要性更加凸显。

游戏不与任何物质利益相联系,不直接满足个人的生物需求,不是一种生产性活动,可以说游戏是多余的,从它那里无利可图,只有喜欢和快乐才使游戏成为一种需要。它是在闲暇即在"空闲时间"内从事的活动,它是一种享受,它在自身中得到满足。作为我们日常生活中的插曲,游戏也成了一般生活的陪衬、补充和事实上的组成部分。由于没有外在强制和目标的压力,孩子在游戏中可以自由尝试各种行为和方式,不害怕失败和责罚,完全可以随性而为。可以选择怎么玩,什么时间玩,和谁玩,玩什么等等,可以玩到任何时间,也可以在任何时间中断或停止。由此可见,游戏是自愿的,也是事实上的自由。

---

[1] (美)约翰逊,等.游戏与儿童早期发展[M].华爱华,等,译.上海:华东师范大学出版社,2006:18.

3. 游戏是对"日常生活"进行悬置的"假装世界"

游戏不是"日常的"或"真实的"生活。相反,它从"真实的"生活跨入了一种短暂但却完全由其主宰的活动领域,每一个儿童都清楚地知道,他"只是假装的",或者这"只是为了好玩"。游戏以时空的封闭与限定区别于"日常的"生活,游戏在自我的时空中演绎着完整的过程与意义。在游戏的圈子内,日常生活的规则和习惯不再有效。在游戏中我们制定自己的规则,我们按自己的规则行事,"外面的""别人"在做什么,都与此刻我们的行为无关。我们此时是与他人不同的,时间可以超前也可延后,地点可以上天也可入地,总之可用与他人完全不同的方式行事。在游戏中的任何人都必须遵守这种规定,你可以退出游戏,但绝不容许破坏游戏规则。尽管游戏"只是一种假装",也绝不妨碍游戏者以最大的严肃性来从事游戏。

这种假装建立在日常生活之上,日常生活所积累的经验是游戏的基本素材,儿童在对现实生活进行重构,在假装世界里对现实生活素材自由地组合与实验,构建自己心中理想的世界。在此,物体的通常意义被忽略,可以被新的意义所取代。动作行为可与平时不同,或者是平时难以做到的行为,也可重塑。儿童可以是任何人,做任何事,可以避开此时此地的限制去经历各种新的可能性。儿童在游戏中编织了假想的世界,却在身心方面实现了真实的成长。

二、游戏的功能

游戏作为一种活动,是人的各种活动中的一种,对人具有生物学的、心理学的、社会学的各种功能。

(一) 游戏的生物学功能

古典游戏理论包括四种学说,其中两两相对:精力过剩说与松弛消遣说、复演说与预演说,主要从生物本能的角度对游戏进行分析。

1. 精力过剩说

精力过剩说的主要代表人物是18世纪德国的席勒(Friedrich Schiller)和19世纪英国的斯宾塞(Herbert Spencer)。席勒说:"如果动物活动的推动力是缺乏,它是在工作;如果这种推动力是力的丰富,就是说,是剩余的生命在刺激它行动,它就是游戏。"[1]精力过剩说认为,生物体除了产生一定能量满足其生存需要和维持正常生活之外,若还有剩余,就会变成多余的能量,多余的能量积累会造成压力,必须消耗掉。游戏就是人和动物用来释放多余能量的最佳方式之一。如席勒认为人打口哨、做怪相、跳跃、攀登以及各种体育活动等

---

[1] (德)席勒. 席勒精选集[M]. 张黎,编选. 济南:山东文艺出版社,1998:807.

就是为了释放多余能量。年幼儿童无需为生存负责,维持生存能量较少,剩余能量较多,所以比成人更多地进行游戏。它也可以解释为什么儿童在教室里上了一段长时间的课后,需要到游戏场上奔跑、追逐。斯宾塞进一步阐明,动物越进化、越高等,越能因优越的身体或智力获得较充足营养,用在谋生方面的精力和时间就越少,也就是说空闲时间和剩余能量越多,就比低等动物需要更多的游戏活动。

2. 松弛消遣说

与精力过剩说相反,德国的拉扎鲁斯(M. Lazarus, 1883)提出松弛消遣说,认为游戏不是释放多余能量而是恢复和补充工作所消耗的能量。拉扎鲁斯认为,工作会消耗能量而使其亏空,产生疲劳,但能量可以通过睡眠或游戏得以恢复。游戏与工作是不同的,工作是消耗精力的活动,而游戏是恢复精力的最好方式。因为游戏是松弛性的娱乐活动,个体在游戏中可以放松。20世纪德国的帕特里克(G. T. W. Patrick, 1916)进一步认为,现代社会脑力劳动比重增加,对抽象思维、注意力集中和手眼协调能力要求更高,人的精神压力更大,也更易疲劳,所以更加看重游戏的松弛功能。

3. 复演说

19世纪末期,生物学中已发现人类胚胎的发展经历了与人类进化过程同样的一些阶段,也就是说人类胚胎发展史是动物进化过程的复演。美国心理学家霍尔(G. Stanley Hall)将复演说应用于儿童游戏。霍尔认为通过游戏儿童复演了人类的发展阶段——动物、原始人到部落族群等等,儿童游戏的阶段以不同的形式重现人类进化的顺序。他把人类进化的发展阶段与儿童游戏的发展阶段对应起来。如动物阶段反映在儿童的爬行和蹒跚行走期,野蛮阶段反映在儿童玩投掷、追逐、捉迷藏等活动中,农业阶段表现为儿童使用玩具和沙滩挖掘的活动等。游戏的目的是消除那些不应在现代生活中出现的原始本能。例如,儿童玩棒球,可帮助儿童消除用棒子攻击之类的原始打猎的本能。

4. 预演说

关于游戏的意义和功能,德国的卡尔·格鲁斯(Karl Groos)提出了预演说,也称"生存适应说"。游戏不是消除原始本能,而是对遗传上继承下来的不够完善的本能,进行无意识的训练和准备,以适应成人复杂而充满竞争的生活。他认为游戏的生物学意义非常大,特别是幼龄动物的游戏,有十分明确的生物学目的。格鲁斯认为,越是高级的动物,因其成年后维持生存所必需的基本技能就越复杂,所以,需要练习的时间就越长,相应地幼年期及其游戏时间也就越长。换句话说,游戏是动物和人类未来生活所需要的实践活动的一种准备。例如,儿童在社会戏剧性游戏中扮演父母的角色,也就是其日后为人父母所需技巧的一种练习。

(二) 游戏的心理学功能

继古典游戏理论之后,现代游戏理论在心理学方面获得极大发展。20世纪50年代精神分析学派比较注重游戏的情感发展价值;70年代皮亚杰等认知学派比较注重游戏的认知发展价值;到80年代,心理学开始注意游戏对智力、身体、社会性、情感等身心各个方面的发展价值。

1. 游戏的情感发展价值

精神分析学派认为:第一,游戏能实现现实生活中不能实现的愿望。弗洛伊德认为,儿童通过游戏使自己成为环境的主人,让自己拥有统治地位,如长大成人,能做大人所做的事,如像父母一样很晚才上床睡觉,能自己上街买东西等,在游戏中摆脱通常儿童期所受到的各种约束,在安全而又轻松的游戏环境中实现自己的一切愿望。第二,能控制现实中的创伤事件。儿童从现实的被动性转向游戏的主动性,可以把降临到他头上令人不快的事情转嫁到游戏伙伴的身上,于是在这个替身身上为自己报了仇。弗洛伊德认为游戏可以使儿童抛开现实,进行角色转移,释放因创伤情境带来的负向感情,从而净化情绪。儿童可以在游戏中表现和释放他们的担忧和焦虑,如儿童对看病或服药的焦虑可以通过在游戏中让玩具小熊看病或服药而被释放出来。另外,重复性游戏也是儿童处理不愉快事件的一种途径。在游戏中将受挫的经历重复多次,儿童可以将整体经历分割成小的部分,使自己有能力处理。这样,儿童就能逐渐地消化不愉快事件带来的消极情绪。如 Brown, Curry 和 Tinnich (1971) 所举的关于重复性游戏具有治疗价值的例子:幼童看到一名工人从20英尺的高处掉下来,严重受伤,进行现场急救后被救护车送走。最初,许多儿童因这件事受到了惊吓,产生了心理上的困扰。接着他们被多次安排参与类似意外事件(摔倒、死亡或受伤、救护车、医院)的戏剧性游戏。几周后,这类游戏举行的次数减少了,但孩子们也不再被这类事件困扰了。[①]

利利·佩勒(LiLi Peller)侧重于从角色扮演这一角度来扩展弗洛伊德的游戏理论。佩勒发现,儿童模仿自己爱戴、羡慕的人,如老师、家长、警察、科学家,甚至国王、公主等,可以实现自己试图成为这样的人的愿望;儿童模仿自己畏惧或具有敌意的角色,如医生或坏人、大灰狼等,可以控制其焦虑和创伤;儿童模仿低于自己身份的角色,如小婴儿、小动物等,可以使他在游戏这个安全、自由的情境中,做平时不能做的事情,享受一种被现实排斥的幼稚的快乐,如

---

① (美)约翰逊,等. 游戏与儿童早期发展[M]. 华爱华,等,译. 上海:华东师范大学出版社, 2006:9-10.

模仿小婴儿,就可以随意吮吸手指,撒娇要人抱,模仿小狗,就可以自然而然地在地上爬、滚。

总之,游戏能够满足儿童在现实生活中不能满足的愿望,能够使他逃避现实的强制和约束,为发泄不被社会所允许的、受压抑的冲动提供了一个安全的场所,也为儿童战胜现实,从被动的牺牲品转变为对环境或事件积极主动的掌握者提供了途径。

2. 游戏的认知发展价值

皮亚杰根据儿童的认知发展水平提出与之相符的游戏类型及阶段:与感知运动阶段相适应的机能性游戏阶段(0~2岁);与前运算阶段相适应的象征性游戏阶段(2~7岁);与具体运算阶段相适应的规则性游戏阶段(7~12岁)。按照皮亚杰的理论,认知活动是同化与顺应之间的平衡,同化即吸纳现实新信息以适应原有的认知结构的过程,顺应即改变已有的认知结构以适合、顺从实际情况。皮亚杰认为游戏是同化,模仿是顺应。儿童在游戏中不会学习新的技能,但可以练习和巩固新近获得的技能。游戏主要通过练习起到巩固的作用,如果缺乏练习和巩固,许多新掌握的技能就会迅速丧失。

苏联心理学家维果茨基(1976)则表明,游戏可直接促进儿童的认知发展。他认为儿童不具有抽象思维能力,对他们而言,意义与实体是不可分的,儿童只有看到真实的马才能理解马的意思。儿童在想象游戏中,当使用物品(如棍子)来代替其他物体(如马)时,意义开始与实体分离,儿童于是能够独立于实体来想象意义。因此,象征性游戏对儿童抽象思维的发展具有重要价值。维果茨基通过最近发展区来区分发展的两个层次:"实际发展"(独立的表现)和"潜在发展"(帮助下的表现)。最近发展区内的潜在发展是一种过渡状态,通常需要父母、老师、同伴等的帮助作为支架来得到发展。但维果茨基又分析指出,在游戏中,儿童也可以创造他们自己的支架,游戏是一种自助工具,儿童在游戏中的表现往往高于他们的发展水平。游戏甚至可以作为儿童最近发展区的支架,帮助他们获得更高层次的功能,从而推动其进一步的发展。例如,一个一上床睡觉就哭闹不止的孩子,在游戏中可以扮演一个上床睡觉不哭不闹的孩子,也可以表演何时哭,何时不哭。与现实情况不一样,在游戏中他可以控制自己的行为。不仅如此,儿童在参与游戏时还能表现出更集中的注意力,以及更好的记忆、语言使用和社会合作能力。所以维果茨基认为,游戏就像一个放大镜,能使儿童潜在的新能力在真实情境中(尤其是在学校等正式情境中)表现出来之前,就在游戏中展现它们。

布鲁纳(1972)指出,游戏的方式比结果更重要。在游戏当中,儿童不用担心目标是否实现,所以他们就会尝试新的、不寻常的行为,而这些行为在有目标压力的情况下是不会尝试的。儿童一旦在游戏中尝试了这些新行为,就可以利用它们来解决现实生活中的问题。因此,游戏可以增加儿童对行为的选择而促进其解决问题能力的发展。布鲁纳还指出:在游戏中儿童可以最为迅速地掌握本国语言。如果一味地教儿童一些复杂的词语,儿童对于词语的掌握只能停留在消极词语当中,只有在游戏情景中,消极词语才能转化为积极词语。游戏中包含丰富的言语刺激、频繁的互动交流,特别是角色游戏和表演游戏,提供了丰富的表象、概念和自由表达的机会,这就为儿童言语发展提供了良好的语言环境。

3. 游戏的社会性发展价值

皮亚杰还从社会学的角度论述了游戏,他指出:"儿童的游戏构成了一种最好的社会制度。"任何游戏都包含"一个非常复杂的规则系统,即有它本身的一套法则,一种裁判规程"[1];人们在游戏的时候,规则有不可侵犯的神圣性。

维果茨基不仅强调了游戏对儿童认知发展的重要作用,也肯定了游戏对儿童社会性和情绪发展的重要作用,他认为,发展的三个领域是相互关联的。

游戏对于儿童社会性发展的作用主要体现为:游戏活动使儿童学习社会行为规则并使"规则内化";游戏主要是角色游戏,使儿童理解自我、社会生活中常见的角色及其应承担的责任与义务;游戏能使儿童学习和掌握融入集体生活所必备的社会交往技能;儿童在游戏中学会互相理解,发展了同理心,能设身处地思考问题。

(三) 游戏的教育学功能

艾里康宁认为游戏就其起源和本质来说是"社会性"的,是和儿童生活的一定社会条件有关的,而不是由某种内部的天赋本能所决定的。

普列汉诺夫认为"游戏是由于要把力量的实际使用所引起的快乐再度体验一番的冲动而产生的"。在普列汉诺夫看来,游戏是人类特有的一种娱乐活动,他认为是先有人类战争才有战争舞,先有打猎活动才有打猎游戏。游戏不是本能的产物,而是人类社会实践的产物。按照冯特的说法,"游戏是劳动的产儿","因为生活的需要使人去劳动,而人在劳动中逐渐地把自己力量的实际使用看做一种快乐"[2]。

高尔基进一步指出:"游戏是使儿童认识他们所居住的世界的方法,这个世界是他们有责任来改造的。""关于太阳系、关于我们的行星、行星上的国家和人们的最初观点,应该通过游戏和玩具教给儿童。""儿童要游戏,儿童什么

---

[1] 皮亚杰. 儿童的道德判断[M]. 傅统先,陆有铨,译. 济南:山东教育出版社,1984:1.
[2] 转引自张之沧. 科学 人的游戏[M]. 北京:中国青年出版社,1988:7.

东西都要玩,因此儿童通过游戏能最先和最容易认识周围世界。"①

因此,苏联的游戏理论认为儿童的游戏,无论是就其内容还是结构来说,都根本不同于幼小动物的游戏,它具有社会历史的起源,而不是生物学的起源。为了使儿童掌握游戏的方法,成年人的干预是必要的,必须在一定的年龄阶段教儿童学习怎样做游戏。由此可见,他们把游戏的理论研究与教育的实际结合起来,强调游戏的社会属性,强调游戏的教育价值,强调成人对儿童游戏的指导,把游戏看做一种教育教学的手段或工具。

三、游戏:一种生存方式

人被文化包裹着,人是文化的存在。J.胡伊青加在《人:游戏者:对文化中游戏因素的研究》一书中,认为游戏从一开始,就伴随着文化,渗透于文化。他对文化与游戏的关系作了深刻而详细的论述:"仪式产生于神圣的游戏;诗歌诞生于游戏并繁荣于游戏;音乐和舞蹈则是纯粹的游戏;智慧和哲学在源于宗教性竞赛的词语和形式中找到自己的表达;战争的规则、高尚生活的习惯,都是在各种游戏中被建立起来的。""古希腊的论辩、竞技运动,古罗马的城市建筑、竞技场、剧院,中世纪的比武会、骑士精神与制度,文艺复兴时期的诗歌、绘画、田园生活情趣,17世纪的巴洛克风格、服饰、假发,18世纪的罗可可风格、俱乐部、文学沙龙、艺术团体、音乐表演、古典主义、浪漫主义、感伤主义、政治中对权术的玩弄——这一切都是游戏精神的体现。"由此他认为游戏推动文化发展,或它在实际上的确成了文化的一部分。但文明发展到今天,游戏因素有着日渐衰落的趋势。当进入到后现代社会,社会转型呼唤游戏精神的回归,"游戏化生存"既成为可能也成为必然。

(一)游戏无处不在

英国动物学家戴思蒙·莫里斯认为较正式的成人游戏是由儿童游戏延展而来。他认为今天我们用不同的名称加以区分,如艺术、诗歌、文学、音乐、舞蹈、戏剧、电影、哲学、科学及运动等,这些实际上是成人的游戏。下面主要探讨游戏与艺术以及游戏与科学的关系。

1. 游戏与艺术

在所有文化活动中,艺术跟游戏最接近。如康德认为,艺术不是自然,不是科学,也不是手工艺,而是一种"自由的游戏"。当这种游戏和想象力结合在一起,"企图创造一个自由的形式,就最后一跃而为审美的游戏了"。②

---

① 张之沧.科学 人的游戏[M].北京:中国青年出版社,1988:8.
② 转引自郑炀和.游戏与诗[J].浙江大学学报,1998(3):114-117.

游戏与艺术都构筑了一个幻想世界,人在其中感受一种幻觉的乐趣。德国艺术史家康拉德·朗格认为这乐趣不是内容本身所引起的,而是产生于想象力的活动,游戏含有艺术的幻想和虚构,以及摹仿和创造。"艺术则是一种适合成年人之需要的提高的和美化的幻觉游戏而已。"① 所以游戏和艺术都在现实世界之外,是一个幻想的理想世界,在幻想中获得愉悦。

游戏和艺术的幻想,使游戏者、艺术家及欣赏者进入了生命的自由境界。在游戏中儿童可以天马行空,用积木搭建自己的城堡,按自己的意愿生活。艺术家和欣赏者可以不管社会的制度和现实的约束,在自己的艺术天地中充分体味心灵的自由。但游戏和艺术都有规则约束,所以,这种自由也是有限的。我们前面谈过,谁是游戏规则的破坏者,谁就会被驱逐出游戏。"倘若一位作曲家决定写一部管弦乐曲,他便开始受管弦乐技巧的控制。""油画与蚀刻又有不同的游戏规则。"那么在规则中如何实现自由呢?德国美学家玛克斯·德索认为:"要想使一个游戏玩得快活,玩游戏的人仅仅熟悉并牢记其规则是不够的,他还得对这种规则有一种情感……谁若感到这些技巧性要求是桎梏,那么谁便天生不是在这种规则王国里生活的人。"② 游戏与艺术同时在遵循与创新规则,并实现自由。

总之,艺术或许起源于游戏,康德把诗看做"想象力的自由游戏",把音乐和绘画看做"感觉游戏的艺术"。康拉德·朗格则认为,每一种游戏都有其相对的在更高水平上的一种艺术。例如,听觉的戏乐之于音乐,视觉的戏乐之于装饰艺术,运动的游戏之于舞蹈,观看图画的游戏之于绘画,玩弄木偶的游戏之于造型艺术,积木游戏之于建筑,讲述故事的游戏之于史诗,等等。③ 也许对整个人类来说,游戏和艺术最贴近的是在人类的原始时代和童年时期,随着社会的发展和文明的推进,从儿童成长为成人,艺术渐渐与游戏有了一定距离。但游戏精神将永远伴随着艺术,滋养着艺术。因此可以说,艺术是一种高级的游戏形式,而游戏精神的追求是艺术的最高境界。

2. 游戏与科学

首先,科学是人类所从事的一种高级、特殊的游戏。早期的科学家从事科学研究主要是为了满足好奇心和求知欲,是一种更高级的心理追求和精神享受,而不是为了实用,也远非任何功利的目的。就像"古希腊时代的天文学是

---

① 缪灵珠. 缪灵珠美学译文集[M]. 北京:中国人民大学出版社,1998:140.
② 转引自郑炀和. 游戏与诗[J]. 浙江大学学报,1998(3):114-117.
③ 缪灵珠. 缪灵珠美学译文集[M]. 北京:中国人民大学出版社,1998:140-141.

有闲富人的一种消遣——高尚的消遣"[①]一样,科学也是他们的一种怡心养性的活动。尤其在19世纪以前,从事科学活动还未发展成一种职业,只是作为一种兴趣、爱好,一种对大自然的热爱。所以,只有有钱的富人才有闲暇时间来从事这种高级活动,一般的平民为了生存是无法获得这种高级享受的。所以,从这个意义上说,科学是一种高级的娱乐活动,是人类所从事的一种高级、特殊的游戏。

其次,科学与游戏同时体现美的本质。哥白尼天文学体系的建立不仅是对绘画、音乐等艺术的热爱,也是他对天体美和大自然美的热烈追求。面对美的追求,恰恰体现了游戏的本质,美感使科学与游戏紧密结合。

再次,游戏促进了科学的产生和发展。一个十分有趣的游戏,也可能是一个十分机巧的发明。牛顿在不断的游戏中铺陈他的科学生涯,同时作出各种创造发明。

(二)现代社会游戏精神的丧失

J.胡伊青加谈到,文明发展到今天,游戏因素有着日渐衰落的趋势。他说随着技术、商业利益等因素的蓬勃发展,古老的游戏精神有丧失的危险。确实,自18世纪英国工业革命后,科学开始转化为直接生产力,科学与实际结合,成为了一种职业、一种谋生手段。特别是19世纪以来,科学技术突飞猛进,人们更加注重实际,追求功利,游戏精神日趋淡化。

首先,游戏因素的缺乏几乎渗透到各种运动项目。比如各种先进技术的参与和控制,使棋牌类游戏不断精致化,与亚里士多德所谓的消遣意义上的高尚娱乐已相去甚远。它们只片面强调训练敏锐的智力,不再注重培养完整而充实的灵魂,除了耗费大量智力也许根本带不来健康的体魄。我们已难觅"像儿童那样真正地玩耍"的游戏意蕴了,可以说,游戏本质几乎完全消解。或者说,我们得到的其实是名称上叫做游戏的运动。在技术层面上组织严密使活动接近完美,但真正的游戏精神却接近消亡。许多活动背后都拴有物质利益的链条,虽然看似完美游戏的盛宴,实则是毫无游戏因素可言的"虚假游戏"。

第二,从与游戏最相近的艺术来看,"在18世纪之前,创造和'生产'一件艺术作品的过程决不缺乏某种愉悦。这在缪斯的艺术或'音乐性'艺术中特别明显。在这些艺术中,强有力的游戏因素可说是它们根本的、本质性的东西。在造型艺术中,我们看到了与所有装饰形式密切相关的某种游戏意识。换言

---

① (英)罗素.人类的知识(上)[M].张金言,译.长春:吉林大学出版社,2004:11.

之,当手与心灵最自由地运作时,此种游戏功能尤为活跃"①。在游刃有余、自由奔放的审美过程中,艺术与游戏合二为一。

到了19世纪末,因照相等复制技术的产生,因传播媒介的发达,整个社会成了艺术市场。爱艺术成了时髦,人人可以附庸风雅,艺术成了任何人可以随手拿来利用的材料。20世纪被以艺术为元素进行任意拼接的广告所营造的浮华包裹着。人人在艺术中采撷美,恰恰是对艺术的最大破坏,艺术中的游戏意味也将荡然无存。"因为艺术对它所创造的高尚旨趣与美一无所知,这乃是它的福分。如果艺术成为自我意识,即是说它能意识到自身的美,那它就很容易失掉儿童般的纯真。"②

第三,对于科学与游戏的距离,现代社会走得最远。前面谈到,在文艺复兴甚至更早的时代,科学与游戏具有很多相似的特征。虽然游戏是一定时空和意义范围内、遵循某些固定规则的活动,这一点与科学仍相同,"因为科学的每一分支都被隔离在它自己的领域内并且都要受自身方法论的严格规则的限制"③。但游戏是有时间限制的,它同它之外的任何现实都无联系,而它的表演就是它的目的。此外,游戏还摆脱了紧张的日常生活,享受一种愉悦、快乐和松弛。这些都不适用于科学。现代科学越来越追求精确性,并且科学有其应用价值,始终寻找与现实的联系,"而且永远力图建立起一种关于现实的普遍有效的模式,亦即纯科学"④。科学中的游戏因素几乎不存在。

综上所述,自18世纪以来,文化中的游戏因素就逐渐衰退,游戏精神也逐渐丧失,游戏与非游戏的界线十分模糊,真实游戏与虚假游戏也难以辨认。

(三)后现代社会游戏精神的回归

游戏与工作(现实)经常作为相对立的两种活动放在一起论述,这两种基本活动的对立和割裂,使人自身出现了冲突和矛盾:"自己与自己过不去","自己跟自己闹别扭"。实际上游戏与工作不仅是一枚硬币的两面,是人的日常生活相辅相成的两项重要活动,也经常界限模糊、相互转化,统一在人类基本生活当中:游戏就是工作,工作就是游戏。那么游戏除了是自由、自愿的活动,即一种"人人都可以自由加入、离去的活动",是一种具备各种功能的活动,

---

① (荷兰)J. 胡伊青加. 人:游戏者:对文化中游戏因素的研究[M]. 成穷,译. 贵阳:贵州人民出版社,2007:197.

② (荷兰)J. 胡伊青加. 人:游戏者:对文化中游戏因素的研究[M]. 成穷,译. 贵阳:贵州人民出版社,2007:199.

③ 同上。

④ (荷兰)J. 胡伊青加. 人:游戏者:对文化中游戏因素的研究[M]. 成穷,译. 贵阳:贵州人民出版社,2007:200.

还是一种生活态度和生活方式。当物质生产劳动完全可以满足人们的物质生存条件时,现代社会逐步走向富裕之时,物质生产劳动的现代化为闲暇生活提供了可能,但主体的态度决定着闲暇生活的存在。如何安排闲暇生活取决于人们的选择,是否愿意游戏取决于人们的生活态度。

尤其是进入后现代社会,社会结构的转型使"游戏化生存"既成为可能也成为必然。社会告别了稳定统一的模式而体现出模糊性与不确定性,社会的特征呈现差异性和多元化,体现出一种随意而自由的游戏性。这种转变带来人的社会生存方式的极大变化——摆脱了单一线性的模式而体现出多样性与游戏性。

"游戏化生存"实际上是游戏精神对社会生活的一种回归,也就是世俗生活的审美化。席勒说:"只有当人充分是人的时候,他才游戏;只有当人游戏的时候,他才完全是人。"游戏让人成为一个完全的人,游戏使人克服片面和异化,于是J.胡伊青加提出,人是游戏者。至少这一论断比"人是理性者"和"人是制作者"更完整地理解了人的本质,因为在游戏的状态中才能实现感性与理性统一,游戏精神才是真正的自由与解放。游戏化生存指人进入游戏的状态实现个体内部感性与理性的融合,从而实现个体与个体之间的融合,然后形成社会结构的游戏状态,使人在社会的环境中实现一种整体的游戏化的生存。

第2节 游戏与孩子的发展

美国人丹尼斯·乔登在他的书《学并快乐着》中说到一件事情:

有一次我去朋友家做客,出来开门的是朋友三岁半的宝贝儿子,他一见面就问我:"你知道卡里发生什么事了吗?"卡里?后来我才知道是他家养的一只小狗。

"怎么回事?不是卡里病了吧?"我同情地说,"不要难过,明天叔叔带它去看医生。"

"不是的——难道你不知道,我的小卡里长了呀!"说完他一蹦一跳地拉着我到他的狗房子前面,让我看看他的卡里。

天真无邪的孩子在本质上就是要追求快乐!

一、游戏是孩子获取快乐的一种主要手段

寻求快乐是人的天然本能。恰恰使人愉快是游戏最基本的功能,正如皮亚杰所言:"游戏就是一种娱乐。"尤其对于儿童来说,游戏是他们最主要的活动。只有善于游戏的孩子,才会享有真正快乐的童年。

游戏不仅能促使儿童从消极的情绪状态向积极的情绪状态转化,也有助于儿童长久地保持轻松愉快的情绪体验。在游戏中享受快乐促使儿童学会调节和控制自己的情绪,获得愉快的情感体验,从而促进情绪和情感的整体协调发展。享乐不是纵欲,纵欲是一种失衡状态,是单方面需求的过度释放。如果个体的天然本能受到了抑制或蔑视,这种压抑的本能就会寻求各种不正当的渠道发泄。打压不但不能约束本能,反而强化它的释放,促使个体选择沉迷而难以自拔。在自由的游戏享乐中,儿童是完整的个体,始终处于自由、和谐、开放的状态;而在纵欲中,个体将成为极端对立、冲突的矛盾体,时刻处于一种分裂的状态。

游戏的过程充满着轻松和自在。游戏的发起是即兴的、自发的、自愿的,是儿童内在动机驱使的结果,而不是任何外在力量的强制。游戏的展开是自由的、自主的,游戏者可以按自己的意愿,自由地选择喜欢的游戏类型,自由地寻找喜欢的游戏伙伴,自由地挑选喜欢的游戏材料,自主地安排游戏的相关程序,自主地制定游戏的有关规则,自主地决定是继续还是退出游戏。在游戏过程中儿童能够体验到真正的无拘无束、自由自在的感觉,真正获得轻松愉悦的情感体验。游戏与快乐一样,都是一个创造的过程,例行公事是它们的终点,快乐与游戏始终相伴。

在游戏中,儿童常常主客不辨、物我不分。尤其是幼儿,正处于主客体尚未完全分化的时期,表现为一种原始的、天真的同一状态,人的意识还处于潜伏和悬置的状态,在游戏中更易表现为心醉神迷和物我两忘。此时,孩子与世界的距离消失了,他把外部的世界融入自己的创作之中,并赋予其生命,使之成为生命的一部分、情感的一部分。在彻底的、忘我的、不再受制于社会规则束缚的游戏中,孩子的生命进入了另一个境界——畅快淋漓、自由奔放。在这个世界里,充盈着孩子们生命的活力,他们尽情、忘我、不知疲倦,不为任何其他目的,仅仅是在游戏,在游戏中充分地享乐。这种极度的快乐可被称作高峰体验。马斯洛的高峰体验理论描述道:"他们沉浸在一片纯净而完美的幸福之中,摆脱了一切怀疑、恐惧、压抑、紧张和怯懦。他们觉得自己已经与世界紧紧相连融为一体,感到自己是真正属于这一世界,而不是站在世界之外的旁观者。自我与非我的区分不复存在,'是什么样'和'应该什么样'也合二为一,没有任何差异和矛盾。"[1]在游戏中,物具有了生命性,不再是一个与人无关的物体,不再是它本身,而是孩子生命、情感的一部分。

游戏在于享乐,但享乐又有潜在的发展价值。儿童在享受游戏的同时,身

---

[1] 转引自黄进. 体验为本的游戏:再论"游戏是一种学习"[J]. 学前教育研究,2003(6):8-11.

体上精神上得到最大程度的放松,智力和情感上得到最大程度的自由,知识技能得到最大程度的巩固,进而为发展提供了最充足、最好的心理准备。儿童在游戏中享受的程度越高,对自由的体验越强烈、丰富,由游戏所带来的发展的收益就越大。① 游戏真正的发展价值依赖游戏中的享乐体验。也就是说,儿童的享乐体验是学习发生的前提条件,游戏可以导致认知学习和规范掌握,或者说游戏使孩子积极主动地掌握了一些知识经验,带来了身心的发展,但这种发展只是享乐体验所派生的、附属的。由此可见,孩子的游戏方式是玩乐方式,同时也是孩子生活态度和方式的反映,也将迁移为孩子的学习方式。选择游戏方式,孩子的生命本能得到释放,那么快乐成为孩子生活的主旋律,孩子就会快乐地选择生活和学习。

二、游戏是一种学习的手段

因为游戏经常与工作相对,而儿童的主要任务是学习,于是在现实生活中,有很大一部分家长将游戏与学习完全割裂,看不到游戏与学习的一致性,强迫儿童减少甚至放弃各种游戏,要求其单独呆在家里学习,或找家教为其进行辅导,用完全单调的"方法"训练听说读写等基本技能和逻辑思维能力。这是一种传统的学习观,把学习完全看成一个认识过程,只重视学科知识,只关注分数,孩子不是学习的主体,只是作为书本知识的"奴隶"而存在。

追根溯源,游戏和学习的对立不是从来就有的,它是学校教育出现以后的产物。原始社会没有文字,对儿童进行的是一种无字教育,儿童掌握日常生活和生产活动的经验,主要是对成年人实际活动的模仿或成年人的言传身教,其中游戏就是一种主要的学习形式。随着社会生产的发展,文字的产生,改变了人类传授知识经验的方式,文字成为记载、保存和传递这些知识经验的主要工具或载体。以文字为载体的知识经验成为年轻一代的学习对象,专门传递这种以文字为载体的知识经验的教育机构——学校应运而生。学校的产生,使人们的学习观开始发生变化,也使人们对于游戏的态度发生了变化。人们崇尚以书本为对象的学习,不再认为游戏是儿童学习的一种重要途径,游戏被认为是与学习对立的,会妨碍学习的活动而被排斥于学校大门之外。在中国古代,人们常常告诫儿童"业精于勤荒于嬉",提倡头悬梁、锥刺骨的寒窗苦读精神。我们往往用"儿戏"来指责成年人不正经、轻浮的行为举止,这种习惯用语恰好说明了我们的社会和文化对于儿童游戏的态度。②

---

① 黄进. 论儿童游戏中游戏精神的衰落[J]. 中国教育学刊,2003(9):28-31.
② 刘焱. 儿童游戏的当代理论与研究[M]. 成都:四川教育出版社,1988:181.

其实,皮亚杰认为,儿童游戏的发展依赖于认知水平的提高,游戏水平的提高又反过来促进了认知的发展与完善。儿童可以在学习中游戏,"学中寓乐";也可以在游戏中学习,"乐中寓学"。通过二者的频繁互动,促进认知水平的整体提高。从这个角度讲,游戏与学习不是对立的,游戏是一种学习的策略和学习的手段,并有利于良好的学习动机和学习态度的形成和发展。

(一)游戏使孩子成为学习的主体

在游戏中,儿童的知识、经验和理解有机地融合在一起,帮助儿童认识现实。在"游戏人生"中,儿童是学习的主体。实际上当孩子成为学习的主人时,学习的效率是最高的;当孩子的学习是自主的,学习的质量也提高了。学习包括人与物、人与社会的一切相互作用。皮亚杰是最强调主动探索的人,他的学习观确立了孩子在学习中的主体地位,他认为学习是个体在自己经验的基础上,通过同化和顺应主动建构的,认识的本质就是为了达到对环境的适应。这种学习观还体现在人与社会的相互作用。蒙台梭利和艾里克森都强调个体对社会的适应,尤其是情感的适应。学习除了包括自然的、认知的、社会层面的适应,还有文化适应等。重复的学习对他们是痛苦的煎熬,但相同游戏的不断重复对于他们来说却很愉快,因为孩子成为了游戏的主体,没有被训练、被控制的束缚感。因此有人认为游戏是"本轻利厚"的学习手段,因为孩子的行为越主动,他们的认识就会越多,知识也就掌握越多。

(二)游戏引发学习动机

游戏能引发孩子主动积极的学习活动。游戏中的孩子思维活跃、精神放松,善于发现和解决问题,就像"无心插柳",游戏中的孩子在偶然和随意中进行学习,自动朝向探索和研究性的活动。

案例 9-1

朱莉和其他7个4岁的孩子一起坐在桌边,朱莉已经花了12分钟的时间完成她的任务:按照卡片上图形的样子,把带数字的木块找出来。卡片上的数字由1到5。朱莉已经完成了4张卡片的配对,耐心地等待从前走到后的教师过来检查。

朱莉最终从这项"工作"中解放出来了,她向教室里的"厨房角"走去。那里有一大套厨具,盘子、杯子、茶托等等。她停下来,看着这些厨具说:"我喜欢这样的厨房。"接着就开始研究起都有什么设施。过了一会儿,另一个女孩——露西加入了进来,朱莉说:"我是爸爸,你当妈妈。把炉子放在这儿。"当第三个孩子——谢里尔加入进来时,朱莉摆了一张能坐两个人的桌子。

朱莉对谢里尔说:"你想扮小猫吗,或者姐姐?我是爸爸,她是妈妈。"

谢里尔选择了扮小猫,四肢伏地,爬到朱莉给她放的牛奶盘子旁。朱莉继续摆桌子,这次是摆三个人的。她放了三个盘子,三只杯子放在三个茶托上;摆了三副刀叉;把三根香肠夹进三个小面包,分别放在三个盘子里。她转过身去,看到那只"猫"正在朝烤箱里面看,便说:"这不是猫做的事。"然后把烤箱关了起来。到这时,才过了10分钟。教师宣布整理时间到了,游戏结束。

朱莉在"厨房"游戏中所表现出来的游戏水平,比她在数字木块配对的活动中要高得多。她在数数,匹配杯子和茶托时情绪很高昂。在这种自选游戏中,她明显表现出配对的高技巧,有很好的概念,知道配对到底意味着什么。但是在照着图片数字配对的过程中,她却表现得那么难受,甚至有些焦虑。这是一个很好的实例,说明了游戏的含义——游戏是一种自我选择的活动,受内在动机激发,享有很高的活动自由。而且,朱莉进入厨房以后,发生了大量的象征游戏和想象游戏。

(资料来源:(英)维基·赫斯特,等.早期学习能力的培养[M].裴小倩,译.上海:上海远东出版社,2002:90-91)

维果斯基认为:"在游戏中,儿童总是玩大于自己年龄的东西,行为比日常的行为要复杂。在游戏中孩子的表现就像是一个永远比自己高的人。"由此看来不论儿童有什么样的基础、什么样的能力、什么样的语言和文化背景,满足儿童的各种需要是学习的前提。游戏做到了这一点,游戏能满足儿童的需要和兴趣,激发孩子的内在动机,使学习更加容易。游戏不仅能激发和挑战孩子去利用他们知道的知识,而且也激发了他们掌握未知的知识,促使他们获得更大、更有效的发展。

(三)游戏提供学习经验

游戏能提供各种学习经验,游戏提供的学习经验在儿童的不同发展水平中有着不同的意义。游戏不仅仅帮助儿童获得知识和技能,而且还帮助理解他人的需要和想法,获得身体的发展,通过语言学习交流的艺术。最重要的是,通过了解自我和个人内部的力量来获得幸福感。

游戏提供的学习经验,通常以故事作为载体,如饶上达所说:"童话能满足儿童游戏精神的欲望,有时更可以做他们的模仿游戏、化妆游戏的资料"。① 故事能吸引孩子的注意力,使孩子学到他们需要的知识。福克斯(1993)发现,儿童如果有丰富的听故事的经验,可以帮助他们表达自己的思想和感情。依根认为,故事是理解的一个主要途径,可以让儿童获得认知上的挑战,是孩子理解事物的工具。故事的结构性、一致性和连贯性可以使孩子建立一种秩序和意义感,组织自己的经验和思想,传递给他人。福克斯(1993)指出,故事对不满6岁儿童的挑战和带来的效果都是巨大的。格雷斯·霍尔沃思重申:"年幼儿童的注意力不幸被低估了。人们一般认为他们的注意力维持的时间很短。"事实上,故事不仅仅是理解和发现世界的有效方法,而且当儿童遇到变故和疑惑时它能给孩子以安全感。近年来,人们越来越清楚地认识到故事不仅能帮助儿童体验他人的情感,而且能让儿童预测结果,可以消除个体的压力。迄今为止,我们把故事当做儿童表达自我,发展想象力和创造力,理解外部世界,形成移情能力的途径。②

心理学家戈德斯·沃思说,游戏是正在成长中的儿童最大的心理需求。他相信,如果确实是在良好的情况下让孩子们去游戏的话,那么游戏不仅会产生那种在思考和推理活动中所表现出来的心理活动的积极性,而且像丰富的经验一样,也会导致最佳的学习。

三、游戏就是一种学习

游戏不仅是学习的手段,而且本身就是一种学习。贝特殊强调游戏的贡献是"第二学习",从某种程度上讲,儿童的游戏就是学习,一种隐性学习。

首先,动物学研究表明,游戏会导致一系列生物学意义的变化,在一个不断更换游戏物的环境中生活过4~10周的老鼠,脑重量较大,神经末梢粗壮,神经传导发达,并且酶活性强度高。这种实验重复地进行了16次,每次都有相近似的结果。研究人员发现,每天进行2个小时内容丰富的游戏活动,持续30天,就足以引起动物脑重量的改变。因此,研究人员认为,游戏对大脑发展是非常有利的。③

---

① 陈洪,夏力. 儿童文学新思维[M]. 北京:大众文艺出版社,2006:287.
② (英)维基·赫斯特,等. 早期学习能力的培养[M]. 裴小倩,译. 上海:上海远东出版社,2002:55-56.
③ 曹中平. 亲子游戏指导[M]. 北京:人民卫生出版社,2008:29-30.

其次,脑科学研究已表明,经过大脑半球功能的逐渐专门化,优势半球(一般是大脑左半球)主要掌握言语、逻辑推理等与理性思维有关的功能,而非优势半球(一般是大脑右半球)司职运动、操作或直觉等与非理性思维有关的功能。但是,这二者的功能在总体上来说是整合的,而不是分开的,必须互相倚重。例如,左半球的大量推理活动基本上都与诸如美术、音乐、舞蹈和意象等等右半球的功能相联系的。因此,为促进大脑功能的最佳优化,必须左右脑协调发展。但是,在现实中,人们往往偏重左脑的发展,而置右脑于不顾,使右脑功能得不到应有的发挥,从而也就影响了左右脑的协调,事实上不利于左脑的发展。实践证明,游戏由于能大量地提供体育运动、技能训练、动手操作的机会,因此对发展大脑右半球非常有利。并且,由于游戏创造许多意想不到的情景供儿童去说、去想、去发现、去推理,因此也能有力地促进左半球功能的完善和整个大脑的功能整合。①

由此可见,游戏是"玩"即与右脑有关的另一种学习方式,这显然不同于"学"即与左脑有关的学习方式。大多数家长关注的是后一种学习方式,一些家长甚至只强调这种单一的学习方式,认为这样的孩子才算聪明。他们不清楚"玩耍不足,将导致扼杀天才"这一点,对游戏的学习特点与功能没有很好地把握。实际上,聪明的孩子往往是那些既会"玩"又会"学"的孩子。因为既会"玩"又会"学",是处在更高水平下的学习。聪明的关键不在于光"学"不"玩",而在于将"玩"与"学"结合起来,将不同形式(多种形式)的学习科学地组合起来,也就是说会把不同形式的学习科学地组合起来的人更会学习。既然"玩"是学习的形式之一,就需要引导、指导。但很多家长认为上幼儿园是玩,但上了小学就不能玩,上了中学就更不能玩了,甚至发展到上幼儿园就剥夺了孩子玩的权利。实际上整个学习生涯,或者整个人生都需要有游戏,需要"玩",需要越"玩"越有内容,越"玩"越高级。既然"玩"是另一种学习形式,要"学"好不容易,要"玩"好确实也不简单。

案例 9-2

"看一下午蝴蝶不如练练钢琴。"有了孩子的家长可能都说过这句话。其实在我们还是孩子的时候就听家长说过,并且是常听,否则也不会"当孩子成了家长"之后还没有忘了这句话。

---

① 曹中平. 亲子游戏指导[M]. 北京:人民卫生出版社,2008:29-30.

这句话本没什么哲理，更算不上名言，可为什么会被当成"经典"运用呢？因为国人实际，我们把自己的价值观就定位在"有用"与"无用"之上。比如30年前，如果有哪个农民在自家的小院子里不是种了蔬菜，而是种了鲜花，那就不是"过日子"的人，要有个笼子不是养兔子，而是养了八哥，那就是"不正经"的庄稼人。

学成一门手艺是为了吃饭、为了挣钱，如果学了黑格尔不能养家糊口，那就不如学种黑木耳；如果钻研了天体力学，月底不能拎回家两斗米，那就不如跟扎风筝的老王头卖手艺了。国人的学习行为一切都得与"养家"贴上，你就是破译了《易经》，也得以能给人家算上一卦，能收入个仨瓜俩枣为成功的标准，算不准命的"易经"专家，就不如扛"经幡旗"的风水先生了。所以，如果有哪个孩子要是看蝴蝶、捉蜻蜓，那就比打鱼摸虾还不可饶恕了。所以咱们的孩子"闲玩"的时候少，"学习"的时间多。

三岁背《三字经》，四岁背《百家姓》，五岁背《千字文》，一换牙就得背"关关雎鸠"。五四新文化运动后，那些玩意儿用处不大了，孩子们改为学画画、学外语、学唱歌、学舞蹈了，这玩意来得实在，哪管是学速记、练打字都算是"正经"的事，但是"闲玩"不算，玩被国人视为"丧志"的行为。所以看蝴蝶、看风景，享受阳光、海浪、仙人掌都是胸无大志的孩子。

好在这些年人们的价值观念在变，知道了休闲也是人生的需要，但轻易不让孩子们享受。因为无论怎么变，为了"利益、名誉"的目的并没有变。

可现实有时不是"种瓜得瓜，种豆得豆"的。比如著名词作家"乔老爷子"讲到他60年代在窗口对着一只飞来的蝴蝶发呆了几十分钟，有种朦胧的感觉撞击着他的心灵，可他一时又无法顿悟到是怎样的一种明朗的意境，也就撂下了。时隔20多年，"乔老爷子"的家里又飞进了一只蝴蝶，一下子激活了他20年前那个朦胧的思绪，这不正是一段续接上了的"情缘"吗？人的思念有时是没有根脉，没有缘由的，就像那只蝴蝶，在万家灯火之中，飞入你的窗口，你何必问它从哪儿来，到哪里去呢。"乔老爷子"若不在窗口发呆看蝴蝶，哪里会有这么一首20世纪80年代的经典金曲。换成"乔老爷子"在钢琴前弹十首曲子，也不会有看蝴蝶时的灵感吧？

世上的好多事情，而且是伟大的事情，真的都不是从有用的"练钢琴"开始的，恰好是无用的"看蝴蝶"，比如牛顿看"苹果落地"，瓦特看沸水顶起壶盖，爱迪生看老母鸡孵蛋，都类似于"无用"的"看蝴蝶"，可都启发了"有用"的伟大发明……

（资料来源：阮直. 看一下午蝴蝶不如练练钢琴[N]. 青岛晚报，2007-08-11(6)）

第3节　游戏与家庭生活

家庭中的游戏,有成人的游戏和孩子的游戏,因为立足于家庭教育的角度,所以本节从孩子的游戏入手进行讨论。

一、游戏精神——家庭生活的精髓

自由、愉快、和谐是游戏的精神。对于孩子来说,游戏的自由和快乐才是他们选择游戏的最大理由。他们选择游戏就是因为好玩,他们既不为生存,也不为将来做准备,只为自由地享有此刻的时光!游戏所带来的对自由的体验超过一切其他目的。正由于这种自由感,孩子才感到快乐、满足和充满成就感。愉快既是成长的前提,又是成长的目的,在快乐的游戏中成就了孩子和谐的发展与充满自信的人生。

(一) 按游戏精神营造家庭环境

家庭环境可以营造两种游戏场。一种是自然游戏场,完全给孩子一个自由的游戏活动空间。这个空间任由孩子自己创设,没有目的没有先设,可以随时随地发生和结束,孩子自行设置游戏活动的边界和区域,自主选择游戏伙伴,营造游戏的情感氛围。另一种是教育游戏场,一般由家长选择,从时间和空间上进行统一安排,经过教育价值筛选,有一定的教育目的。这是两种不同的游戏场。自然游戏场中游戏的自由感和纯粹性要高出教育游戏场中的游戏;教育游戏场中游戏的教育性要高于自然游戏场。教育游戏场一般由家长设置游戏大场,孩子在整个游戏中要受大场的牵制,牢记大场的边界和规则。很显然,对于家庭生活来说,不能一味追求游戏的教育性,若把握不好,就会变成游戏儿童。因为把游戏转化为一种教育的形式、手段或工具,就是给游戏添加某种外在价值,使游戏具有了工具性。这很可能存在一个巨大的危险,当外在价值与游戏内在价值不一致时,就会破坏游戏本身,使游戏异化为非游戏。

家庭生活应立足于自由、愉快、和谐的游戏精神营造游戏的环境。尽管游戏会有家长的引导和参与,但家长只是适度地参与,而不是盲目干涉或控制孩子的游戏。在现实生活中,家长很容易将目的性和计划性强加给游戏,总希望游戏实现教育目的,甚至希望游戏早点结束或者完全用学习来取代。其实家长应该明白,学校教育才是教育的主体,不要让孩子在家庭中再重复一次学校教育,如果家长经常将游戏作为一种学习的奖励,甚至对游戏指手画脚,把游戏变成手中随意控制之物，如主题的规定、时间的安排、规范的强调、过多的评价，孩子在游戏中没有自由舒展的余地，没有激情的释放，没有忘我的投入，没有生命的感动。这样的游戏忘却了游戏除了自身别无目的，这样的游戏只有游戏的形式，却没有了游戏的实质——自由、愉快、和谐的游戏精神。也就是说家长过于关注孩子的学习成绩，易使游戏沦为教育的附庸，甚至使游戏徒有其表，完全丧失了真正的游戏精神。

（二）把家庭生活当做游戏来过

除了按游戏精神营造家庭环境，如果游戏成为家庭生活的组成部分，游戏将会发挥更大的作用，因为一起玩耍的家庭才有可能凝聚在一起。游戏能使家庭成为有别于外界的团体，能共享某种重要的东西。柏拉图在《法律篇》中说："在这里玩最高尚的游戏并禀有与目前生活不同的另一种精神。"在家庭中应将生活当做游戏来过，充分享受审美的家庭生活，这种魅力只有在经常游戏的家庭中才能体味。在这里家庭会成为他永远依恋的港湾！同样，伽达默尔说："人的游戏活动玩味着某种东西——可能性或意愿。"家庭游戏生活，能使孩子实现可能性或意愿，也就是说孩子不同的才能，将在家庭游戏生活中得以实现。

二、家庭消费中的儿童游戏

儿童游戏成为了一种家庭消费，这种现象在当下已成为一种普遍现象。在这样的背景下，家长保持一份理智和清醒是非常重要的。纵然游戏不可避免地被利益因素渗入，但有意识地去反思和判断仍旧能让游戏精神有回归的可能性。

（一）消费社会中的家庭消费特征

消费社会中的家庭消费特征，在一定程度上呈现为一种商家和消费者之间的关系。为了追逐利益，商家运用各种策略挑起那些需要持续满足的欲念，并利用媒体制造各种现代消费理念和时尚生活方式，所有看似善意的人文关怀之下，都隐藏着唯一的动机和企图：逐利。消费对于消费者来说不是一种主动行为，尤其在当今被物质包裹着的极度充盈的社会中，消费变成一种被动行为。

（二）儿童游戏成为一种家庭消费

儿童游戏也成为了一种家庭消费，这种现象在当下已成为一种普遍现象。哈贝马斯将原本属于私人领域和公共空间的非市场和非商品化的活动被市场机制和权力所侵蚀的现象称为生活世界殖民化。[①] 这里,我们亦看见了游戏——这一纯真、自由、非功利的活动领域被金钱和权力所殖民。这种殖民就是通过不断挑起人的欲望来实现的。儿童游戏日益呈现经济化取向:游戏的场所、游戏的方式以及玩具的使用,都从传统的朴实、简单走向商业操纵下的奢华和新潮。过去儿童的游戏并不需要多少经济的投入,而现在,消费却成为游戏的一个先决条件——进入游戏场所、购买玩具、选择游戏内容等无一不需要经济投入,而且呈现日益高档化的趋势。消费社会滋生了游戏市场前所未有的繁荣,但对于游戏的享乐和发展价值而言,现代游戏并非超过传统游戏,甚至还出现了衰减。

(三)儿童是儿童游戏的消费主体

经济领域中的规则入侵到人与人之间的基本关系,改变了传统游戏交往的价值取向和方式,这是"消费社会"惹的祸,同时与家长主动放弃与游戏者之间平等、民主的对话关系,忽略与孩子之间的亲子互动和情感交流,完全寄希望于物化的游戏活动有关。家长尽管知道各种林林总总的现代玩具,孩子并不喜欢甚至没两分钟就抛弃,或者看也不看一眼,但还是在与其他家长的攀比、竞争下,玩具更换得越来越频繁,档次越来越高,价钱越来越贵。这除了将父母的财富源源不断地流入游戏制造商手中之外,没有产生任何意义。因为游戏中的儿童经常将生命赋予一个无生命的物体,在发起和进行这个游戏时,它进入了儿童的生活和游戏,成为儿童生命的一部分。如果玩具诞生于游戏共同体之外,不与儿童交流和对话,介入不了儿童的想象与情感,那儿童当然会拒绝接受。家长要牢记儿童是儿童游戏的消费主体,使儿童作为游戏者,不被游戏设计者及其背后那个庞大的利益群体所控制。警醒游戏变成游戏者之外的人用以牟利的工具。

三、电子游戏与家庭生活的和谐

尽管游戏让人着迷,但游戏与现实处于一种和谐对话的状态,游戏与现实保持一种建设性的关系。相比传统游戏与现实所形成的轻松和谐的关系,电子游戏与现实易形成一种隔绝对立的关系。家庭对待孩子的电子游戏,一定要把握真正的游戏精神:自由、愉快、和谐。

(一)传统游戏与现实是一种建设性的关系

游戏者对于游戏的痴迷是游戏活动的一个重要特征。伽达默尔提出,游

[①] 黄进. 论儿童游戏中游戏精神的衰落[J]. 中国教育学刊,2003(9):28-31.

戏无主体。游戏把游戏者卷入游戏活动，使他成为游戏的一部分，游戏者在游戏强大的魔力下，丧失了主体性、目的性和控制力，臣服于整个游戏。丰子恺在《谈我自己的画》中曾对自己孩子的游戏作过生动的描述："一旦知道同伴们有了有趣的游戏，冬晨睡在床里的会立刻从被窝钻出，穿了寝衣来参加；正在换衣服的会赤了膊来参加，正在浴池的也会立刻离开浴盆，用湿淋淋的赤身去参加。被参加的团体中的人们对于这浪漫的参加者也恬不为怪，因为他们大家把全精神沉浸在游戏的兴味中，大家入了'忘我'的三昧境，更无余暇顾到实际生活上的事及世间的习惯了。"

尽管游戏让人着迷，但游戏与现实处于一种和谐对话的状态，因为在儿童的游戏中时常出现游戏与现实相交替和补充的状态。在《缘缘堂随笔·随感十三》中丰子恺这样描绘游戏中的儿童："当他热衷于一种游戏的时候，吃饭要叫到五六遍才来，吃了两三口就走，游戏中不得已出去小便，常常先放了半场，勒住裤腰，走回来参加一歇游戏，再去放出后半场。"很明显，游戏可以在日常生活经验的基础上进行下去。儿童在游戏过程中既可以扮演角色身份，也可以暂时打破游戏结构，回到现实生活中，以真实姓名来交流。所谓游戏无主体并不是指主体的完全消灭，而是指主体在游戏中的一种潜伏状态，这种状态是一种和谐的、对话的、消除边界的自由状态，使游戏与现实保持一种建设性的关系。

（二）电子游戏与现实易形成一种隔绝对立的关系

现代社会中儿童易出现一种主体性真正丧失，被电子游戏完全控制的现象，电子游戏被称为"毒品和海洛因"。[①] 在这样的游戏中，游戏者是外在于游戏的，因为程序是预先设计好的，进入游戏就得完全被程序所控制，就得纳入它的逻辑和规则中。人与人之间的互动完全由人与机器之间的互动所取代，甚至被机器所主宰。电子游戏的诸多特征使它产生强有力的吸引，儿童会不知疲倦地游戏下去，把机器前的操作当做自己的生存方式，空间从无比广阔的社会生活退缩至机器前没有交往的封闭、狭小的场域。[②]

从根本上看，这不是自由的游戏，因为它与现实社会生活对立隔绝，现实与游戏不是处于和谐对话的状态，而是相互对立和冲突的状态。这种对立和冲突的严重程度已妨碍了儿童的健康成长，甚至造成了很多社会问题。第一，儿童身心得不到整体、和谐的发展。对于理智和判断能力都处于发展初期的

---

① 黄进. 论儿童游戏中游戏精神的衰落[J]. 中国教育学刊，2003(9)：28-31.

② 同上。

儿童来说,被这样的游戏所控制是较为容易的事情。他们的征服欲、成就感、自信心在游戏中很容易被激发起来,并被强化到最大程度。片面强化儿童某些方面的强烈需要,会导致他们对这一需要满足的工具产生依赖性。因此,儿童在某些电子游戏中完全丧失了理智能力,无限制地沉溺其中。第二,儿童在游戏中丧失了与现实进行对话和交流的愿望和能力。尤其在现实生活中为挫折感所困扰的儿童,可以在游戏中找到一种避难和补偿。当游戏所提供的价值取向和经验与社会生活产生冲突的时候,就会使儿童对社会生活产生更为强烈的抵触和冷漠。习惯生活在游戏王国里的孩子,会对现实中的种种规则产生陌生感和无所适从。

(三)使电子技术成为真正的"温暖技术"

我们并不否认电子技术和电子游戏的价值,也认为电子技术是进入现代社会的手段。新一轮的基础教育课程改革就提出小学三年级要开设计算机课。实际上,从积极的意义上说,电子技术在一定程度上可以称为"温暖技术"。当电视、电脑出现,成为了家庭的一部分后,就给生活带来了奇妙的变化。当你看电影和读报纸的时候,你有一种感觉,所有的一切都发生在你之外,和你没有什么关系,是"他性"的。但出现在电视机尤其是电脑上的时候,便失去了他性,因为它们是你的家庭的一部分,就像你的汽车或洗衣机一样,是属于你的,电视安放在你自己的客厅或卧室里,它加入了你的生活,电脑更在你的掌控之中,随时随地可以掌控它,媒介与现实的距离感消失了。触摸这种技术,主体与客体之间的传统界限开始模糊,呼风唤雨的能力增强,可以相对满足情感和经验的需要,甚至拥有了改变现实生活的能力。事实上,若家长给孩子过多的学习压力,与他缺乏交流,使他感受不到家的温暖,会促使他去寻找另一种庇护来逃避现实,电子技术最易充当马前卒。正如德拉库瓦所说的那样:"儿童的游戏……对于世界是执着也是遁逃,他一方面要征服它,同时又要闪避它;他在这个世界上面架起另一个世界出来,使自己得到自己有能力的幻觉。"[①]因此,电子技术既能成为隔绝现实的工具,也能成为沟通游戏与现实的桥梁。关键是如何为现实生活所应用,家庭生活如何引导电子技术的超强功能。

(四)在电子游戏中导演现实生活

如果在电子游戏中,激励孩子不仅成为玩家,还积极介入游戏设计者的行列,甚至成为游戏的制作者,那么他就是自导自演者。其实,家长和教师常常

---

① 刘晓东.儿童精神哲学[M].南京:南京师范大学出版社,1999:257.

无法驾驭"教育"和"游戏"这架天平的平衡：教育因缺少"游戏性"，无法吸引孩子；过多的游戏又忽视了孩子作为学生的学习本质。鼓励孩子尝试自行开发学习软件，把学习当做游戏，将游戏的内在动机如挑战、幻想、好奇、控制、目标和竞争等激发出来，并与学习相结合，促使学习甚至比游戏更有意思。皮亚杰认为游戏"就是把真实的东西转变为他想要的东西，从而使他的自我得到满足。他重新生活在他所喜欢的生活中，他解决了他所有的一切冲突。尤其是他借助一些虚构的故事来补偿和改善现实世界"。"游戏并不是主体想服从现实，而是想把现实同化于自己。"①

家庭对待孩子的电子游戏，一定要把握真正的游戏精神：游戏让人着迷同时又不断地实现自我完满和自我升华；游戏与现实虽分离但又是和谐的、对话的、消除边界的。游戏最终应实现人的和谐发展，因为只有作为一个和谐完整的个体，才能远离残缺和分裂，才能保持意义世界的完整，才具有在不同的活动之间自由跨越的能力。

 本章小结

游戏是一个非常难以定义的概念，关于游戏的不同定义不下百种。在对游戏进行国内外的词源分析之后，指出游戏的三个特点：游戏就是享受快乐；游戏是一种自愿、自由的活动；游戏是对"日常生活"进行悬置的"假装世界"。

游戏作为一种活动，具备生物学、心理学、教育学功能。作为一种生存方式，游戏无处不在，从文化的角度看，游戏与艺术、科学有极深的渊源，在现代社会游戏精神逐渐丧失的同时，后现代社会为游戏化生存提供可能。

游戏是孩子获取快乐的一种主要手段：孩子在游戏中体验"物我两忘"的快乐，享受快乐具有潜在的发展价值。游戏能够作为学习的手段，使学生成为学习的主体，引发学习动机，提供学习经验。游戏不仅是学习的手段，而且本身就是一种学习。儿童的游戏就是一种隐性学习。

自由、愉快与和谐的游戏精神是家庭生活的精髓。游戏应走出家庭消费的误区，让儿童成为儿童游戏的消费主体。家庭应追求游戏与现实的和谐，让电子技术成为真正的"温暖技术"，让孩子在电子游戏中导演现实生活。

---

① 刘晓东.儿童精神哲学[M].南京：南京师范大学出版社,1999：255.

思考与练习

1. 游戏有哪些功能?
2. 如何认识游戏与学习之间的关系?
3. 如何理解家庭生活应当做游戏来过,并谈谈如何营造家庭游戏生活?
4. 结合实际谈谈消费社会中游戏有哪些特点?
5. 联系实际谈谈家庭如何引导孩子玩电子游戏?

第 10 章　家庭教育投资

一个人只有用好了他的每一分钱，他才能做到事业有成、生活幸福。

——比尔·盖茨（世界首富）

 **学习目标**

1. 理解家庭资源的类型：经济资本、人力资本、文化资本、社会资本。
2. 比较分析人力资本与文化资本。
3. 掌握影响家庭教育投资的因素。
4. 思考家庭教育如何投资。

第 1 节　家庭资源类型

家庭资源是帮助家庭实现目标与满足需求的有用资产。家庭资源的范围很广，种类很多，除了家庭内部资源，还包括自然、社会等家庭外部的环境资源。本章重点讨论家庭内部资源：经济资本、人力资本、文化资本、社会资本。

一、经济资本

经济资本又称物质资本或物质资源，是经济学家普遍认可的资本形态，它可以直接转换成金钱。

家庭拥有的物质资源是一个家庭赖以生存的前提条件。家庭的物质资源主要包括三个部分：一是债权，如现金是家庭对中央银行的债权，存款是对专业银行的债权，国库券是对中央财政的债权；另一类是股权，如股票、投资基金证券等等；还有一类是实物，如房产、汽车、家具、电器、首饰，等等。①

从经济学的角度来看，凡是涉及家庭资源的使用，我们都称之为家庭活动。家庭活动主要包括两个方面：一是获得财富，二是消费财富。

---

①　吴勇. 现代家庭经济研究[M]. 广州：花城出版社，1998：28.

获得财富的方式通常是我们所说的工作,就是家庭成员以自己的时间和技能换取现金收入。家庭收入是家庭主要的经济资本。由于家庭成员精力、时间有限,家庭成员的知识、技能有限,因而家庭创造财富的能力也有限。

家庭成员的消费需求是与生俱来的。一种是能马上产生效用的消费活动,也就是指在当下使用资源得到满足;另一种是推迟了的消费,如储蓄、投资等家庭活动,其实质是将资源从现时转移到将来,要到未来某个时区才产生效用,不仅仅在未来某时期能获得消费的满足,甚至能享受投资获利的快乐。目前消费需求呈不断上升的趋势,并表现为复杂多样化。

家庭资源的多寡、家庭成员的理财能力决定着家庭如何获得和消费资源。家庭通过使用这些有限的资源来达到目标。

在现今社会,经济资本作为家庭教育投资的主要资本,日益受到人们的重视,比如可以直接投资于为子女提供学习材料及合适的环境等。而一般来说,在孩子婴幼儿时期,家长主要投入的是大量的时间,这时父母特别是母亲的机会成本①成为养育孩子的主要成本。而当孩子长大以后,其培养、教育等等所需的更多的是货币或物品支出,这时直接成本将占主导地位了。

二、人力资本

关于"人力资本"的概念,最早是由欧文·费雪在1906年发表《资本的性质和收入》一书时提出的,但并未得到主流经济学的认可,直到1960年美国经济学家舒尔茨明确提出后才引起重视。人力资本或人力资源是家庭的必备资源,而且是最重要的资源。学校教育是家庭成员获得人力资本最重要的途径。

(一)人力资本的定义

1960年美国经济学家舒尔茨就任美国经济学会主席时,发表题为"人力资本投资"的演说:"人的知识、能力、健康等人力资本的提高对经济增长的贡献远比物质、劳动力数量的增加重要得多。"舒尔茨认为,人力资本主要指个人具备的才干、知识、技能和资历。贝克尔进一步把人力资本与时间因素联系起来,在贝克尔看来,人力资本不仅意味着才干、知识和技能,而且还意味着时间、健康和寿命。他还认为人力资本和物质资本一样,属于稀缺性资源。下面是不同学者对人力资本的界定。

---

① 机会成本(opportunity cost),一种资源(如资金或劳力等)用于本项目而放弃用于其他机会时,所可能损失的利益。

表 10-1 人力资本的定义[①]

学者	人力资本定义
舒尔茨（Theodore Schultz）1961	人力资本是有用的技能和知识，是人们通过有目的的投资获得的，也是资本的一种形式
瑟罗（L. C. Thurow）1970	人力资本为个人的生产技术、才能和知识
加里·贝克尔（Gary Becker）1987	人力资本不仅意味着才干、知识和技术，而且意味着时间、健康和寿命
厉以宁 1982	人力资本是指以较大的技艺、知识等形式体现于一个人身上而不是体现于一台机器上的资本
于宗先 1986	人力资本即劳动者借以获得劳动报酬的专业知识和技能
李建民 1999	对于个体，人力资本是指存在于人体之中、后天获得的具有经济价值的知识、技术、能力和健康等质量因素之和。对于群体，人力资本是指存在于一个国家或地区的人口群体每一个人体之中，后天获得的具有经济价值的知识、技能、能力及健康等质量因素之整合

从以上定义来看，人力资本有如下特点：

第一，从内容上把"人力资本"定义为劳动者的知识、技能和健康状况等的总和。

第二，从形成的角度来定义人力资本。例如，舒尔茨认为人力资本需要通过投资才能形成。贝克尔认为："人力资本是通过人力投资形成的资本；用于增加人的资源、影响未来的货币和消费能力的投资为人力资本投资。"

第三，从个体、群体两个角度来定义人力资本。

（二）家庭人力资本

人力资源是家庭的必备资源，而且是最重要的资源。

首先，每个家庭成员的时间是独特而不可逆的资源，尽管人的生命可通过某些方式保持健康来延长，但每人每天的 24 个小时是固定的，不可能延长，逝去的时间也不可能再回来。

第二，家庭成员的精力是可消失和恢复的资源。人们在从事各种活动时，会消耗体能，只要通过及时的休息，并补充吸收必要的食物，体能将得到恢复。

第三，人力资本中知识与技能是最宝贵的资源。知识以及经验的积累蕴涵着文化因素，文化因素成为人力资本的核心。人的技能可以是体能方面的，如力量、敏捷、优雅和从事体力活动的能力，也可以是各种智能，如洞察力、记

[①] 鲁志国. 人力资本理论的思想渊源及发展[J]. 中国西部科技，2005(7)(上半月刊)：67-69.

忆力、逻辑性和处理人际关系的能力等。

从人力资本理论的角度来看，家庭（双亲家庭）本质上是由具有互补性人力资本和不同优势的配偶双方组成的共同体。不同成员之间在家庭中的劳动分工，将因各自优势的不同而不同，这将会影响家庭的总体福利水平。

（三）学校教育是家庭成员获得人力资本最重要和最有效的途径

直至20世纪50年代末，经济学家的典型观点仍是将教育视为消费活动。现代人力资本理论指出，人力资本投资和物质资本投资一样，其目的和结果都是要减少现期消费，增加未来的生产能力，以期取得更多的经济收益。由于人在生产过程中特有的能动性，劳动者的生产潜力要远远大于其他的物质要素，所以人力资本投资收益往往大于投资于物质资本的收益水平。

马歇尔指出："教育仅仅当做一种投资，使大多数人有比他们自己通常能利用的大得多的机会……依靠这个手段，许多原来默默无闻而死的人就能获得发挥他们潜在能力所需要的开端。"[①]他认为，由于工人阶级不能把资本投在教育和培养他们的子女上，因而使他们带着那些未发展的才能进入坟墓。根据舒尔茨的分析，教育投资是最为重要和基本的人力资本投资。它可以转化为知识的存量，从而提高劳动者的知识、智力和技术水平。因此，作为传授知识和技能的主体——学校教育是家庭成员获取人力资本最重要和最有效的途径。

三、文化资本

文化资本泛指任何与文化及文化活动有关的有形或无形资产。它在日常生活中和金钱及物质财富等经济资本具有相同的功能。文化资本的积累主要通过早期家庭教育和学校教育实现。

（一）文化资本的界定

布迪厄认为，文化资本可划分为三种形态：[②]

1. 身体形态文化资本。通常指通过家庭环境及学校教育获得，并成为精神与身体一部分的知识、教养、技能、品位等文化产物。由于身体形态文化资本的获取不仅需要花费大量的时间而且需要付出极大的精力，因此文化资本和物质财富一样，投资能获取回报，既可以是金钱与社会地位等物质利润，也

---

① 转引自鲁志国. 人力资本理论的思想渊源及发展[J]. 中国西部科技, 2005(7)(上半月刊): 67-69.

② 朱伟珏. 文化资本与人力资本——布迪厄文化资本理论的经济学意义[J]. 天津社会科学, 2007(3): 84-89.

可以是他人的尊敬或好评等"象征利润"。但因它"无法通过馈赠、买卖和交换的方式进行当下传承"的特点，最终只能体现于特定的个体身上。

2. 客观形态文化资本。具体指书籍、绘画、古董、道具、工具及机械等物质性文化财富。这是一种可以直接传递的物化形态文化资本。但客观形态文化资本并非与身体化过程毫不相干。布迪厄认为不存在纯粹意义上的物质形态文化资本，任何事物若想要作为文化资本发挥作用，就必须具备某些身体形态文化资本的特征。

3. 制度形态文化资本。制度形态文化资本是一种将行动者的知识与技能以考试的形式予以认可，并通过授予合格者文凭等方式将其制度化的资本形态。这是一种将个人层面的身体形态文化资本转换成集体层面客观形态文化资本的方式。文凭是制度形态文化资本的典型形式。布迪厄指出，学历资本的积累只有通过经济层面的教育投资才能实现。父母若要把孩子送入更好一些的学校就读，就必须投入大量的金钱，而且，投入时间越早获得的利润就越大、回报也越高。通过此种方式——布迪厄称之为社会炼金术——获得的文化资本具有"一种文化的、约定俗成的、经久不变的、合法化的价值"。

在现代社会中，家庭和学校所承担的传承功能不尽相同，家庭和学校有着不同的培养目标。在通常情况下，家庭主要是培养教养和规矩等广义品位与感性的地方，而学校则是传授系统性专业化知识与技能的场所。

在充分反映父母文化素养和兴趣爱好的家庭环境中，他们的一举一动都将成为孩子们竭力仿效的对象。孩子们正是通过这种无意识的模仿行为继承父母的文化资本并将其身体化的。这种被布迪厄称为提前执行的遗产继承或生前馈赠的资本转移方式，不需要履行任何法律手续，而且这种转移发生在家庭这一私密空间里，显然不同于经济资本的继承。因此，以继承的方式所进行的文化资本的再生产更具隐蔽性、更容易被人们所忽略或者被误认。

孩子们从学校获得的主要是系统性知识及社会技能等文化资本。这些知识与技能往往通过考试的形式正式获得社会的承认，并通过颁发文凭的方式被固定与制度化。身体化文化资本正是通过这种方式被转换成一种制度形态的资本的。

（二）文化资本与人力资本的比较[①]

有些学者将文化资本完全等同于经济学中的人力资本。布迪厄也认为，文化资本和人力资本有相似之处，"被某些人视为人力资本的教育或任何的培

[①] 朱伟珏. 文化资本与人力资本——布迪厄文化资本理论的经济学意义[J]. 天津社会科学，2007(3)：84-89.

训,都可以被另一些人视为文化资本(身体形态文化资本)"。但文化资本与人力资本确实有明显的区别。

1. 文化资本与人力资本的相似性

第一,不论是身体形态文化资本还是人力资本都必须依附于人的身体而存在,无法与其拥有者相分离,这明显不同于物质资本或经济资本。

第二,文化资本和人力资本的有限性。无论是文化资本还是人力资本,都必然伴随着其所有者的衰落和消亡而自动衰落和消亡。

第三,文化资本和人力资本都具有难以测量的特征。与经济资本或物质资本不同,人力资本的测定虽经常借助于考试制度、技能鉴定等方法来完成,但这些方法都存在着不同程度的缺陷。文化资本特别是其中反映行动者感性、气质以及兴趣爱好等个人修养的部分更加难以测量。

2. 文化资本与人力资本的区别

尽管如此,文化资本与人力资本之间仍然存在着本质的差别。

第一,人力资本主要包括两方面的内容:(1)通过投资于教育和各类培训所获得的资本,具体包括知识和技能等与文化有关的内容;(2)通过医疗和保健等途径获得的资本,主要体现于个人卫生、健康和寿命。布迪厄所说的文化资本也由两部分组成:(1)与知识有关,主要指通过学校教育掌握的知识和技能;(2)与个人的教养有关,专指通过早期家庭环境获得的品位、感性和气质。可见,人力资本和文化资本相似的是第一部分,相异的是第二部分即人力资本中通过医疗保健和流动或迁移获得的资源,以及文化资本中的教养。

第二,人力资本理论和布迪厄文化资本理论的另一个重大区别体现在资本的获取方式上。人力资本理论强调个人投资的重要性,认为人力资本的获取方式主要是通过劳动者个人的投资行为实现的。教育投资是最为重要和基本的人力资本投资。它可以转化为知识的存量,从而提高劳动者的知识、智力和技术水平。与此不同的是,布迪厄主张再生产是文化资本的主要获取方式。文化资本的再生产具体可以通过早期家庭教育和学校教育两大途径实现,其中布迪厄尤为关注早期家庭教育的决定性影响。布迪厄指出,由于经济学家们"在计算学术投资的产出时,只考虑金钱方面的投资与收益,或者那些可以直接转换成金钱的东西","便无可避免地忽视了最不显眼,却最具社会决定性作用的教育投资,即家庭所付出的文化资本"。他指出文化资本的传承和积累具有以下两大特征:(1)主要取决于所在家庭拥有文化资本的数量和质量。那些出身于具有丰厚文化资本家庭的孩子,从一开始便处于极为有利的地位。(2)文化资本的主要投资方式之一是时间的投入。那些拥有较多文化资本和经济资本的家庭,不仅可以通过潜移默化的方式传承给子女较多的文化资本,而且也能够以经济援助的方式,让他们享有充裕的自由时间来积累文化资本。

第三,人力资本和文化资本的主要分歧还体现在对待学校教育的不同态度上。虽然,学校教育对人力资本与文化资本的获取都至关重要。但是,由于经济学家们通常把教育视为提高劳动者个人竞争力的一个主要来源,所以他们往往把注意力集中在教育的经济收益上。而布迪厄认为,作为文化资本的学校文化,实际上是一种体现主流意识形态和价值取向的精英文化。学校文化(精英文化)对处于有利地位的孩子可能是轻而易举就能掌握的东西,但来自农村或边远地区等不利处境的孩子却很难掌握。因此,人力资本理论注重行动者个人的自我奋斗,强调学校教育的作用;文化资本理论强调社会结构的制约作用,较多考虑早期家庭教育的影响。

(三)家庭文化资本是个体文化资本获得的先决条件

个体文化资本的获得与家庭文化资本有直接关系,布迪厄在对个体文化资本进行深入研究时,提出主要观点:

一是继承而来的家庭文化差异即家庭文化资本,例如父母的文化程度、家庭文化氛围、家庭藏书等影响着子女学习成绩及职业成就,他指出:"在剔除了经济位置和社会出身的因素影响外,那些来自更有文化教养的家庭的学生,不仅具有更高的学术成功率,而且几乎所有领域都表现了与其他家庭出身的孩子不同的文化消费和文化表现的类型。"

二是个体的教育和职业上的野心及期望,在结构上是与父母和其他相关群体的教育经历和文化生活相联系的,因此,主观期望和客观机会之间存在着高度相关性。

三是个体通过家庭获得文化资本的过程,也是一个人逐渐被社会化的过程,是一个人的性情、兴趣、价值等逐渐被内化的过程,它能转换成具有文化价值的财富。同时,个体依赖于家庭给予的优势,可以通过学校延长其文化资本的积累优势,学校教育传授和欣赏的是上层阶级的文化方式,从而延续了家庭文化资本的优势。

四是个体通过学校教育获得的文化资本,既促使继承来的家庭文化资本的优势加大,也将使个体文化资本增加新的财产。尤其以教育文凭的形式,可以换取更高的地位和较丰厚的收入。①

但海曼、赖特等人的研究表明,家庭背景不好但优秀的子女,通过个人有意识的积极努力,能冲淡家庭背景所带来的差异。

在我国,郭丛斌的《家庭经济和文化资本对子女受教育机会的影响》运用

---

① 王洪兰. 家庭文化资本的传承研究[D]. 武汉:华中科技大学硕士论文,2006.

定量研究,通过全国范围内城镇户口的调查数据,利用 2180 个家庭样本,运用回归模型分析了不同职业阶层经济资本和文化资本对子女受教育程度的影响,结果表明文化资本和经济资本占有量位于前列的家庭,其子女接受教育层次主要为高等教育,其中,家庭文化资本的作用明显大于经济资本的作用。

四、社会资本[①]

法国社会学家布迪厄最早提出社会资本的概念。科尔曼认为,人际之间存在的社会资本是无形的,它以三种不同形式存在着:责任与期望、信息网络及社会规范。信息网络是指利用社会关系来获取的信息,而责任与期望及社会规范则是为奖赏或制裁个人行为提供准则。科尔曼有意识地把社会资本的概念,引入对家庭社会功能的分析中,他在一项研究中指出,家庭能否为子女创造和提供足够的社会资本有赖于三个主要因素:家长与子女的联系程度,亲子关系的稳定程度,以及父母的意识形态。家庭社会关系网络的联系性很重要,这种社会关系的网络往往成为子女教育的重要参照系,子女教育中的许多规范法则往往由此而来;而父母和子女之间的亲密关系,可以被视作有利于孩子成长的重要社会资本。他认为,双亲家庭的父母如果有亲密和融洽的关系,可以给子女提供一致的支持和奖赏,这就为子女创造了良好的生长环境和氛围。而对于单亲家庭而言,家庭社会关系网络中结构性的缺失,不利于儿童身心的健康成长。就算是与双亲同住,如果子女与父母间没有建立起密切的联系,家庭仍缺少有用的社会资本。因此,科尔曼认为适当的社会团体,例如成立正式的家长—教师联谊会,可以为学校、教师、学生及家长提供重要的社会资本。

家庭社会资本首先存在于家长与儿童的直接联系中,例如,父母或祖父母的教养方式、学习经历、学术兴趣等社会资本,会直接在子女身上得到延续。而父母的工作方式也会对子女产生影响。因此,家庭中隐含的无处不在的社会资本会潜移默化地对儿童产生影响,例如,有些学习方面的知识和技能会迁移到子女身上,家庭中的学术氛围也会对子女产生直接的影响。家长与儿童的联系还表现为一种可传递性,即在家长与儿童的交往过程中传递一种社会情感,这些内在的情感对于一个人社会心理的健康发展是非常重要的,它能够为儿童提供一种生存的安全感和归属感。

家庭社会资本还表现为儿童父母与其他成人相互联系而组成的社会关系的网络。如果家长之间经常谈论他们的孩子,彼此交换意见,并形成一定的教

[①] 齐学红. 学校、家庭中的文化资本与社会资本[J]. 全球教育展望,2007(1):78-83.

育规范，则这些教育规范的作用要远远超过一个家庭的影响力。这种联系的紧密性不仅可以为儿童提供有关成人世界的支持和认可，而且还可以提供单个成人所不具有的奖惩力量。

其中，尤为重要的是父母与教师之间的联系。在现代社会，学校构成儿童生活中的重要组成部分，并且成为影响儿童成长的主要因素。在学校，教师了解的儿童与父母在家庭中观察到的儿童是不一样的。这两方面信息的有效沟通和交流，可以使学校与家庭之间形成一种教育合力，对儿童发展更有利、更有效。

总之，家庭社会资本的表现形式包括家长对子女发展的期望，父母所持的价值标准等，这些因素都会影响或控制儿童的行为。家长的价值观念构成了儿童成长的社会环境。因此，家庭社会资本可以宽泛地理解为发生在家长与儿童之间的社会影响，既包括父母与子女之间的相互影响，也包括与家庭有关的其他社会成员对儿童的影响。

第2节 家庭教育投资选择

目前有一种现象，不少家长看见别人把孩子送入私立学校，就赶紧把自己的孩子也送进去；发现别人的孩子进了辅导班、请了家教，又照搬不误。最近几年，低龄儿童的出国留学又被纳入了一些家庭攀比的范围。有留学机构发布数据显示，2010年选择低龄留学的人数相比上年翻了近三番，低龄留学生已经逐渐成为目前留学大潮中的一支主力军。[①] 为什么会出现这种现象？家庭教育投资"缺啥补啥"是好是坏？本节重点对家庭教育投资选择进行分析。

一、影响家庭教育投资的因素分析

家庭对教育投资的选择，实际上是诸多因素综合作用的结果。

（一）教育投资的预期收益

对教育收益的预期，是影响家庭教育投资水平的首要因素。教育带给受教育者的收益，包括经济和非经济两个方面。

1. 经济收益

教育的经济收益有以下特点：

（1）一个人受教育可以提高生产技能，从而增加收入，增加的收入就是他

---

① 张瑜琨，涂希冀.去年低龄留学人数翻三番[N/OL].长江商报，[2011-01-18]. http://news.e21.cn/html/2011/lxzx/205/20110118103259_1295317979638447979.htm.

的教育收益。一般来说,一个人受教育越多,收益就越大。因为在充满竞争的劳动力市场上,通过接受良好教育获得一定工作技能的劳动者,比较容易获得就业机会并且工作选择的范围较大。用人单位考评劳动力水平高低的标准就是劳动者的学历。

从表10-2中可以看出,学历越高,就业率就越高,相对应的月薪也就越高。特别是目前社会专科生的就业率与本科生的就业率相差很大,本科生就业率几乎是专科生的两倍。而研究生就业率与本科生的就业率相差不大,但是研究生的平均月薪却是本科生的两倍。

表10-2 不同学历的毕业生就业率和月薪[①]

学历	就业落实率/%	月平均起薪/元
专科生	34.7	1299.9
本科生	77.9	1501.2
研究生(硕士与博士)	88.6	3005.0

资料来源:北京大学"高等教育规模扩展与劳动力市场"课题组,2003年。

(2) 在世界范围内,发展中国家的教育收益高于发达国家。在发展中国家,发展水平较低的国家高于发展水平较高的国家。这是由于发展中国家教育不发达,居民教育水平低,受过教育或较高教育的劳动者相对稀缺,因而收入较高,收益比较高。

(3) 普通教育与专业教育、职业教育的个人教育收益相比较有如下特点:专业教育、职业教育就业快,工资增长的速度也快,但由于技术进步,低级技术失效的速度也快。普通教育重视广博知识的传授,有助于人与人、人与事、人与环境间的适应,发展后劲大,与专业教育相比有较长时间的收益。

2. 非经济收益

教育的非经济收益表现在许多方面,主要可以归纳为以下四个方面。

(1) 教育使人增长了知识和能力,提高了素养,不但给个人带来好处,而且给受教育者的后代也带来不可低估的益处,给婚姻质量带来有利的条件。

(2) 在未来较长的时期内,在中国就业,特别是寻找一个较好的职业,成为每个就业者都必须面临的问题。高学历和受教育带来的良好专业能力,将带给求职者明显的优势,并带来比较安全可靠的职业保障,这种保障包括就业保障和工作安全。

(3) 高学历教育能给人的事业发展提供比较大的选择空间,这种选择机

[①] 张辉. 中国城镇居民家庭投资研究[M]. 北京:中国环境科学出版社,2009:121.

会包括进一步获得接受更高教育的机会,也就是完成一定水平的正规教育后可以选择进入更高层次的教育阶段、完成学业后选择职业的机会和进入更高层次的社会生活领域的机会。更有利于发挥自己的专长,获得职业生活和业余生活的乐趣,更注重生活质量。

(4) 教育能给人增加流动的机遇和可能,特别在我国目前个人流动还存在约束时,更增加了教育在社会与家庭中的重要地位。

(二) 家庭的经济条件

家庭的经济条件主要与家庭的收入有关,家庭的教育投资与家庭的收入成正比。家庭收入水平越高或收入增长的速度越快,家庭对教育的投资支出会越多;反之,家庭对教育的投资支出会越少。改革开放后,由于我国经济的快速发展,家庭的收入水平有了很大提高。与此同时,我国家庭消费性支出结构发生了巨大变化,食品、衣着、家庭设施等消费项目所占比例有所下降,医疗保健、交通通讯、娱乐教育和居住等项目所占比例有所上升。加上家庭不断加大的储蓄率和实际储蓄额,也为日趋增长的家庭教育投资提供了物质基础。

20世纪70年代末,我国实行了计划生育政策,我国独生子女家庭增多。一般来说,在父母收入既定的情况下,如果家庭子女数目越多,家庭对子女的教育支出就会越少;如果家庭的子女数目越少,家庭对教育的投入就会越大。因此,目前的家庭结构也具备了对子女和自身进行教育投资的客观条件。

(三) 家长的文化程度

家庭合理运用家庭资源主要为了满足各项生活享受的需要:① 满足最起码的生存需要;② 满足基本生存技能学习和知识具备的需要;③ 满足中等层次的生存需要和知识技能学习的需要,满足一般性享受的需要;④ 满足高级教育需求、复杂知识技能掌握的需求,满足较好享受生活的需要;⑤ 满足高档次享受生活的需求。

家长的文化程度对家庭教育投资的影响非常重要。凡文化程度高,有较高智能的人在经济条件允许的情况下,他投资满足了基本的教育需求后,还想投资满足中等的教育需求,一直到投资满足高级教育需求,享受高档次的生活为止。另外,家长的文化程度越高,对子女文化层次的期望也越高,都希望自己的子女在文化程度上等同或超过自己。这是因为"受教育越多,就越想受教育",在发达国家和发展中国家均出现这样一种教育累积现象。

(四) 家长的个人偏好

我国家庭教育投资,也受到家长偏好的影响。由于家长受教育的程度、职业、经历、价值观和生活理念的不同,对家庭教育支出也产生了不同的偏好。

贝克尔谈到了实际偏好和理想偏好两个概念。他认为,如果个体不喜欢他们从过去所"继承"的个人资本和社会资本,他们将对自身的偏好(实际偏好)感到不满意。由于效用最大化的选择受到实际资本存量的制约,因而无论个体对他们过去所继承的资本数量和种类是多么地不满意,他们也不可能按照自己的愿望(理想偏好)来行动。如果个体仅仅根据"理想偏好"来进行选择,那么个体的效用将会降低,甚至会降至很低的水平。也就是说,某人可能会对他所继承的某些类型的个人资本和社会资本感到后悔,然而,他可能还会投资于这类资本,也许是因为兴趣、能力的积淀,或者是出于效用最大化的原因。换句话说,一个人在某一方面工作的时间越长,他便越适于对该活动领域的人力资本进行投资,包括自身经验积累与通过培训增长技能。

(五) 文化传统的约束

文化传统是影响我国家庭教育投资的主要因素。克利弗德·吉尔茨(Clifford Geertz)曾经说过:"我们不应把文化看做是具体行为模式的复合体。而应看做是一套行为的控制机制——包括计划、配方、规则、指令……"(引自埃尔金斯(Elkins)和西蒙(Simeon),1979年,129页)。与其他种类的社会资本一样,文化会随时间而变化,但是变化很慢——大体说来,文化资本的贬值率之所以小,原因在于这些"控制机制"并不容易被改变。①

文化对个体行为有相当大的影响,但反过来,行为对文化的影响却十分微弱。个体对文化的控制要弱于对其他社会资本的控制。个体不可能改变自身的种族、人种或家族历史,并且改变他们的国籍或宗教信仰也有困难。由于改变文化会遇到巨大的困难,并且文化的贬值率很低,所以对于个体的整个一生而言,文化在很大程度上是"给定的"。②

既然文化在很大程度上是"给定的",作为有着悠久历史文化传统的国家,我国社会文化传统是影响家庭教育投资的主要因素。中国家庭对子女的教育投资,多数情况下,不是为了从中得到货币回报,而纯粹是一种利他行为,父母只是期望能够从有成就的子女那里获得好的名声。"万般皆下品,唯有读书高"、"学而优则仕"、"书中自有千钟粟,书中自有黄金屋,书中自有颜如玉"等名言,是我国历代读书人奉行的信条和读书的直接目的,是中国传统教育观的最好写照。科举制度虽然已被废除了百年有余,但追求功名的文化传统却被植入了中国人的骨髓。因此,中国父母为了子女的成长和教育愿意倾其所有。

---

① (美)加里·贝克尔. 口味的经济学分析[M]. 李杰,王晓刚,译. 北京:首都经济贸易大学出版社,2000:21.

② 同上。

尤其在知识经济社会中，人们对教育寄予了无限厚望。在过去，读书图的是升官和发财；如今在市场经济条件下，读书的"价值"演绎为上好大学、找好工作的现代功利主义模式。在重功利的攀比心态下，"缺啥补啥"的盲动成为一种必然。尤其那些抱有迫切教育愿望的家长，在当今媒体的推波助澜下，缺乏对教育规律的了解，很可能导致在子女教育投资上"乱投医"。许多调查资料表明，我国家庭教育消费比例已经大大超过发达国家，家庭储蓄的目的首先是支付子女的教育费用，远远高于医疗、住房等其他方面的费用。有研究表明，儒家文化圈的东南亚国家如韩国、日本、新加坡等学生的高考压力与其他欧美国家相比一直高居不下。这与我国社会历来存在重视学历教育、忽视非学历职业培训的偏见有关。城乡居民家庭都将家庭教育投资投向正规的学历教育，而普遍忽视对接受完义务教育或高中教育的子女进行非学历的职业培训。事实上，在一些发达国家里，职业证书在求职过程中的作用远远超过非职业培训的学历证书。

（六）社会观念的影响

社交网络由同辈和其他相关的人组成，一旦确定就产生一种社会资本，人们就基本上失去了对它的控制。如果个人的社交网络由许多人组成，那么个人的行动对他的社会资本将很难产生影响，也就是说个体对其社会资本的控制力很弱。

但是，尽管人们并不能对其社会资本施加过多的直接影响，他们还是可以施加较多的间接影响，因为他们都试图成为社交网络中能使自身受益而不是受损的一员。著名的人类学家玛丽·道格拉斯（Mary Douglas）说："真正的选择是……对伙伴以及他们的生活方式的选择。"①

在某一较大的社交网络中，若只给予个体某种激励，让他改变现有的社会资本，这对于社交网络中的其他个体只会产生轻微的影响。举个例子，如果某一个体放下手中工作的话，他会有更多的闲暇时间去打网球，但是如果其他工友没有额外的闲暇时间去打网球，那么他花费在打网球上的时间也不会增加很多。然而，如果同一社交网络中的绝大多数人都受到了影响，那么社会资本的投资量将会大大改变。给定一个初始的网球参与者的数量，那么在开始的时候，网球参与者的数量可能仅仅增加了一点，但是随着参与人数的增加，其他人对打网球的欲望也会随之增加。打网球的欲望和参与网球活动的人的数量之间存在着互补性。随着时间的推移，这种互补性会使得人们更多地参

---

① 转引自（美）加里·贝克尔. 口味的经济学分析[M]. 李杰，王晓刚，译. 北京：首都经济贸易大学出版社，2000：16-18.

与网球运动,要么急剧地增加,要么趋向于一个新的、可能是更高的水平。①

一方面,由于家长根据周围人群的教育行为,看到了教育投资比一般投资风险低、教育投资给孩子将来可能带来各种收益,因此为数众多的家长一般会根据社会的教育潮流和热门专业做出教育投资的决断。

另一方面,由于社会经济生活中存在着各种不确定的因素,而教育投资主体对未来预期与实际不一定完全相符,因此家庭这个教育投资单位的未来收益可能是不确定的,甚至可能得到与预期目标相反的结果。而教育投资具有长期性和间接性的特点,这种特性又将收益的不确定性进行了放大。所以,人们都试图成为社交网络中能使自身受益而不是受损的一员。

二、家庭教育投资的具体决定

家庭教育投资是各种因素共同作用的结果。那么,家庭教育投资又是如何具体决定的呢?从实践上看,不同家庭选择不同类别的教育投资。按教育的性质和功能一般可分为普通(或基础)教育投资和专业教育投资两大类。

(一) 普通教育投资②

普通(或基础)教育主要指中小学教育,在我国包括九年制义务教育和高中教育。它所传授的知识主要是普遍适用的基础性知识,即主要是包括科学技术知识在内的一般文化知识。这种知识不仅应用范围广泛,而且会使受教育者终身受益。因此,从理论上讲,普通教育可视为一种能满足人们特殊消费需要的"耐用消费品",即对普通教育的投资,不仅可使投资者获得一种心理上的收益或精神上的满足,如提高人们的文明程度和修养水平等,而且这种投资所形成的收益和满足更具有更长的耐久性。此外,相对于专业教育来讲,对普通教育的投资还具有投资成本低、投资风险小的特点。因此,个人对普通教育的投资倾向也将保持在比较高的水平上,或者说,个人对普通教育的投资将会在其收入中占据较大的份额。

既然普通教育可视为一种能满足人们特殊需要的耐用消费品,个人一般只有在首先满足其日常生活必需品支出后,才能满足其对教育这种较高层次的消费需求。也就是说,个人对普通教育的投资支出将会按照先基本生活必需品,后普通教育的顺序进行安排。这样,在个人家庭收入水平一定的情况

---

① (美)加里·贝克尔. 口味的经济学分析[M]. 李杰,王晓刚,译. 北京:首都经济贸易大学出版社,2000:16-18.

② 范先佐. 教育投资体制改革的理论与实践问题研究[M]. 武汉:华中师范大学出版社,2003:10-11.

下,个人家庭收入与基本生活必需品支出之间的差额,应是个人对普通教育的最大可能支出。用公式表示即是:个人对普通教育的最大可能支出＝个人家庭收入－基本生活必需品支出。

(二) 专业教育投资①

专业教育,亦称"专门教育"。在我国实施专业教育的机构是各种类型的高等学校、中等专业学校和职业技术学校等。它是一种培养专业人才的教育,所传授的主要是一些专业知识和专门的职业技能。因此,专业教育在理论上可视为一种能改善个人未来收入状况的"资本品"。对这种比较特殊的能为受教育者带来一定经济收益的"资本品"进行投资,既能直接增加投资者——受教育者的知识与技能,形成一种能提高其未来收入能力的人力资本,同时还能使投资者获得一定的心理收益和精神满足,如为提高个人的文化修养、培养许多有利于改善其生活质量的兴趣和爱好等。所以,对专业教育的投资,普遍被视为一种有利可图的投资活动。个人家庭之所以愿意不惜以较高的代价对专业教育进行投资,也无非是看到了专业教育所具有的极高的收益率。

当然,对个人来讲,专业教育投资也是一种投入或成本较大的投资活动,专业教育一般比接受普通中小学教育所需的投资要高出十几倍到几十倍。据测算,"高中生的人力投资是小学生的5.04倍,大学生是小学生的17.9倍,硕士生是小学生的28.5倍,博士生是小学生的42.8倍"②。而且专业教育投资在能取得收益之前,往往还需要经过学习、寻找工作等阶段,这就使对专业教育的投资要承担一定的风险。从经济分析角度看,教育投资如果投向供不应求的专业,投资的收益率就较高;如果投向供过于求的专业,则投资的收益率相对较低。受上述种种因素的影响与制约,作为一种资本投资活动,个人家庭对专业教育的投资将会具有一些明显不同于对普通教育投资的特点。

从某种程度上讲,对专业教育投资往往决定着一个人一生的成长和前途,由此所带来的经济收益和非经济收益也决非其他投资所能相比。所以,一般而言,只要有可能,绝大多数家庭对专业教育的投资支出不仅会按照先基本生活必需品,后教育投资支出的顺序进行安排,而且会不惜牺牲一定的即期消费,即压缩一定的基本生活支出,动用一定的储蓄,乃至举借一定的债务,来从事对专业教育的投资。用公式表示即是:个人对专业教育的支出＝(家庭收入－基本生活支出)＋个人储蓄＋适当的负债,这就是家庭对专业教育的最大

---

① 范先佐.教育投资体制改革的理论与实践问题研究[M].武汉:华中师范大学出版社,2003:11-13.

② 周天勇.劳动与经济增长[M].上海:上海三联书店上海人民出版社,1994:253.

可能投资支出。

（三）家庭教育投资风险

贝克尔系统地从三个方面列举了个体教育投资收益不确定性的来源：(1) 人们对其能力认识的不确定性；(2) 生命周期长短的不确定性；(3) 不可预测事件对某一年龄层次或特定能力群体的影响。从个体的角度而言，个体教育投资决策信息不完全，包括对自身能力、爱好和职业倾向的认识模糊，以及对未来社会人才和能力的需求估计不足等。[①]

目前，我国家庭消费支出中用于教育支出的比例迅速上升，家庭教育投资"缺啥补啥"现象明显，经济条件稍差些的家长，节衣缩食，苦心竭虑地为孩子积攒教育费用；条件好点的家长，则拼命地赚钱，让孩子上一流的学校甚至出国深造。总之，希望别人家孩子有的，自己的孩子也不要落下。

人们在教育投资中多半考虑社会对人才的需求，一般选择当前热门、市场前景好和社会需求量大的专业，目的是为了规避风险，期望将来获得预期或超预期的收益。这种收益不仅包括经济收益，还包括非经济收益，比如声誉、地位、未来的工作和生活环境等。按社会需求投资是降低风险的一方面，但不忽视个体的兴趣和能力是进行教育投资的前提。因为，个性、能力是家庭资本累积的产物，结合个性特点进行教育投资往往收效显著，反之，强迫子女抛弃个体兴趣的教育投资风险就大。家庭教育投资跟其他投资一样，也具有一定的风险，并不是一项有投入就有产出的买卖。盲目投资不仅劳民伤财，而且还有可能断送孩子的前程，因为不同人的可塑性不同，若没有这方面的潜能和天分，投资就是低效的。教育投资的客体是具有主观能动性的鲜活个体。人力资本收益源于人力资本的形成、支配和使用，与个体能动性的发挥有密切的关系。个体主观能动性控制人力资本效能的发挥，也影响着教育投资收益。如果忽视个人的兴趣、能力，则有可能产生永久性风险。永久性风险是指因学校教育质量和个人能力没有被考虑到而引起的风险。永久性风险往往伴随个人的一生，影响长期且显著。如果在受教育阶段中个人的能力和素质没有得到很好地开发和提升，永久性风险将会使其在劳动力市场中失去竞争力。

三、家庭教育投资的理性选择

从家庭教育消费来看，除了在高等教育阶段最终获得的结果（即文凭的获得）较为明朗外，其他的家庭教育支出则大多具有探索性特征，即教育的消费结果并不明晰，或者无法达到预期的效果，甚至没有任何的结果。因此，家长

[①] 转引自赵宏斌,赖德胜. 个体教育投资风险与教育资产组合选择[J]. 教育研究,2006(8): 34-41.

在子女教育投资上要多一点理性思考。

（一）家庭教育投资目的明确

教育投资需要有明确的目的，即需要根据孩子的特长和需要，着力开发他的天赋和潜能，让他的知识、能力和综合素质都得到提高，分清轻重缓急，分清长期投资和短期投资，而不是为投资而投资。

家庭教育投资目的不明确，将导致家长急功近利、心态浮躁，只顾孩子的眼前利益，忽视或者牺牲长远利益。赵忠心先生谈到，具体表现在四个方面：第一，家长着急。做什么事都是急于求成，一味地追求超前教育，对孩子进行"掠夺性的早期开发"。第二，家长普遍虚荣，相互攀比，用"填鸭"的方式对孩子进行盲目开发。第三，家长盲从。不动脑筋，缺乏主见，从众心理严重，追求简单、高效的教育。第四，家长认识片面，只想追求捷径。因此，投资必须目的明确，先进行理性的分析，再做出投资决策，不能盲目。

（二）家庭教育投资量力而行

教育投资的周期很长，这一点与其他的家庭投资有所区别。一个人读完大学需要16年的时间，读完博士至少需要20年，如果把人力资本收益期计算在内，教育投资和收益的周期则要经历几十年的时间。家庭若盲目不加分析地投资，就容易导致投资的低收益，甚至是投资的亏损。如果家长的收入不够高，就很容易到中途出现麻烦，这正如建房子，如果这个房子需要的投资超出了本人的资金承受能力，那么，到中途就缺乏资金了，房子就建不起来。这样的投资肯定是亏损的。所以，教育投资最好根据家长自己的经济承受能力，量体裁衣。也就是说一方面要看你是否有能力投资，另一方面还要看投资是否适合你的孩子。

比如，花钱择校，上最好的学校，进最好的班级，孩子的学习不一定就能有较快的进步。好的环境固然能对孩子的学习产生积极的作用，但如果这个孩子原来的基础很差，他在好学校和好班级学习反而容易让他产生自卑的心理。如果周围的同学大多都比他出色的话，那么，久而久之，他的学习信心就会受到打击。基础比较差的学生在好学校、好班级，往往会由于压力太大，使自己的精神受到不良的刺激，大脑不能正常休息，学习效率反而降低。

再比如，出国留学是一项比较大的教育投资，既然是比较大的投资，就应当有比较大的预期投资收益。当然，如果能够上哈佛、牛津等名牌大学肯定可以大大提升自己的价值，但如果上的是国外一些只顾赚钱、不入流的大学，在那里基本上是花钱买文凭，那么国内的一般大学都比这类大学强。而且，国外的生活环境与国内相比差别很大，文化氛围不同、生活习惯不同、语言不同、气候不同，这些都需要经过一定的时间才能适应过来。因此，当父母节衣缩食，债台高筑却不一定能够获得好的收益。[1]

(三) 选择合适的教育投资工具

家庭教育投资要量力而行,就有必要了解教育投资工具,选择合适的投资工具。教育投资工具分为传统教育投资工具和其他教育投资工具。[2]

1. 传统教育投资工具

传统教育投资工具主要包括个人储蓄、定息债权和人寿保险等。这些投资工具的优点是风险相对较低,收入较为稳定。

(1) 定期投资基金

在所有传统的教育投资工具中,定期投资基金是回报率较高的一种,家长每期投资一定的资金,当子女上大学的时候,就能有一笔钱财用来支付教育费用。若年利率为5%,则家长在子女出生时,每年只需要购买定期投资基金2400元,以复利计算,就可以在18年后获得80000元的教育投资基金。

(2) 定息债券

定息债券同样能帮助家长完成教育投资规划目标。家长定期(每月或每年)购买一定数额的定息债券,然后在需要时卖出债券,就可以获得资金。这种投资工具不仅节约时间,且能对该教育投资规划持之以恒。定息债券以单利计算,投资成本要高于个人储蓄。

(3) 保险公司提供的子女教育基金

参与保险可视为一种投资,家长也将人寿保险作为教育投资规划的工具之一。子女幼小时,父母只要按月购买一定金额的教育保单,就可以保证子女在读大学时有足够的资金支付学费和生活费。这一做法的缺点是资金缺乏流动性,要10多年后才可以提取,优点是对子女有较好保障,即使自己有什么不测,也可以为子女留下一笔教育基金,以尽为人父母之责任。

(4) 教育储蓄

家庭教育储蓄是国家联手银行合作开办的一种高收益免税的储蓄品种,个人家庭在银行和其他金融机构为本人或其子女为未来接受高等教育而办理储蓄,并利用储蓄的本金或利息为受教育者支付教育服务费用。

建立教育储蓄金制度的根本目的在于,将金融手段应用到家庭的教育投入中。促使每个家庭在学生上大学之前,逐步准备好应当由个人承担的高等教育成本,从而将家庭金融储蓄与子女以后接受高等教育的学费支付相联系。

---

[1] 朱广平,崔雪梅.一定要懂经济学[M].哈尔滨:黑龙江科学技术出版社,2009:34-35.
[2] 柴效武.个人理财规划[M].北京:北京交通大学出版社,2009:224-226.

2. 其他教育投资工具

传统教育投资工具虽然具有稳定的收益,但却没有将通货膨胀考虑在内。实际情况中,通货膨胀率对教育规划这类长期投资有着很大影响,尤其是在目前通货膨胀预期较高的时期里。选择教育规划工具时应该考虑到这一因素。下面介绍几种可以减少通货膨胀的投资产品,主要有政府债券、股票、公司债券和教育投资基金等。这些产品的价格随着供求关系和通货膨胀的变化而变化,能够为家长提供一定的保障。

(1) 政府债券

此类债券一般由国家中央政府或地方政府发行,收益的稳定性和安全性使其成为教育规划的主要工具。国库券可分为短期、中期和长期三种,具有无违约风险、易于出售转让和流动性高等特点,十分适合教育规划。在债券价格发生变动时,可以及时调整计划,还可以利用组合将投资的收回期固定在需要支付大学学费之前,保证投资收益的最大化。

(2) 股票与公司债券

一般而言,教育投资规划并不鼓励家长采用股票这类风险太高的投资工具。但若教育规划的期限较长,个人投资股票的技能把握较好时,这些工具也可以灵活采用。相对较高的回报率可以帮助家长更好地完成教育规划。

(3) 大额存单

大额存单作为子女的教育基金,通常可以用来延迟家长的收入。如果在每年的1月份购买一年期的大额存单,则存单的利息收益应支付的税额可以延迟到第二年,直至存单到期获得一定的税收减免。

(4) 教育信托基金

教育投资的另一个工具是信托基金。这类基金由家长购买,收益人是其子女。尽管子女在成年之前对资金没有支配权,但许多国家都规定该基金的收益可以享受税收优惠。家长在投资此类基金之前,先按照有关法规将资金的受益转到子女名下,这样才能保证将来基金的收益用于子女的教育。如子女未能考上大学,基金的收益则按照合同规定转为该子女的房地产购置资金或其他资产。总体来说,用信托基金作为教育规划的工具,可以使家长对资金的用途有一定的控制权。

(5) 共同基金

这种投资方式的最大优点,是投资的多样化和灵活性,可以在需要时将资金在不同基金间随意转换。如随着子女年龄增长和税收政策的变化而变化。子女的年龄越小,家长承受风险的能力越强,选择共同基金就可以抗御风险。

使用这种投资方式,需要了解家长的风险承受能力和投资期间的长短。距离子女上大学的时间越近,家长的风险就越低。

(四)家庭教育投资分阶段进行

教育投资一般是回收期比较长的投资,这种投资需要分阶段进行,在不同的阶段,需要根据实际情况和孩子各方面的条件不断进行调整。

第一,在小孩不同的年龄阶段应选择不同的投资产品。在小学和初中阶段,孩子的学习成绩和以后的发展方向尚未定型,父母应该从较宽松的角度准备教育金,以应付子女未来不同的选择。值得注意的是要考虑到通货膨胀的影响,所以最好选择比较积极的投资方式,例如股票型基金。如果您的孩子已经初中毕业,则可以选择注重当期收益的投资工具,例如高配息的海外债券基金。就投资的角度而言,长时间累积下来的复利效果是很可观的。因此,子女教育投资应该分阶段进行。

第二,教育投资应根据孩子本人的情况进行调整,在孩子具备了更好的条件之后再进行更大的投资决策,并尽量让孩子自己决策。教育投资不是短期内就能够见效的,让孩子自己决策更具有目的性、针对性和可行性。家长代替孩子决策往往容易好心办坏事,投资效果不理想。因为教育是终生的事业,所以,家长不能急功近利,也许短期内投资收益不大,但只要让孩子自己持续投资,并及时调整自己的投资决策,其长远的收益很可能就比较可观了。一句话,"心急吃不了热豆腐"。

总之,孩子的兴趣爱好千差万别,个人先天条件迥然相异,家庭教育投资应以此为出发点,量体裁衣为孩子制订个性化的家庭教育计划,这才是家庭教育投资的理性选择。

第3节 家庭教育投资策略

近年来多地统计部门或学术机构的调查显示,子女教育费用已经超过了家庭养老和住房支出,在居民总消费中占第一位。随着升学竞争和就业压力的加剧,教育重要性凸显,几乎所有家庭都不遗余力地为子女教育进行投入。从幼儿园到大学,一个家庭的教育支出,已成为家庭不可承受之"重"。[1]

---

① 高薇,家庭教育成本调查:花掉近一半家庭收入[N/OL].沈阳晚报,[2011-01-22]. http://edu.sina.com.cn/zxx/2011-01-22/1223283374.shtml.

案例 10-1

家庭教育投资"实用"至上

对孩子的教育投资普遍受到上海家庭的重视,"请家教"、"上辅导班"和"出国留学"位居前三位,家长更多关注孩子学习成绩的提高,而对动手能力、创新精神和兴趣培养等仍普遍忽视,表现出较强的实用主义。由复旦大学高等教育研究所李立荣、林荣日主持的《上海居民家庭教育投资行为的调查》近日发布,卢湾、闵行、宝山、青浦等区约1300户家庭参与了调查。

近半数家庭为孩子请过家教

占调查总数46.5%的上海家庭曾经为子女请过家教。当问及请家教的原因时,选择最多的是"为了进一步提高学习成绩",比例达46.9%,而选择"孩子跟不上课程进度"的仅占16.3%。现在,请家教已经不只是成绩较差孩子的选择,家长也不满足于孩子的学习仅仅是"跟上进度",而是要向"更好"靠近。

随着孩子就读层级的提高,为提高学习成绩而请家教的现象表现得越发显著,从幼儿园的5%,到小学13%、初中18%,再到高中阶段的44.9%,呈现一种绝对正相关关系。这一状况除了与孩子课业负担逐渐加重有关,更主要的原因在于,教育层级的提高使孩子面临的学习压力也不断加大,孩子学习成绩又直接决定着他们考取名牌大学的概率以及更长远的就业。

英语类辅导班最受家长推崇

调查者按目的将辅导班分为辅导功课类、参加竞赛类和培养兴趣类三大类。调查结果显示,曾经选择过这三种辅导班的上海家庭比例分别为45.1%、15.7%和54.3%。

从更为具体的类别来看,选择最多的依次是英语类(58.8%)、电脑类(27.5%)、书画类(26.1%)、乐器类(19.2%)、舞蹈类(18.7%)、手工制作类(10.7%)、歌咏类(9.7%)。

调查同样显示,教育层级和性别对于辅导班类型的选择有着较大影响。随着就读层级的上升,选择功课辅导班的家庭越来越多,选择兴趣辅导班的家庭越来越少。可以看出,随着课业压力增大和升学竞争的到来,上海家庭对孩子功课的关注开始占据更主要的地位,而对孩子兴趣的培养则退居次要地位。

> **四成家庭有意向让孩子出国**
>
> 出国留学一直是上海家庭热衷的一种教育投资行为。调查显示,高达42.2%的家庭有让孩子出国留学的意向。在谈到出国留学的原因时,选择最多的两个是"增长见识,开阔视野"(57.0%)和"以后就业上更有竞争力"(29.3%)。这说明父母送孩子出国留学主要考虑孩子将来的发展与就业。另一数据显示,47.0%的上海家庭将"经济条件不允许"作为不送孩子出国留学的第一原因,可以推断,如果不是家庭的经济承受能力限制,选择出国留学的家庭会更多。
>
> 不过,仍有19.4%的家长认为国内的教育环境也很好,不必送子女出国留学。这也说明部分上海居民家庭已经超越了"盲目出国热"的阶段,在作出此项投资选择时有了更冷静的思考。
>
> (资料来源:王柏玲. 家庭教育投资"实用"至上[N/OL]. 文汇报,[2009-08-21]. http://news.163.com/09/0821/08/5H7RESB1000120GR.html.)

一、经济投入只是家庭教育投资的一种形式

一提到"投资",绝大多数人都会把它与金钱的投入联系起来,甚至把金钱看做唯一的投资方式,并且也用这种观念来看待对子女的教育投资。比如很多家长把大部分精力放在工作中,他们认为:想方设法赚取更多的钱,并且毫不吝啬地为孩子做各种教育投资,就是对孩子教育的负责,以为只要有足够的经济实力就能教育好孩子,把教育孩子的任务全部交给学校教师。这种观点无疑是不可取的。实际上,从投入形式看,无论是对家长来说还是对子女来说,经济投资只是家庭教育投入的一种形式。子女教育投资上的"拜金主义",只会造成子女与家长情感上的疏离、代际鸿沟的加深。尤其在独生子女家庭,孩子处于没有成长"伙伴"的环境里,孩子和家长之间缺乏交流,这种做法更加危险。

在金钱投入上,还存在很多盲目投资和无效投资。除了接受学校教育必须支出的费用外,大部分家庭还需支付各种附加费用,如特长班费用、双语班费用、夏令营费用、家庭教师酬金、文化娱乐费、复习资料费、择校费、营养保健费等等。这些钱该不该花,怎么花必须具体情况具体分析。社会特长班费用,倘若孩子一无兴趣,二无天赋,因望子成龙、赶时髦心理而投入,这钱花了也等于白花,甚至还不如不花。请家教,一般而言,适合请家教的孩子主要有三类:一是某方面有特长的孩子,二是学得快的孩子,三是学得慢的孩子。第一类孩

子需要请该方面的专家来加强指导,发挥其特长;第二类孩子因学得快而导致课堂内"吃不饱",这就需要有人来指导其进行新知识、新内容的学习;第三类孩子因学得慢而导致课堂内吃不下,或囫囵吞枣吃下后消化不了,这就需要有人来答疑解惑,为其提供必要的学习时间和帮助,避免因落后过多而成为差等生。由此可见,并不是所有的孩子都需要请家教。此外,有些家长过分注重孩子的营养,让孩子食用五花八门的营养滋补品,花费不菲而成效甚微,有时甚至适得其反。其实,营养保健最安全最有效的途径还是一日三餐的食补,在孩子的一日三餐中家长应注意做到两点:一是科学调整膳食结构,使各种营养成分搭配合理;二要纠正孩子的不良饮食习惯,如偏食、厌食、饱食、零食等。做到这两点,再辅之以体育锻炼,自然能收到行之有效的效果。无数事实证明,我们并不必花太多钱同样能使我们的孩子吃好,使孩子们聪明健康。

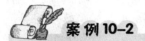

案例 10-2

花 1.5 万上 12 个班　　5 龄童"崩溃"

父母花 1.5 万元报了 12 个兴趣班,令 5 岁女孩王君怡(化名)"崩溃"了:经常用头、手撞墙。吓坏了的父母"十一"长假带她到医院接受心理治疗。

3 岁前父母从不逼小君怡做任何事,她很快乐。可 3 岁上幼儿园后,父母发现很多孩子会讲故事、会说 26 个英文字母,甚至会说简单的英语短句,20 以内的加减法也算得很快,而这一切君怡全不会,最多会从 1 数到 20。

从此君怡开始接受父母安排的魔鬼般强化训练,长期周末上兴趣班,今年暑假更是一口气给她报了 12 个兴趣班:幼儿英语、幼儿心算、跆拳道、游泳、钢琴、亲子班、国际象棋、舞蹈、画画、书法等。从放假第一天起,小君怡天天在各个班之间连轴转,开学后的周末也要上兴趣班。"十一"前期,君怡受不了这样的"厚爱",用手、头撞墙,手上还被撞出血,父母心疼得厉害,赶紧带其到省中医院精神心理科治疗。

君怡的妈妈朱女士想不通,只是想发掘女儿的最大特长,为她好,她怎么会这样厌恶上兴趣班?要知道,这个暑假在她身上的兴趣投资超过 1.5 万元。

该科主任周晓宁说,任何学习都不值得以牺牲童年的快乐为代价。所谓的"兴趣班"实际上可以说是家长们的兴趣,但显然绝对不是孩子的兴趣。

孩子的天性就是玩,0到6岁前不应过早地进行认字、算术等认知性学习,否则以后容易使他们对学习产生逆反心理。

(资料来源:黎清,徐爱云. 花1万5上12个班5龄童"崩溃"[N/OL]. 武汉晨报[2009-10-05]. http://news.e21.cn/html/2009/jtjy/107/20091005103213_1254709933256945122.htm)

二、重视家长自身的文化资本投资

提到"家庭教育投资",大多数人就理所当然地把它等同于"子女教育投资",甚至等同于"子女教育经济投资"的狭隘概念。这种看法是非常片面的。从投资对象看,子女只是家庭成员之一,只是家庭教育投资的对象之一,家长也应当是家庭教育投资的对象。但据上海的一个调查表明,家长每天在家看书读报时间在一个小时以上的不足一半,两个小时以上的则只有 5.1%,将近 60% 的家长从未参加过业余进修或自学,藏书量超过 200 本的家庭只占 14.5%。甚至,有的家庭只重视物质享受,有的甚至麻将成风,赌博成瘾。① 显然家庭的文化投入明显不足。

家长作为子女的启蒙教师和终身影响者,拥有较高的自身素质是有效教育子女及子女教育投资的关键。教育社会学的研究成果告诉我们:子女的受教育程度首先取决于家长的受教育程度,家长的受教育程度越高其子女的受教育程度也越高;其次取决于家庭的经济实力。总之,家庭所拥有文化资本的数量和质量的不同,决定了家长对于子女教育的参与程度,决定了在参与子女教育过程中所采取的途径和方法,也决定对子女教育的内容和形式。尤其在知识经济、学习化社会已经到来的今天,终身学习是对每一个人的要求。家长只有注重对自己的教育投资,加强自身的学习,提高自身受教育水平,优化自己的知识结构,才能树立正确的家庭教育理念,进而更好地引导和教育自己的孩子。

三、人力资本投资应关注孩子的全面发展

投资,以追求利益的最大化为特征。家庭教育投资作为投资的形式之一,必然具有这个特点。于是,能带来高回报的智力投资几乎成了家庭教育投资

---

① 赵泽碧,现代家庭教育投资存在的问题[EB/OL]. 中国网[2005-05-09]. http://www.china.com.cn/chinese/zhuanti/kxma/857559.htm.

的唯一目标。从胎教时开始,益智故事、智力开发等图书被家长源源不断地购回家中。而对子女行为习惯和思想品德等其他方面的教育,却重视不够。家庭把所有的教育支出都花费在子女学习成绩的提高和特长的培养上,从小就把教育的目标指向"上名牌大学"、"出国留学"之后再找一份体面的工作上。在望子成龙和严峻的就业形势的双重压力下,父母对子女的教育投资异化为对功利的追逐,异化为一种商业行为。父母对子女的关爱也常常因子女学习成绩不理想而转变为恨,家庭也从让人身心放松的港湾演变成不断为孩子制造学习压力的高压站。家长应当明白,追求经济回报只是家庭教育投资的目的之一,而不是全部。家庭教育投资并非要造就一个有最大产出的机器,而要培养子女良好的道德品质,健全和谐的人格,奠定孩子终生幸福的基础。家长不是唯利是图的商人,而是子女的监护人,要为子女的全面发展负责,要为子女的一生负责。家长应转变观念,突破学习是单纯学习文化知识的概念,拓展对学习含义的理解,重视对孩子全方位的教育,实现从"单纯关心学习成绩"到"重视孩子健全人格培养"的转变,促进孩子在人际交往、性格等方面的发展,培养孩子遵守社会法制和道德规范的意识,增强孩子社会责任感。如果家长目光短浅,缺乏正确的人才观与生活观,只追求投资的短期效益,必定给子女的长期发展埋下隐患。

案例10-3

教子守法也是"家庭投资"

有一对父母,在孩子小的时候,因生意很忙,没时间管孩子的法制教育、道德教育。经过十多年的努力,父母赚了很多钱,但孩子因从小缺乏家庭教育,长大后,不思进取,好逸恶劳,经常离家不归,参与盗窃、抢劫犯罪,多次进监狱。其父亲后悔地说:"在孩子小的时候,父母没时间对孩子进行法制、道德教育,让其放任自流;到孩子长大后,想教育孩子,孩子却听不进父母的劝告。"

上述这对父母,自己创业很成功,赚很多钱,可是儿子却不思劳动致富,走上犯罪道路,令他们十分伤心和气愤。由此笔者想到,父母辛苦创业,如果子女走上邪路,不仅无法继承父母的家业,还可能因子女违法犯罪而败光父母留下的家产。

要避免子女走上违法犯罪的道路,在孩子小的时候就应对其进行经常性的法制教育,这样,孩子长大后,就会有较强的守法意识。

或许有的人会说："孩子长大后，犯罪的原因有各种各样，就是小时候经过多年经常性法制教育的孩子，有的长大后也可能因各种原因走上违法犯罪道路。"笔者认为，经过多年经常性法制教育的孩子，其守法意识肯定强于很少受到法制教育的孩子，犯罪的概率同比肯定更低。正如一个单位的安全，平时注重安全工作、及时消除隐患的单位，其出安全事故的概率肯定比不注重落实安全措施的单位更少。因此，从小从对孩子进行预防违法犯罪的法制教育，是十分必要的，也是一项极为重要的"家庭投资"。

现实生活中，有些父母因忙于自己的事务，没空管孩子的学习和法制、道德教育；有的让家中老人代管，但老人也不懂得如何管教孙子孙女；有的把教育孩子遵纪守法的责任全推给学校的老师，而老师上法制课的次数是有限的，且无法针对具体学生进行具体教育。有的孩子法制、道德意识不强，且缺少父母的经常性管教，甚至没有家庭温暖，一旦受到不法分子引诱，就可能走上违法犯罪的道路。

孩子的是非观念、法制观念，需要有人进行正确的引导。其中作为孩子"第一任老师"的父母，具备引导的条件最好，孩子最容易听进父母说的话。因此，父母无论如何忙碌，都要想办法抽出时间陪孩子交流思想，针对孩子的思想实际进行适时必要的法制、道德教育，引导孩子思想健康成长。只要父母长期进行这种"家庭教育投资"，随着子女的长大，必有许多无法用金钱衡量的收获。

（资料来源：教子守法也是"家庭投资"[N/OL]．湄洲日报[2010-5-14]．http：//dz b. ptweb. com. cn/system/2010-5/14/20100514100703.htm.）

四、社会资本是时间、精力和情感的合理投入

"时间就是金钱"，在家庭教育投资方面，时间所起的巨大作用也许远远大于金钱。然而，在现实生活中由于各种原因，许多家长对孩子的时间投入普遍偏少。据调查发现，家长平时每天与孩子活动交往时间超过 4 小时的不足总数的 7%，0.5 小时以下的竟高达 12%。家长平时每天辅导功课时间不足 0.5 小时的占了总数的 51.8%，其中没有时间的占 10.6%。家长平时每天与孩子谈心聊天不足 1 小时的占了总数的 66.7%。2.1% 的家长平时根本没有时间与孩子们沟通交流。家长在双休日投入的时间一般都比平时多一点，但是，情况也并不乐观。调查发现，在双休日，家长们或聚会，或郊游，或经商从事第二职业，高达 13.5% 的家长根本没有时间与孩子活动交往，33.6% 的家长辅导孩

子功课的时间为 0 小时。这样做的结果只能导致亲子关系的日益淡漠与疏远。①

家庭教育投入还需要精力上和情感上的投入,如辅导孩子花费的时间、与孩子的心理沟通以及亲子间精神上的交流等等。学习是一项漫长、艰苦的活动,孩子年纪小,意志薄弱,难以长期面对学习中的困难。面对学习,虽然有来自教师的指导和帮助,但孩子更需要父母这一强大后盾。所以子女教育投入并不只是意味着支付子女的各种教育费用,还要抽出一定的时间陪伴孩子、鼓励孩子,给予孩子感情上的支撑和生活上的指导。

另外,有些家庭走向反面,在精力和情感上对子女不是投入不足,而是投入过多,将孩子时时处于自己的看守之中,学习上、生活上总是包办代替,溺爱过度,剥夺了孩子锻炼自己的机会。这种精力和情感的"过度投资"又给孩子造成了一种沉重的成长包袱,使孩子形成了依赖性强、缺乏自信的人格,这种现象也是要尽量避免的。

总之,金钱、人力、文化、社会资本共同构成了家庭教育投资的主要内容。金钱投入量是比较刚性的指标,文化投入量则是核心指标,此外,社会资本投入量也是一项重要的指标。家庭资本各自的绝对量是否充足,以及比例是否恰当,直接决定了家庭教育投资的最终效益。

 本章小结

家庭资源是帮助家庭实现目标与满足需求的有用资产。家庭资源的范围很广,种类很多,除了家庭内部资源,还包括家庭外部资源。本章主要讨论家庭内部资源。家庭资源类型包括经济资本、人力资本、文化资本、社会资本。在现今社会,经济资本作为家庭教育投资的主要资本,日益受到人们的重视,尤其当孩子长大以后,经济成本投资将占主导地位。学校教育是家庭成员获得人力资本最重要和最有效的途径。文化资本的积累主要通过早期家庭教育和学校教育实现。家庭中的文化资本容易被人们所忽略。在现代社会中,家庭主要是培养教养和规矩等广义品位与感性的地方,而学校则是传授系统性专业化知识与技能的场所。社会资本广泛存在于成人与儿童之间的联系中,并且由于联系的长期性和连续性,从而持久地对儿童的成长产生影响。

---

① 赵泽碧,现代家庭教育投资存在的问题[EB/OL]. 中国网[2005-05-09]. http://www.china.com.cn/chinese/zhuanti/kxma/857559.htm.

影响家庭教育投资选择的因素有教育的预期收益、家庭的经济条件、家长的文化程度、家长的个人偏好、文化传统以及社会观念等。家庭教育投资目的明确，家庭教育投资量力而行，选择合适的教育投资工具，家庭教育投资分阶段进行，是规避教育投资风险，进行家庭教育投资的理性选择。

反思我国家庭教育的投资现状：一些家长对教育投资的认识过于简单化，认为金钱投资是唯一的教育投资，并提出相应的教育投资策略。家长应该重视自身文化资本的教育投资；人力资本投资中除了重视知识的掌握还要注意行为习惯的养成和思想品德的培养；社会资本应该是时间、精力与情感的合理投入。

 思考与练习

1. 家庭资源如何分布？
2. 家庭人力资本与文化资本有哪些区别？
3. 谈谈家庭社会资本如何影响孩子的成长？
4. 结合实际谈谈教育投资的风险？
5. 结合实际谈谈如何进行家庭教育投资？

参 考 文 献

[1] 吴航.家庭教育学基础[M].武昌：华中师范大学出版社,2010.
[2] 赵忠心.家庭教育学——教育子女的科学与艺术[M].北京：人民教育出版社,2008.
[3] (美)玛丽·卢·富勒,格伦·奥尔森.家庭与学校的联系——如何成功地与家长合作[M].谭军华,等,译.北京：中国轻工业出版社,2003.
[4] 吴海燕.10个培养孩子创造力的关键[M].北京：中国纺织出版社,2006.
[5] 王晓春.富裕时代的家庭教育[M].广州：中山大学出版社,2005.
[6] 史秋琴,杨雄.城市变迁与家庭教育[M].上海：上海文化出版社,2006.
[7] 黄昆岩.教养——离我们有多远[M].南京：凤凰出版社,2009.
[8] 费孝通.乡土中国 生育制度[M].北京：北京大学出版社,1998.
[9] (日)望月嵩.家庭关系学[M].牛黎涛,译.北京：中国大百科全书出版社,2002.
[10] 缪建东.家庭教育社会学[M].南京：南京师范大学出版社,1999.
[11] 孙云晓.怎样做好父母[M].北京：中国人事出版社,2007.
[12] 孙云晓.父教力度决定孩子高度[M].北京：新世纪出版社,2010.
[13] 刘晓东.儿童教育新论(第2版)[M].南京：江苏教育出版社,2008.
[14] 王雪梅.儿童权利论：一个初步的比较研究[M].北京：社会科学文献出版社,2005.
[15] 大卫·帕金翰.童年之死 在电子媒体时代成长的儿童[M].张建中,译.北京：华夏出版社,2005.
[16] 郝卫江.尊重儿童的权利[M].天津：天津教育出版社,1999.
[17] 姚伟.儿童观及其时代性转换[M].长春：东北师范大学出版社,2007.
[18] 张俊相.中国古代亲子观的多维视角与整合[J].道德与文明,2005(6).
[19] 黄全愈.家庭教育在美国：《素质教育在美国》续集[M].广州：广东教育出版社,2001.
[20] 何勤华,等.中西法律文化通论[M].上海：复旦大学出版社,1994.
[21] 孟育群.少年亲子关系研究[M].北京：教育科学出版社,1998.
[22] 李桂梅.中西家庭伦理比较研究[M].长沙：湖南大学出版社,2009.
[23] 戴素芳.传统家训的伦理之维[M].长沙：湖南人民出版社,2008.
[24] 吴奇程,袁元.家庭教育学[M].广州：广东高等教育出版社,2002.
[25] 杨皓然.家庭教育金钥匙：开启孩子成才之门[M].北京：中国海洋大学出版社,2007.
[26] 赵忠心.中国家教之道[M].南宁：广西科学技术出版社,1998.
[27] 剑琴,李扬,编.让孩子自由成长[M].北京：金城出版社,2010.

[28] 张香兰.现代教育思维的转向：从实体到过程[M].济南：山东人民出版社,2008.
[29] 崔宇著.家长的革命[M].北京：光明日报出版社,2009.
[30] (美)托马斯·阿姆斯特朗.每个孩子都能成功[M].肖小军,等,译.北京：新华出版社,2002.
[31] 池晓宏.家家都有好孩子[M].北京：作家出版社,2009.
[32] (日)新渡户稻造.武士道[M].傅松洁,译.北京：企业管理出版社,2004.
[33] 孙云晓.夏令营中的较量[M].广州：新世纪出版社,2008.
[34] 孙云晓.习惯决定孩子命运[M].广州：新世纪出版社,2008.
[35] (美)保罗·福塞尔.格调：社会等级与生活品味[M].梁丽真,等,译.南宁：广西人民出版社,2002.
[36] (德)卡尔·威特.卡尔·威特教育全书[M].奚华,张刚,译.北京：九州出版社,2009.
[37] 殷红博.儿童关键期与超常智力开发[M].北京：中国戏剧出版社,1999.
[38] 王丽娜.放松心情：陪孩子轻松走过青春期[M].北京：华龄出版社,2006.
[39] 王玉学.青春期性教育[M].哈尔滨：黑龙江科学技术出版社,2004.
[40] 关承华.别和青春期的孩子较劲[M].北京：中国青年出版社,2007.
[41] (新西兰)戈登·德莱顿,(美国)珍妮特·沃斯.学习的革命——通向21世纪的个人护照[M].上海：读书.生活.新知上海三联书店,1997.
[42] 李顺长.做你儿女的好方面 提升你儿女IQ、EQ、CQ的超级方法[M].成都：四川大学出版社,2006.
[43] (美)罗伯特·科尔斯.道德智商——成为灵魂健全的人[M].姜鸿舒,刁克利,译.北京：北京出版社,1999.
[44] (美)罗伯特·清崎,莎伦·莱希特.富爸爸 穷爸爸[M].萧明,译.海口：南海出版社,2008.
[45] (美)霍华德·加德纳.多元智能新视野[M].沈致隆,译.北京：中国人民大学出版社,2008.
[46] (荷兰)J.胡伊青加.人：游戏者：对文化中游戏因素的研究[M].成穷,译.贵阳：贵州人民出版社,2007.
[47] (美)约翰逊,等.游戏与儿童早期发展[M].华爱华,等,译.上海：华东师范大学出版社,2006.
[48] 王小英.儿童游戏的意义[M].长春：东北师范大学出版社,2006.
[49] 刘焱.儿童游戏通论[M].北京：北京师范大学出版社,2004.
[50] (英)维基·赫斯特,等.早期学习能力的培养[M].裴小倩,译.上海：上海远东出版社,2002.
[51] (美)加里·贝克尔.口味的经济学分析[M].李杰,王晓刚,译.北京：首都经济贸易大学出版社,2000.
[52] (美)西奥多·舒尔茨.人力资本投资 教育和研究的作用[M].蒋斌,张蘅,译.北京：商务印书馆,1990.

[53] 朱广平,崔雪梅.一定要懂经济学[M].哈尔滨:黑龙江科学技术出版社,2009.
[54] 包亚明.布迪厄访谈录——文化资本与社会炼金术[M].上海:上海人民出版社,1997.
[55] (美)加里·贝克尔.家庭经济分析[M].彭松建,译.北京:华夏出版社,1987.
[56] 柴效武.个人理财规划[M].北京:北京交通大学出版社,2009.
[57] 范先佐.教育投资体制改革的理论与实践问题研究[M].武汉:华中师范大学出版社,2003.
[58] 朱纬珏.文化资本与人力资本——布迪厄文化资本理论的经济学意义[J].天津社会科学,2007(3).
[59] 齐学红.学校、家庭中的文化资本与社会资本[J].全球教育展望,2007(1).